FROM DEFEAT TO VICTORY

从失败到胜利

【英】C.J. 迪克 著 小小冰人 译

1944年夏季**东线**的
决定性与
非决定性战役

THE EASTERN FRONT,

SUMMER 1944

DECISIVE AND INDECISIVE

MILITARY OPERATIONS

台海出版社

U0661730

FROM DEFEAT TO VICTORY: THE EASTERN FRONT, SUMMER 1944
DECISIVE AND INDECISIVE MILITARY OPERATIONS, VOLUME 2 By C.J.DICK
(CHARLES J. DICK), FOREWORD BY DAVID M. GLANTZ
Copyright: © 2016 by the University Press of Kansas
This edition arranged with UNIVERSITY PRESS OF KANSAS
through BIG APPLE AGENCY, INC., LABUAN, MALAYSIA.
Simplified Chinese edition copyright:
2019 ChongQing Zven Culture communication Co., Ltd
All rights reserved.

版权所有，侵权必究
版贸核渝字（2017）第 185 号

图书在版编目（CIP）数据

从失败到胜利 ：1944 年夏季东线的决定性与非决定
性战役 ／（英）C.J 迪克著 ；小小冰人译． -- 北京 ：
台海出版社，2018.12
书名原文：From Defeat to Victory: The Eastern
Front, Summer 1944 Decisive and Indecisive
Military Operations
ISBN 978-7-5168-2183-1

Ⅰ．①从… Ⅱ ①C… ②小… Ⅲ．①第二次世界大战
战役－研究－1944 Ⅳ．① E195.2

中国版本图书馆 CIP 数据核字（2018）第 269425 号

从失败到胜利：1944 年夏季东线的决定性与非决定性战役

著　　　者：[英]C.J.迪克	译　　者：小小冰人
责任编辑：俞滟荣	策划制作：指文文化
视觉设计：王　涛	责任印制：蔡　旭

出版发行：台海出版社
地　　址：北京市东城区景山东街 20 号　　　邮政编码：100009
电　　话：010 - 64041652（发行、邮购）
传　　真：010 - 84045799（总编室）
网　　址：www.taimeng.org.cn/thcbs/default.htm
E - mail：thcbs@126.com

经　　销：全国各地新华书店
印　　刷：重庆长虹印务有限公司
本书如有破损、缺页、装订错误，请与本社联系调换

开　　本：787mm×1092mm　　　1/16
字　　数：323 千　　　　　　　印　　张：19
版　　次：2019 年 1 月第 1 版　　印　　次：2019 年 1 月第 1 次印刷
书　　号：ISBN 978-7-5168-2183-1

定　　价：99.80 元

版权所有　翻印必究

中译本序

当 1944 年夏季来临，苏联红军和英美盟军在欧洲大陆两端"同台竞技"时，前者似乎总是能毫不犹豫地发起一场接一场进攻，几乎每一次都能歼灭大批德军有生力量，进而迅速收复失地、向德国的心脏——柏林方向挺进；而后者虽然也挫败了德军的战略意图并给对方造成了严重损失，但其谨小慎微的进攻、缓慢的推进和不分主次的资源投入不仅让战况过早地陷入僵局，而且让大量德军得以有序后撤，从而重新组织防御。

每当谈及苏军意志坚决、牺牲巨大的进攻，人们往往会强调苏联的体制可以集中令西方国家望尘莫及的战争资源，也能够承受西方国家难以想象的人员和物资损失。这固然是取得胜利的重要保障，但绝对不是关于胜利的全部真相。除了政治、社会层面的因素之外，苏联人在策划、组织和实施战役的水平上也要胜过英美盟军一筹，他们比美英同行更清楚应该制定什么目标，以及在何时何地、动用何种资源、以何种方式发起进攻才能更好地实现这些目标。

当然，苏军的成功不是一蹴而就的，毕竟 1944 年已经是开战的第四个年头，前几年的惨痛挫败、艰难重生和曲折反攻，甚至包括 1944 年那些并未完全实现既定目标的战役，都可以视作一场残酷而又漫长的学习。在代价高昂的学习过程中，苏军的战争学说得以不断发展完善。那么，苏联人究竟在战争中学到了些什么，他们是怎样把新的认识和原有的学说融会贯通的，又是怎么践行新知从而转败为胜的？本书所要讨论的正是这些问题，不过主要不是在宏观的战略层面和微观的战术、兵器技术层面，而是在中观的战役层面——毕竟苏军最突出的"学习成果"就体现在其战役法的演进上。

正如标题表明的那样，本书通过分析和审视 1944 年夏季的三场战略性进攻战役——白俄罗斯战役、利沃夫—桑多梅日战役，以及雅西—基什尼奥夫战役，考察了苏军战役法发展成熟的过程。为了说明战役法最终趋于完善，作者还对发起于次年年初的维斯瓦河—奥得河战役进行了必要的述评，虽然并不属于 1944 年战役，但是它的巨大胜利无疑建立在 1944 年的理论与实践成果之上。

也许本书最值得称道之处是东西两条战线的对比，和苏军大开大合、环环相扣、直指要害的战役法相比，英美盟军那种低速短打、四处添油的做法不免显得相形见绌。当然，作者清醒地认识到高效的苏联模式值得借鉴但不可复制——毕竟要考虑到双方在社会制度、文化传统等诸多方面的差异。更具普适性的还是1944年时苏军表现出的那种实事求是、与时俱进的做法，具体来说就是根据日新月异的自身条件和瞬息万变的外部环境不断发展自己的概念体系和战争理论。

需要注意的是，本书不是对1944年夏季东线所有进攻战役的完整介绍，并不会有时间地点人物完备、起因经过结果齐全的历史叙述，更多的是对战场数据的分析和对苏军行为模式的总结。因此，初次接触苏德战争史的朋友如果想了解这些战役的详细经过，还应参阅其他相关著作。如果您已经对东线战事有了一定了解，那么本书无疑会帮助您更深入地探究苏军的取胜之道。

序　言

  这是 C.J. 迪克对同盟国 1944 年夏季，在东欧和西欧对纳粹德国军队展开军事行动采用的不同方法所做的比较批评，重点分析了苏联的陆战方式，并且指出这种方式不仅和西方盟国的做法存在显著不同，而且更加有效。

  本书的标题是《从失败到胜利：1944 年夏季东线的决定性与非决定性战役》，审视苏联红军 1944 年 6 月下旬至 9 月如何在东欧遂行军事行动。红军从 1941 年和 1942 年令人尴尬且代价高昂的失败中崛起，1942 年年底夺得战略主动权，1943 年巩固胜利，1944 年转入战略进攻，一举打断德国军队的脊梁并为 1945 年的全面胜利铺平了道路。迪克设问道：这种转变是如何发生的？标志其成功的特点又是什么？他认为，答案可以从红军这一时期实施的一系列重大战略攻势中找到。他对这些攻势的研究，以红军 1942 年与 1943 年间发生的理论和机制变革为背景，发现了红军军事行动的一些显著特征，这些特征提供了上述问题的答案。简言之，虽然红军在战争头两年面临严重困难，但他们最终学会了如何在战役层面从事战争，这一点反过来又造就了战略性胜利。

  本书和 C.J. 迪克的另一部著作——《从胜利到僵局：1944 年夏季西线的决定性与非决定性战役》一起，为对比同盟国军队在整个战争期间的不同打法提供了有效的依据。为此，迪克探讨了不同的历史经验（不仅仅涉及战争的类型和规模）如何导致东西线战事沿不同的概念路径发展。他的分析结论是，苏联的路径更适合第二次世界大战的陆战性质。简单地说，苏联人严谨的理论分析，以及对更深刻、更惨痛且代价高昂的经验的熟练运用，使他们发展出了卓越的战役概念和技术，方法和结果的对比分析清楚地表明了这一点。

  抛开西方盟国与苏联的文化和政治分歧，迪克认为，苏联人对"战役法"的表述、接受和实践，使红军在 1944 年夏季的表现异于西线盟军。从军事艺术角度看，这一点铸就了红军相对而言的成功。

  展望未来，尽管西方国家的军队，特别是美军，在 20 世纪 80 年代末认真对待战役法学说，但迪克认为重视程度仍然不够。他发出警告：若西方国家及其领导者当下和未来不承认、不理解战役层面的重要性，即便有可能成功从事战争，也会面临重重困难。我赞同这个结论。

戴维·M. 格兰茨

宾夕法尼亚州卡莱尔

V

鸣　谢

　　贸然开始写作本书后，却发现比自己预想的困难得多。许多次，我闷闷不乐地盯着电脑，脑中毫无想法，或凝望园篱上勤劳筑巢的小鸟，希望自己也能沐浴在阳光下。其实去哪儿都行，只要别待在书桌前。这个项目之所以得以实现，在很大程度上归功于我的爱妻希瑟。她容忍了我的烦躁或心不在焉并对自己受到周期性忽视表现出非凡的忍耐。在我意志消沉、不愿工作时，她鼓励我并提出有益的建议，使某些段落读起来更加流畅。但她提供的最大帮助是校对。她的耐心、对细节的注重和建设性想法使本书更加准确，也更具可读性，若由我来从事这项工作，肯定事倍功半。

　　拙著中的观点和见解，很大程度上基于我的阅读，但更多归功于对"参谋旅行"和"战场之旅"的无数次讨论，建立在各种讲座或一杯红酒、啤酒的基础上。我无法逐一列出三十余年研究过程中为我提供帮助的所有人，但必须特别感谢五个人，他们阅读我的草稿，提出建议并赋予我新的见解。我在苏联研究中心（后改为冲突研究中心）和他们一同工作并彼此结识。他们在军事历史方面造诣非凡，对我的研究——战役法——至关重要。其中四位军人深刻思考他们的专业，他们的职业生涯的大部分时间都致力于此，无论是服役期间、在参谋学院任教员期间、还是在我的整个写作过程中都是如此。它们是在英国的芒戈·梅尔文少将和约翰·萨瑟埃尔少将，在美国的戴维·格兰茨上校和莱斯·格劳上校——这两位军人已成为学者。唯一的平民是杰克·基普教授，他在学术界度过了杰出的职业生涯，大部分时间与戴维和莱斯一同研究相同的主题并撰写相关领域的论著。我还欠戴维另一份情，他从自己无与伦比的苏联文章和总参文件收集中为我提供了不可或缺的资料。

　　当然，写作仅仅是一部著作诞生过程中的一个阶段，它必须出版发行。我非常感谢堪萨斯大学出版社总编迈克尔·布里格斯，他的鼓励和建议加快了这一进程。我在苏联研究中心时的同事和朋友安妮·奥尔迪斯也做出了宝贵的贡献。编辑本书时，她对内容和结构提出了不错的建议，以独到的目光审阅标点和语法细节并提议修改不恰当的措辞。她操作电脑的能力远甚于我，因而由她将草稿组织成出版社需要的格式并对尾注和参考书目加以整理。我还要感谢拉塞尔·沙吕伊桑，原先的彩色地图虽说漂亮，但难以辨认，是这位制图员将其改为易于阅读和理解的黑白地图。

　　谢谢你们！

C.J. 迪克

前　言

　　本书的意图不是要描绘一场战役的全貌，相反，书中提供大量资料以支持我对战役的分析并且审视这些战役的实施是否遵循军事理论，以及相关理论在多大程度上提供了出色的行动指导，或是否需要加以必要的修改。本书采用的方法与我的另一部论著《从胜利到僵局：1944年夏季西线的决定性与非决定性战役》大致相同，通过参谋旅行掌握的情况显然较少——我只参加过一次和书中分析的战役相关的参谋旅行①，无法亲自研究地形也是个缺憾。

　　但另一方面，我的任务由于苏联军事著作的严肃性而变得较为容易，这些著作与大多数西方资料不太一样。西方的军事历史，无论是官方的还是学术性的，往往倾向于叙述的形式，旨在告诉读者们发生了什么，有时也阐述为何会发生。这种流行的写作方式在苏联同样普遍，但苏联军方（或在其主持下）还推出过大批著作，主要目的是教学和分析——例如，这些著作试图回答以下问题：不同情况下，何种力量对比和兵力兵器密度能确保突破？完成各种任务需要怎样的武器混编？何种因素决定战役速度？进攻速度如何影响伤亡率和后勤持续性？就像参考书目证实的那样，这些著作通篇阐述单一主题，往往非常详细。例如A.I.拉济耶夫斯基的《突破》和《坦克突击》，分别研究遂行突破的诸兵种合成集团军和战役发展阶段的坦克集团军。M.M.基里扬的《方面军进攻》研究的是方面军（集团军群）层级的突破和战役发展。V.A.马楚连科撰写了关于隐蔽和欺骗，以及实施战役合围的详细专著。F.D.斯维尔德洛夫在《战斗中的先遣支队》一书中剖析战术与战役层面的重要联系，而V.Ye.萨夫金探讨了影响进攻速度的各种因素。这只是数以千计的书籍和文章中的几个例子，而这些书籍和文章是变身为学者的高级指挥员们详细搜寻档案资料后编写的。这些著作并非写给普通读者，而是为各

---

　　①在我那个年代，成本因素、政治敏感性和后勤问题使指挥官们不愿考虑在前苏联的大部分地区和华沙条约国家进行参谋旅行。至少就1944年战役的庞大规模来说不可能放到这一点。忙碌的高级军官和他们的参谋人员并不欢迎这种旅行，因为很少有直升机可用，往来于各作战地点往往需要驱车4—5个小时。因此，我仅在2001年同盟军快速反应部队参加过一次东线参谋旅行，涉及维斯瓦河—奥得河进攻战役。至于其他战役，我只能详细研究地图——在可能的情况下，研究当年的地图。

学说作者提供一个"科学的"基础并成为军校学员研究战争战术层面、总参学院学员研究战役层面的教材。这些与在西方国家能找到的任何著作都截然不同的书籍，构成了本书主要内容的资料来源，而德国和以德方视角为基础的著作则用于检验某些苏方说法的准确性。[①]这些原始资料使本书与《从胜利到僵局》的笔调明显不同。

本书中，对红军经受的考验、磨难和赢得的胜利，我采用较粗略的笔触来阐述。若像描述西线战役那般详细，即便只涉及东线最重要的行动，也需要过多篇幅，因为这些战役的规模太过庞大。例如，光是为期五周的白俄罗斯战役，其构思和实施所涉及的地理范围甚至超过以诺曼底突破为开始、持续至9月中旬的整个八周战役：前者涵盖的地域约为550千米乘600千米，而西线盟军仅为350千米乘450—500千米；前者涉及230万人，西线只有150万人。要想做出全面调查，就必须考量非常多的战役。1944年夏季，有八场战略性行动涉及多个方面军（集团军群），单个方面军遂行的战役更多。我把研究目标集中于三场最大、最重要、最成功，且密切相关的战役。这些战役共同取得了决定性战果，它们是本书中战役法演变这一主题的最佳诠释。承认这些胜利的同时，我也承认另外几场战役没能实现既定目标，有几次甚至和目标相差甚远。德国军队仍是个强大的对手，许多苏军将领缺乏经验、教育和及时掌握不断发展的概念及技术的能力，有时甚至根本不具备这些。

出于同样的原因，我对"将才"的分析无法涵盖苏军每一位战役层级指挥员。研究1944年夏季西线盟军时，我只需审视7名将领的战绩，而分析苏军三场战略性战役时，必须着眼于58名指挥员。由于这些原因，对红军的评判，重点不会放在个别指挥员的表现上，而是集中于战争高级理论和实践的发展。

阅读本书之前，不熟悉苏联军事术语的读者应该看看《苏联军事术语和编制指南》一章。其中许多术语并不为西方人熟知，这种专业化的军事词汇，对理解红军的理论和实践至关重要，必然在本书中频繁出现。

第一章阐述的是深具决定性的1944年夏季战役之背景和来龙去脉。首先回顾

---

①供大众消费的军事史，兜售苏联对历史的解释，存在高度选择性，部分描述纯属捏造，还掺杂乏味的政治内容。而军人学者中的许多人过去是战役层级指挥员，他们使用的资料是对以往战役细节的挖掘，战争期间得到全面收集、筛选并存放于国防部档案馆，其目的是为日后的教学服务。这些资料并非用于宣传，而是作为未来学说的基础，因而力求准确。

苏军战前学说的演变，重点是 1936 年野战条令概述的理论。从理念上看，这个学说在许多方面领先于德国 30 年代末发展出的军事理论。可是，这一颇具前途的基础却因苏联领导人犯下的巨大错误而遭到严重破坏，特别要归咎于战前对军官团的大规模清洗和 1941 年—1942 年的军事灾难。虽然苏联在人员、装备和领土方面蒙受灾难性损失，但政府的政治权威和战时经济，即便在灾难中也得到恢复。这些先决条件，加之德国人犯下的战略性错误，使红军得以重生——这是一场非凡的重生，因为红军当时仍在同德国 80% 以上的军力（还没算上其他轴心国军队）进行殊死斗争。利用不断增加的武器装备、巨大的人力资源储备和战争初期获得的经验教训，苏联人以坚实的战前理论为基础，发展出稳定战略态势的方法，尔后扭转了战争第二阶段的局面。从 1943 年夏季起，战略主动权已掌握在苏联手中，这一点无可置疑。事实证明，红军是一个学习型组织，虽然他们的确为所受的教育付出了极其惨重的代价。

第二章描述、第三章分析 1944 年夏季战役中最重要的三场战略性攻势。这些战役共同表明苏军战役法已趋成熟。我首先概述苏联最高统帅部大本营遂行战役的战略决策。他们将发起三场精心策划、连续实施的战略性进攻战役，每场战役的目的都是歼灭一个敌集团军群。累积的战略性影响将彻底打垮东线德军并重新收复具有战略重要性的领土。第二章概述白俄罗斯、利沃夫—桑多梅日、雅西—基什尼奥夫战役的突出特点和演变，简要审视每一场战役的问题、地幅、敌方兵力和部署并介绍旨在达成歼灭从而赢得决定性胜利这一目标的战役思想和计划。尔后是对每一场战役发展情况的概括和分解，就像苏军常做的那样，分成两个基本阶段：突破和随后的发展——以歼灭敌军为主要目标，以收复领土为重要结果。

通过对比与总结可知：每一场战役都必须克服对方预先准备的防御阵地；每一场战役都选中一个或多个德军主要集团加以合围和歼灭，其结果是导致敌人一个具有战略重要性的军团崩溃，随之而来的是红军突入敌战略纵深。突击方向的选择、对兵力的精心计算，以及优势力量的集结，都是为了在理想期限内实现目标。突然性是保证目标得以实现的一个基本要素，为此，红军策划并实施了马斯基罗夫卡计划，特别是采用欺骗手段诱使德军稀缺的预备力量远离红军主要突击方向。进攻发起时，兵力和兵器优势无情地驱使苏军向前挺进，毫不顾及损失，其势头令敌军难以应对，从而为战役机动创造机会，而这种机动会使敌人显得无能为力。一旦防御崩溃，德国人被逼入一种纯粹的被动状态（越来越迟钝），新的战役—战略可能性会就此出现。苏军最高统帅部便可以扩大目标范围，发展相应的战役理念。负责发展胜利的力量深深楔入敌人后方，其意图是在对方充分展开防御前夺取战略要地。几周后，由于后勤补给线过度拉伸，苏军的攻势渐渐平息。本章附录描述红军1944年获得发展的后勤体系，强调其非常适合进行机动作战的特点，当然，也提及了其局限性。

第三章分析的是苏军赢得胜利的理念、手段和方法。苏联非常喜欢对战斗的各个方面加以统计分析的研究方法，对所有战役的研究莫不如是。军事理论的演变是苏军得以成功的一个关键因素，1936年的野战条令在当时较为领先，但仍存在无法彻底理解或掩盖的缺陷和问题。1944年的野战条令表明红军通过对近期战时经历的详尽、深入分析学到了不少东西，但是，在突破敌防御、尔后无缝过渡到战役机动，从而突入纵深、奠定胜局方面，这份条令依然存在问题。虽然频频发生错误是不可避免的，但红军还是对这些问题的性质和克服之道加以研究。很明显，研究与反思让苏联人对战役法的掌握日趋成熟。他们对进攻速度、战役纵深及其伤亡率造成的影响等问题的分析清楚地表明了这一点。本章附录是苏联对方面军进攻战役策划过程的描述的简短摘要。本章结尾处概述1945年1月—2月趋于高潮的维斯瓦河—奥得河进攻战役，表明红军完整而又迅速地吸取了近期战役的教训，并且在理论和实践方面做出了改变。

第四章的一些结论适用于西线盟军和苏联红军进行的战役。我首先阐述西线与东线间的互动——以确定双方的合作程度，以及彼此间的态度、偏见和互动给对方造成的影响。我还更深入地考虑了贯穿《从胜利到僵局》一书的一条线索：作为一个联盟，红军与西线盟军在遂行战役时会遇到的问题，以及要面临的隐患。红军的最大优势之一是他们策划并实施战役计划时，无须同盟友认真协商并做出妥协。艾森豪威尔无法轻易让美军或主要盟友的军队沦为次要角色，相比之下，苏军最高统帅部大本营在选择主要、次要突击方向和战役顺序方面不受限制，因而能取得最大战果。若没有联盟的掣肘，西线盟军是否更好驾驭，这个问题还需要进一步讨论。但显而易见的是，他们的军事理论不太先进，而对自己赞同的军事原则，他们的遵守也是断断续续的。

盟军与苏联红军之间另一个有趣而又重要的对比是他们对情报、突然性和欺骗的不同态度。盟军掌握着制空权，以及种种"超级机密"，这使他们在高级情报方面占有优势。盟军利用这些优势赢得了战略欺骗的胜利，德国人不仅没能对最初的诺曼底登陆加以防备并做出有效应对，在接下来的 6—7 周也未能集结足够的力量遏止盟军进攻，更别说击败对方了。但盟军在战役层面取得的成效不大。虽说经常洞悉德军指挥部门的决策并获得关于西线德军状况的宝贵情报，但盟军实施的战役欺骗较为有限，遂行的战役通常过于谨慎，大胆的决定也许能取得出色战果，但他们不愿为此冒险。而苏联人惯于在战役层面充分利用这些力量倍增器。他们令德国人手忙脚乱并错误地部署战役预备队，这造就了"重大胜利"与"有限成功"之间的巨大差别。

第四章还提供东、西线战役较为详细的对比。理论准备方面的不同和双方军队的差异迅速显现，从历史角度着眼，盟国军队更倾向于小规模战争思维，而红军强调的是集团军群的对抗，竭力打造战役法的实施手段。对苏联人而言，战役法至关重要，但在英国人和美国人看来，这不过是扩大的战术而已——用前者的话来说，就是"大战术"。因此，盟军致力于夺取具有战术重要性的地区、解决战术问题、尽量降低伤亡、避免混乱和失去方向，策划人员首先考虑谨慎、严密的控制和规模有限的分阶段进攻。这种措施的后果是，避免风险的进攻沦为一场速度缓慢的推进。苏军的战役理念倾向于发起规模更大的行动，通常具有深远目标。另外，其主要目标几乎总是歼灭敌重兵集团，而非攻城略地（实际上，歼灭敌军后，相应地区自然落入红军手中）。在苏军看来，赢得战役胜利的一个基本条件是进攻的高速度，他们力求尽快达到这种速度。速度被视为一种力量倍增器，高速度能始终使敌人处于失衡状态，逼迫他们竭力投入必要的兵力，并且寻找正确的时间点，以期恢复防御完整性。为实现进攻的高速度，苏联人做好了蒙受高昂的初期损失的准备，可以接受一定程度的混乱、承担失去对战斗的部分控制的风险。只要每一位下级指挥员牢记上级的意图，特别是主要突击意图并努力加以实现，缺乏紧密而又连贯的指导并不会导致突击行动过度分散。

在两条战线上，大多数战役开始时都必须突破对方多少有预先准备的防线——这通常是一项极为艰巨的挑战，德国人是颇具能力且决心坚定的防御者。有趣的是，两条战线采用的方法越来越相似，因为相同的经历促使所有军队得出类似的结论，但苏军的突击规模和对伤亡的承受能力是西线盟军无法企及的，这使红军得以赢得更大的胜利。达成突破后，双方的行动出现重大差异。美国和英国的集团军及集团军群通常只留少量预备队，依靠发展阶段做出的临时性决策来采取行动。另外，他们倾向于谨慎前进，通常会使敌人获得宝贵的时间，从而部分恢复防御完整性。盟军高级将领中，只有乔治·S.巴顿一贯大胆，但上级将他视为危险的莽夫。红军部署在关键方向的高级兵团，各层级总是拥有强大的、配备坦克的快速集群，以便将战术胜利发展为战役胜利，尔后再把战役胜利演变成战略胜利。在敌纵深实施战役机动的阶段被视为每场战役的决定性时期，这种机动必须大胆遂行，使敌人长时间处在被动状态。两条战线的一个共同点是：后勤枯竭是战役达到顶点的常见原因。不过，通过削弱提供给次要方向的资源，苏联人能在最具决定性的方向延长行动期，政治方面的考虑并未禁止红军上级指挥部门采取这种做法。

军事变革开始于1917年前后，在改变战争性质的两次世界大战之间加快步伐。正如本书表明的那样，某些军队的调整比其他军队更快、更完整，从而变得比其对手更加强大。自20世纪80年代以来，更加深远的技术变革已然出现，现在正加快步伐继续进行。这些技术不断改变着战斗性质，但它们很可能不会像社会经济和政治动荡那样，在21世纪发展得如此广泛。全球化和信息革命的影响力远远超出战场，"政治家和统帅首先应当做出最具决定意义的判断……正确认识他们所从事战争的类型"①。自1945年以来，事实多次证明，政治领袖和军人们不明白克劳塞维茨呼吁的理解和谨慎，结果，他们的军队和国家遭受了严重损失。他们现在是否了解到政治和军事情报的局限性？他们是否认识到，爆发冲突时，即便看似最强大的联盟也存在弱点？最重要的是，他们是否考虑过新革命造就的心理冲动、政治诉求和生存主张？——它们从伊拉克和叙利亚向外扩散，经非洲大部分地区进入南亚和中亚，往往以让西方国家难以接受的形式表现出来。可以说，这对西方国家的利益构成更根本的威胁，程度远甚于传统的种族主义和民族主义威胁。今天，西方国家的哪个政府、哪支军队正不断发展其概念体系和战争理论，以便在军事力量的公众和政治效能越来越受到质疑的环境下解决未来的问题？本书最后一章无意提供答案，但明确指出冲突的某些方面是不变的，西方强国处在忽视某些历史教训，因而抱有错觉的危险中。本书并不打算告诉当今军政领导者该去想些什么，但的确强调回顾历史能教会他们如何思考这一事实。

①卡尔·冯·克劳塞维茨著，迈克尔·霍华德、彼得·帕雷特编译，《战争论》，新泽西州普林斯顿：普林斯顿大学出版社，1976年，第88页。

CONTENTS

目 录

序章
苏联军事术语和编制指南

苏联人对军事术语的使用一贯非常精确，但其含义经常在翻译过程中被弄得含糊不清或彻底改变。另外，许多苏军术语同西方读者熟悉的术语存在不同或含有其他义项，而西方读者自然会将这些术语（实际上是概念）纳入他们已知的语境。因此，有必要对本书使用的一些词汇加以解释。[1]另外，本章还将概述一些部队和兵团的组织结构。[2]

最高统帅部大本营

组建于1941年6月23日的最高统帅部大本营是苏联武装力量的战略领导机构，由斯大林领导，成员包括他的主要顾问——最初是 V.M. 莫洛托夫（斯大林的副手）和职业军人 S.K. 铁木辛哥、S.M. 布琼尼、K.E. 伏罗希洛夫、B.M. 沙波什尼科夫、G.K. 朱可夫。

最高统帅部大本营预备队

最初，这些力量是新组建的兵团，用于接替近期遭歼灭的兵团并在纵深部构筑新防御。随着红军从 1941 年—1942 年的灾难中恢复过来并逐渐壮大，最高统帅部大本营预备队在战略性攻势中的作用与日俱增。到 1943 年，他们已不再是新组建的兵团，而是为节约兵力或经历一场战役后撤回的力量，他们将更新装备并扩大编制，同时会接受更广泛的教育和训练。例如，为 1944 年夏秋季战事准备预备力量的工作开始于 1943 年冬季。战役突击集群从最高统帅部大本营预备队获得了 8 个诸兵种合成集团军、2 个突击集团军、2 个坦克集团军和 2 个空军集团军。当然，改编和重新分配的过程随各场攻势的发展不断进行，预备力量为 1945 年最后几场战役提供了 50.1 万名士兵、近 6900 门火炮和迫击炮、520 辆坦克和自行火炮，以及 464 架战机。[3] 预备队炮兵对粉碎敌防御战术地幅，以及为支援突破而压制敌火力配系尤为重要。炮兵师配备 356 门火炮和重型迫击炮，而火箭炮兵师的一轮齐射可射出 3456 发火箭弹（329 吨）。突破炮兵军编有 2 个炮兵师和 1 个火箭炮兵师。1943 年年底，预备队炮兵共计 6 个军、26 个师和 7 个火箭炮兵师。1944 年间，这些数字得以增加，到 1945 年年初，最高统帅部大本营预备队炮兵部队和兵团掌握火炮和重型迫击炮总数的 35%，这些资源被提供给各方面军以遂行最重要的战役。同样，遂行此类战役的空军集团军，54%—80% 的战机调自最高统帅部大本营预备队。

方面军

方面军是主要军团，相当于西方国家的集团军群。各方面军乏战斗编成，依据受领的任务存在很大不同，有可能类似于一个规模较小的集团军。红军最初认为一个方面军能够完成战略任务，但越来越多的战略任务要求投入两个、三个，乃至四个方面军并由一名或多名最高统帅部大本营代表加以协调。因此，方面军成为战役—战略军团，战斗编成取决于任务的重要性，辖 3—4 个，甚至多达 8—9 个诸兵种合成集团军，可能还配备 1—3 个坦克集团军和 1—2 个空军集团军；通常还编有一些独立坦克、机械化、骑兵和炮兵军，以及另外一些各类小型兵团和部队。1943 年年初，红军共有 13 个方面军司令部，一年后降至 11 个，随着红军向西挺进，战线长度缩短，这个数字又降为 10 个。

集团军

集团军通常隶属于方面军，这种战役集团的编成并不固定，而是取决于受领的任务。红军集团军通常小于西方国家的同等编制，规模更接近一个军。不过，在重要方向实施进攻（甚至遂行防御）的集团军会得到大力加强。苏军集团军有如下几个类型：

1. 诸兵种合成集团军

诸兵种合成集团军是主要的野战力量,自1943年年初起,这种集团军通常编有3—4个步兵军、1个集团军炮兵旅、1—3个坦克旅,以及支援步兵的数支坦克和自行火炮部队。部署在主要方向上时,诸兵种合成集团军会得到更多炮兵和坦克力量的支援,有时会获得一个坦克或机械化军的加强。1943年年底,红军共有55个诸兵种合成集团军。

2. 突击集团军

关于突击集团军的最初设想是将其用于执行最严峻的突破任务。同诸兵种合成集团军相比,突击集团军通常编有更多坦克和炮兵力量。战争期间,红军共组建了5个突击集团军(含在诸兵种合成集团军总数内)。

3. 坦克集团军

坦克集团军也是主要的野战力量,第一批坦克集团军组建于1943年1月[4],通常辖2—3个坦克和机械化军、1个独立坦克或自行火炮旅、2个炮兵团(配备重型迫击炮、自行火炮和反坦克炮)及轻型防空力量,通常还有1个榴弹炮兵团和1个火箭炮兵营。各坦克集团军的差异较大,实力大小总是取决于受领的任务。1944年,典型的坦克集团军约有4.8万人、550—770辆坦克和自行火炮、650—750门火炮和迫击炮。[5]其任务是担任方面军快速集群,通常利用突破来完成战役任务,在某些情况下也包括战役—战略任务。红军1943年组建了5个坦克集团军,第六个组建于1944年1月。

4. 空军集团军

空军集团军作为战役军团组建,绝大多数都隶属于方面军,用于遂行协同作战,仅有一个空军集团军例外(实施对空作战时,由空军司令部直接指挥)。空军集团军编有若干航空兵师和独立团,配备歼击机、轰炸机、强击机和侦察机。战争期间,红军共组建了17个空军集团军。空军第18集团军(成立于1944年)由远程作战航空兵组成,用于遂行纵深打击任务,支援战区和方面军的攻势。每个空军集团军通常编有2—3个歼击航空兵师、1个强击航空兵师、1—2个轰炸航空兵师,约有500架战机。获得最高统帅部大本营预备队加强后,这个数字上升至750—800架,而在主要方向,空军集团军的战机数量可能多达1100—1200架。

军

军是战术而非战役兵团。红军 1942 年恢复军级建制，他们的军小于西方军队的编制标准，大致相当于较大的师。

1. 炮兵军

组建于最高统帅部大本营预备队，到 1943 年年底，最高统帅部大本营预备队共拥有 6 个突破炮兵军。每个军辖 20—25 个炮兵和重型迫击炮兵旅，编为师和独立旅——各军至少配备 496 门火炮、216 门迫击炮和 108 具火箭炮。到 1944 年 8 月，红军又组建了另外 4 个突破炮兵军。

2. 骑兵军

主要任务是将战术胜利发展为战役胜利。1944 年前，他们有时会独立行动，但通常在骑兵机械化集群编成内与机械化或坦克军协同作战，跨越困难地形发展胜利。1944 年间的 10 个骑兵军，每个军辖 3 个骑兵师，编有 2—4 个坦克团和自行炮兵、迫击炮兵、反坦克炮兵团、轻型高射炮兵和火箭炮兵营。每个骑兵军约有 1.9 万人、40 辆中型坦克和自行火炮、168 门火炮和重型迫击炮、18 具火箭炮。

3. 机械化军

机械化军的任务是发展胜利，它们通常编入集团军或方面军快速集群，但有时也独立行动。截至 1944 年年初，红军共组建了 13 个机械化军，这个数字保持到战争结束。每个机械化军编有 3 个机械化旅和 1 个坦克旅、1—2 个自行炮兵团和 1 个牵引炮兵团、几个自行火炮团[①]和重型迫击炮团、1 个火箭炮兵营，还有一些轻型防空力量。总之，1944 年的机械化军通常超过 1.64 万人，约有 250 辆坦克和自行火炮、250 门火炮和重型迫击炮、8 具火箭炮和 1800 多辆汽车。

4. 步兵军

步兵军是红军的主力，自 1941 年 12 月起，黯然失色的军级指挥部经历了 6 个月的多舛命运。但 1942 年夏季，红军对其加以重建，到 1943 年年底已成立了 161 个步兵军。作为诸兵种合成战术兵团，步兵军通常编有 3 个步兵师、2 个炮兵团（1 个自行炮兵团）、1 个火箭炮兵营和几个其他兵种部队及分队。从理论上来讲，步兵师应有 9000—10000 人，但实际兵力仅为编制兵力的三分之一到二分之一，战斗后

---

①作者所说的"自行火炮团'（regiment of assault guns）和"自行炮兵团"（self-propelled artillery regiment）应该都是装备直接支援步兵的自行火炮的部队，二战时苏军尚未大量装备自行压制火炮。

的兵力甚至更少。每个步兵军大概能拼凑出2.4万人、约600—700门火炮和迫击炮（大部分），但步兵军若在重要方向遂行进攻，则会获得炮兵、坦克兵团和其他部队的加强。

5. 坦克军

红军1943年年底共有24个坦克军，主要担任发展胜利的任务，通常是集团军或方面军快速集群的组成部分。每个坦克军辖3个坦克旅和1个摩步旅、2—3个自行炮兵团、重型迫击炮兵团、轻型高射炮兵团，以及1个火箭炮兵营。1944年制坦克军平均兵力约1.1万人，拥有近260辆坦克和自行火炮、160门火炮和重型迫击炮、8具火箭炮、1300—1500辆汽车。

近卫军

部队和兵团因英雄主义和高昂的战斗力赢得卓著战功，故而被授予代表荣誉的近卫军称号。近卫部队（兵团）往往能获得最新式的兵器，兵力较多，人员的军饷也较高。

旅

1941年后期，旅作为一种临时性建制被重建，红军成立了许多步兵旅以替代步兵师。战役级炮兵兵团也分成一个个旅。而坦克旅则是机械化军和坦克军的基本组成部分。1941年年底，坦克旅编制缩减为10辆重型坦克、16辆中型坦克（T–34）、20辆轻型坦克和1个小型摩步营。1942年中期，重型坦克编入步兵支援团，坦克旅配备32辆中型坦克和23辆轻型坦克。次年，坦克旅的最终编制确定，配备65辆中型坦克。机械化旅只有39辆中型坦克，但配有3个摩步营。到1943年，除组成快速军的坦克旅外，红军还有229个独立坦克旅和规模较小的坦克团。这些部队的坦克数量约占红军坦克总数的40%，致力于直接支援步兵。

团

步兵团是基本步兵部队，但1944年的红军步兵团，很少能达到规定的2000人左右编制。独立坦克和自行炮兵团构成坦克部队直接支援步兵的主力。这些部队名目繁多，但最常见的是中型坦克团，配备35—41辆T–34坦克，重型坦克团则配有 17 辆 KV–1 或 IS–2 坦克，每个团还有 1 个冲锋枪手连。自行炮兵部队逐渐接管了直接支援步兵的任务。1944 年年初，自行炮兵团的标准配置是 21 辆 SU–76、SU–85、SU–152 或 ISU–152 自行火炮，外加 1 个冲锋枪手连。

先遣营

先遣营由 1 个步兵营组成，由直接支援步兵的坦克和自行火炮加强并获得炮兵大力支援。先遣营用于战斗侦察，以确定敌防御性质、实力，以及支撑点和兵器的具体位置。

梯队

战役兵团，或进攻中的主要或次要兵团，分为冲击梯队、发展突破梯队和预备队（诸兵种合成预备队——并不总是组建、反坦克力量、工程兵，等等）。

1. 第一梯队

负责实施战役基本使命——突破。其任务是歼灭敌人相应的第一梯队（当前任务），随后向敌纵深发展进攻（后续任务）。在不得不投入更多力量保持突击势头前，第一梯队必须至少突破敌仓促防御的整个战术纵深（即，直至敌人靠前部署的师之后方分界线）。第一梯队取得这种成功将确保一股发展突破力量投入一个明确的缺口部。

2. 第二梯队

苏联《基本军事术语词典》对第二梯队的定义是：

……军队战役布势或战斗队形的组成部分，并不直接参与特定片刻的交战（战斗），而是在进攻中集结一股打击力量……替换第一梯队遭受严重损失的部队。第二梯队的存在为集结兵力创造了有利条件，可实施机动，或从一个地段迅速调至另一个地段……与多兵种合成预备队不同，赋予第二梯队的战斗任务同时也下达给第一梯队辖内部队。

因此，第二梯队（若敌防御密集而又深邃，还包括第三梯队）的任务是强化第一梯队的行动。不过，并不总是需要第二梯队——例如，面对敌人虚弱或过度拉伸的防御，就不需要第二梯队。第二梯队与第一梯队同时组建，由于已做好预先计划，第二梯队可以迅速投入，投入前仅需对计划加以最后修改。第二梯队的作用如下：在主要方向发展第一梯队的胜利，不停顿地加强突击力度并保持进攻速度；扩大并巩固登陆场；突破敌纵深阵地；掩护敞开的侧翼；通过转入防御挫败敌反冲击（反突击）集团，最好以侧翼或后方突击在遭遇交战（战斗）中歼灭对方；歼灭被绕过、威胁战役发展或对部署造成妨碍之敌。只有在指挥员的战役计算有误时，第二梯队才能接替第一梯队——也就是说，只有在出错的情况下。理想状况下，第二梯队不应穿过第一梯队残部，而应越过其侧翼或穿过第一梯队部署上的缺口（这样的缺口在突破守军前沿防御从而扩大进攻正面后产生）。基本原则是总是以第二梯队发展胜利，而非免救失利。至于投入意想不到的地段，可能需要对计划做出根本性的最后修改。[6]

3. 发展突破梯队

通常是集团军或方面军的一个快速集群，亦是集团军和方面军将行动转入敌防御纵深的手段，从一开始就担任进攻战役中的机动角色。因此，战役伊始便投入快速集群、加快向敌纵深的发展较为适宜。据此，一个快速集群也许不得不靠自身力量完成对敌防御战术地幅的突破，但在理想情况下，快速集群应穿过一个明确的突破口投入战斗。其作用是将战术胜利发展为战役胜利（集团军层面），或将战役胜利发展为战略胜利（方面军层面）。通过在敌纵深的行动，位于前方并脱离主力的发展力量应从内部粉碎敌人的防御。它们进攻敌第一梯队的指挥控制和后勤保障，打击敌战役预备队并在敌军加以据守前夺取纵深防线，从而协助打垮敌人的防御并加快主力的推进。因此，若发展突破力量尽早投入交战（理想情况是战役首日或次日），他们的行动会让第二梯队的投入变得多余。发展突破梯队的任务是与空中突击力量、先遣支队和友邻发展突破力量协同，可能还包括合围敌集团、粉碎开进中的敌战役预备队、为后续行动夺取关键目标或有利战线等。

预备队

策划战役时，预备队（无论诸兵种合成、反坦克还是专业兵预备队）并不受领具体任务。他们用于加强进攻力量，必要时替换冲击梯队辖内部队或执行战役过程中突然出现的任务，例如保障侧翼或击退敌反突击（反冲击）以及扩大或加强登陆场及其他既占地域。因此，与第二（或发展突破）梯队不同，无法预先为预备队分配任务。组建预备队的目的是在不破坏苏军计划的前提下应对敌人重新夺回主动权的企图，他们是基于克劳塞维茨的"冲突"理论而采取的一种预防措施。通常情况下，若建立第二梯队，就不会有诸兵种合成预备队，即便有，规模也较小。相反，若战役有可能发展为高流动性、无法预知的样式，则应组建诸兵种合成预备队，而不是第二梯队，因为无法预先下达任务。在这种情况下，预备队的规模可能与第二梯队相似。

先遣支队

先遣支队是在主力前方独立行动的部队。进攻中，先遣支队应尽早投入，穿过在敌战斗编队打开的缺口或实施侧翼突破，迅速进入敌战术乃至战役纵深。在诸兵种合成或快运兵团前方推进 15—20 千米，最终为 40—50 千米，其任务是夺取并扼守重要战线或诸如重要路口、山口、水障碍对面的登陆场等目标，等待主力到达。若先遣支队的任务较为重要，脱离主力的距离会更远，其规模也会相应加大。一般说来，1943 年的先遣支队编有 1 个坦克旅和 1 个工程兵连。1944 年中期，坦克和机械化军的先遣支队增加了 1 个自行炮兵团、1 个高射炮兵团、1 个榴弹炮兵营和一些反坦克炮，更重要的是配备一名前进空军引导员。1944 年，诸兵种合成兵团也开始组建先遣支队，通常编有 1 个摩步团并以坦克和自行火炮加强。

快速障碍设置队

主要和次要兵团以工程兵部队或分队组建快速障碍设置队，在战役过程中匆匆布设雷区并设置其他障碍物和炸药以遏止敌装甲力量反冲击（反突击）的发展和威胁。这些节约兵力的队伍可以独立行动，但通常与第一或第二梯队辖内部队、（特别是）反坦克预备队或诸兵种合成预备队协同行动。在遭遇交战（战斗）的动态和不可预测的情况下，快速障碍设置队是一种宝贵资源，关键时刻在反坦克力量支援下设置一道障碍，可能会在防御方面取得惊人的成效。

突击集群

进攻中，突击集群负责遂行主要冲击。其实力应足以迅速突破敌防御战术地幅并为发展突破的快速集群打开突破口。

快速集群

快速集群是一支发展突破（胜利）梯队，是集团军或方面军战役布势的组成部分，用于投入主要方向，将战术胜利发展为战役或战略胜利。集团军层面的快速集群通常编有 1 个坦克或机械化军，而在方面军层级则为 1 个坦克集团军或骑兵机械化集群。一个方面军可组建不止一个快速集群。

骑兵机械化集群

骑兵机械化集群是战役—战术或战役发展力量，主要用于突破沼泽、密林或山区地形，而在这些地方，其他快速集群往往面临巨大的，甚至难以克服的困难。骑兵机械化集群由骑兵军和坦克、机械化军组成。他们穿过敌人认为任何重兵集团都无法逾越的地形，楔入敌之侧翼或后方，经常令对方措手不及并取得远远超出其实力的胜利。

战役

战役是主要军团（集团军或方面军）根据统一计划，为达成战役或战役—战略目标，按目的、时间和空间协同实施的战斗和其他机动之总和。一场战役，特别是在方面军或方面军群层级，需要若干不同力量进行复杂的配合，他们必须及时集结并在连续阶段内投入以赢取胜利。由于其复杂性，加之战役是上级指挥员所下达指令的产物，其执行者必然获得更多决策权。战役和战斗的规模差异固然明显，但上述这一点才是二者最重要的区别。战斗是战术兵团在严格定义的参数内执行一道简单作战指令的结果。因此，从战术指挥上升到战役指挥，需要更广阔更长远的眼光、不同的思维方式，并且要承担更大的责任。

大纵深战役（战斗）

大纵深战役或（战术层面上的）战斗是以火力同时压制敌整个防御纵深，突破敌防御战术地幅，继而将发展胜利梯队投入交战，变战术胜利为战役胜利，尔后继续挺进，直到完成战役目标。

战略性战役

这个术语用于描述主要和次要军团发起的，在目标、任务、地点和时机方面协同一致的，并且同时和连续实施的数场战役的总和，这些战役遵照最高统帅部大本营的单一概念和计划遂行，以期实现一个战略目标。战前的观点是，一个方面军可实施此类战役（防御或进攻），但1941年的战事清楚地表明，这种行动通常需要投入一个方面军群。战略性进攻的目的大多是歼灭一个敌重兵集团并夺取政治、经济和战略要地。[7]

战役布势

方面军或集团军战役布势指的是其编成和梯队布置，它是按照战役理念建立的，反映了以最有效的方法彻底击败敌军的要求。最高统帅部大本营调拨所需的兵力后，方面军（群）就把这些力量编为：一个、两个甚至三个梯队；1—4个快速集群和（或）骑兵机械化集群（用于发展胜利）；一支多兵种合成预备队和1—2个反坦克及专业兵（例如工程兵）预备队；1—2个快速障碍设置队；炮兵和防空集团；航空兵集团；可能还包括空中突击集团。

使命（任务）

赋予部队、兵团的主要或次要战斗使命，是在限定时间内必须完成的、用以促成战役目标的实现的具体任务。进攻中，最常见的是在指定地域到规定纵深歼灭或击溃敌集团，或夺取某个特殊地形目标或战线。使命通常细分为当前任务和后续任务，对于快速力量来说，则分为当前任务和后续发展任务。[8]

马斯基罗夫卡

马斯基罗夫卡是一种战斗支援，目的是掩饰己方军队的部署和活动并使敌人对这些军队的编组和意图产生误解，从而达成突然性。马斯基罗夫卡是个单独的、包罗万象的概念，包括隐蔽和伪装、欺骗和施放假情报、反侦察和保密。由于英语没有同义词，这里只能使用俄语词。马斯基罗夫卡是苏军一切计划的强制性组成部分。

战斗

战斗指的是战术兵团（军和师）和部队（旅和团）进行的武装冲突。他们应按照战役计划的要求独自发起行动。但应协调目的、时间和地点，从而使战斗胜利逐步转变为战役胜利。

战斗侦察

无法通过其他方法获取敌军防御的必要情报时，派突击兵团之分队（先遣营），在猛烈火力支援下遂行冲击，迫使敌人暴露其部署和火力配系。这种进攻应在预备发起突击的整个地带实施，同时应隐蔽己方主要突击方向。战斗侦察在主要突击发起前遂行，用于完善进攻方掌握的情报并据此改进火力计划。

炮兵进攻

1942 年 1 月颁行的炮兵进攻原则规定，要确保遂行突击的步兵和坦克能在整个冲击期间获得炮兵支援，而不是仅仅在开始时。炮兵进攻分为三个时节：

1. 炮火准备时节：进行初步轰击。

2. 炮火支援时节：冲击部队跨过出发线时开始，由预先计划的炮火集中射击和（或）对敌战术纵深的徐进弹幕射击组成。

3. 炮火护送时节：这是一种未做计划、按需提供的支援，用以协助坦克和步兵力量继续突破，炮兵应跟随冲击部队逐渐向前推进。[9]

从行进间发起进攻

在流动、迅速发展的态势之下，赢得时间之战往往是成功的关键。能否遏止敌军展开并在重要地段实施先敌打击或击败敌人可能意味着胜利和失败的区别。出于这个原因，红军强调部队和兵团从行进间发起进攻。指挥员应通过图上作业和一切可用情报做出决定，必要时，接敌战斗期间应更新或修改他的决定。指挥员麾下的分队、部队或兵团应先从行军队形（根据投入顺序编组）直接转入临战队形，再展开成战斗队形，在开进过程中对位于集结区或出发阵地的敌人展开不停顿的冲击。

遭遇交战（战斗）

这是双方同时力求以进攻行动完成各自受领的任务时发生的一种冲突。遭遇交战（战役层面）或遭遇战斗（战术层面）发生在行进（机动）间或进攻过程中，是冲击与反冲击力量之间发生的冲突。这种遭遇战的特点包括：情况不明，态势急剧变化，双方迅速接敌并投入战斗（即在行进、接敌行进和战斗队形间迅速转换）；从纵深部发起的努力积累迅速；双方在投入和机动中都会设法找到对方敞开的侧翼和有可能存在的缺口并对这些薄弱点加以利用。遭遇战的动态特性源自为及时赢得胜利、夺取并维持主动权而展开的激烈斗争。在遭遇战中，被击败的一方通常注定遭迂回或渗透，因为缺乏援兵或可供后撤的预有准备阵地，所以有可能被彻底打垮。

自行火炮

自行火炮使用坦克底盘，火炮射界较小，与德军突击炮类似。这种战车通常配有较厚的装甲和大口径主炮。它们可以用作坦克歼击车，但更常见的是执行直接支援步兵任务。到1944年，自行火炮的数量上升到红军装甲战车总数的40%。[①]

直接支援步兵的坦克和自行火炮

直接支援步兵的坦克和自行火炮用于伴随步兵部队投入冲击，以直接射击消灭敌人构成压制步兵和粉碎突击势头威胁的一切兵器。这些战车通常配备更厚的装甲和威力强大的火炮，主要编入独立坦克、自行炮兵团和旅。截至1944年，这种战车部队的数量达数百个之多。

---

①苏军话语体系中没有"突击炮"和"坦克歼击车"的概念划分，无论是SU-122、SU-152、ISU-152等"突击炮"，还是SU-100、ISU-122等"坦克歼击车"　都称作"自行火炮"。

筑垒地域

筑垒地域配备的火炮和机枪较强，而步兵兵力较弱，以便节约兵力。筑垒地域用于纯粹的防御任务，例如尬守消极地段或突破的侧翼。

防御的战术地幅和战役地幅

到 1944 年，红军已掌握主动权，德国人不得不越来越依靠精心构筑的阵地抗击苏军日益增长的力量。苏联人认为，这种阵地通常组织为防御的战术地幅（纵深 10—15 千米，某些地方增加到 20 千米）和纵深防御地幅。在可能的情况下，两片地幅都由连续的战壕体系组戍，并有完善的障碍物和火力配系。防御的战术地幅分为前哨和主防御地带，敌人通常将 80% 的力量部署在战术地幅。纵深防御地幅由军预备阵地组成，提供预有准备和部分据守的防御，若战术地幅无法据守，而作为首选方案的反冲击又无法将其重新夺回，守军可退守纵深防御地幅。防御的战役地幅也由两个防御地带组戍，但准备得较为粗略，集团军和集团军群预备队（若有的话）可以部署在这里。防御的战役地幅，总纵深约为 60—100 千米。[10]

注释：

1. 本章主要资料来源为：A.I. 拉济耶夫斯基主编，《基本军事术语词典》，莫斯科：军事出版局，1965 年；Yu.Ya. 基尔申主编，《军事百科词典》，莫斯科：军事出版局，1983 年；V.V. 奥加尔科夫主编，《苏联军事百科全书》，莫斯科：军事出版局，1976 年—1980 年；S.A. 秋什克维奇，《苏联武装力量：编制发展史》，莫斯科：军事出版局，1978 年。其中，《基本军事术语词典》由总参军事学院的教员们编写，是对军事术语的明确阐述。另外，本章还参考了如下著作：戴维·M. 格兰茨，《苏军战役法：探寻大纵深战役》，伦敦：弗兰克·卡斯出版社，1991 年；戴维·M. 格兰茨，《巨人重生》，劳伦斯：堪萨斯大学出版社，2005 年；V. Ye. 萨夫金，《战役法和战术的基本原则》，莫斯科：军事出版局，1974 年。

2. 部队（Unit）和分队（Subunit）这两个词在红军话语体系中的含义与西方军队中不同。例如，步兵团、坦克团或坦克旅是部队，而他们辖下的营则是分队。

3. V. 戈卢博维奇，《预备队集团军战役战术准备的经验》，《军事历史杂志》，1973 年第 9 期；V.A. 马楚连科，《苏联军事艺术的发展，1944 年—1945 年》，《军事历史杂志》，1986 年第 5 期。

4. 混成坦克集团军组建于 1942 年中期，编有坦克军、骑兵军和步兵师。事实证明，这种混编力量的机动性无法令人满意，因而被全机械化和摩托化兵团取代。截至 1944 年 1 月，红军共组建了 6 个坦克集团军。

5. 书中使用"火炮和迫击炮"这个术语作为一项分类，包括所有 76 毫米火炮和所有 82 毫米（或更大口径）迫击炮。

6. 西方军事界对第二梯队的作用存在许多误解。普遍的看法是：第一梯队战斗到无法继续遂行突击为止，尔后便"交换梯队"，由第二梯队代替第一梯队继续冲击。虽说苏军也制订过这种方案，但这并非常规，这种情况表明战役发展严重受挫。在苏联人看来，这相当于犯下两个严重错误，可能是源于进攻策划和（或）执行出错。伤亡达到临界水平时第一梯队就会丧失冲击势头，交换梯队时战役会出现明显停顿，这样的停顿可能出现在战役的危急时刻。苏联人强调保持高速进攻从而确保主动权，因而认为绝不能让这种情况发生。苏军指挥官也对伤亡变得敏感起来，这并非出自人道主义本能，而是因为他们越来越意识到，部队就是他们营造战役的工具。若指挥员肆意浪费士兵的生命，这些工具会在营造工作完成前耗损，最终导致失败。例如，若第一梯队的战斗力下降到 50%—70%（战斗力水平取决于伤亡率，也取决于总伤亡），对指挥员的实际目的来说，这种损失就是 100%，直到耗费时间的整补工作开始。这方面的例子可参阅：内森·莱茨，《战时苏联模式》，纽约：克兰·卢萨克出版社，1982 年，第 39 页。

7. Yu.Ya. 基尔申主编，《军事百科词典》，莫斯科：军事出版局，1983 年；M.M. 基里扬，《方面军进攻》，莫斯科：科学出版社，1987 年，第 13 页。

8. 相关俄语术语经常被错误地翻译为英文的目标、目的（objective）而非任务（task）。这就给人留下了误导性印象，因为在操英语者看来，"objective"意味一片地域，一旦夺取，进攻方会对其加以巩固。苏联人通常（虽然并不总是）关心的是粉碎并歼灭敌有生力量，而非攻城略地，他们非常重视持续不断的进攻，一般不赞成为巩固某片地带而减弱突击势头。苏军下达的命令不仅分配当前和后续任务，还经常包括战术层面的当日任务和战役层面的后续发展方向，这很能说明苏军对进攻速度和持续性的重视。

9. 笔者实在无法找到令人满意的英语词汇来解释进攻支援（podderzhku ataki）与掩护步兵和坦克在敌防御纵深的行动（obespecheniye deystviy pekhoty i tankov v glubinye oborony）之间的差别。"护送"这个术语用于描述在敌防御纵深战斗时的炮火支援阶段。

10. M.M. 基里扬，《方面军进攻》，莫斯科：科学出版社，1987 年，第 34 页。

第一章
苏军 1944 年前的学说和实践

战前苏军学说的发展

同英军和美军一样，红军的学说受到第一次世界大战的深远影响 [1]。不过，俄国人从这场战争中获得的经验与其西方盟友的不太一样。俄国对德国和奥匈帝国作战的战线长度超过西线两倍，兵力与空间的比率要低得多，因此这里没有出现僵持的局面。在这样一条战线上，总是能突破敌人的正面并产生一些战役机动，但各国军队的机动性有限，机动作战只能依靠步行，火炮和物资则用马匹拖曳运送，这就意味着守军尽管在领土方面付出了一些代价，可是享有俄国并不发达的铁路网提供的战役机动性优势。对俄国人来说，战争结束后，一场内战接踵而至，其风暴从圣彼得堡出发，穿过乌克兰南部，波及乌拉尔及以外地区，一支支规模较小的军队卷入一场运动战（事实证明，骑兵的机动性在这场战争中相当重要），这场内战和随后爆发的苏波战争对红军产生的影响最为深远。人们有目共睹的是，内战以传播革命为重要目的，这解释了红军强调进攻机动而非阵地战的原因。

20 世纪 20 年代和 30 年代初，年轻的红军中出现了令人印象深刻的景象——军事理论繁荣发展。G.S. 伊斯谢尔松、A.K. 科连科夫斯基、B.M. 沙波什尼科夫、Ye.A. 希洛夫斯基、A.A. 斯韦家、V.K. 特里安达菲洛夫、M.N. 图哈切夫斯基、Ye.P. 乌博列维奇、N.Ye. 瓦尔福洛梅耶夫和 A.I. 叶戈罗夫这些分析家提出了一

系列新概念 [2]。他们的立足点是庞大军队时代出现的新现实，战争的时空尺度大为增加，大国间的战争已无法通过一两次决战乃至一场会战来决出胜利，仅凭战术胜利的累积亦不足以以任何合理的代价获得战略性胜利。因此，通过实施一系列相互关联的战略性进攻战役（每场战役都是迈向最终战略目标的重要一步）赢取胜利的理论应运而生。这些理论的实施出现在战役法领域，A.A. 斯韦钦于20世纪20年代初率先阐述了军事理论中的新概念。实际上，他将之视为战略与战术间至关重要的连接环节。战略追求的是目标，实现其主要目标需要解决战场上的问题。战术则是这些问题的解决之道，它对以最快、最经济的方式解决问题，从而逐渐、不可逆转地实现战略目标至关重要。因为资源总是有限的，所以有必要区分必要目标和预想目标并避免无谓的目标。这就是战役法的范畴：战术行动的构成，有些是同时发生的，但大多是连续实施的，因而其总和大于各独立部分机械相加。诸集团军通过战术步骤的总和赢取战役胜利。在方面军战略性进攻战役框架内同时和连续实施的一系列集团军战役，旨在歼灭敌重兵集团，从而夺取政治或经济要地。这样一场战役将成为实现战略目标的决胜点。为各种战术和战役行动提供一致性和目的的统一因素是战略目标，以及高级指挥员实现该目标的理念。

战略目标只能通过累积战役胜利来实现，要记住，鉴于战役方面的限制，可能需要对这些目标做出谨慎的再评估。诚然，战役胜利取决于战术胜利，这两个层级同样存在一种辩证关系，但战役法占主导地位：战役层面的正确应对为取得战术胜利创造条件，个别战术战斗并不重要；即便发生一些战术逆转，整个战役也可能赢得胜利，但一场战役的失败会危及战略目标。为防范战术失败的后果，红军实现了机械化，并且将自己打造成了一支庞大的军队。这与西方国家"先进"理论的性质相违背，许多未来战争的远见者，如 J.F.C. 富勒、B.H.L. 哈特、夏尔·戴高乐和苏联的 A.I. 韦尔霍夫斯基赞同这样一种观点：坦克的发展使庞大的军队变得陈旧过时。这种观点反对的是构成第一次世界大战特点的步兵群之间的消耗战。一支小规模机械化军队能在机动性方面胜过庞大、笨拙、陈旧的力量并利用后者的一切弱点发动打击。富勒写道："重塑军队应遵循的方针是机动性，而非数量。"图哈切夫斯基扼要地驳倒了这一论点，他指出，一股优秀但非常庞大的机械化力量随时可以击败一支小型专业化军队。[3]

1936 年工农红军暂行野战条令

1936 年的工农红军暂行野战条令（以下简称 PU-36）将 20 世纪 20 年代和 30 年代初的理论工作推向顶峰。20 年代,斯韦钦对新诞生的苏联之弱点(特别是其"农民后方")抱以谨慎务实的态度,他一向是战略防御的支持者。但这种理论被认为不再适用,威胁加剧时,一支小型或本土防卫型军队已无法构成防御的坚实基础。为应对资本主义国家日益加剧的威胁,整个经济和社会必须迅速强行实现工业化和军事化,以便为现代战争提供工具。[4]这些工具将用于装备一支庞大的常备军,其规模从 30 年代初的 56.2 万人增加到了 1938 年的 150 多万人。不断增长的实力带来的信心增强,加之或多或少掺杂其间的狂热意识形态,导致实施进攻战略的主张大行其道。苏联可能会先遭到进攻,但强大的掩护力量完全承受得住这一打击,充分动员起来的红军随后会将战争迅速引入敌方领土,最终导致资本主义政权垮台。PU-36 提供了红军对这种进攻—反攻构想的官方解说,它被认为是军事革命(西方国家后来剽窃了苏联这个概念)时期的行动指南。在许多方面,其概念领先于同时代德国的"多兵种合成军队的指挥"(*Truppenführung*)理论,英国和美国的战争学说更是望尘莫及。虽然 PU-36 的大部分内容纯属战术性的,但其核心理念在战役法领域,这被视为战争中的临界水平。虽说某些地方过于不切实际或太过简单,在一些细节上也存在不足,但是该条令的基本原则和理念经受住了战争考验——前提是它们得到了正确的实施。不过,苏军在此之前将经历可怕的兴衰起落。

新学说在坚持战争目标方面毫不妥协。它明确指出,作为一支意图传播革命的力量,红军始终处于暴力威胁下,从一开始就应将战争引入敌方领土。条令第二段写道:

红军的作战行动应始终致力于歼灭。取得决定性胜利并彻底歼灭敌人是苏联从事战争的主要目的。实现这一目标的唯一手段是:(a)消灭敌有生力量和装备;(b)粉碎其实施抵抗的士气和能力。每一场战斗(进攻或防御)的目的都是给敌人造成损害……但只有在主要方向遂行一场决定性攻势并以势不可挡的追击为结束,才能彻底歼灭敌人。

因此,战役机动的主要目的是歼灭敌有生力量,而非攻城略地。海军和后来的空军也始终认为胜利的关键在于歼灭敌人。就海洋和天空来说,在苏联人看来,重要的是控制"势"。陆军同样如此，夺取这片或那片地域的重要性远不及粉碎敌人在各处的抵抗能力重要。一旦打垮对方的抵抗，具有战略重要性的目标和整个地区就将落入己方手中，这是歼灭敌主要集团的一个有效附带结果。

西方国家的军官们对PU-36第一章概述的大部分基本原则较为熟悉：集中力量于主要突击方向，在次要地段节约兵力，因为突破是一项深具挑战性的任务，需要达成相当大的优势，需要各兵种在不同地段实施协同一致的行动，需要指挥员了解士气的重要性并负起维持士气的责任，需要克服重重困难进行连续、有效的指挥控制，需要下属们充分理解上级意图并进行灵活、恰当的自主发挥[5]，还需要可靠的后勤基础做保障。西方人也认识到了突然性的重要，但也许并未达到对其加以强调的程度，PU-36第6条的结论是："突然性能产生震慑效果。因此，一切战斗行动都应最隐蔽、最迅速地完成。"换句话说，保持突然性并不仅仅是在战役开始时要做的事，就像第111条明确指出的那样，应在整个战役过程中利用现代化武器系统的机动性寻求突然性。出敌不意的机动和气势，以及令人意想不到的武器和进攻方式是在战斗中赢得胜利的保证，红军很快将通过自己的惨痛经历重新学习这种颇具先见之明的思想。

不过，英美军队并不熟悉PU-36的一个重要理念——他们的惯性思维实际上拒绝接受该理念——即战术层面的大纵深战斗和更高层面的大纵深战役。[6]条令第4条超越了"坦克应集中使用"这一认识，而集中使用坦克本身就是个颇具争议的理念：

> 机械化兵团由坦克、自行火炮和搭乘运输车辆的步兵组成，可脱离其他兵种遂行独立任务或与其他兵种配合……其机动和打击必须获得空中支援……伞兵突击部队是破坏敌指挥控制和后方（后勤）的有效手段。在正面进攻部队的配合下，他们可以在预定方向对彻底击败敌人发挥决定性作用。

条令第9条补充道："现代作战装备使同时在敌战术全纵深歼灭敌军成为可能。迅速变更部署、出敌不意的迂回机动、夺取敌后方地域并切断其退却路线的能力不断增强。必须在进攻过程中包围并彻底歼灭敌人。"这个主题在第112条中得到重申，实际上，整本手册不断重复这一论调。大纵深战斗和后来的大纵深战役理念，是对线式消耗这种在别处居主导地位的军事思想的拒绝，它的预设战场不存在绵亘的战线。

进攻不再由各连贯阵地的对抗构成，依靠机动作战，快速机动的部队能够将战术胜利发展为战役胜利。快速部队、空降部队和兵团将战斗重点迅速转入敌后方地域并通过机动分割敌编成，从而摧毁敌人的凝聚力，以及指挥控制、后勤保障体系，合围敌兵团，继而将其粉碎。条令第197—205条称，应全力发展突破并展开追击，以此完成歼灭敌军的任务。只要发现个别地段的敌人有弱化迹象，无论对方在其他地方是否坚守，都应发展突破并展开追击。只有接到上级命令后才可以停止追击。

苏军强调机动、大纵深战斗和战役并弱化阵地战的一个结果是，前线被一片作战地域取代，投入其中的部队混合掺杂在一起，侧翼敞开，缺乏安全的后方地域。在这种不稳定环境下，态势难免发生迅速、出乎意料、可能是根本性的变化，典型的战斗样式会变为遭遇交战（较低层面为遭遇战斗），PU–36用整整一章阐述该主题。第140—143条阐述的就是这个问题，并且解释了战术后果：

遭遇战斗是从行进间直接对（同样）开进中的敌人发起打击……遭遇战斗的特点是从行进队形迅速转为战斗队形并立即对所发现之敌展开攻击。先敌展开、先敌开火、先敌转入进攻在遭遇战斗中具有决定性意义。因此，各级指挥员必须勇敢、坚决行事，夺取主动权并以果断的行动将意志强加于敌人。遭遇战斗触发时，不必等待彻底弄清情况。通过侦察获得的情报永远是不完整的，由于敌人也在移动，这些情报很快就会过时。遭遇战斗中，关于敌方行动的情报不足，这是种常态。因此，为弄清态势而等待或拖延，会将己方情况透露给敌人并丧失主动权。遭遇战斗中，主要方向的选择可以由有利于发起粉碎性打击的地形决定。遭遇战斗必须以打乱敌队形、诸兵种展开果断行动为基本动机，对目标、时间、地点加以协调，从而逐一消灭敌人……遭遇战斗的目标应当是包围并歼灭敌人。

总之，该条令构想的是一个非常苛刻的战役环境。传统、保守的将领过去经常"按照惯例"应对缓慢发展的态势，他们当中没有谁能赢得胜利。苏方资料一再坚称，战役层面的指挥需要"创造性"，以及处理抽象概念并找出办法解决问题的能力。高级指挥员需要敏捷的思维，这使他们能够应对迅速而又混乱的变化和战争迷雾，抓住稍纵即逝的机会，将各种战术活动和机动汇聚成一个连贯的整体，进而实现战略目标。

苏军对日后战役性质的这种观点具有战术性影响。PU-36 和另一些教义著作强调实现诸兵种集团的最优组合和安排他们以正确的行军顺序进入作战地幅的重要性。从行军队形转为战斗队形时，没有时间实施重组，也不会有时间对态势做出明智的判断并下达详细命令实施一项复杂计划。只有迅速做出反应，才能先敌展开并夺得主动权。因此，苏联人在战术层面倾向于简单、易于理解并迅速实施的战斗训练。这种方式（即便疲惫、惊恐的官兵也能轻松实施）能保证先敌动作并赢得时间之战，很有可能令敌人措手不及。[7] 图哈切夫斯基要求他的指挥员们发挥主动性，并非建议他们采取独特的行动，因为这会混淆友军和敌人，创造性一般只适用于战役层面。他希望指挥员们选择最恰当的战斗行动方式，适应当前态势，不浪费时间请示上级部门并迅速加以实施。另外，若全面贯彻这一学说，敌人会在进入战斗时处于劣势。侦察部队、先遣支队或前卫应击败敌人并获取有利地形（例如能提供观察视野的制高点、便于机动的交通枢纽和隐蔽处）。空中遮断会打乱敌行军队列，空降突击和袭击则可以扰乱敌指挥控制和后勤体系并迟滞其预备队。

空中力量将在苏联现代战争理念中占据重要地位，但仅仅是地面部队的战术配属。PU-36 并未以单独章节或段落谈及这个问题。本着诸兵种合成作战的精神，只有 13.5% 的空中力量（主要是远程航空兵）由最高统帅部直接掌握；另外86.5% 的空中力量分割使用，几乎平均分配给方面军和集团军司令部，后者可能会将其作为附属单位交给各个军。PU-36 强调在每个层级整体使用空中力量，将其集中于最重要的任务中。首要任务是派出歼击机，迫使敌机远离苏军地面部队——防空问题必须首先解决。其次是进行空中侦察和提供充分的掩护。轰炸和强击航空兵主要打击超出炮兵有效射程的目标，支援地面部队推进。在敌纵深展开战斗期间，他们将提供至关重要的支持。此外，航空兵也用于攻击敌指挥部，破坏对方的指挥控制。他们还打击敌预备队和炮兵，阻止前者及时投入战斗并压制后者，尔后防止己方部队加快前进步伐时对方脱离战斗。敌人退却时，航空兵还要对其加以骚扰。运输机则负责投送空降突击部队，以便夺取重要地形并破坏敌后勤支援和指挥控制。换言之，红军清楚地认识到，空中力量将提供灵活的火力打击，可以从战场的一处迅速机动至另一处，还能满足对敌部署的全纵深同时展开攻击的要求。PU-36 缺乏的是对空军独立遂行任务的高度重视，而西方国家对此最为关注。条令中未提及战略轰炸，哪怕是作为一个愿景，而进攻性制空和拦截任务仅在参考文献中提及。例如，第 7 条指出："除独立任务外，航空兵兵团应与诸兵种合成军队展开密切的战役—战术协同，打击敌军队列、集结区、桥梁和敌基地内的战机并为己方军队提供掩护。"

红军的编成对这些理论要求做出了清晰明确的回应。特里安达菲洛夫设想的突击集团军将在战时组建以完成突破任务。突击集团军编有 3—4 个步兵军（辖 12—15 个步兵师和直接支援步兵的坦克）、1—2 个机械化或骑兵军、10—12 个炮兵团、3—4 个航空兵师。1931 年，为遂行发展突破的任务，红军组建了第一个机械化军，这是一支大型兵团，编有 2 个机械化旅和 1 个步兵旅——共 6 个坦克营、5 个步兵营、1 个机枪营、3 个炮兵和迫击炮兵营、1 个侦察营和 1 个工程兵营，拥有 490 辆用于纵深突破的快速坦克。到 1936 年，红军已有 4 个机械化军和 6 个独立旅，可用于组建快速集群（另外还有几十支直接支援步兵的独立坦克部队）。1932 年，第一个空降兵旅组建完成，到 1935 年，德国军官观看基辅大演习并对投入空降兵产生深刻印象时，红军已有 3 个空降兵旅。5 年后，红军编有 5 个空降兵军，每个军辖 3 个旅。

学说方面的混乱

早在德国入侵前，苏联红军已陷入低谷，这种状况一直持续到苏联人所说的伟大卫国战争第一阶段（1941 年至 1942 年年底）结束[8]。PU–36 墨迹未干，其先进的理念便被弃如敝屣。主要原因是 1937 年至 1938 年的肃反，也就是对所谓"人民公敌"的大清洗，这些人与斯大林的观点不同或可能不同，他们有可能挑战他的权威。遭处决或被监禁者，包括以图哈切夫斯基为首的 3 名聪明能干的元帅、67 位军级指挥员中的 60 人、199 名师级指挥员中的 130 人，另外还有 3.5 万名下级指挥员被卷入其中。[9]红军高级领导层几乎损失殆尽，那些有能力改善并贯彻苛刻战役理论的指挥员彻底消失。幸存者大多是缺乏能力的人，当然也有些人颇具潜力，但问题是他们被提升得太快，晋升的职位太高，因而无法应对德国人 1941 年的猛攻。精心构思并得到改善的军事理论体系，随着其创造者的垮台而受到怀疑。没人愿意承认同"人民公敌"存有任何潜在联系。另外，军事保守派对 PU–36 中的进步思想感到不快，认为西班牙内战的经验和红军机械化兵团 1939 年入侵波兰和芬兰的拙劣表现证明，他们主张的重视政治合格、否定加强职业化完全正确。苏军在波兰和芬兰糟糕的表现归咎于许多原因（比如过时的装备、大清洗导致的策划和参谋工作不力、图哈切夫斯基力图培养的主动性被对因作战失利而遭受惩处的担心和恐惧所取代，等等），但学说错误并非其中之一。

1939 年 11 月，红军总军事委员会下令解散新组建的机械化军，取而代之的是 15 个摩托化师、32 个独立坦克旅和 10 个可在战时扩充为旅的团。大纵深战役理论名誉扫地，战役法恢复成军事革命前的呆板模式。坦克战依然是苏联军事思想中的重要环节，但坦克将不再脱离主力突入敌纵深后方，红军正回归线式战争。对那些新获得晋升、雄心勃勃但缺乏经验的高级指挥员来说，军事理论已沦为对大多数斯大林关于战争的见解的刻板重复。

重建完成后没多久，德国人于 1940 年在西线发动的闪电战便引发了另一场反思。去年波兰的失败并未造成太大反响，但法国被视为欧洲首屈一指的军事强国，其军队不到两个月便灰飞烟灭，这一点让人不得不加以关注。德国国防军似乎将图哈切夫斯基的理念据为己有并取得了非凡的胜利。当年 7 月，红军决定重建 8 个机械化军和 2 个坦克师。每个军编有 2 个坦克师和 1 个摩步师，共约 3.6 万人和 1031 辆坦克（包括 546 辆新型 KV 和 T-34 坦克）、268 辆装甲车和 358 门火炮。1941 年 2 月，新机械化军的组建工作即将完成时，红军决定明年再增加 20 个快速军，其基础结构已正式建成。实际上，快速部队的组建是整个红军发生的变化的一个缩影。针对法西斯日益加剧的威胁，苏联"走向战争"期间大幅提升军力，同时竭力避免激怒德国（参见表 1.1）。

表1.1：1939年—1941年红军的扩建

兵团（部队）	1939 年 9 月	1940 年 12 月 1 日	1941 年 6 月 1 日
步兵师	96	152	196
步兵旅	5	5	3
摩步师	?	约 10 个	31
骑兵师	30	26	13
坦克师	4 个军	约 18 个	61
筑垒地域	?（21 个在西部）	?（21 个在西部）	120（41 个在西部）
空降兵旅	6	5	16
兵力	52 万	420.7 万	500 万

※ 资料来源：戴维·M. 格兰茨，《苏联的军事战略：一段历史》，伦敦：弗兰克·卡斯出版社，1992 年，第 92 页。

红军本应在 1942 年年底完成扩充、重建和再装备，当然，德国人在此期间对苏联发起突然袭击。当这场打击在 1941 年 6 月 22 日骤然而至时，红军各快速军的兵力接近计划编制的寥寥无几；平均而言，坦克力量仅为编制规定的 50%，其中新式坦克仅占 18.2%。其他方面也存在不足：卡车数量是编制规定的 39%，拖车为 44%，火炮为 60%，摩托车为 17%。只有最初的 9 个机械化军的战术能力接近计划水准并开展过旅级的指挥所演习和野外训练。作为陆军基石的步兵，也在实施同样激进的扩充，不仅增加步兵师的数量，还将现有步兵师扩大为战时编制。坦率地说，任何一支军队在这种激进变革的阵痛中都将遭到削弱，但红军的处境尤为严峻。组织结构的不合理仅仅是红军弊病的一种表面形式。采用何种军事学说仍悬而未决，军官团的精英不是被杀就是身陷囹圄；留在高级，甚至中级指挥岗位上的指挥员缺乏专业教育、培训和经验，或者能力不足。另外，值此军事威胁日益加深的非常时期，他们也没有深入研究德国人的模式，除了进行全面动员外，关于苏联应如何从事战争这个问题所得出的推论非常少，特别是在防御性战争方面。

从灾难走向胜利：1941年至1943年的战争进程

第一阶段：1941 年 6 月至 1942 年 11 月

到 1941 年，苏联人已经选择了战略防御——斯韦钦 10 年前倡导这个理念时曾遭到强烈否定[10]。初期防御由 171 个步兵师组成的第一战略梯队遂行，但这些师中的大多数兵力不足。57 个步兵师构成的掩护力量部署在距离新西部边境约 100 千米处。这支战役第一梯队分布得较为稀疏（每个师的防区宽达 70 千米），所能做的仅仅是确定敌人选择的突击方向，同时稍稍迟滞对方并消耗其势头。担任战役第二梯队和预备队的 114 个步兵师，以及西部 20 个机械化军中的大多数，部署在远至第聂伯河和西德维纳河的纵深处（距离边境 600 千米）。这些兵团编为三个方面军和一个独立集团军（后改为方面军），负责消耗、破坏、阻止攻向第聂伯河之敌并以反攻将对方逐出苏联领土。反攻的决定性力量是组成第二战略梯队的五个集团军。可是，战争爆发两周后，敌人已到达或越过停止线，而这些军团仍未完成部署。

这个概念从理论上来说似乎是可行的，但在实践中存在缺陷。红军的态势并不适合抗击一场全面入侵。红军普遍持有的观点是，敌人只能以其掩护力量的一个有限集团实施初步突击，他们的主力尚需要动员和展开。这种战争初期的观点到1941年已明显过时，但仍对苏军的部署和准备状况产生了影响。[11]苏军的部署有误，其主力（特别是快速力量）位于乌克兰，而非面对德国人将沿莫斯科和列宁格勒展开的主要突击方向。后勤准备方面，他们的仓库过于靠前，显然是打算尽早转入进攻。伟大卫国战争初期，无论是领导层的表现、学说和组织建设、装备和训练水平，还是实际的兵力部署，无不无情地暴露出红军的不足和不切实际的期望。苏军发现，他们灾难性地低估了敌人达成战略和战役突然性、从一开始就以充分动员的力量发动入侵的可能性。[12]即便考虑到红军正处于整顿、重新装备和再部署的阵痛期，其准备程度也不高。德国人立即夺得主动权并将其战争样式强加于苏联，凭借152个经验丰富、齐装满员的师，包括34个装甲、摩托化师（更不必说14个芬兰师和14个规模较小的罗马尼亚师），他们得以在选中的各个方向达成战役优势并对这种优势加以充分利用。

德国人从第一天起便取得了空中优势，这就意味着他们可以自由机动，各条交通线不会遭遇来自空中的麻烦。他们使苏军无法集中、展开、变更部署、有序和及时地后撤或重组。另外，红空军需要重建和整顿并重新思考作战的各个方面，这一系列变革直到斯大林格勒反攻期间才有效发挥作用。德国军队不仅达成了战略突然性，而且正如早期军事理论家们预料的那样，实施了令人震惊的快速纵深突破，这种突破进一步加深、延长了防御方的瓦解并导致后者士气低落，这就是人们常说的胜利孕育胜利。边境地区近100个过度拉伸的师被打垮、遭歼灭或实力锐减至原来的一半。苏军最高统帅部大本营下意识的反应是下令立即发动反攻，前方地域的10个机械化军在没有情报、准备、防空、充足补给或协同的情况下投入战斗，结果被悉数歼灭。到7月10日（苏联人认为这标志着战争初期的结束），德国人在列宁格勒方向已到达普斯科夫，而在莫斯科方向，他们到达了从维捷布斯克至莫吉廖夫以南的第聂伯河河段。两周半时间内，侵略者已沿一条宽达1250千米的战线推进400—600千米，在此过程中给红军造成超过41.6万人的不可归队减员（若计入负伤和患病者，两个遂行防御的方面军，人员损失近48%）。[13]他们还占领了340座不可移动的后勤仓库和基地，这些仓库对苏军价值重大，以西方面军为例，30% 的弹药和 50% 的燃料及草料都储存在这些仓库里。

侵入乌克兰的德国人取得的战果稍小些，他们沿约 600 千米宽的战线推进了300—350 千米，给红军造成超过 17.2 万人的不可归队减员（合计为西南方面军总兵力的 28%）。在奔向第聂伯河时，德军的主要目标是通过大规模合围歼灭红军主力，普里皮亚季沼泽以北的主要突击方向上，他们似乎在很大程度上实现了这一点。主要进攻方向上，德国人重创了苏军防御部队，北线离列宁格勒已不到 300 千米，中线离莫斯科尚有 630 千米，这两处是他们的重要地理目标。陆军总参谋长哈尔德在日记中写下了德国人普遍持有的观点：这场战争将在 7 月初结束。希特勒下令将优先目标调整为夺取列宁格勒和乌克兰东部，为此，四个装甲集群悉数投入战场，继续留在莫斯科方向的只有步兵集团军。之后，希特勒与陆军总参谋部就战略目标问题和随之而来的主要突击方向问题展开了历时一个月的观点和愿望之争。哈尔德越来越清醒的认识——最初 2—3 周的战事并不能彻底歼灭红军，加剧了这番争执。实际上，侵略者在第聂伯河畔遭遇德军情报部门根本没有发现的 5 个苏军集团军。但这只是诸多出乎意料的苏军集团军中的第一批。

德军继续攻向列宁格勒，几乎毫不停顿。尽管红军耗费 21.4 万兵力，徒劳地试图挡住入侵者，但到 9 月底，这座城市已陷入围困。过去几周德军以削弱莫斯科方向为代价，为进攻列宁格勒提供额外支援，现在希特勒认为可以将部分援兵调离，事实证明这个决定过于草率，苏军调集援兵，在 11 月展开一场反攻，部分恢复了防御的稳定性。与此同时，双方在中央战线 600—650 千米宽、250 千米深的作战地区展开了一场规模浩大的交战，战事持续整整两个月，苏军投入的全部兵力超过 66 个师，但德国人最终还是攻克了斯摩棱斯克，又给苏军造成 48.6 万人的伤亡。莫斯科方向的这场激烈斗争促使德国人南调一个主要装甲集群以形成钳形攻势，进而合围扼守基辅地域的苏联军队，在那里也许能轻松取得战果。德军的新举措赢得惊人的胜利，斯大林拒不批准后撤以保全军队的建议，他的顽固导致红军折损 61.63 万人并后退 600 千米。肃清乌克兰的苏军残部后，侵略者在 11 月中旬前占领了顿涅茨盆地和克里木大部，又给红军造成 14.33 万人的不可归队减员。但在列宁格勒地域，红军 11 月发起规模有限的反攻，迫使过度拉伸的侵略者退却。德国人将重点转向基辅合围圈，加之后勤补给线过度拉伸，必然导致近一个月的战役间歇，直到 9 月底才恢复向莫斯科的进攻。这场战役从一开始就受到秋雨和早早到来、多年来最寒冷的冬季的妨碍。获得喘息之机的苏联人调集新锐力量，部分用于恢复两翼态势，但大多部署在中央地段：7月份出现13个新集团军，8月份有14个，9月份有1个，10月份有4个，11月至12月又出现10个。红军为10月至11月的莫斯科保卫战付出了51.43万人的代价，但德军的攻势在距离该城不远处陷入停顿。获救的不仅仅是莫斯科，可能还包括苏联政府及其体制。

12月4日，在德军主要突击方向担任指挥的冯·博克报告，尽管苏军投入几个新锐师，但他们无力发动反攻。次日，苏军对中央集团军群展开反攻，该集团军群疲惫不堪、失去平衡、部署不当，对苏军的打击毫无准备。另外，他们的许多装备因天寒地冻而无法使用。德国人无力补充他们蒙受的损失，而莫斯科地域的红军却获得大批增援，其中包括来自远东军区、中亚军区和外贝加尔军区、一直同日本人对峙的实力强大、训练有素的兵团。苏联人还吸取了前五个月的灾难中的教训，简化其军队结构：取消笨重的机械化军，规模较小的混成坦克旅（理论上讲编有56辆重型、中型和轻型坦克）成为最大编制的坦克部队，另外还组建了100个独立坦克营（每个营应配备36辆各种坦克），用于支援步兵；步兵军被撤销，5—6个缩编的步兵师或旅交由集团军司令部直接掌握。苏军的集团军相当于西方国家的军，坦克和火炮方面的实力较弱，快速进攻能力由编制小而脆弱的骑兵军提供，可能还有一个坦克旅作为加强。战争初期侥幸生还或接替阵亡将领的指挥员，大多缺乏教育、训练不足、欠缺经验，他们也许能应付这种规模较小、不太复杂的编制。

红军在数量，特别是兵力数量方面占有优势，于是利用这种优势在俄罗斯之冬从事战斗并从过度扩张、补给不佳的侵略者手中夺取主动权应为最优选择。刚刚获得新生的苏联空军为此提供支援，尽管力度较小，但他们能在严冬条件下展开行动，而其对手却无法升空。虽说在战役法方面较为粗糙，战术上也不完善，但这场反攻获得了突然性这一关键优势。最初的胜利在两翼的列宁格勒和罗斯托夫地域实现。中央战线，三个方面军（后来是四个）在宽度超过1000千米的地带展开进攻，经过五周激战，成功将敌人击退100—250千米。虽然为此付出了13.96万不可归队减员的代价，但红军一举消除了首都遭受的威胁。这些发展使斯大林相信，他们可以在列宁格勒与克里木之间以九个方面军发动一场全面反攻。不愿停止进攻的斯大林继莫斯科战略性进攻战役后又发起勒热夫—维亚济马战役，行动持续至4月20日，导致红军又损失27.23万人。虽然中央集团军群处于崩溃边缘，但对 1941—1942 年冬季的红军来说，包围并歼灭该集团军群的目标过于雄心勃勃。从范围上看，这场行动比德国人的任何一番尝试都要庞大。但很显然，斯大林至少得到了他那些专业顾问们的默许，因而坚持在列宁格勒以南展开额外的反攻，直奔哈尔科夫并解救塞瓦斯托波尔。苏联人缺乏彻底击败德军的力量（特别是坦克）和技能，对方虽然受伤，但远谈不上致命。过度扩展的代价相当高昂，例如，仅柳班和杰米扬斯克的方面军级战役就导致红军又折损 18.4 万人。与苏军行动高潮相对应的是德国人的虚弱，以及前者无法对这一弱点加以利用，他们分别在列宁格勒和莫斯科地域留下一支困惑而又混乱的力量，特别是在危险的勒热夫突出部，那里距离苏联首都非常近。尽管如此，红军的冬季攻势还是给迄今为止势不可挡的德国战争机器造成重创，导致其急需大修和重建。德军再也无法像前六个月那般出色，而其对手也不会像以往那样拙劣。

就 1942 年夏季的战局而言，德国人在作战兵力（特别是训练有素的兵员），火炮和弹药、燃料储备，坦克数量，特别是机动性方面比去年要弱 [14]，另外他们还被迫勉强糊口。因此，德军打算在北部和中央只展开局部进攻，以此改善己方阵地的状况，所以在列宁格勒地域仅发起一场次要行动。遂行大规模攻势的只有南方集团军群，他们为此投入了 49 个步兵师和 16 个装甲、摩托化师，其中三分之一步兵兵团既未得到重建也未获得休整，另外三分之一步兵兵团没得到休整；快速兵团中的三分之二力量同样未获得休整。集团军群将完成对克里木的征服，但主要任务是夺取高加索的油田，特别是 750—1200 千米外，格罗兹尼和巴库周围的油田。虽说对双方都很重要，但这个经济目标对尽可能多地歼灭红军有生力量（现在应以更小、更紧密的包围圈来完成，以免对方突围或逃脱）来说应该是次要的。与巴巴罗萨行动一样，德国人将突然性和立即夺得主动权视为重要的力量倍增器。

斯大林固执地认为自己的力量正无可否认地得到恢复，并且高估了敌人的虚弱程度。尽管总参谋部提出忠告，但他坚持要求先发制人，在从列宁格勒到克里木的广大地域展开庞大的破坏性进攻。实际上，他已将冬季战局的顶点拖延至春季。这样一来，他将预备力量消耗殆尽，而这些预备队本可用于在 1942 年 6 月实施比去年更具成效的战略防御。苏军最高统帅部大本营错误判断了形势，他们预计德国人会于夏季重新攻向莫斯科，德军卓有成效的欺骗计划"证实"了这一预期，红军遂将主要力量集中在该方向。

苏军所有的进攻都遭到代价高昂的失败。斯大林不顾总参谋部劝告，执意在哈尔科夫发起的五月攻势是一场尤为深重的灾难，导致红军又折损17.1万人。德国人早已发现苏军的集结并决定承受对方的冲击，待其到达顶点时，转而发起自己的进攻。突然丧失主动权后，惨遭失败的苏军无法组织防御，其突击集团基本被德军歼灭。同时，苏联人也被逐出克里木并付出了几乎相同的伤亡代价（虽然塞瓦斯托波尔坚守到7月）。因此，随着左翼遭削弱，而防御重点又部署在中央地段，准备不足的红军无力抗击对方的夏季攻势。德国人向东推进至斯大林格勒，向东南方越过高加索山脉，距离格罗兹尼不到100千米。他们已向前挺进了700多千米（当然，在恶劣道路和崎岖小径上的实际行进距离要远得多）并散布在一条近3500千米的正面战线上，这条巨大的弧形战线从黑海边缘的新罗西斯克起，穿过奥尔忠尼启则和斯大林格勒，直至沃罗涅日。行动期间，他们给对方造成严重伤亡（近89万人），特别是因为红军频频发起反突击并在别处展开局部进攻，苏联人认为德军在某些地段肯定很虚弱（的确如此，但红军尚未熟练掌握对其加以充分利用的方法）。但德国人又一次没能歼灭红军大部，后者已学会避开（经常能做到）合围，若无法做到，就设法突出或逃离松散的包围圈。这些和在别处蒙受的另一些损失会获得补充，红军还将组建更多部队，而侵略者却无法做到这一点。另外，在这场攻势于11月到达顶点时，德国人没能夺得任何重要的地理目标。他们已夺取了一两个小型油田，但在掌握这些油田的有限时间内他们未能加以开采；大型油田仍遥不可及并继续满足着苏联的需求。这一失败有两个主要原因：后勤补给线过度拉伸——这一点在7月下旬已非常明显并日趋严重；以及进攻重点越来越偏向斯大林格勒——进攻同样没能成功。

德国人过度延伸之际，红军正准备发动反攻，这场反攻不像去年那般即兴。空军同样如此，为争夺制空权，他们将对德军发起真正的挑战。红军已吸取了教训，主要是从敌人那里，但也来自冬季战局的成功和失败，以及春季遭遇的惨败。他们再度承认战前学说的基本正确性，指挥员及其参谋人员从相关经历和总参谋部的指导中获益，变得更加专业，更加熟练，能更好地指挥更加复杂的编制。他们正努力打造一支能够践行相关学说，在达成突破后能遂行大纵深战役的现代化军队。这支现代化军队的重要细节将在下面的战役法章节详述。地图1.1大致总结了战争第一阶段苏联遭受的灾难性领土沦陷。

地图 1.1：1941 年 6 月—1942 年 11 月苏联沦陷的领土

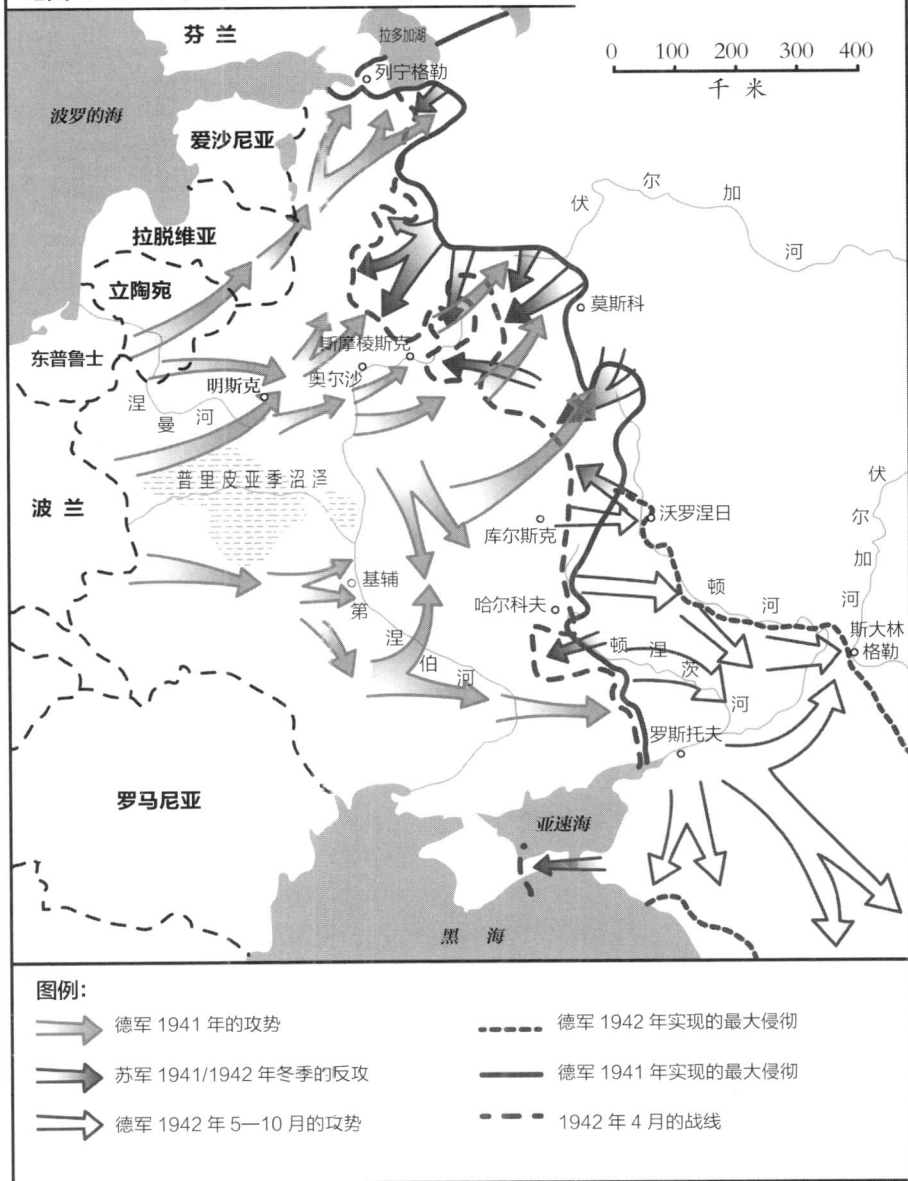

芬 兰
拉多加湖
列宁格勒
波罗的海
爱沙尼亚
伏
尔
加
河
拉脱维亚
立陶宛
莫斯科
东普鲁士
斯摩棱斯克
明斯克
奥尔沙
涅
曼
河
伏
尔
加
河
普里皮亚季沼泽
波 兰
沃罗涅日
库尔斯克
顿
河
斯大林格勒
基辅
第
涅
哈尔科夫
顿
涅
茨
河
伯
河
罗斯托夫
罗马尼亚
亚速海
黑 海

0 100 200 300 400
千 米

图例：

- 德军 1941 年的攻势
- 苏军 1941/1942 年冬季的反攻
- 德军 1942 年 5—10 月的攻势
- 德军 1942 年实现的最大侵彻
- 德军 1941 年实现的最大侵彻
- 1942 年 4 月的战线

第二阶段：1942年11月至1943年12月

为夺取斯大林格勒，德国人越来越孤注一掷，将大部分可用资源投入这一目标，导致突击集团的侧翼掩护拉伸到极其薄弱的程度，只能辅以卫星国能力低下的军队。[15] 虽然知道苏军正在侧翼集结，但德国人低估了其规模，误判了其目的，最重要的是低估对方日益增长的能力。德军的进攻到达顶点时，苏军最高统帅部大本营预备队仍掌握着强大的力量：189个步兵师、30个坦克和机械化军、78个步兵旅、159个独立坦克旅和10个航空兵军（每个军编有120—270架战机）。一旦莫斯科遭受的威胁得到解除，这些为反攻节省下来的力量将用于中央和南部的主要突击。与去年相比，他们的装备、编成和训练好得多，因而准备践行修订后的相关学说。

到1942年12月，苏联人正学着集结突击集群，这使他们获得了足够的优势，为此，他们还悄悄使用了马斯基罗夫卡。苏军一举歼灭担任侧翼掩护的罗马尼亚集团军，仅用五天便包围了德军斯大林格勒集团，到第十天，他们已牢固设立起一道合围对内正面，对外正面则成功挫败了德军解救被围部队的企图。重拾信心的红空军为各兵团提供的空中支援越来越有效，斯大林格勒的空中封锁导致德国人为被围部队提供空运补给的企图全然无效。同时，红军扩大攻势，在此过程中歼灭匈牙利和意大利集团军，其目的是夺取罗斯托夫，从而切断高加索山区两个德国集团军的生命线。但是，他们不得不缩减这场纵深推进的规模，因为被困斯大林格勒之敌的庞大规模要求他们将6个集团军悉数投入并用两个多月时间将其歼灭。通过熟练的战役机动，德国人得以挫败红军这个更大的意图并将第1装甲集团军撤出高加索，但无法避免第6集团军和第4装甲集团军一部覆灭于斯大林格勒，这是德军作战序列中最大的战役集团。[16] 他们也无法应对红军随后以斯大林格勒会战胜利后腾出的兵团和调自最高统帅部大本营预备队的新锐力量向西北方发起的攻势，这些战役使红军几乎沿宽达400千米的正面推进360—520千米到达第聂伯河。态势直到次年2—3月才稳定下来，过度拉伸的苏军遭到消耗，超出空中支援的范围，在逻辑上已难以为继，故而被德军的反突击逼退。德国人再次证明自己具备实施战役机动的出色能力，一举歼灭苏军贪功冒进的快速力量并复夺哈尔科夫，但没能拿下库尔斯克。这些战役使苏军的损失超过88万，其中不可归队减员约为32.6万人，但他们也令德军及其盟友伤亡约60万，而且无法补充在人员和装备上蒙受的损失。

　　虽说在南方赢得了惊人的胜利，但苏军并未满足。他们还是无法分清理想与可能，期盼在中央地带赢得一场同样辉煌的胜利，以同时发起的同等规模的攻势消灭勒热夫突出部，该突出部仍被视作对莫斯科的一个威胁。这场行动严重受挫，后来在北方解救列宁格勒的行动和在中央地带再度发起的攻势同样如此。高加索山区的德军有序撤离并在库班坚守一座登陆场。红军离学习曲线的顶端尚远[17]，但重要的是，他们从敌人手中夺得了战略主动权。从 1943 年夏季起，德国人（而非苏联人）不得不推测或猜想下一轮打击将落在何处，以及该如何应对。

　　交战双方筋疲力尽，加之后勤的限制和春季化冻及降雨的影响，一场战役间歇不可避免。双方都在思考他们的下一步行动。德国人意识到，下降的能力使他们无力发起 1942 年规模的战略性进攻，更不用说 1941 年那种攻势了。但他们并未选择战略防御，而是力图以一场有限行动切断并消灭庞大的库尔斯克突出部（2.2 万平方千米）。歼灭突出部内的苏军诸集团军或许能恢复战略主动性并创造更多的可能，斯大林也许会在可接受的条件下被迫求和。通过削弱其他地带防线的实力并调集所有预备队，德国人拼凑起一股强大的作战力量：65 万人、2600 辆坦克和自行火炮、1800 架战机。但与这股力量同样令人印象深刻的是，苏联守军的数量优势约为二比一。同时，红军总参谋部已说服斯大林从以往不成熟、过于雄心勃勃的进攻战役中吸取教训。虽然有能力遂行进攻，但苏军将节约兵力，先承受德军显然即将发起的冲击，尔后转入反攻，打击遭到削弱并丧失平衡之敌。扼守突出部的两个方面军集结起 132.5 万人、3500 辆坦克和自行火炮、1.88 万门火炮和迫击炮并获得约 2900 架战机的支援。草原方面军担任预备队——其实力相当于总战斗力量的三分之一——以此加强两个方面军。苏军还可以调集空军预备力量，而德国空军已悉数投入。苏联人获得三个多月时间组织精心构筑、纵深梯次配置的防御，防区内遍布防坦克支撑点和防坦克地域并获得密集雷区的掩护。

　　德军 7 月 5 日发动猛攻，但立即遇到麻烦。准备不足之敌、突然性和空中优势是装甲闪电战的精要，但这些条件已不复存在；克服敌阵地防御并打开突破口以便投入快速兵团所需要的炮兵和步兵力量同样如此。从一开始，这场进攻设想的就是消耗战，而非装甲力量快速的深远突击。经过一周激战，德军之北钳仅推进 12 千米，南钳也只取得 35 千米的进展，而他们的企图是切断宽达 250 千米的突出部。实际上，前者甚至没能突破苏军防御战术地幅。德国空军的表现也好不到哪里去，仅偶尔取得空中均势，实力不断削弱；反观苏联空军，尽管损失更高，但由于不断调来援兵，实力日趋增强。德军的攻势无疑已是强弩之末，希特勒坚持撤出至关重要的武装党卫队第 2 装甲军以抗击英美军队对西欧的登陆，此举直接加速了库尔斯克战役的结束。[18]

按照计划，一旦进攻方陷入对庞大预设阵地的缓慢突破，红军就将以战役预备队和从先前的主攻或牵制性进攻中变更部署的力量展开一连串谨慎的反攻。7 月 12 日，两个方面军（后来扩大为三个）着手消灭库尔斯克突出部北面的奥廖尔突出部。他们认真隐蔽准备工作，加之敌人专注于自己的进攻，故而达成了突然性。进攻初期进展较快，德国人随后匆匆将库尔斯克半僵持状态的强大力量变更部署。之后，红军的进展非常缓慢，直到 38 天后才消除该突出部。7 月 17 日，红军在更南面发起两场牵制性进攻，以此吸引敌人为消灭库尔斯克突出部而集结的预备队。待德军预备队悉数投入后，苏军于 8 月 3 日在先前进攻地带的南面展开主要突击。他们再度秘密准备，这次辅以一个精心策划的欺骗计划，确保达成突然性。三周内，投入的两个方面军从别尔哥罗德攻击前进，复夺哈尔科夫并击退德军的反突击。苏军的空中部队现已夺得制空权，尽管德国人仍能以局部和临时性的方式恢复空中主导权。到 8 月底，从布良斯克到亚速海的德国军队已严重失衡并遭到重创。就连始终强调寸土必争的希特勒，也认为撤至第聂伯河是保全南方集团军群的必要举措。

苏联人无意让对方有序后撤并沿第聂伯河占据新防线。斯大林命令八个方面军（很快会优化为六个）从斯摩棱斯克以北至库班展开另一场全面进攻。8 月 7 日，苏军意图夺取斯摩棱斯克，这一行动遭遇败绩，但牵制住大批德军力量。后来这些力量不得不变更部署移至别处，苏军遂于 9 月初恢复进攻 这次取得了成功，但代价高昂。8 月 13 日，苏军在顿巴斯发起一场大规模攻势，而月底的切尔尼戈夫—波尔塔瓦战役将南方的攻势扩大到一条 750 千米宽的战线上，旨在沿宽大正面强渡第聂伯河。到 11 月底，从白俄罗斯南部到东南方第聂伯河大弯曲部，这场攻势全面突破德军河流防线，肃清了库班并将克里木切断。

不可思议的火凤凰：红军的重生

　　1941 年年底前，大多数德国人和苏联的盟友都认为苏联红军已经被从地球上抹去。苏联已输掉这场战争，唯一的问题是最终崩溃何时到来，接下来要做的只是书写讣告而已。这种观点并不奇怪，苏联已丧失五分之二人口，约半数生产能力落入德国人手中，其首都也处于陷落边缘。德方声称俘虏约 250 万人，而苏军的其他伤亡几乎是这个数字的两倍——大致相当于 1941 年 6 月苏联红军的全部兵力。当时，莫斯科城下的反攻似乎并未成为现在认为的转折点。它只是令讣告作者们暂停手头的工作，但 1942 年的战事发展似乎证实，苏联的灭亡只是个时间问题。苏军在斯大林格勒赢得了伟大胜利，随后又向西推进了 800 千米，这令全世界为之震惊。到 1943 年年底，经过库尔斯克战役并穿越乌克兰又向西推进 900 千米后，主动权无可改变地掌握在苏联人手中，唯一合理的问题是德国人会在何时以何种方式退出苏联。太多历史学家将这一彻底而又迅速的命运逆转视作理所当然，认为这是苏联取之不尽的兵力优势带来的必然结果。很少有人分析红军是如何从看似不可战胜的德国军事机器的另一个倒霉受害者变成赢得战争的一柄复仇之剑的。这不是个纯粹的实力问题（虽然实力有其重要性），而是具有根本合理性的军事学说的发展带来的战役智慧问题。对德国军队，红军以其人之道还治其人之身。更重要的是，红军完成这番转型的同时，仍承受着与德国进行陆战的几乎全部重担：1943 年 7 月初，德军约 200 个各种类型的师部署在东线，约 60 个战斗力较差的师（不包括补充军）驻扎在其他地方；甚至在盟军登陆诺曼底前夕，德军仍有近 170 个师位于东线，西线和其他地区仅有约 120 个师。

苏联获救源自德国犯下的错误

　　德国人非常擅长战役和战术，但在战略方面很糟糕。他们通过在 1939 年至 1941 年春季迅速赢得的一系列战役证明了这一点，这些胜利将他们引入一条战略死胡同。他们在苏联发现，仅凭出色的战役机动不足以征服敌人广袤的领土、庞大的人口和异常丰富的工业资源，更不用说那里的天气了。他们犯下的重大战略错误使苏联人获得时间和机会从最初的灾难中恢复过来，打造出一台赢得战争的机器，并从自己的错误中吸取教训，以期达成最佳效果。

　　入侵苏联时，德国人充满源自 1940 年在西线、1941 年年初在巴尔干地区赢得胜利时的狂妄自大，对苏联有效从事战争的能力不屑一顾。红军在冬季战争中打击芬兰人的表现不是很拙劣吗？大多数苏联人不是对斯大林主义的压制心怀不满吗？大部分德国人也被由于无知而产生的傲慢所蒙蔽，这使他们对敌人心生鄙夷，认为对方在文化方面、智力方面，甚至种族方面都很低劣。这些误判使他们犯下一系列错误，在很大程度上注定其 1941 年的战局。他们从一开始就严重低估红军的实力，这使他们认为自己已取得决定性胜利，但事实并非如此。德国人对苏联战时发力的能力产生致命的误判 [19]，另外他们长期以来一直坚信，苏联军队缺乏从事长期艰苦战斗的勇气，就像法国人那样，这又加剧了判断的失误。这种误判导致德国人犯下战略和战役—战略错误，在某些地区他们还把错误坚持到底。发动对苏联的突袭时，德国人违反了许多战争原则。特别是他们没能选择最佳目标并予以坚持，反而经常注目于途中出现的、深具吸引力的战役目标，这种诱惑导致他们偏离既定战略目标。这一点至关重要，因为他们没有投入足以完成既定任务的力量，之后又未能节约次要方向上的兵力并集中力量迅速实现决定性目标，这导致问题趋于复杂。他们没有做出切实的时间和空间计算，甚至没能为这股不足的力量提供充分支援。因此，他们虽然在 1941 年和 1942 年取得了许多重大胜利，但未能赢得战争；到 1943 年，一切都为时已晚。这一小节阐述的是一些更为拙劣的决策，它们导致了战略失败，但只是粗略概述这些决策如何从根本上造成德国没能赢取胜利，正如本章真正的主题是苏联人如何以一种可怕的规模应对失利，并从废墟中设法打造一部赢得战争的军事机器。

　　就纳粹政权理性的战争目的而言，有两点是显而易见的。首先，消灭苏联这个大国将彻底粉碎英国开辟对德战争第二战线的一切希望。其次，征服苏联大部分领土能带来重大收益，解决日趋困扰德国的经济问题。[20] 经济目标中最重要的是利用高加索的油田和乌克兰的"面包篮"，其他资源，特别是顿涅茨盆地的煤炭，德国人也很看重。军方还对苏联军事工业卓有成效的大规模生产能力颇感兴趣，对其加以利用，德国就能突破困扰战争经济的瓶颈。因此，列宁格勒（拿下这里是第一要务）和莫斯科周边及乌克兰某些地区被列为需要征服的目标。占领苏联的欧洲部分，德国就将获得苏联 75% 的军备潜力和近 100% 的精密工具及光学工业。完成这些征服的关键是歼灭部署于苏联西部的红军，使其无法退入广袤腹地。

这是诸次战役的主要目标，而领土收益则是胜利的必然结果。克劳塞维茨的理论将敌人的军事能力视作重点可谓相当正确。没有得到解答的问题是：若红军在初期阶段未遭到歼灭，而是以空间换取时间，从而获得重生，德国人是否应改变其重点？当然，战事发展的确如此，不过德国人 1941 年对真实情况的认识相当缓慢，鉴于给苏军造成破坏的程度和抓获俘虏的数量，这一点也许可以理解。1942 年继续低估苏联的再生能力就不可原谅了。作为一个替代目标，莫斯科最终可能是一个更佳的打击重点，但德国人认识到这一点时已为时过晚。莫斯科不仅具有极大的工业重要性，也是个不可或缺的铁路枢纽，还是苏联中枢神经系统中的大脑。一个高度集权的国家，对侵略的爱国响应往往要靠强制（至少在初期是这样），首都陷落可能会给苏共的威望和执政地位造成致命打击。另外，斯大林及其追随者非常清楚苏联生活的这些事实，遭受初期灾难后，保卫莫斯科成为他们的主要目标。若德国人也将苏联首都视为 1941 年的绝对首要目标，他们必然会与先前逃脱毁灭的苏军主力发生交战。他们也许能以出色的战役和战术能力击败对方仓促构筑的防御并歼灭红军零碎投入的新锐预备力量，因为这些预备队开到后肯定会立即投入战斗，竭力阻止态势的不断恶化。当然，如果德国人未分兵进入乌克兰，就不得不应对庞大的西南方面军对其右翼的威胁，德军杰出的机动作战能力和空中优势能否抵消苏联在东面和南面的数量优势，这个问题尚待讨论。

为 1941 年战局设定的目标和为实现该目标提供的资源清楚地表明，征服法国后的一年里，一种过度自信已笼罩德国领导层。德军"巴巴罗萨行动"的最终地理目标是夺取阿尔汉格尔斯克至阿斯特拉罕一线，占领这条战线意味着攫夺苏联 80% 的生产能力，另外，位于该战线后方的红空军无法打击德国本土目标。[21] 也就是说，德军必须在道路和铁路交通网极其落后的苏联领土向前推进约 2000 千米。他们要征服的是比法国大 7.5 倍的地区，即便在全面动员前，据守这些地区的红军兵力也比法军多两倍，德国人计划为入侵投入的地面力量仅比 1940 年稍多些，而空中力量减少三分之一。这些军队的机动性太差，无法在严格的时间期限内完成雄心勃勃的目标。空中力量甚至无法在整个庞大战区以所需要的数量及时提供战术支援，基础设施不足给空军的调动造成了妨碍。他们的装备和训练也无法支持纵深遮断，这种封锁本来可以阻止苏联人从远东和中亚调集兵力，或阻止对方将重要的军事工业疏散到乌拉尔。另外，德国陆军和空军都未获得足够的燃料、零部件、替换装备、弹药和后勤供应，更不必说由战争没能在 3—4 个月内胜利结束导致的诸如准备过冬这些不可能得到满足的要求。[22] 理解现实需要很长一段时间。7 月中旬，德国陆军总参谋部认为对苏战争几乎已赢得胜利，因而下令裁撤 20% 的陆军兵力，军备生产的重点调整到海军和空军装备上，以便打垮英国。

为赢得 1941 年代价越来越高昂的胜利，德国国防军严重受损。11 月中旬在奥尔沙召开的军事会议上，德军最高统帅部的乐观情绪有所减弱。德军伤亡已达 68.6 万人，约占入侵力量（包括到目前为止获得的补充兵力）的 20%，是去年在西线遭受损失的 4.5 倍。[23] 装甲师的坦克数量降至编制规定的 35%。陆军的运输车辆只有三分之一可用。德军整体战斗力估计为入侵前水准的 60%。这场战争仍被视为基本上赢得了胜利，但领导层承认，必须以 1942 年的攻势完成最后的决定性打击。德军野心下降，并且承认自己并未准备从事一场冬季战役，此时又适逢气温陡降，于是一个有趣的问题被摆在人们面前：若战争不管怎样都将持续到次年，为何不明智地接受进攻已达到顶点的事实？更好的办法是在敌人夺得主动权并主导事态发展前，有序占据一道冬季防线，令部队做好过冬准备，从而保存实力。获得恢复的部队随后将做好准备并有能力在春季重新发起战略性攻势。但希特勒和陆军总参谋部都不打算考虑这一方案。他们的拒绝将使德国付出沉重代价，德军必然要对付一个更具经验的敌人。他们一直低估苏联的实力，虽然存在相反的证据，但他们依然如此。德方对敌人的评估仍是 160 个师和 40 个旅，其中大多数的战斗力不到计划编制的 50%。实际上，截至 1941 年 12 月 1 日，他们面对的苏军是 279 个师和 93 个旅，虽然大多缺乏训练、经验和装备，但经验丰富的兵团和指挥员越来越多。他们构成全新的、更优秀的红军之基础，这股力量将阻挡德军在 1942 年不断弱化的打击，尔后在斯大林格勒扭转局势。

希特勒原本命令德国军队做好 1941 年 5 月 15 日前发动入侵的准备，届时，春季化冻和无路期（rasputitsa）[24] 大概已结束，用一整个作战季节应该能完成对苏维埃政权的消灭。1940 年 12 月征服希腊确保南翼的决定迫使德国人重新考虑入侵苏联的发起日期。陆军总参谋长计算完成巴尔干战役（最终还包括占领南斯拉夫），尔后让用于入侵苏联的兵团进行补充和休整所需要的时间，得出的结论是，"巴巴罗萨行动"无法早于 6 月 22 日实施。希特勒毫无异议地接受了，该日期遂定为最终的 D 日。实际上，南线战役进行得如此顺利和迅速，以至于执行"巴巴罗萨行动"

的所有兵团 6 月初就已做好入侵准备。但其他单位仍在等待装备方面，尤其是车辆的全面补充。这一点，而非巴尔干分兵或一场迟到的春季化冻，似乎才是入侵时间没有提前的真正原因。[25] 若有一种真正的紧迫感，准备工作本应加快进行，尽管无法完整地落实编制表（虽然大量使用缴获的、通常都很低劣的武器装备，但 6 月 22 日前尚有半数入侵力量未完成再装备）。入侵本可以提前 2—3 周发起，但德国人当时并未将时间视为宝贵资产。他们后来对此后悔不迭，攻向莫斯科的关键时刻，秋季的无路期严重拖缓战役速度并导致油耗增加，严冬到来后，这个问题更趋严重，对此毫无准备的德军几乎停滞不前。[26] 德国人之所以显得优柔寡断，"巴巴罗萨行动"迟迟不开始是个主要原因。取得蔚为壮观的初期胜利后，德军最高统帅部在主要突击方向上的摇摆不定则使问题趋于复杂。攻克苏联首都的努力在 12 月初耗尽时间和力量。因此，漫漫寒冬中，缺乏准备的德军在兵员和装备方面遭受了无法承受的消耗。

1942 年，德国人再次采取值得怀疑的战略，随着时间的推移，该战略变得越来越糟糕。和去年一样，德军的重要任务仍是消灭苏联的军事潜力。无疑，这一点最好在莫斯科方向实现，尽管面对苏军强大预备力量扼守的精心准备的防御地带，德军出色的战役和战术技能是否足以赢取决定性胜利还有待商榷。他们实际上却在南方展开进攻，而苏联人则从容不迫地以空间换取时间并保存实力（算不上什么新策略）。高加索地区的主要油田，比德国人 1941 年未能夺取的地理目标远得多，他们的战争手段，特别是后勤补给，甚至更加不足。即便在完好无损地夺取油田并压制苏联黑海舰队这种不太可能出现的情况下，德国人能否开采和利用这些油田也是个未知数。若在此过程中未能歼灭红军主力，对方就将攻入德军这场突破长达 500 千米的北翼。高加索地区至关重要的交通瓶颈罗斯托夫到格罗兹尼的距离是到顿河畔巴甫洛夫斯克或斯大林格勒的两倍，更不用说到巴库了。高加索计划不太可能赢得胜利。在这种情况下，德国人无法维持其原定目标，就连更强大的力量亦被吸引到征服斯大林格勒的企图中。该目标的战略价值微不足道，与投入的本钱完全不成比例。德军在不同方向推进，因而分散在相距甚远的各处，在任何方向都无法取得重要战果。斯大林格勒及其周边的主要突击成为重点。一股庞大的力量集结在邦里，但他们位于一条运转不佳的交通线末端，后勤补给状况堪忧，侧翼掩护只能交给过度拉伸、装备低劣、缺乏训练的轴心国兵团。

这就产生了一种包围这股德军的诱惑。此时，德国人仍傲慢地低估其对手，因而未保留可用于应对苏军一切举动的预备队，他们忽视风险，直到一切都为时过晚。德军整个南翼的崩溃，不仅意味着其战略方针的失败，还导致 1942 年夺得的地区悉数丢失。若苏联人不过度伸展，这种情况本来很容易给德国人造成比斯大林格勒更为严重的灾难性损失。事实上，德军仅在斯大林格勒包围圈便遭受了 19 万人的不可归队减员；另一些德军部队严重受损，提供支援的轴心国集团军亦被红军彻底歼灭（导致意大利、匈牙利、罗马尼亚和芬兰开始寻求逃离德匪联盟的途径）。

1943 年，德国战略的破产变得非常明显。面对敌人的空中和海上优势，他们极不明智地企图在北非保留一个登陆场，结果导致一个集团军损失殆尽，而这些部队恰恰是守卫意大利（可能还包括巴尔干地区）迫切需要的。[27] 盟军在一处或另一处的登陆分明已迫在眉睫，德国人却选择以重建的装甲力量发起一场针对库尔斯克突出部的战役，此举并无明显的战略目标。他们显然认为，出色的战役和战术技能会使闪电战像以往那样无不胜，尽管步兵力量不足、明显缺乏突然性、空中优势亦不确定，但对优势兵力之敌据守的空前强大、纵深配置的防御展开一场正面突击依然可行。德军 1939 年至 1942 年赢得胜利的一切先决条件都不具备。另外，虽然所有证据都能证明这一点，但他们还是排除了这样一种想法：红军可能已获得充足的有效武器并学到了许多东西，足以使这场攻势沦为代价高昂、徒劳无获的行动。不出所料的失败导致德军失去平衡并耗尽力量，极易遭到苏军随之而来的反攻，过去两年的历史应该教会他们，这种反攻无可避免。到当年年底，德军已在一条 900 千米宽的正面被击退 800 千米。1942 年 11 月初，德国人坚信胜利在握，所需要的只是最终确定而已。八个月后，任何一个客观中立的德国人都清楚，即便以弱势地位展开谈判，充其量也只能达成一些妥协的和平。但更有可能的是，德国在这场战争中已经失败了。

德国人的失败不仅仅在军事战略方面。他们在政治舞台上犯下许多重大、本可避免的错误，其中两项直接促成东线的失败。德国对美国宣战，减轻了罗斯福寻求"先解决德国"的政策时有可能遇到的一切困难，美国人随后通过租借法案为苏联人提供援助。更重要的是，若德国人作为令人厌恶的经济和政治秩序的从属民族和革命者的救星来到苏联，也许能动员大批苏联人反抗苏维埃政权。实际上，对苏联统治的不满和幻灭感非常普遍，以至于到 1943 年，约 100 万苏联公民在德国国防军或武装党卫队担任士兵、准军事人员和志愿辅助人员。[28] 但大多数情况下，纳粹倾向于系统性地劫掠、剥削、驱逐、奴役、恐吓、虐待或杀害被占领区的"劣等人种"。他们与当地居民的疏远如此彻底，以至于到 1942 年 9 月，约 13 万名活跃的游击队员对他们展开行动（虽然红军直到当年夏天才对这些游击队加以松散的指导）。接下来一年，这个数字还将增加三倍。[29] 森林和沼泽地区都在游击队控制下，特别是在白俄罗斯，他们破坏德军的后勤保障，给侵略者的行动造成真正的影响。

德国的诸多失败中，最不寻常的可能是由于领导者的不情愿而缓慢过渡到全面战时状态的经济。虽然国外普遍认为这种过渡在 1939 年战争爆发前就已完成，但事实并非如此。纳粹在广度而非深度方面重整军备。他们以现有武器装备从事一系列短暂而又激烈的战事，最初并未将精力集中于为一场长期战争生产物资。例如，1939 年的机床生产指数好比是 100，那么，到 1942 年，美国为 662.2，德国仅为 125.7（比前一年略有下降）。对一个面对若干弱小和分裂国家的机会主义政权来说，基于闪电战的战略具有强大吸引力：它符合纳粹党的国内社会和政治政策，适合其行政手段和德国的经济现实。1941/1942 年冬季战局的逆转，催生了更加强调军工生产的转变，但 1942 年全年的消费品生产只比 1938 年下降 12%。斯大林格勒惨败后，宣传部长戈培尔于 1943 年 2 月宣布开展"总体战"，军工生产直到那时才出现急剧而又持续的增长。若说 1942 年 1 月—2 月的军工生产总指数为 100，1943 年 5 月则攀升到 232，1944 年 7 月到达顶峰，指数为 322——巧的是，盟军意图摧毁德国战时经济的战略轰炸攻势也达到顶点。起初，德国军工生产获得增长的主要原因是新任军备部长施佩尔设法提高了效率，但这些措施仍与经济全面动员相差甚远。例如，纳粹政权避免使用女性劳动力，也没有在工厂实施两班制。发动战争时，德国的战略是限制战争对其经济和社会的影响，该战略受挫后仍予以坚持。到德国付出的努力与其他主要敌国相当时，战争已然失败。凭借大批物资进行的消耗战曾导致德国在上一次世界大战后俯首称臣，闪电战失败后，这一幕又将重演。[30]

苏联经济的恢复

战争第一阶段，德国的征服给苏联从事战争的能力造成了严重影响。[31] 1941 年的被占领地区，原本居住着苏联 40% 的人口，即 1.97 亿人中的 8000 万。超过四分之一的人逃离或疏散，其中成年男性的数量不成比例。苏联的工业产能受到严重打击，被侵占的物资资产高达50%，若将1942年的损失纳入统计，这种打击更加严重。表1.2对其灾难性和苏联在重点工业投入方面遭受的相对损失加以量化（苏联人还承受了农业生产方面的灾难性下降，1940年至1943年间，农业生产下降62%）。

令人惊讶的是，尽管正常供应链和劳动力遭到这种损失和破坏，但与1940年相比，苏联1942年和1943年的军工产量分别增长86%和124%。1942年，苏联枪支、坦克、火炮、飞机的产量就已超过德国：当年苏联坦克和自行火炮产量为24700辆，德国为4800辆；火炮产量为49000门，德国为12000门；轻武器产量为440万支，德国为140万支；飞机产量为25440架，德国则为14700架。苏联的采购政策让相关的战时经济理论产生了引人注目的影响，是大规模生产的重要组成部分。武器设计将高效性与简单性、坚固性相结合，因此，缺乏教育、仓促训练的农民很容易操作并维护这些武器装备。从简陋的PPSh-41冲锋枪到各种火炮和中型、重型坦克，再到歼击机和强击机，苏联的武器装备与更复杂的德国同类装备（若使用者的技术水平较低，这些装备通常无法充分发挥潜力）相比，性能毫不逊色，有时候甚至更强些。[32]与敌人不同，苏联人还在各类武器装备中选择1—2款作为重点，加大其产量——其中也包括改进型和升级款（例如配备85毫米主炮的T-34坦克和搭载37毫米机炮的伊尔-2战机），并且根据需要生产变款，但很少将其转变为一种全新产品。另外，他们的生产能力也得到改善，例如，1941年制造一辆T-34坦克需要8000个工时，到1943年只需要3700个工时，伊尔-4轰炸机的生产时间从21000个工时降为12500个。所有这些特点共同带来了更大的便利，从而加快了制造速度，使其在给定时间内的产量远远高于德国的同类装备。

表1.2：1940年和1942年，重点工业投入的产量对比

年份·国别 产品	1940年的产量（百万吨）		1942年的产量（百万吨）	
	苏联	德国	苏联	德国
煤	165.9	246	75.5	258
钢铁	18.3	31.8	8.1	32.1
石油	31.1	4.8	22	5.6

※ 资料来源：厄尔·F. 齐姆克、麦格纳·E. 鲍尔，《从莫斯科到斯大林格勒：东线决战》，华盛顿特区：美国陆军军史处处长办公室，1987年，第515页。

　　这一显著成就源于几个因素，最明显的是苏联国土和人口的庞大规模。虽然1941年和1942年大片领土沦陷，但最重要的原料和工业资源仍掌握在苏联人手中。他们设法将关键工业疏散至偏远地区。1941年7月至11月间，位于苏联欧洲部分的1523座工厂（其中1360座是大型工厂）被拆除，尽管超负荷运作的战时铁路极其混乱，可是这些工厂还是和1000万名工人一起转移到了位于伏尔加盆地、西伯利亚、中亚的新厂址。到达后没几天，许多工厂便开工生产。苏联人还在战争期间设立起另外3500个大型制造企业。苏联的战时努力也得益于该国遭受入侵前已经很高的军事化水平，因而不需要漫长的转变过程。他们从第一个五年计划（1928年至1932年）开始便为战争做准备，从1938年起便实施一种准战时经济。[33]1940年，国民生产总值的15%专门用于"军事目的"，到1942年，这个数字攀升至55%，可能是全世界最高的。戈林在大炮与黄油间的著名选择在苏联人面前不值一提，苏联领导人在入侵发生前很久便已选择前者并以德国永远无法匹敌的彻底方式加以贯彻。西方盟国（主要是美国）根据租借法案提供的支援，只得到苏联的勉强承认，但它帮助苏联人弥补了缺陷并突破了瓶颈。到1944年，这种援助占苏联国民生产总值的10%—12%，粮食援助协助缓解苏联1940年至1942年间农业产量下降的62%。机床和原料的产量也得到提高。而盟国提供的武器实际上相对于对苏联的战时努力来说贡献较小，与其本国产量相比，坦克占10.5%（许多是过时的型号），飞机占13.6%，火炮仅占2%，但美国支援的卡车很关键。苏联的卡车产量从1940年的13.6万辆下降至1942年的3.09万辆，因而进口的42万辆卡车对扩充快速部队至关重要，特别是越野能力出众的四驱型。而军靴、电台、战地电话、火车头等另外一些军用品，则填补了苏联人凭自身能力无法弥补的物资缺口。

　　高度集中的体制是维持军工生产战时水平的必要条件，这些武器装备，以及西方国家提供的援助，将德军埋葬于德国人无法赢取的一场物资战中。苏联采取了一些务实措施鼓励民众支持这场战争，公民们得到保证，他们正为祖国[34]而战，而不是为了某种意识形态，另外战争的结束会带来美好的生活。到目前为止，促使民众献身胜利事业的最有效办法是让他们知道德国人如何对待俘虏和被占领土上的民众。希特勒统治下的生活非常悲惨，这一点迅速传播开来，对敌人的真正仇恨成为士气的主要源泉。陆军、海军和其他军种及单位共征募2950多万人。这就导致其他方面劳动力短缺（例如，从事农业劳动的人数下降近60%），工业动员又占用500万人。男性不足时，妇女们就必须投入工作，到1942年年底，她们约占工业劳动力的53%，农业劳动力的71%（200多万人投身军旅）。另外，老人和孩子也被用于补充劳动力的不足。

重建红军

战争第一阶段对红军而言不啻为一场灾难。[35] 这场灾难最不重要的方面是武器装备的巨大损失。苏联人最初投入933万支轻武器，但在战争第一阶段获得了另外813万支；最初投入2.26万辆坦克，后获得3.36万辆；最初投入11.28万门火炮和迫击炮，后获得34.61万门（外加4300具多管火箭炮）；开始有2万架战机，后又增加3.19万架。截至1942年11月，这些武器装备中的很大一部分被敌人摧毁或缴获，其中包括超过700万支轻武器、2.5万辆坦克、12.3万门火炮和迫击炮（外加700具多管火箭炮）、1.2万架战机。[36] 显然，尽管国土沦陷，敌人造成的破坏巨大，但苏联工业在补充损失方面做得非常出色。另外，随着更先进的设计取代战前的过时型号，武器装备的性能普遍有所提高。

兵力损失情况则严重得多。1941年6月22日，红军总兵力约为516.5万，其中270万人在各作战方面军。[37] 截至9月11日，这两个数字分别为740万和346.3万。虽然总损失高达280万，其中不可归队减员（即阵亡、因伤死亡、在战斗中失踪和被俘）超过75%，但红军还是实现了这一增长。1942年11月1日，临近战争第一阶段结束时，红军总兵力高达930万，其中612.4万人在各作战方面军。战争第一阶段，红军损失11843098人，其中6395889人为永久性损失，40%的永久性损失发生在战争头六个月。第二阶段，情况几乎未得到任何改善，红军又伤亡7857503人，但不可归队减员降至损失总数的41%，这是因为德国人已无法通过合围抓获大批俘房。这些数字表明，面对可怕的伤亡，苏联人不仅保持住了战斗力，甚至还予以加强。实际上，整个第二和第三阶段，虽然伤亡率居高不下（1944年损失6878641人，不可归队减员为1763891人），但红军作战方面军的实力保持在610万至690万人之间。与工业动员一样，苏联的人力动员也是个了不起的壮举。位于最前线的集团军遭受到严重损失，实际上，这些军团起初每个季度都要重建，后来延长至每六个月左右重建一次。从另一个角度看，战争第一阶段，大批士兵只受过部分训练或根本没得到任何训练，通常装备低劣，吃得也不好，他们投入战斗，消耗殆尽，然后由更多情况与之相同的士兵接替。如果不身负重伤，在战斗中成为久经沙场、机智灵活的老兵的机会小得可怜。

战斗的高烈度、侵略者的残暴，以及战争第一阶段明显的绝望性，使红军面临一个前所未有的严重问题。激励士兵们反复从事毫无胜算的殊死冒险，是对士气的一个挑战，苏联人通常以极权主义的方式加以解决。他们采用一些积极的奖励措施，例如勋章、成为近卫军士兵的机会、小礼物、额外的伏特加配给或很罕见的短期休假。这些举措的诱惑力大多微乎其微，但有些人非常看重放宽的入党条件。政治教育和宣传发挥了作用，虽然通常不是特别重要的激励因素，但在红军中的影响力可能大于其他军队，因为后者的士兵可以从其他渠道获得信息。如果主题是对实施种族灭绝之敌的仇恨，政治教育和宣传无疑会完成其目标。这种仇恨和强烈的爱国主义（大概比西方国家更深刻）是士气的重要组成部分。但最重要的因素可能是钢铁般的纪律，为阻止怯懦或开小差，红军大量使用死刑作为惩罚（战斗中由连级指挥员执行），但有时也用于另一些相对较轻的犯罪，例如盗窃。就连轻微违规，例如没向上级敬礼，受到的惩处也比大多数其他国家的军队更加严厉。集团军和方面军层级都设有惩戒单位（前者为5—10个连，后者为3个营）。这些单位受领近乎自杀的任务，生还者的前景是返回常规部队服役。1942年7月，红军设立"阻截队"，正式认可已实施近一年的举措：朝未经批准擅自后撤的部队开枪射击。执法队也在整个后方展开行动，搜寻逃兵、歹徒和犯有各种违纪行为者。那里很难找到住处，获得配给卡更难，线人无处不在，根本无法融入公民社会。简言之，士兵们除履行职责外别无他法。这场战争刚一开始，他们便意识到，再也无法像上一次同德国的战争那样轻易逃脱并向敌人投降。[38]

与士兵们相比，军官团的问题更棘手：确保可靠和服从的同时，不能影响军队的有效性。对军队的领导和永远警惕波拿巴主义的威胁，是保持执政能力的核心举措。1937年至1939年间，斯大林极为彻底地对军队实施了清洗并恢复了内战时期的双重指挥体系。苏芬战争期间，政委对军事决策造成了适得其反的干扰，红军遂恢复了1925年建立的统一指挥原则，德国发动入侵后，他们才慌忙回归旧体系。可是，该体系再变造成不良后果，1942年秋季，斯大林格勒战役前夕，恢复军队信心的愿望促使红军重新建立统一指挥。为确保军事效能和纪律，政委再次成为负责政治事务的副手，虽然权力很大，但仍是指挥员的下属，负责宣传、福利和确保政治正确性。另一些措施也提高了军官们的威望：他们恢复诸如肩章这些代表身份的象征物，并且进行正面宣传；军官的家人重新享受到特权；勋章和快速晋升等待着勇士和更具能力者；赢得胜利的部队会被授予近卫军称号，随之而来的是装备、口粮和军饷的改善。爱国是确保军官团士气的强大因素，这一点甚至远甚于士兵；为爱国主义提供补充的是对沙皇时期伟大军事传统的召唤。但是，一如既往，强制是激励作战表现的重要手段。由于指挥员对失败的责任更大，若上级认为降级的惩罚还不够，很可能将他们送到惩戒单位了此一生。特别严重的错误或缺点可能招致死刑。例如，西方面军司令员 D.G. 巴甫洛夫和他的参谋长及几名下属在 1941 年 7 月因作战失利而被枪毙。

起初，大多数苏军指挥员的战斗价值较低，头两三年只得到缓慢、零散的上升。他们通常不知道该如何驱使其部队前进，频频英勇地阵亡在队伍最前方。红军从 1941 年 6 月的 27 个集团军、95 个军、303 个师扩充到 1943 年 12 月的 94 个集团军、253 个军、838 个师，官方不得不为这样一支庞大力量提供指挥员。惨痛的失败进一步增加了各兵团对指挥员的需求数量，因为许多兵团遭到歼灭并实施重建，有的还经历了不止一次。战争头两个阶段共损失约 85 万名指挥员，红军不得不派人替代他们，就连投入新兵团时也是这样。军事教育和培训体系根本无法提供数量足够、能以令人满意的质量满足需求的军官。大多数指挥员不得不在战斗中学习，这样一来就容易造成代价高昂的错误。在需求最大的地域，指挥员的短缺尤为严重，那些技能、经验和知识都不足的军官会导致重大失败，通常会伴以严重伤亡。战前的大清洗，以大幅下降的比率继续进行，将高层和中层领导人一扫而空，还去除（通常是暂时性的，多亏战时的紧急状态）许多级别较低但依然宝贵的军官。其结果是，在相当长的时间里，指挥和重要的参谋职位通常由迅速获得晋升、缺乏经验的军官填补，他们缺乏相关职务所需要的背景、教育和培训。另外，寻找替罪羊，加之因作战失利而遭囚禁和处决导致的指挥层频繁变更，进一步加剧指挥部的低效和士气低落。

红军用两种方法克服指挥方面的这些问题，并从有限的人类潜能中榨取最大价值。一是派最具前途的军官执行要求最高的任务。实际上，两种人迅速崛起：其一是派去指挥快速力量的军官，他们受过更好的教育，更具技能，能够并愿意在混乱、快速变化的情况下发挥明智的主动性；其二是步兵部队指挥员，他们被要求在更详细的指导和控制下执行有限的明确任务。第二种方法是限制对指挥人员的要求。西方军队越来越多地希望指挥官及其参谋人员解决复杂问题，制定决策，并在逐步缩短的时间内发挥主动性，以此应对现代战场日益加剧的复杂性和压力。而苏联人的做法却相反，他们总是设法减少、简化个人任务。指挥员们疲惫、遭受压力、惊慌失措时，计算、决策、拟制命令和指示的能力会下降。出于这个原因，为确保时间紧迫时对动态情况及时做出应对，苏联人尽可能将工作简化、常规化。因此，战术层级，在某种程度上也包括战役层级的指挥员，不会为每项任务制定全新计划。他们只需要判断，诸多标准化解决方案中，哪一种最适合当前情况，然后将他们的创造力用于"修改方案"这一有限任务，从而实现最佳结果。制定细节并同下级指挥员沟通时，他们的参谋人员大量使用列线图、表格和标准化计算的方法，确保任务得到准确、迅速地完成。这些计算通过总参谋部利用科学方法组织并监督的一系列研究得出——作为一个理论机构，他们为自己以科学方法解决问题而深感自豪（这并不是说苏联人相信战争的各个方面都能简化为精确的计算，仅仅是说他们认为一切都可以，也应该加以精确计量。许多方面仍依靠指挥员的创造性——这就是红军发明的术语"战役法"）。

为使战斗更可预测、更可计算，总参谋部要求所有兵团详细记录战役决策，计划细节，燃料、弹药和人员消耗，以及其他各种数据，实际上包括战场的各个方面。总参谋部为此设立了一个正式部门（先是一个科，后扩大为处），在 P.P. 韦奇尼少将领导下收集、整理、分析这些资料。到战争结束时，他们已推出 26 部概括战争经验的资料集，23 册通过战例讲授战术的研究成果，以及 70 项军事信息通报。红军认为，以大批稀缺、训练有素、知识渊博、经验丰富的高级指挥员从事军事历史研究，能取得很好的收益。[39] 于是，他们依此行事。模式就此出现，可量化的投入促成了规范的建立，其成效随时间流逝不断增长。这些模式涵盖战役的各个方面，从不同条件下的开进，到对不同目标实现特定效果所需要的弹药，再到一个兵团作战任务的宽度和深度，以及完成任务需要的时间。随着知识和专业技能的累积，这种通过降低主观性并对战斗结果做出合理计算的做法，其成功的可能性越来越高，这些研究极大缓解了策划压力并提高了策划工作的效率。[40]

战役法的发展

防御

战争头几个月的情况似乎支持希特勒和他的将领们对红军不屑一顾的看法。[41]
苏军领导层对此的应对基本可以总结为无能。敌人的突袭使他们毫无准备，丧失
平衡，陷入被动状态。斯大林的本能反应有两个：严令部队坚守阵地，即便在后
撤保存力量明显可取时也是如此；采取预先计划的应急措施，但在当时的情况下，
不恰当的反冲击和反突击注定要失败，因为部队零碎投入，协同欠佳，后勤支援
不足，而且敌人还掌握制空权。苏军投入的力量三周内损失过半。他们仍未了解
并适应现实，因而继续采取这两种应对方式，结果对组织密集纵深防御造成危害
并导致他们战前的陆军和空军折损大半。苏联人全靠不断组建新锐兵团来防止全
面崩溃，头五个月，新编成的291个师和94个独立旅加入各作战方面军和最高
统帅部大本营预备队。这些力量为防御提供战略纵深，以领土和人员的高昂损失
为代价，弥补战役层面的缺陷并使红军得以不断重建或补充在战役灾难中消耗殆
尽的部队。此外，他们还为红军重新学习相关业务争取了时间。

面对1941年的情况，苏联人采取这种战略反应，虽说大多数时候适得其反，
但可以理解。领导层猝不及防，不可思议但仍在加剧的领土和军事损失威胁到
国家的存在，他们对此惊慌失措。虽说昔日大清洗执行者们的能力往往值得怀
疑，可除了采用战前学说和战役概念外，还有什么其他办法吗？在当前情况下，
政府和军方都知道，这就是目前可用的一切。一年前，法国曾面对完全相同的
问题；从本质上说，他们之间的不同是法国缺乏战略纵深和韧性，而这两点使
苏联得以恢复。红军1941年被迫实施11次战略防御战役，这些战役未经策划，
大多缺乏组织和协同，当年遂行的7次战略反攻战役同样如此。可是，次年大
多数时间里，相同的战略方针仍在延续，这就很难对其加以解释和辩解。虽然
敌人1942年可以在主要突击方向达成突然性（的确如此），但事实是红军早已
预料到这种情况。同样清楚的是，德国人会再次获得空中优势，因为红空军缺
乏训练有素的飞行员去驾驭数量越来越多、性能越来越出色的战机。另外，切
实可行的编成、有效的指挥控制体系、可供使用的战术和战役学说，以及强有
力的后勤支援等同样重要，而这些都是红军所欠缺的。苏联人本可以选择如何

应对德国的进攻，但一系列缺陷让他们失去了选择的可能。德国人已证明他们在机动作战方面能力出色，学习这种能力的过程中，红军遭到惩罚，不得不缩小、简化部队结构并依靠大批新组建、作战价值不高的兵团。他们需要修改学说、改善结构和质量以迎接1942年的挑战。另外，让工业部门为军队提供再装备和补充、训练新干部应对战前未曾预见到的情况，这些都需要时间。这种情况要求红军实施灵活的战略防御，放弃所能放弃的一切地区，从而为集结强大的快速力量、锻炼重生的军事机器争取时间，敌人会和去年一样，因过度拉伸和后勤枯竭而达到进攻顶点。反突击和反攻只应在明显存在战略必要性的地方发起。另一个必要条件是，预备力量能提供一个强大集团，以巨大兵力优势弥补技能方面的不足并成功提升士气。相反，整个春季和夏季，苏军将兵力浪费在沿整条战线发起的十余场资源不足、缺乏准备、计划欠佳的进攻中，这导致其防御过于薄弱，无法阻挡或严重拖缓德军的夏季攻势，不过德国人所犯的错误和苏军投入的新锐兵团又一次挽回了局面。即便如此，红军也损失惨重，共折损11个新组建的坦克和机械化军、2个骑兵军、72个步兵师和38个坦克旅。

当然，战略挥霍会造成战役后果。1941年和1942年的常规与战前学说相反，方面军和集团军通常不得不以一梯队布势防御宽阔地带，而且只有小股预备队。方面军防御地带宽达300—500千米，集团军为70—120千米，步兵师通常为20—30千米。[42] 缺乏纵深和兵力兵器密度较低导致的危险，因诸兵团平均分配在指定正面，而非集中于关键地带的倾向而加剧。由于反坦克兵器不足，这种危险尤为严重，对敌人密集坦克突击的防御通常无效，很快就会被打垮。到1942年夏季，这些缺点得到部分改正（但仍然不够）：规模类似的兵团，防御正面缩短约25%，纵深也获得相似比例的扩大。预备队有所增加，工程兵的准备得到改善，坦克防御更集中于重要方向上的各支撑点，反坦克预备队和集团军炮兵群构成了面向受威胁方向的机动火力。尽管反坦克预备队的规模很大，可是最初反坦克兵器非常短缺，这经常迫使红军使用坦克分队或坦克兵团对付敌坦克并往往将后者分拆使用。1942年夏季，苏军的防御和去年一样失败，至少在莫斯科方向以南地域是这样，那里的防御依然稀薄、脆弱，缺乏吸收敌人冲击后发生弯曲但不至破裂的纵深和弹性。德国人可以在他们希望的任何时间、任何地点顺利达成突破并以战役机动打垮对方沿宽大地带实施的抵抗。不过苏联人至少已学会及时后撤以免遭到包围，敌坦克力量构成的合围圈较为薄弱，远远落在后方的步兵力量无法及时构成阻止苏军逃脱的坚固屏障，这就使苏军通常能较为容易地突围。到了秋季，由二梯队、反坦克和坦克预备队构成的更深防御，其每千米正面火炮和迫击炮的数量增加到15—25门，事实证明，增加的火炮密度让防御变得更加有效。

1942年前三个季度，苏军人员伤亡总数比1941年增加三分之一。德国人达成的突破深度与去年一样，但只是在战线南部三分之一处；从列宁格勒南延至库尔斯克，他们处于战略防御之中。若苏军在防御和进攻行动之间取得更好的平衡，他们在人员和领土方面的损失是否会更小些，这个问题存有争议。红军1942年春季和夏季发起十余场大多数遭遇挫败的进攻，取得的战果微不足道，却将本可以限制侵略者大举突入并造成破坏的兵力白白浪费。步兵应提供更大的密度和纵深，坦克则应构成反渗透、反冲击力量，二者的结合将加强防御稳定性。

直到1943年春季，包括十余场战略性行动（大多以失败告终）在内的、代价高昂的第二次冬季反攻高潮过后，斯大林才接受那些高层军事专业人士的建议。这个建议早在去年就曾提出过：苏军应实施防御，而非进攻。他们主张节约并集结资源，特别是快速力量；德国人进攻时，吸收其冲击；尔后转入进攻，设法歼灭陷入混乱并丧失平衡之敌。因此，从三月份起，红军以诸方面军协同配合的各集群首次构筑起真正妥善准备、具有密度和深度、获得恰当策划的弹性防御。整条战线或多或少都是这样，但在受威胁最明显的库尔斯克，这种防御达到顶峰。中央方面军和沃罗涅日方面军，辖10个诸兵种合成集团军和2个坦克集团军（约80个步兵师和12个坦克、机械化军），外加2个空军集团军，集结于正面宽约550千米，纵深达70—140千米的防御线上。突出部内，第一梯队集团军受领的防御正面为40—70千米，他们设立三道防御地段，纵深达25—50千米。第一梯队集团军的防御密度较高，例如，中央方面军的5个诸兵种合成集团军，部署在主要方向上的师，防御正面为4.6—7.7千米，仅为1942年平均防御宽度的三分之一，其密度为每千米20—25具反坦克武器、25—86门火炮和迫击炮；受威胁较小的方向，每个师的防御正面为9—18千米，火炮密度为每千米10—15门。另外，他们还在防御阵地后方部署反坦克和快速预备队，以便在必要时遂行反突破和反冲击。位于两个第一梯队方面军身后的是担任战略预备队的草原方面军，辖1个坦克集团军、1个空军集团军和3个诸兵种合成集团军，防御纵深达300千米，直至顿河。

在这种情况下，德国人能够在他们选中的突破地段达成局部优势，但由于苏军较大的防御纵深和严密的组织，以及他们展开的反冲击，德军无法取得深远而又快速的突破。他们缺乏预备力量，因而无法在守军重新建立起稳定防御前加大压力，也无法掩护突破之侧翼，使其免遭苏军反冲击。对德军以往进攻行动取得胜利至关重要的空中优势也不复存在。虽然德国空军起初为进攻提供了强有力的支援，但红空军在一周内至少削弱了对方的空中优势，尔后又为弱化德军的突击做出了重大贡献。苏军深思熟虑的积极防御非常有效，德军的进攻不到一周便尽显颓势。这使红军和红空军得以在突出部两翼转入战略进攻，打击丧失平衡之敌，基本未参与防御作战的草原方面军为此提供了大批兵力。

进攻

战争第一阶段，红军在战略和战役层面实施的进攻和防御，大多遭遇败绩，成效相当有限，部分原因是苏联人未遵循谨慎选择并保持目标的原则。例如，第一次冬季攻势中，红军从列宁格勒到克里木展开的 14 场反攻，5 场拖延至 4 月份。1942 年 5 月至 12 月间，红军又沿整条战线至少发起 14 次失败的进攻：北部地区 5 次（列宁格勒地域 2 次，伊尔门湖以南地域 3 次），中央地区 4 次（勒热夫附近 2 次，博尔霍夫地域 2 次），南部地区 5 次（哈尔科夫 1 次，克里木 1 次，沃罗涅日地域 3 次）。直到当年年底，红军才在斯大林格勒地域实施了两场成功的进攻。[43] 其中部分进攻属于不得已而为之，是对德军采取行动、意图缓解被围集团之压力做出的应对。但是，这些进攻的数量和地域分布表明，苏军最高统帅部没能区分理想和必要，他们的目标实在太多。若最高统帅部大本营认真加以遴选，确立数量有限的优先目标并集中力量实现其中的 1—2 个，本来可以避免为实现野心过大的目标而遭受的兵力浪费和巨大伤亡。如果苏军的企图较少，也许能取得更大战果，倘若这般行事，就不会危及仍掌握战略主动权的敌人迫使他们实施的防御行动。由于红军技战术水平较低，大多数进攻行动的兵力优势和集中度严重不足。1941年和第一次冬季反攻的失败，应该使红军对敌人产生更大的尊重，尽管对方似乎暂时丧失了主动权。这些失败应该让苏联人明白，红军尚存在明显的局限性。在战略层面，这种现实主义的缺乏显而易见，这方面的一个例子是，他们企图以斯大林格勒的反攻打垮德军南翼，同时在中央地区发起第二次勒热夫—瑟乔夫卡进攻战役。后一场行动投入的力量与前者相当。如果最高统帅部大本营满足于每次实现一个决定性战略目标，就可以在莫斯科方向保持防御并大力加强南方的进攻。苏军本来可以同时发起进攻，包围斯大林格勒并歼灭据守北面顿河防线的意大利和德国集团军，但由于兵力浪费在勒热夫周围，他们只能展开连续行动。倘若在该地域投入足够的兵力，不仅能防范意外情况（例如，7 个集团军被牵制在斯大林格勒，耗时 10 周才将包围圈消灭），而且肯定能歼灭 B 集团军群主力并前出到罗斯托夫，从而切断 A 集团军群的退路（除了途经刻赤半岛的脆弱连接）。

在区分优先顺序方面的相同失败，以及无法评估相对优势和能力，导致红军忽视了另一些战争原则。其中最重要的是集中力量，以及与之紧密相关的节约兵力。1940 年 12 月召开的高级指挥人员会议上，红军对芬兰战争和德国入侵波兰及法国的经验加以探讨并为方面军进攻战役制定新规范。在 15—20 天内取得 200—300 千米的进展需要 4—6 个集团军（其中 3—4 个集团军、共 60—75 个步兵师用于突破），1—2 个机械化或坦克军，可能还需要 1 个骑兵军，外加 15—30 个航空兵师。他们认为方面军进攻战役最重要、最困难的部分是，敌人遂行预有准备的防御时，迅速突破其防御战术地幅。应将兵力集中于选定的一个或多个突破地段，每隔 2—2.5 千米部署 1 个步兵师，每千米正面部署 50—100 门火炮和迫击炮，以及相同数量的坦克。一旦在敌防御战术地幅取得 20 千米宽的突破（理想情况是在战役首日），发展梯队就将沿两条路线投入。投入发展梯队的时机，依据空降突袭夺取诸如机场、交通路口和桥梁这些重要目标的时间安排而定。快速集群投入后，第二梯队负责追击、击败敌战役预备队、夺取敌防御纵深的重要目标并为下一场战役创造有利条件。

1941 年冬季反攻期间，这些规定并未得到执行，更别说早些时候的进攻行动了。方面军和集团军都以单梯队布势遂行冲击并分散在过宽的正面，因此，每个步兵师负责 5—10 千米宽的地段，而支援炮兵实际达成的最大密度为每千米突破地段 37—52 门火炮和迫击炮外加 6 辆坦克，平均值则仅为这些数字的一半。因此，苏军通常需要 2—3 天才能突破敌人过度拉伸、浅近（仅约 4 千米）且缺乏准备的防御战术地幅。达成突破处，发展力量仅限于配备轻武器的骑兵军，可能还有 1—2 个坦克旅。缺乏适用的运输机、机组人员训练不佳和另一些不利因素对空降部队的效能造成极大限制。就连打击过度伸展、消耗严重、对冬季条件毫无准备的德军兵团，红军方面军的平均进攻速度也不超过每昼夜6—10千米，突破纵深很少超过100—140千米（大约是最高统帅部所要求距离的一半），这一点毫不奇怪。当然，另一些缺点也会促成令人失望的战果，红军的行动缺乏隐蔽性和欺骗性，因此，仅在敌人未发现苏军集结的情况下，后者才能达成突然性。红军经常没有进行必要的侦察，准备工作过于仓促且建立在对情况缺少了解的基础上。他们还缺乏协调性，不同兵种和各兵团之间普遍存在协同不力的问题。缺乏培训的指挥员和参谋人员还尚未掌握必要的知识和经验，因而无法将工作做得更好。

当然，最高统帅部大本营应承担作战失败的大部分责任。最高统帅部要求在太多方向实施太多进攻，从而影响到在某些地区节约兵力以便将其集中于其他地域的努力。大本营抱有不切实际的期望，因而白白浪费了大批兵团。他们还忽视这样一个事实：为取得胜利，下属诸兵团需要时间加以准备。大本营坚持要求尽快投入行动，这就意味着高级指挥部很少有足够的时间从事交战准备，就连本应有获胜机会的进攻行动也注定要失败。当然，他们并不承认这种失败。大本营对高级兵团的拙劣表现深感不满，遂于1942年1月下达两道指令。第一道指令要求在突破地段建立突击群，方面军突破地段不超过30千米，集团军不超过15千米。这种对集中兵力的坚持得益于最高统帅部大本营预备队掌握的炮兵数量比战前翻了一倍（达157个团和26个独立营），这些预备队可用于加强遂行突破的兵团。到1942年夏季，火炮密度增加到每千米正面45—65门。第二道指令针对的是发展胜利问题。事实证明，规模较小的骑兵军，即便获得1个坦克旅加强，仍不足以担任发展胜利的任务。他们缺乏足够的战斗力和持久力，无法将战术胜利扩大为战役胜利。因此，大本营下令成立新的坦克军，当年3月，第一批4个坦克军组建完毕，其中2个于当年5月在哈尔科夫接受考验。

红军1942年春季、夏季和秋季的进攻战役大多不太成功，因为许多缺陷仍未得到克服。最高统帅部大本营规定的更大兵力集中依然没有完全实现，而在方面军和集团军层面，虽说预备队数量有所增加，但单梯队布势仍是常态。既有缺陷依然存在，司空见惯的问题是侦察不力，各兵种和各兵团之间的协同较差，零碎投入的力量被敌人逐一消灭。另一个问题是参谋工作质量不高，缺乏完整性、明确性和清晰度，因而继续妨碍进攻战役的成功并造成本可避免的伤亡。例如，哈尔科夫进攻战役的重组计划没有考虑到道路和桥梁的糟糕状况，结果，34%的炮兵力量没赶上进攻发起时刻，另外，他们在某次要方向的火炮密度达到每千米正面 59.5 门火炮和迫击炮，某主要方向却只有 32 门。马斯基罗夫卡组织得也很糟糕，突然性这一力量倍增器未能得到利用，发展胜利的力量也没有得到正确使用。在哈尔科夫，担任快速集群的 2 个坦克军，直到战役第六天才投入交战，根本无法让敌人丧失平衡并迫使对方处于纯粹的被动状态。另外还存在明显的滥用新坦克军的倾向，零碎投入的坦克力量被白白浪费。当年 10 月，红军不得不规定这种兵团只能整体使用，在重要方向施加强有力的打击，从而将战术胜利发展为战役胜利。

不过，红军继续学习，虽说缓慢而又痛苦，但进展稳定。随着生还下来的指挥员的能力不断提高，诸兵种合成集团军的指挥跨度获得改善。红军还重建步兵军，到当年 11 月约有 30 个步兵军，步兵军辖内各师，虽然规模较小，但配备的迫击炮和火炮数量增加了 50%，自动武器也更多了。倘若没有坦克支援，步兵的进攻就无法取得成功，这种观点获得普遍接受。支援步兵的坦克团数量有所增加，截至 12 月，共有 77 个这种坦克团，包括 15 个重型坦克团，这使独立坦克旅的数量增加到 100 个左右。快速力量激增，使红军具备了实施大纵深战斗和战役的能力。到当年 12 月，28 个坦克军加入红军战斗序列。这些坦克军起初不太平衡，坦克力量过多，导致其效用受到限制。苏联人最终意识到了这个问题，1943 年 1 月，这些坦克军得到大批火炮、迫击炮、自行火炮、多管火箭炮、防空和反坦克部队的加强，这使他们能够应对各种战术突发情况。夏末，红军着手试验更强大、力量更均衡的机械化军，他们在年底前建立起 8 个机械化军，其中 5 个由坦克军改编而成。但是，缺乏汽车给机械化军的数量造成限制。对进攻性战役机动在敌防御纵深的发展最重要的是，红军还组建了 4 个混成坦克集团军，其编成依据任务加以调整，但通常辖 2 个坦克军、2 个或更多步兵师和各种独立部队。这些力量用于突破敌防御并发展胜利。

红空军也得到彻底革新，以便在同等条件下抗击德国空军——在这种情况下，必须指出苏军占有数量优势。才华出众、充满干劲的 A.A. 诺维科夫 1942 年 4 月主管空军，亲自负责一项意义深远的改革，以使他的指挥实现现代化。他的成功得益于以下两个情况：红空军从未真正渴求独立并等同于陆军，而是满足于支援地面部队这个也很必要的角色；其采购制度催生相关设计，苏联的战机设计并不逊色于敌人，在某些情况下甚至更好。诺维科夫和另一些志同道合的改革者摈弃陈旧、缺乏条理的指挥控制体系，这种体系以徒劳无效的零碎投入造成相关努力的分散。他组建起方面军控制下的空军集团军并将大批空中力量纳入最高统帅部大本营预备队（1942 年年底为 13 个航空兵军）。这使红空军能够根据战略需求，将行动重点集中于关键方向。支援各方面军的空军集团军之规模和编成（实际上就是数量）会根据任务做出调整。与这种灵活的结构相匹配的是负责机场建设、维修、保养的快速地勤机构，以及能应对战区不断变化的需求（其特点是路程遥远，基础设施薄弱）的后勤支援。空军部队与兵团、地面与空中力量之间的紧密协同得以实现。他们还大力加强机组人员的训练，进而改善战术和作战表现，这番努力在 1943 年间收获颇丰。争夺空中优势的苏联空军，1943 年春季在库班上空赢得胜利并给予地面行动越来越有效的支援。到当年年底，战役和战术学说的成熟，更好的组织和技术水平，加上装备数量和质量的提高（每个月生产约 3000 架战机），使苏联人牢牢掌握了空中主动权。凭借在广阔前线任何一处的上方都能取得空中优势的能力，红空军为地面力量的胜利做出越来越大的贡献。虽说苏军炮兵可以施加粉碎性炮火打击，但轰炸机和强击机兵团提供了必要的补充。他们集中力量打击火炮射击死角和射程外的目标，一旦地面力量顺利达成突破，他们就在炮兵无法跟上的地方提供紧密支援。航空兵通常对快速集群的成功投入，以及随后在敌战役纵深展开的行动至关重要。

　　战争第二阶段始于红军将德国第 6 集团军和另一些部队包围在斯大林格勒。这场重大胜利在很大程度上归功于德国人犯下的错误。但是，如果苏联人在过去 16 个月没有学会许多东西，没有培养出运用这些教训的实践能力，就不可能赢得这场胜利。[44]这场进攻由三个方面军遂行，但与早期多方面军的行动不同，是由 A.M. 华西列夫斯基、G.K. 朱可夫和 N.N. 沃罗诺夫精心策划的。总参谋部的斯大林格勒战役研究强调指出，主要突击方向（一旦德国人将所有预备力量投入斯大林格勒争夺战，就突破虚弱的罗马尼亚军队的防御）的选择是取得胜利的决定性因素。这份研究还宣称，突然性是确保进攻行动获得成功的最重要条件。突如其来的打击完全出乎对方意料，这是成功实施马斯基罗夫卡的结果，大规模的假情报、欺骗和隐蔽首次成为战役计划的必要组成部分，而非可供选择的附加项目。德国空军的侦察机频频飞越光秃秃的草原和有限的交通运输网，通信情报部门也不断监测苏军的活动。尽管如此，苏军还是在顿河和伏尔加河对岸的小型登陆场完成

了进攻集结。参与行动的诸方面军成功分散了德军情报部门的注意力，在很大程
度上隐蔽向前部署的 30 余万人、500 门火炮和迫击炮、1000 辆坦克和大批弹药、
燃料及其他物资[45]。周密的计划和合理的战役计算使红军实现了比先前进攻战役更
好的兵力与兵器集中。通过大规模重组，他们在兵力、火炮、坦克和自行火炮方
面取得约 2 比 1 的优势，而在选定突破地段，这种优势更大。他们建立起比过去
更大的兵力兵器密度（初期阶段各突击集团军的密度参见表 1.3）。平均而言，集
团军进攻地带和突破地段较 5 月份的哈尔科夫进攻战役缩小 20%，但火炮和支援
步兵的坦克的密度分别增加约 50% 和 33%。面对掩护德军斯大林格勒集团，装备
低劣、过度拉伸的罗马尼亚兵团，这种兵力对比和密度使红军迅速达成突破。战
役头七天，步兵每昼夜前进 6—10 千米，而快速集群的速度为每昼夜 20—25 千米。
总参谋部对此感到满意，但认为快速集群的发挥仍没达到最高水平。顿河中游进
攻战役期间，25 个坦克军取得了更加令人满意的成果，每昼夜推进 48—50 千米。
持续存在的战役和战术缺陷，以及随之而来的严重伤亡，限制了前出范围，导致
进攻行动无法实现更大的目标。

表1.3：斯大林格勒反攻中突破地段的平均密度

集团军	进攻地带宽度（千米）	突破地段宽度（千米）	突破地段每个步兵师的正面宽度（千米）	突破地段，每千米部署的火炮和迫击炮[1]	突破地段，每千米部署的坦克[2]
坦克第 5 集团军	35	16	4.5	68	13（37）
第 21 集团军	40	12	2.4	62	5（25）
第 65 集团军	80	6	1.5	71.5	15
第 64 集团军	36	12	4	47	3—4
第 57 集团军	35	15	6	33	6（12）
第 51 集团军	110	12	6	30	3（12）

※ 资料来源：A.I. 拉济耶夫斯基，《突破，1941 年至 1945 年伟大卫国战争的经验》，莫斯科：军事出版局，1979 年，
第 37 页。

关于方面军和集团军层级更详细的情况，可参阅路易斯·J. 罗通多，《斯大林格勒战役：苏军总参谋部研究》，伦敦：
布雷赛出版社，1989 年，表 A5 和 A6。

1. 只统计 82 毫米以上口径的迫击炮；火箭炮数量包含在火炮总数内。

2. 第一个数字是直接支援步兵坦克的密度；括号内的数字是战役密度（即，包括快速集群的坦克）。

　　胜利是巨大的，可如果最高统帅部大本营更现实些，在南方本可以取得更大的战果。他们在勒热夫展开类似规模的努力，希望打垮中央地区之敌。若红军在莫斯科方向保持防御，将重点集中于从斯大林格勒到沃罗涅日连续发起的进攻战役，则很有可能困住德军南翼之大部，并在其战略前线撕开一个难以封闭的缺口。但是，无法确定能否获得这种结果。因为诸方面军远未完善大纵深战役的实践。实际上，红军对1942年12月至次年1月胜利的发展暴露出了他们还需要学习更多东西。指挥员和参谋人员有限的技能、不一致的指挥控制，以及失败的后勤支援和作战部队低劣的技战术水平，严重妨碍苏军第二次冬季攻势中的战役。2月份，他们的野心再度超出其能力，认为德国人已被彻底击败，遂竭力将其逐过第聂伯河。结果，担任先锋的"波波夫"快速集群（编有4个坦克军）过度拉伸，将尾随其后的步兵集团军远远甩开。德国人以新开到的强大预备队和变更部署的力量发起一场致命反突击，几乎全歼该快速集群并重新夺回哈尔科夫。

　　红军总参谋部从斯大林格勒会战的经验中得出重要结论，这些结论在战略、战役和战术层面极大影响了后来的战争行为。其中一个结论产生了最直接的结果并因苏军攻向第聂伯河的最终失败而得到加强，该结论关乎现代防御的弹性，这便是：应妥善组织防御纵深并展开积极行动，以防敌人突破防御战术地幅；随后必须发起一场决定性进攻，彻底歼灭敌人。反攻的胜利，主要依赖于时机（即，展开反击前等待敌人的进攻衰竭）、正确选择主要打击的方向和地段、实现突然性。同样重要的是战役的完善度和发起战役的谨慎性，包括遂行认真而又持续的侦察、确保各兵种和各兵团的紧密协同、为各项任务正确配置军队，等等。只有悉数达成这些要素，才能实现进攻的高速度并保持主动权，从而通过合围或强有力的追击歼灭敌人。事实证明，遂行合围和追击比战前理论所说的更复杂、更困难，必须详细制定新理论。[46] 苏联人研究快速集群的行动并提出了改善其编成的建议，因此坦克和机械化军将获得更多坦克、自行火炮和火炮以加强在敌防御纵深独立行动的能力。坦克集团军的混成结构被放弃，因为机动性不同的步兵、骑兵和坦克难以协同，步兵力量无法跟上坦克，从而成为大纵深战役的拖累。他们详细审查快速力量的使用并得出结论：应在集团军层面着手建立单独的坦克和机械化军（担任快速集群），而坦克集团军应在方面军层面展开行动，遂行纵深战役机动。所有快速集群应以强有力的先遣支队（通常是获得加强的坦克旅）为先锋，但对这些快速集群最有效的使用方法是使其穿过一个明确的缺口，而非用于完成突破。他们还对炮兵、防空兵、工程兵和航空兵的贡献加以审查。为库尔斯克战役做出决策并实施准备时，这些战略、战役和战术方面的教训获得充分利用，随后的进攻行动同样如此，这使红军得以一路穿过乌克兰（尽管途中并非毫无挫败）。

两次冬季战局中，苏联人都享有打击过度伸展、严重消耗、丧失平衡、冬季条件下战斗能力较低之敌的优势。1943年夏季，苏军将在完全不同的条件下发起进攻，以往的先例并不好，去年春季和夏季的进攻都以代价高昂的惨败告终。现在他们面临着性质完全不同的挑战。敌人的防御呈纵深配置，而且得到精心准备，扼守防御的是装备精良、训练有素的德国军队，而非罗马尼亚人、意大利人或匈牙利人，尽管德国人因库尔斯克战役的失败而再度失去平衡。对敌阵地的突击，类似于去年11月在勒热夫的失败进攻，对苏军完善后的结构和学说来说是首次进攻考验，对指挥员和参谋人员来说更是如此。最高统帅部大本营明智地决定，不在过于宽大的正面发起冲击，而是按先后顺序展开进攻，以便把预备队，特别是最高统帅部大本营预备队的炮兵、坦克和航空兵力量从一个方向调至下一个方向。因此，每场行动都将在兵力兵器密度足以确保突破敌人预有准备的防御这一状态下开始，从而为在敌防御纵深遂行战役机动开辟道路。一旦德国人遭受重创并彻底陷入混乱，一系列战役突破就将发展为一场战略突破，把反攻拓展成穿越西部和西南部地区的全面推进，将敌人逐过第聂伯河的目标将得以实现。这些战役预先得到大致的策划，详细的最终计划最后几天才完成以适应最新的情况。为遂行这场反攻，30%的野战力量分配到10%的战略前线上，包括132个步兵师、13个炮兵师、3个迫击炮兵师、19个防空师、17个坦克军和大批独立部队，共计139.6万人、1.91万门火炮和迫击炮、3400多辆坦克和自行火炮、2172架战机。

第一场反击旨在实现最高统帅部大本营当年夏季的首个目标：消灭库尔斯克突出部北面的奥廖尔突出部。德国人已削弱突出部内的第2装甲集团军，以抽调出的兵团实施自己的进攻。奥廖尔进攻战役开始于7月12日，三个方面军参与其中（最终为11个集团军，包括3个坦克集团军），苏军相继对突出部的三面展开冲击，而德国第9集团军仍深深卷入南面的进攻中。最初的兵力兵器对比有利于苏军：兵力为2.7比1，坦克为4比1，炮兵优势比更大。细致的隐蔽措施意味着为进攻实施的大部分集结未被德国人发现。一如既往，战役优势在选定的突击地段转化为更大的战术优势（通常为6比1到8比1）。发起进攻前一天，每个第一梯队步兵师以1—2个先遣营沿整个正面遂行战斗侦察以确认关于敌防御准备和意图的情报的持续准确性。主要突击开始前是一场持续2小时45分钟的炮火准备，之后是对敌人设在北面第一道阵地之纵深的徐进弹幕射击，航空火力也对敌人整个主防御地幅展开打击。苏军的行动达成了突然性，西方面军辖下的近卫第11集团军，以两梯队布势展开冲击，一举取得战术成功，两天内突破敌防御战术地幅（纵深25千米）。其中最关键的是两个坦克军的及时投入，一个是在首日步兵突破敌人主防区后，另一个则于次日投入。[47] 可是，战术胜利并未立即发展为战役胜利，担任方面军快速集群的是新近组建的坦克第4集团军，该部在战役发起七天后的7月18日才受领这项任务，直到7月26日才开至。而德国人几个小时内就对苏军的打击做出应对，第9集团军命令4个师从对库尔斯克的进攻转为抗击苏军突破并攻向奥廖尔以北地域。不到一周，10个师（大多为装甲和装甲掷弹兵师）已变更部署至北面。布良斯克方面军在中央地段的进攻从一开始就表现不佳，没能在德军援兵开到前突破对方精心构筑的防御。近卫坦克第3集团军7月14日奉命投入，直到五天后，诸兵种合成集团军丧失冲击势头时才采取行动。接下来三周，该集团军以高昂的代价艰难蚕食对方的防御，而不是发展胜利。南面，中央方面军7月15日投入进攻，但包括坦克第2集团军在内的诸兵团，已在库尔斯克突出部历时10天的防御战中遭到削弱，没能取得什么进展。奥廖尔进攻战役8月18日结束，其本质是一场艰难向前的消耗战，而非战役机动。38天内，红军沿230千米的正面向前推进150千米，伤亡43万人，近三分之一为不可归队减员，而德国人的损失可能是苏军伤亡总数的五分之一。从费效比看，很难认为这场战役是对六个月前的努力做出的令人印象深刻的改进，虽然当时的红军还无法完成这么多任务。

　　奥廖尔进攻战役是一场次要行动，7月中旬夺取顿巴斯的另一番尝试同样如此。实际上，这是一场牵制性行动，意图吸引库尔斯克战役后的德军预备力量。苏军还实施虚假集结，摆出准备向西攻往基辅的姿态。德国人忽略进攻即将发起的可能性，认为沃罗涅日方面军至少要在艰苦的防御作战后接受休整和补充。苏军迅速投入进攻，令德国人对其突击方向猝不及防。苏联人的重点是别尔哥罗德—哈尔科夫进攻战役，在库尔斯克突出部南面向西南方遂行突击。这场战役旨在歼灭德国第4装甲集团军，从而为红军重新攻向第聂伯河和黑海，切断南方集团军群余部铺平道路。最高统帅部代表 G.K. 朱可夫负责协调这场战役，参与其中的是两个方面军和第三个方面军的部分力量（最终为 13 个集团军，包括 2 个坦克集团军）。进攻开始于 8 月 3 日，此时德军担任预备队的 3 个装甲军已变更部署到南面，而奥廖尔的战斗仍在北面继续进行。虽然双方都因为库尔斯克消耗战大伤元气，但苏联人还是占有整体优势，兵力对比约为 4.6 比 1，坦克为 9.5 比 1，火炮方面的优势比更大。[48] 他们的目标是投入沃罗涅日方面军辖下的近卫第 5、第 6 集团军，以两梯队布势展开进攻，在主要方向达成突破；尔后以坦克第 1 和近卫坦克第 5 集团军穿过突破口，从西面包围哈尔科夫，而草原方面军直接从别尔哥罗德攻向哈尔科夫。待炮兵力量结束为主要突击提供的炮火准备并腾出后，苏军将在侧翼展开辅助突击，以此牵制德军并将突破口扩大到难以填补的宽度。最重要的是，向前推进的每个诸兵种合成集团军都获得 1 个坦克或机械化军加强，近卫第 5 集团军同样如此。

以先遣营实施战斗侦察后，苏军于 8 月 3 日发起冲击——库尔斯克战役落下帷幕刚刚一周，苏军几乎来不及转入进攻姿态。虽然德军防御呈纵深配置，但只对第一防御地带加以严密据守，装甲战斗群部署在防御带后方，准备采取反制措施。得益于突然性、持续 2 小时 50 分钟、异常猛烈的炮火和航空火力准备，支援步兵的坦克数量众多这些优势，突击集群中的大部分力量在 5 小时内取得 4—5 千米的突破，穿过敌人第一和第二阵地。此后，苏军的推进有所放缓，因为没有足够的远程火炮压制对方第三阵地，大部分炮兵仍在设法向前变换阵地。但是，两个坦克集团军在 10 千米正面及时投入第一梯队坦克的 4 个先遣支队，这些先遣支队虽说遭受到损失，但还是完成了对敌主防区的突破。坦克第 1 集团军先遣支队遭遇地形问题，一时间无法绕过，使敌人获得了集结力量的时间，但日终前，近卫坦克第 5 集团军的先遣军已楔入敌纵深 25 千米，到达对方防御薄弱的集团军防御地带，但突破正面较窄。直到 8 月 5 日，坦克第 1 集团军跟上后，苏军才开始向敌战役纵深发展胜利。但到 8 月 7 日晚，进攻发起后第 5 天，沃罗涅日方面军投入另外 2 个诸兵种合成集团军扩大攻势，该方面军沿 120 千米宽地段向前推进。坦克集团军的先遣部队已打开一个 50 千米宽的缺口，离他们的出发线 100 千米，位于哈尔科夫以西，而步兵力量也取得了 60—65 千米的进展。德军快速力量从奥廖尔变更部署，但增援部队主要调自南面，虽然因苏军的空中拦截多少有所延误，可还是设法阻挡住了实力遭到消耗约苏军快速集群并稳定住了防线。但他们无法像去年那样歼灭对方，也无力挽救哈尔科夫。

苏军的胜利代价高昂，伤亡总数近25.6万人。德国人的损失显然较小，但同库尔斯克和奥廖尔的伤亡一样，远远超出他们所能承受的程度。德军遭到严重削弱，在关键地带精心构筑的防御阵地已然丢失，加之丧失平衡，根本无力应对日益扩大的红军攻势。就连希特勒也意识到了这一点，因而批准部队后撤至第聂伯河。尽管如此，苏联人并未实施雄心勃勃的合围尝试，面对德军妥善组织的积极迟滞行动，苏军快速兵团的实力、后勤支援和作战技能仍普遍不足。沿宽达1000千米的战线向前推进的苏军展开一系列打击，意图分割后撤之敌，抢在对方之前在一两个地段到达第聂伯河渡口。沿多个平行方向遂行的这场攻势在各处都未能取得成功，但持续的压力使德国人无暇组织第聂伯河防线的防御，苏军到达河流后设立起许多小型登陆场，其中两座具有战役重要性[49]。但由于坦克兵团消耗过大，加之补给不力，红军没能立即发展突破。在这些登陆场合并、拓展为一个更大的屯兵场，德国第17集团军被孤立在克里木之前，南方战场出现了历时三周左右的战役间歇。11月底，苏军在基辅以北发展攻势，一举收复该城。德国人企图重演当年2月—3月以反突击歼灭苏军先遣力量并复夺哈尔科夫的胜利，但战果仅仅是暂时稳定防线而已。红军1943年夏秋季取得了丰硕战果，击退敌人在东线的最后一场战略进攻并沿从斯摩棱斯克南延至黑海的一条1400千米长的战线将对方击退500—700千米。但红军并未赢得接连不断的胜利，数场进攻战役彻底失败或充其量只能算取得部分成功。1943年最后两个季度，红军的伤亡超过502.2万人，其中28%为不可归队减员，所以，苏联人从未赢得过代价低廉的胜利。另外，他们击退德军时，虽说遭受重大损失，但没能摧毁对方的凝聚力，每昼夜平均前进速度仅为6—10千米（不包括失败的战役）。直到战争第三阶段，苏联人才掌握歼灭敌重兵集团的艺术和技巧。

夏秋季战局的经历被当作经验教训加以彻底开发。在战役层面，库尔斯克会战作为一个合理的防御模式被接受，直到1945年才被巴拉顿湖防御战役这一更复杂的版本取代。苏联人在建立可靠的进攻规范以实现对敌防御之突破方面取得了很大进展。很显然，斯大林格勒实施的兵力兵器集中（参见表1.3），并不足以对付德国人在库尔斯克南北两面预有准备的防御。奥廖尔和别尔哥罗德—哈尔科夫进攻战役中，对敌防御战术地幅的迅速突破，由西方面军、沃罗涅日方面军和草原方面军部署在主要突击方向上的诸集团军实现。火炮和直接支援步兵的坦克数量较少处，苏军的进展明显较小，这反过来给快速集群发展战役造成延误，通常导致致命后果。凭借这一经验，红军为1944年的重大进攻战役推算出集结火炮、迫击炮和直接支援步兵坦克的规范。当然，突破仓促或过度拉伸的防御要求的集结度也较低。

在突破敌人预有准备的防御时，突击势头主要依靠火炮和强击机持续不断的支援来维持。红军不再像战争第一阶段那样，一场炮火准备后，留下步兵和提供支援的坦克独自突破敌防御。他们现在采用的是"炮兵和航空兵突击"，也就是说，至少在最初5千米为突击力量持续提供支援。保持突破势头的另一个基本要素是在某些战术层面和集团军层级保留第二梯队。及时投入第二梯队可防止突击势头衰减，使敌人无法获得喘息之机重组部队并调集预备力量。

表1.4：库尔斯克反攻期间的平均战役密度

密度 \\ 方面军	宽度（千米）		每个步兵师的正面宽度（千米）		每千米正面的火炮和迫击炮		每千米正面的坦克和自行火炮	
	进攻地带	突破地段	整个地带	突破地段	整个地带	突破地段	整个地带	突破地段
西方面军（左翼）[1]	70	20	3.7	1.4	60.1	183.1	8.8	30.7
布良斯克方面军[1]	158	30	8	1.9	40.3	173.7	4.9	18.6
中央方面军[1]	150	36	5.4	1.6	42	104.9	8	40
沃罗涅日方面军[2]	160	20	5	1.9	53.9	215.8	13.5	70
草原方面军[2]	90	11	4	1.3	57.5	230	5.5	42

※ 资料来源：A.I. 拉济耶夫斯基，《突破，1941年至1945年伟大卫国战争的经验》，莫斯科 军事出版局，1979年，第57页。

最重要地段的兵力兵器密度比平均密度更大。例如，西方面军近卫第11集团军辖下的近卫步兵第8军，在奥廖尔进攻战役中每千米正面的火炮和迫击炮为259.4门，突击发起前，70架轻型轰炸机还实施了航空火力准备。这种密度有助于确保突破行动取得不同程度的成功，与之形成对比的是，PU-36指出，每个步兵师配备2个坦克营、每千米正面30—35门火炮和迫击炮就足以缩短炮火准备的持续时间（第187条）。实际战争经验会催生迄今为止难以想象的规范。

1. 奥廖尔进攻战役中。

2. 别尔哥罗德—哈尔科夫进攻战役中。

　　奥廖尔和别尔哥罗德—哈尔科夫进攻战役为使用集团军级快速集群、将战术胜利发展为战役胜利提供了宝贵的经验教训，而库尔斯克反攻是红军首次使用方面军级快速集群扩大战役战果的尝试。为使敌人丧失平衡并保持这种状态，尽早投入快速集群至关重要。奥廖尔进攻战役中，近卫坦克第3和坦克第4集团军在战役发起时并未做好交战准备，直到第8和第15日才投入进攻。两个集团军都没能保持突击势头，遭受的损失都很惨重（前者的中型坦克折损60%，轻型坦克损失73%）。相比之下，别尔哥罗德—哈尔科夫进攻战役中，两个坦克集团军首日便投入交战，尽管他们不得不完成突破并为此蒙受损失，但尽早提高了进攻速度。一方面，红军非常希望快速集群穿过一个明确的突破口，否则他们会在完成突破的过程中遭受损失，随后可能会因战斗力不足而无法完成在敌防御纵深的任务。另一方面，抢在敌人以预备队和调自消极地段的力量扼守纵深阵地并恢复防御完整性之前尽早投入快速集群至关重要——最好在进攻首日，越快越好。通常不得不在保存实力与尽早取得突击势头间做出选择，大多数情况下，提升进攻速度要求尽快投入快速集群以完成突破。正如战前理论预计的那样，流动、迅速变化的战斗情况会引发遭遇战斗和交战。别尔哥罗德—哈尔科夫进攻战役中，多亏苏军达成突然性，加之敌人随后的部署有误，这种情况才在最后阶段发生：8月11日，坦克第1集团军与展开反突击的德国第3装甲军迎头相撞。历时三天的交战就此爆发，波及40千米宽正面，在这场遭遇交战中，苏联人行动较为迟缓因而丧失主动权。苏军的进攻已是强弩之末，但其指挥控制继续正常运作，因此，其先遣力量没有像当年2月—3月那样被对方歼灭。

　　总体而言，红军总参谋部对战役发展不太满意。虽说取得纵深突破，但在当前战役纵深的进攻不够快，无法将一系列战役突破发展为战略突破。总之，发展胜利力量遭受的损失过大，导致其无法对相关态势加以充分拓展。尽管如此，红军沿宽大战线前出到第聂伯河，这使他们的反攻较以往有了显著改善。他们不分昼夜地全力追击，沿一条宽大战线越过主要障碍。其特点是在必要处实施机智的机动。例如，切尔尼戈夫—普里皮亚季河进攻战役期间，为应对敌人的顽强抵抗，中央方面军将进攻重点调整到原本次要的科诺托普方向并实施了一场明智的重组，对随之而来的胜利加以扩大。同样，沃罗涅日方面军在布克林登陆场从行进间强渡第聂伯河，虽然获得了一场军级规模伞兵突击的协助，但未能达成突破，他们遂以战役机动恢复突击势头。在出色的马斯基罗夫卡的帮助下，近卫坦克第3集团军和最高统帅部大本营预备队炮兵力量悄然向北，变更部署至100千米外的柳捷日登陆场，从那里遂行的突破促成了基辅的光复。

红军还吸取战役—战略层面的经验教训，最高统帅部在指挥多个方面军遂行战役方面的能力得到发展（战争第一阶段较为低级）。大本营代表对策划并协调这些战役发挥的作用越来越重要。但是，他们尚未开发出最具破坏性，因而最具决定性的歼灭方式——合围，这将在战争第三阶段完成。最高统帅部大本营预备队的关键作用，在战略性战役准备期间得到进一步强化，随战略重点的发展，预备队的部署在不同方面军地带间灵活变更。通过将这些资源分配或重新分配给选定方面军，最高统帅部大本营为发起这种战役创建出必要的集团。例如，库尔斯克战役防御阶段，大本营组建预备队方面军（后改称草原方面军），辖1个坦克集团军、1个空军集团军、5个诸兵种合成集团军和大批战术兵团（包括3个骑兵军和4个坦克或机械化军）。这些预备力量按需分配，为遂行别尔哥罗德—哈尔科夫进攻战役，部分预备队构成了沃罗涅日方面军辖内集团的基础。除组建草原方面军外，大本营还留下40%的预备力量以便分配到别处。最高统帅部大本营开始接受这样一种建议：战役发起前需要足够的准备时间。彻底的侦察、可靠的策划和战斗行动方式、各兵团之间预先安排的协同，对战役的胜利至关重要，红军过去对此的忽视导致许多次战役遭遇败绩。但是，集中足够的力量并加以适当的准备需要时间，而敌人有可能发现这些准备工作并采取反制措施破坏这种集结。战争第二阶段，突然性一直被视为成功的关键，而到第三阶段，红军将在实现突然性方面达到非凡的水准。[50]

第三个冬季和春季：科尔孙-舍普琴科夫斯基进攻战役

1943年夏季和秋季，红军给东线德军造成了无法弥补的损失。[51]特别是在南方，德军诸兵团的实力严重不足。他们损失了许多装备，作为救火队防止整个军和集团军发生崩溃的各快速师，随着车辆损失的增加不断丧失机动性，其灵活性大为下降。但对战斗力危害最大的是十分严重且日益增加的人员损失，以及补充兵数量的大幅下降。兵员质量也在下降，因为有经验的核心骨干，特别是军官和士官，遭受的伤亡非常大，加入补充兵部队的年长者、身体不适者和缺乏训练者的比例不断增加。实际上，他们引入"处于严重危机中"这个新术语，作为衡量一个师战斗力的指标。获得最高评定的兵团寥寥无几。德国人认为卫星国军队越来越不可靠，因此制定出应变计划，以防匈牙利和罗马尼亚步意大利的后尘，退出战争或改换门庭。德军高级指挥官的素质也开始下降，希特勒从来就不喜欢陆军总参谋部和传统的军官团，甚至对他们毫无尊敬之情，认为其价值观已然过时，他们对德国前景的评估也越来越悲观。他勒令越来越多能干的将领退役，取而代之的是充满乐观精神的唯唯诺诺者，他们最好还满怀国家社会主义信念。[52] 另一方面，西线的威胁不断加大。1943 年 9 月，盟军进入意大利，他们可能还打算登陆巴尔干地区。可以肯定，盟军 1944 年会攻入法国或低地国家。西线德军不再由战斗力低下、损失严重、重新组建的师组成。希特勒在 1943 年 11 月 3 日的第 51 号指令中断言，来年最大的危险是盟军不可避免的入侵，部队分配的优先权不得不转至西线。另外，库尔斯克战役后，德国空军已无力争夺空中优势，随着越来越多的战斗机调回德国保卫本土，他们对东线战事的影响日趋下降。总之，人员和装备方面的数量对比对德国人越来越不利，质量对比同样如此，质量优势是他们过去抵消对方数量优势的重要保证。

在苏联看来，战争第一阶段是为生存而战，第二阶段是争夺主动权，1943 年下半年形势已变得有利于苏方。战争第三阶段，苏联人在交战条件方面处于主导地位。红军可以决定在何处、何时发起下一场和随后的战役，而德国军队只能勉强做出应对。苏联的决定受到这样一种决心的驱使：不仅要消灭法西斯，还要获得比第一次世界大战和内战的遗产更为有利的地缘政治形势。1944 年年初，苏军将敌人成功驱离列宁格勒，一举解放苏联西北部，从而迫使芬兰结束其"继续战争"。但是，主要努力仍在南方进行，此举有完善的战略论据做支撑。德军主力盘踞在乌克兰，由于近六个月几乎持续不断的后撤，他们大多数时候无法利用预有准备的防御弥补数量劣势，也无法在非常适合机动作战的地形从事战斗，而苏军快速力量对这种作战的掌握越来越熟练。解放乌克兰余部将使苏联重新获得一片经济意义重大的地区，还将提供切断并歼灭敌重兵集团（例如盘踞在克里木的德国第 17 集团军），将战火引入巴尔干地区，从而迫使罗马尼亚和匈牙利退出战争，夺取德国最后的外部石油来源的前景。另外，阻止盟军侵入该地区也是个值得考虑的重要问题。地图 1.2 显示的是苏联在 1942 年 11 月至 1943 年 12 月的反攻中收复的领土。

就迄今为止的战役法演变而言，1944 年头几个月，红军的战役法得到了显著发展，特别是在 1 月 24 日至 2 月 17 日的科尔孙－舍普琴科夫斯基进攻战役中。此时，虽然苏军获得了部分恢复，但交战双方都因自去年 7 月份以来持续不断的战斗而遭到严重消耗。今年，红军不会放松，而是毫不留情地继续向前，不仅在冬季，初春的无路期同样如此。德国人在基辅两侧被驱离第聂伯河，但乌克兰首府西南方 120 千米处，他们依托一座越来越深的突出部紧紧贴住第聂伯河。这就是位于乌克兰第 1、第 2 方面军结合部的科尔孙－舍普琴科夫斯基突出部，由德国第 11 和第 42 军据守，共计 11 个师（包括 1 个装甲师）和 1 个装甲掷弹兵旅。这股重要力量妨碍到苏军发展战役，同时也形成一个诱人的目标。实际上，据守该突出部无异于主动邀请对方实施合围，虽然德军将领一再请求拉直并缩短防线，但固执己见的希特勒俞令坚守突出部。苏军最高统帅部大本营 1 月 12 日正式下达命令，要求 2 个空军集团军、5 个诸兵种合成集团军、2 个（后增加到 3 个）坦克集团军在 12 天内发起一场两个方面军共同遂行的战役，包围并歼灭两个德国军。这场战役必须在最短时间内加以策划和准备，特别是考虑到两个方面军刚刚在不同方向结束各自的进攻行动这一事实。遂行合围的两个方面军必须密切协同，为此，最高统帅部代表 G.K. 朱可夫和他的两位主要下属不得不争分夺秒地完成工作。另外，战役实施将在高度动态的情况下进行。整体而言，南方集团军群正在后撤，但两个装甲军准备在突出部西南方展开一场反击，打击苏军不断扩大其西翼长度的推进。两个方面军都已在其他方向参与进攻，用于重组辖内兵团、实施隐蔽己方动向并误导德国人的伪装的时间非常少。苏军面对的地形崎岖不平，河流障碍纵横，某些地方还有沼泽，寥寥无几的道路状况恶劣，暖冬还造成一段不合时宜的无路期。为完成诸兵团的集结并协助他们向前推进，工程兵需要付出巨大努力，而且很难隐蔽此类工作（例如，近卫坦克第 5 集团军的变更部署需要在四天内穿行一条 35 千米长的道路）。不出所料，1 月份的天气会妨碍机动并给空中支援造成限制，对完成突破并发展胜利来说，空中支援是个日趋重要的因素。当然，天气给双方都

地图 1.2: 苏军 1942 年 11 月—1943 年 12 月的反攻

芬 兰

拉多加湖

列宁格勒

波罗的海

爱沙尼亚

0   100   200   300   400
千　米

尔
加
河
伏

拉脱维亚

立陶宛

莫斯科

东普鲁士

涅
曼
河

明斯克

斯摩棱斯克

奥尔沙

奥廖尔

伏
尔
加
河

波 兰

普 里 皮 亚 季 沼 泽

库尔斯克

沃罗涅日

顿
河

基辅

别尔哥罗德

第

哈尔科夫

涅
伯
河

顿
涅
茨
河

斯大林
格勒

罗斯托夫

罗马尼亚

亚速海

黑 海

图例:

➡ 苏军 1942 年 11 月—1943 年 3 月的攻势

➡ 苏军 1943 年 6 月—12 月的反攻

—— 1942 年 11 月的战线

---- 苏军 1943 年 3 月实现的最大侵彻

– – 1943 年 6 月的战线

–·– 1943 年 12 月的战线

造成影响，并且增加了完成大部分任务所需要的时间和工作量。

苏军最高统帅部大本营命令两个方面军楔入突出部根部，N.F. 瓦图京的乌克兰第1方面军将在 I.S. 科涅夫的乌克兰第2方面军展开主要突击一天后投入必要的进攻，因为前者要到1月26日才能完成准备工作，且只需要推进50千米就能到达兹韦尼哥罗德卡附近的预定会合点，而科涅夫的部队必须前进75千米。苏军将进攻并突破敌防线薄弱地段，为此集结起具有相当优势的力量。总的说来，最初兵力之比超过2比1，火炮和迫击炮为4.5比1，坦克和自行火炮为5比1。而在主要方向，苏军的优势甚至更大：兵力为7比1，火炮和迫击炮为6比1，坦克和自行火炮为13比1。朱可夫计划，迅速合围德军集团的包围圈形成后就立即突入其中，从而在对方转入环形防御前将其歼灭。这场战役的实际演变参见地图1.3。

1月25日发起过攻时，乌克兰第2方面军的战役构想是以近卫第4集团军和第53集团军12个步兵师组成的一个突击集群，沿19千米宽地段并肩攻往克拉斯诺谢利耶—兹韦尼哥罗德卡方向，突破敌人的防御。选定该地段是因为敌人在那里的防御较为薄弱，而苏军为此实现的支援武器密度高达每千米正面100门火炮和迫击炮，尽管直接支援步兵的坦克仅为每千米2.6辆。他们还将在主要突击的北面展开一场小规模辅助突击，而位于东南方的苏军将努力牵制前方之敌。突击集群负责突破敌防御战术地幅，以便担任方面军快速集群的近卫坦克第5集团军（辖3个坦克军）穿过第53集团军投入交战。但可以预料的是，由于第53集团军坦克力量不足，可能不得不依靠近卫坦克第5集团军完成突破。发展胜利的力量预计在战役首日前进25千米。他们将于次日再推进25千米，第三天到达兹韦尼哥罗德卡或更北面的会合点，形成合围对外正面的东半部。合围对内正面由第52集团军和近卫第4集团军在奥利沙纳同从西面而来的部队会合后形成。担任方面军预备队的是近卫骑兵第5军和1个重建的机械化军。

乌克兰第1方面军虽然已卷入激战，抗击德军在兹韦尼哥罗德卡以西约50千米处实施的反突击，但还是以第40和第27集团军的9个步兵师组成突击集群。他们计划于1月26日投入进攻，3个军将沿约21千米宽的正面并肩前进。诸兵种合成集团军没有可用的坦克和自行火炮。在这种情况下，为完成突破，坦克第6集团军（1月21日刚刚组建，辖1个坦克军和1个机械化军）不得不把机械化第5军部署在第一梯队，以此加强步兵力量。坦克力量将在步兵伴随下攻往特诺夫卡—

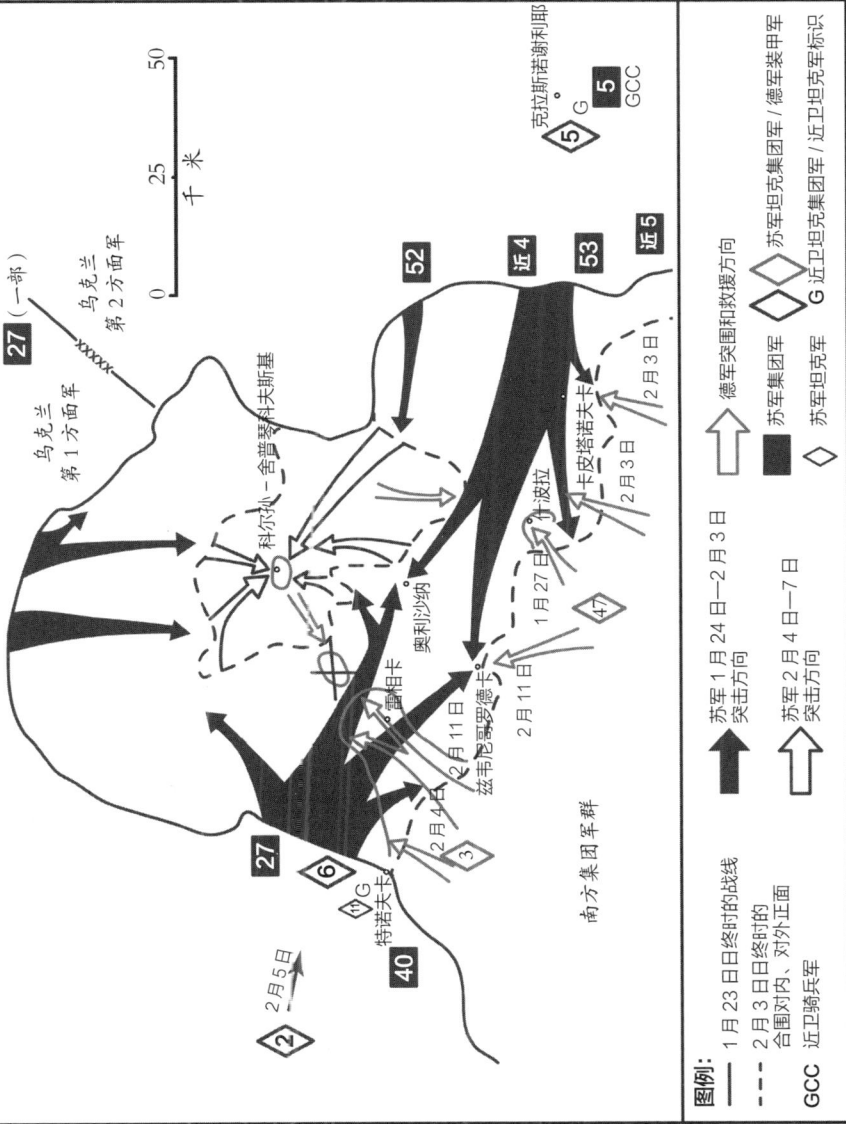

地图1.3：科尔孙－舍普琴科夫斯基战役，1944年1月24日—2月17日

图例：

—— 1月23日日终时的战线

---- 2月3日日终时的
合围对内、对外正面

GCC 近卫骑兵军

➡ 苏军1月24日—2月3日
突击方向

⇨ 苏军2月4日—7日
突击方向

⇧ 德军突围和救援方向

■ 苏军集团军

◆ 苏军坦克军

◈ 苏军坦克集团军／近卫坦克集团军
G 近卫坦克军标识

◇ 德军装甲军

兹韦尼哥罗德卡方向，次日日终前同近卫坦克第 5 集团军会合。达成突破后，第27 集团军将冲向奥利沙纳，形成合围对内正面。

科涅夫制定出详细而又全面的马斯基罗夫卡计划，以隐蔽麾下坦克集团军和大部分炮兵力量朝新方向变更部署并故意向敌人表明，他们正在基洛沃格勒以南约 75 千米的进攻行动停止处为重新展开攻击加以准备。但欺骗行动的实施充其量只取得部分成功，他们的无线电通信纪律通常都很糟糕，假坦克很明显能看出是模型。德国人料到苏军会采取最明显的行动并消灭突出部，因而着手北调第 14 和第 11 装甲师，前者得以在战役首日投入战场。进攻准备的仓促性也造成预先侦察不足，因而红军并不清楚德国人的部署情况，包括其防御前沿的位置。为此，乌克兰第 2 方面军 1 月 24 日展开战斗侦察，以各突击师获得加强的先遣营遂行。他们取得 2—5 千米突破并弄清了德军过度拉伸的防御之弱点，但也导致进攻发起时间，在某种程度上还包括突击方向的保密性有所降低。另外，先遣营取得的战果说服科涅夫将计划中的 55 分钟炮火准备缩减为 10 分钟的"火力急袭"。

这场战役并未像计划的那样展开。虽然拥有巨大的数量优势，但科涅夫的突击群 1 月 25 日只取得了令人失望的浅近突破，未能创造出投入近卫坦克第 5 集团军的有利条件。尽管如此，后者的 2 个第一梯队军还是投入交战以完成突破，另 1 个军留在第二梯队。当日日终前，先遣坦克力量只取得 10 千米进展，这一战果同样令人失望。缓慢的进攻速度会使敌人获得喘息时间，在苏军完成突破前投入预备力量。截至次日日终，苏军的突破已达 20—25 千米，而实力虚弱的 2 个德军装甲师早已采取反制措施。以反冲击楔入一条仅 6 千米宽的走廊之南翼。1 月 27 日上午，第 11 装甲师位于卡皮塔诺夫卡以南，恰好横跨苏军先遣坦克军的交通线。但苏军坦克兵突如其来的夜袭已将什波拉拿下，通往 35 千米外兹韦尼哥罗德卡的道路上没有任何东西阻挡他们。近卫坦克第 5 集团军以 1 个军继续挺进，另 1 个军转身向南，阻挡敌人向什波拉遂行的后续反冲击。第三个坦克军和骑兵军也投入交战，以便重新打开通往西面的道路。1 月 28 日中午，苏军夺得兹韦尼哥罗德卡，次日日终前，方面军预备队和推进中的近卫第 4 集团军基本上已攻占卡皮塔诺夫卡车站。

乌克兰第 1 方面军最初的进展同样令人失望。第 40 集团军和坦克第 6 集团军第 5 机械化军意图实施的主要突击，每千米正面只集中了 52 门火炮和迫击炮。苏军实施了 35 分钟的炮火准备并辅以一些近距空中支援，这显然是不够的。进攻首日，他们只取得了 2—5 千米进展，却损失了 59 辆坦克和自行火炮，约为其战车力量的 30%。但令人惊讶的是，第 27 集团军首日的突击在两个德国军之结合部达成了 12 千米的突破。瓦图京临时决定将主要突击北移，投入担任预备队的一个加强坦克旅扩大战果并将一个步兵军从第 40 集团军转隶坦克第 6 集团军，命令他们绕过敌人的抵抗枢纽部。这种灵活部署立即见效，1 月 28 日达成的突破使其先遣支队同近卫坦克第 5 集团军辖内部队在兹韦尼哥罗德卡会合。当日日终前，合围对外正面已形成，但较为脆弱，仍存在一些缺口。为解决这个问题，科涅夫将第 53 集团军的一个军交给近卫坦克第 5 集团军指挥。2 月初，第 53 集团军余部加强了正面朝南的防线。

用步兵力量加强坦克集团军的目的是强化合围对外正面，从而腾出坦克兵团，在德国人发起救援尝试时遂行机动反冲击。这些仅仅是苏军为应对日趋复杂的挑战所做的部分部署变更，最终导致最高统帅部大本营 2 月 12 日下达命令，将参与消灭突出部的所有兵团交给科涅夫方面军统一指挥。

已形成的包围圈困住了德国第 42 和第 11 军的 5.9 万名将士，消灭该包围圈内之敌需要建立一道强大的合围内环，不仅要阻止敌人突围，还要分割并歼灭敌集团。第 52 集团军和近卫第 4 集团军的步兵力量与第 27 集团军共同负责内环作战，但他们只有约 12 个规模不大的步兵师，坦克力量寥寥无几，分割包围圈的攻击力有限。乌克兰第 2 方面军辖下的近卫骑兵第 5 军将为这一努力发挥重要作用。该军在坦克集团军身后跟进，将穿过什波拉奔向奥利沙纳。但是，德国人复夺卡皮塔诺夫卡的反冲击意味着该军不得不投入历时两天的激战，突破已位于苏军后方的敌军。实现这一点后，骑兵军与担任预备队的坦克军相配合，重新打通坦克集团军之交通线并同第 27 集团军辖内部队及时会合，以构成一道连贯的合围对内正面并接替暂时正面朝北、等待骑兵力量赶至的坦克部队。因此，骑兵填补了本应存在于坦克发展力量与身后步兵部队之间的缺口。骑兵军随后为粉碎敌人的突围企图发挥了重要作用，面对化冻和暴雨造成的无路状况，他们利用自身的机动性，及时变更部署赶到新的敌人来袭方向。

由于德军竭力避免分裂，包围圈稳步收缩，同时，他们还集结足够的力量实施突围（实际上希特勒甚至到 2 月 6 日也没有批准这种行动）。补给问题始终令人担心，但德国空军设法飞入包围圈，以空投的方式提供维持战斗力的燃料和弹药。包围圈成了个漂移的口袋，渐渐向西南方移动。2 月初，德国人发起坚决进攻，力图解救被围部队。第47装甲军辖内3个装甲师在防线被3个步兵师接替后，从东南方遂行冲击。稍后，经过一场缓慢、受到天气妨碍的重组，第3装甲军的4个装甲师从西南方展开攻击。苏军也从其他地段调来援兵，第53集团军和从南面近卫第5集团军抽调的部分力量为近卫坦克第5集团军的防御提供加强，调自另外3个集团军的十余个兵团加强了乌克兰第2方面军。位于西面的坦克第2集团军也以2个实力不足的军加强坦克第6集团军。由于几个原因，第47装甲军的进攻只取得了有限成果，他们实力太过弱小（希特勒命令该军辖内最强大的一个师返回第6集团军遂行一项全然无效的任务），地形复杂、天气恶劣，架桥能力和补给不足共同削弱了该军的打击力。虽然第3装甲军付出了更大努力，但也受到后勤问题和道路无法通行的困扰，泥泞导致燃料消耗增加五倍，许多坦克和大部分轮式运输车深陷其中。该军最初的突击没能取得重大进展，直到2月11日才恢复进攻。支援对包围圈内的2个德国军来说来得太晚，他们的力量已趋耗尽。第47装甲军在东面对反击遂行的协同配合同样为时过晚，该军的突击基本上已呈强弩之末，这使近卫第4集团军得以将1个军调往西面。但是，第3装甲军随后展开的突击较为猛烈，取得约17千米突破后到达雷相卡地域，甚至设法在该军与仅有6—8千米之遥的包围圈之间设立起一座小型登陆场，这个登陆场建在包围圈外最后一道河流障碍的对岸。同时，包围圈内的德军向西南方缓缓移动，试图同增援力量会合。战场情况极为复杂，德军与苏军的阵地发生重叠和交错，苏军的机动和反集结措施受到后勤局限性、天气和地面状况的妨碍，德国人同样如此。2月16日—18日，包围圈内的德军组织3万名官兵突围（约为最初力量的一半），但他们不得不丢弃全部装备，甚至包括大部分轻武器。

苏军的损失超过8万人，其中约30%为不可归队减员。德军伤亡总数可能不到4万人，其中不可归队减员约为2.3万人；近4.05万人逃离包围圈，但其中1.15万人负伤。[53]一如既往，德军出色的战术能力使红军付出沉重代价并给他们赢取战役成果造成限制。同样一如既往的是，苏联人承受人员和装备损失的能力远胜于他们的敌人。对德国人来说，科尔孙－舍普琴科夫斯基战役又是一场灾难，已遭到削弱的防线被撕开一个大洞，防御变得更加不稳。苏联人充分利机会，通过牵制南方集团军群超过半数的装甲师，他们得以在该集团军群两翼取得相当大的进展。历时9个月的一系列进攻战役结束时，红军已到达喀尔巴阡山和德涅斯特河（在某些地方甚至渡过河去），完成了对乌克兰和克里木的解放并构成从波兰南部一路杀入巴尔干地区的威胁。

造科尔孙－舍普琴科夫斯基进攻战役的策划和执行过程中，苏军指挥员们始终坚持战役法原则。从最高统帅部大本营到集团军的各层级，选定的目标都可谓雄心勃勃，有望获得良好的回报，但仍能在力量水平和可用时间的限制内完成。另外，即便在不利的事态发展有可能造成某些动摇的情况下，这些原则仍得到贯彻。例如，近卫坦克第 5 集团军并未考虑推迟朝兹韦尼哥罗德卡发展突破，直到肃清侵入其后方的德国军队，或派部分力量折返，重新打通交通线为止。作为获胜方，苏联人对进攻速度相当痴迷，为实现并保持这种速度甘愿承受风险，事实证明其做法确有一定道理。各方面军通过严格的节约兵力措施，将主力集中于主要突击方向。第 27 集团军以 3 个师组成乌克兰第 1 方面军的突击集群，只留另外 3 个师和 2 个筑垒地域掩护集团军 90 千米宽的防区，这些师中的 2 个还需要发起牵制性进攻。同样，第 52 集团军仅以 3 个弱小的步兵师据守约 60 千米宽的防区。另外，他们为达成突然性付出认真的努力，对进攻所需要的大规模部署变更加以隐蔽，最终使敌人误判了其主要突击方向。进攻发起后，这场战役的进行并非一帆风顺。从开始到结束，态势不仅复杂，而且迅速变化，要求在短时间内实施大量机动并变更部署。另外，敌人在其他地方的活动也影响到苏军遂行这场战役。特别是瓦图京方面军不得不应对西南方之敌的反制措施，同时在自己的右翼朝罗夫诺方向发起进攻，冲入波兰南部。苏军高级指挥员及其参谋人员应对自如，展示出高度的灵活性和非凡的配合协同水平。

科尔孙－舍普琴科夫斯基进攻战役证明了苏军战役法的发展进步。虽然已卷入变化多端的态势，但红军指挥员和他们的参谋人员展示出在很短时间内策划一场大规模复杂战役的高超技能。苏联人现在展现出一种能力：不仅能遂行精心准备的进攻，还可以创造并利用有利但可能稍纵即逝的态势。这一点更值得注意，因为它代表着合围理念的巨大回报，而合围作为一种理想的战役方式，在 PU-36 中首次提及。日趋成熟的红军不再满足于击退敌人，而是寻求更宏大的目标——歼灭敌重兵集团。继续寻求斯大林格勒战役规模的战果的同时，红军也必须改善其战役方式，因为德国人不太可能继续提供深具吸引力的目标，例如位于突出部内、缺乏侧翼掩护、没有预备队的重兵集团。日后红军必须为自己创造机会并对执行力加以改善。在斯大林格勒，坦克兵团构成合围内环，而合围对外正面最初依靠的是不太强大的骑兵力量。倘若敌人发起一场迅速而又强大的救援尝试，这种做法在1944年1月肯定会招致失败。因此，两个坦克集团军的优先任务是形成合围对外正面，步兵和反坦克力量迅速提供加强，使其防御更加牢固。当然，这种做法的弊端是，包围圈内之敌获得组织力量的时间，不太会受到苏军步兵和骑兵力量的干扰，而后者没有足够的坦克和自行火炮，无法在敌人最脆弱的时候阻止对方重新组织力量。结果，包围圈内的德军得以向赶来救援的第3装甲军靠拢，最终使大批人员脱困。这为日后的合围战提出了两个教训：合围对内正面，即便正在完成合围，也必须立即着手分割被围的敌兵团，以便将其逐一歼灭；合围对外正面，不能为击退敌人的救援尝试而形成静态防御，应保持主动，以持续不断的冲击攻入敌纵深，扩大突破口并在遭遇交战中击败敌预备队，从而使敌人的应对陷入麻烦。当然，这两点说起来容易做起来难。3月末至4月中旬，乌克兰第1、第2方面军合围德国第1装甲集团军，困住对方包括10个装甲师在内的20多个师（约20万人）。不断变化的流动态势因恶劣的天气和无处不在的泥泞而更趋复杂。陷入合围的德军集团形成一个精心组织、不断移动的口袋并向西突围，与新开到的武装党卫队第2装甲军之救援力量会合。德国人的应对令苏军手忙脚乱，他们将主力集中于合围对内正面以防德军向南突围，结果，第1装甲集团军大部得以逃脱（虽然再度脱困，但其重装备基本损失殆尽）。[54]

战役的执行存在的一些缺陷，无疑导致红军实际上没能全歼敌军的目的。敌情报部门只是部分受到马斯基罗夫卡的误导，部分原因是红军缺乏对细节的关心和关注，致使虚拟集结的虚假性遭暴露。反过来说，这可能是战役策划和实施过于仓促造成的，另外还要考虑到这样一个事实：你打算遵循明显的行动方案行事，而这又是对方自然会想到的，在这种情况下很难欺骗敌人。仓促准备的另一个可能结果是突破敌防御战术地幅的进度十分缓慢性。苏军的计划要求近卫坦克第5集团军在三天内，坦克第6集团军在两天内到达兹韦尼哥罗德卡。但两个集团军都多用一天时间，并且遭受到比预计更大的损失。结果，德军发起反突击时，合围对外正面没有计划得那般牢固。原因和以往一样，突破过于缓慢。两个方面军集结时具有巨大的优势，但用于突破的炮火密度仅为奥廖尔进攻战役和别尔哥罗德—哈尔科夫进攻战役中更为成功的集团军所达成的一半。因为进攻发起较为仓促、对敌军目标的情报掌握不足，所以破坏性准备和支援不力，这又使问题复杂化了。日后，突击正面将根据充足火炮密度的要求进行调整，因而通常会缩窄。另外，直接支援步兵的坦克不足，致使近卫坦克第 5 集团军被迫过早投入交战，不得不为完成突破承受严重损失。瓦图京方面军的情况更加糟糕，独立坦克部队数量不足，迫使坦克第 6 集团军在第一梯队投入交战，结果损失惨重。因此，两个坦克集团军随后的发展任务都受到连累，他们不得不在坦克力量不足的情况下完成击退德军救援行动和消灭移动的口袋两个任务。科尔孙 – 舍普琴科夫斯基进攻战役后，只有在确定敌人的防御虚弱且浅近，完成突破遭受的伤亡不会导致实力过早衰退时，坦克集团军才会用于第一梯队（1944 年至 1945 年，这种情况在坦克第 6 集团军发生了三次，分别在匈牙利的德布勒森和布达佩斯，以及后来的中国东北）。

　　红军总参谋部的战役研究表明，空中力量的表现非常让人满意。得益于地空力量协同的持续改善，近距空中支援在某些重要阶段成了确保地面力量继续推进的间歇性重要因素。补给线延长和天气恶劣（特别是 1 月份出人意料的化冻）造成的影响严重，虽然航空兵战斗出动强度令人印象深刻，但鉴于相关条件，他们没能达到预期效果，在几个关键期，航空兵甚至根本没有展开行动。苏联人认为，对被围敌集团的空中封锁为确保歼灭包围圈内之敌做出了重要贡献，不过这种说法显然有些夸大。虽然德国空军的飞机损失严重，但他们的确为陷入重围的两个军提供了充足的再补给以使其继续战斗，直至成功突围。德国空军也为己方地面力量提供了一些近距空中支援，他们的损失远比苏联方面宣称的小。红空军的行动重点几乎悉数集中于同陆军的紧密协同，优先任务是空中侦察、歼击机掩护、轰炸机和强击机对地攻击，在快速集群投入、炮兵力量滞后等关键时期，红空军在敌纵深从事的战斗格外抢眼。一如既往，进攻战役中的空中交战不过是一种姿态而已。因此，德国空军不仅作为一股战斗力量继续存在，还发挥出远远超过想象的重要作用，特别是鉴于他们处在 1 比 4 的数量劣势中。德国人已无法在苏军选定的集结地带夺取空中优势，但他们可以而且的确提供了灵活的、通常较为有效的交火。除紧贴战场的后方地域外，苏联人还忽略了对敌机的拦截。1944 年的战斗飞行架次中，拦截任务仅占 5.4%。具有争议的是，苏军高级指挥员们认为，以更果断的行动阻止或至少迟滞敌预备队和作战力量从受威胁较小的地带变更部署，比大量近距空中支援更具现实意义。在他们看来，倘若将德国第 3 装甲军的开到迟滞 2—3 天，被围之敌的弹药将损耗殆尽，消灭移动包围圈内敌人的任务可能早已完成。

总结

　　显然，最终的胜利仅部分归功于苏联用于对付德国的人员和武器的数量。这些本来会浪费在收效甚微的行动中，就像战争第一阶段和第二阶段初期经常发生的那样，因此，苏联军事学说的正确性必须给予同样的肯定。倘若 20 年代末和 30 年代阐述的理论框架未能正确分析未来战争的性质并为其实施提出切实可行的建议，红军很可能会像一战期间的沙皇军队那样，无法在第二次世界大战中赢得胜利。战争第一阶段的许多失败可以归咎于斯大林的领导：大清洗的恶果，他在很长一段时间内拒绝接受军事现实，他对不恰当和注定要失败的进攻行动的坚持给有效防御造成危害，等等。但是，1941 年—1942 年代价高昂的失败确实教会这位领导者应更多地依靠专业军事人员——不仅仅在战役层面，也包括战略方面。从 1943 年到战争结束，他成功利用这些职业军人，但没有放弃任何权力。对苏军将领来说，他们在战争中获得了提高。能力不足或缺乏运气者在战争第一阶段和第二阶段初期遭淘汰，而所有生存下来并崭露头角的指挥员都不断学习、改进、提高，不过很少有能推翻 PU-36 阐述的原则的人。

　　红军越来越认识到放弃战争第一阶段那种浪费兵力的作战方式的必要性。最明显的是，就连苏联很快也会（而且的确如此）发生人力短缺。同样重要的是，1941 年至 1942 年挥霍浪费的作战方式，虽然在当时的情况下似乎不可避免，但大多无济于事。生命的消耗与取得的战果，以及苏联人迫切希望的结具（驱逐侵略者、消灭法西斯主义、获得更加安全的边界使苏联将来可免遭入侵）之间通常没有什么关系。不惜一切代价的战斗让位于以可接受的代价赢取胜利，当然，这种可接受性建立在纯粹的功利主义基础上。随着源源流向野战集团军的武器和弹药越来越多，苏联人试图以物资的重量替代人员的数量。红军总参谋部意识到，火力准备和支援的密度及深度，与取得的进攻速度和深度，以及遭受的伤亡有直接联系。对敌人的摧毁或压制越有效，对方所能造成的破坏和损失就越小；各兵团在进攻中保持有效性的时间越长，对敌人造成的破坏就越大；前进速度越快，敌人反制的效果就越差。除其他目标外，战役分析旨在发现火力、机动性和持久力的最优配比，以实现既定战役目标。

　　到 1943 年中期，答案变得更加明确，技术也发展为应用最优配比达成最大效果。

但以西方国家的标准看，红军在战争剩余时间里的伤亡率依然过高。这个问题的部分原因是，突破仍是一种血腥的行动。为便于快速力量实施一场大规模战役机动，继而决定性地击败德军，诸兵种合成集团军不得不打开可供发展力量穿过的缺口。更重要的是，他们必须迅速使敌人失去平衡且无法做出有效应对。诸兵种合成集团军最初不得不展开正面冲击——通常是针对预有准备的阵地——以实现对敌防御的迅速突破。因此，虽说获得的火力支援稳步增长，但步兵部队和兵团不得不按照时间表安排紧张、不可改变的计划以突破敌防御战术地幅。步兵们付出沉重的代价，以此为坦克和机械化力量投入交战大开方便之门。人员伤亡严重的另一个相关原因是某些功成名就的高级指挥员的态度，他们将先发制人视为胜利的关键，在他们看来，时间比生命更珍贵。

苏联的体制最终无疑是有效的：苏联不仅在战争中得以幸存，还从旧军事机器的残骸中打造出一支新的、更强大的军事力量。第一个冬季，他们沿整条战线阻止并击退了敌人。第二个冬季，他们决定性地击败德军并夺得主动权，为战争的新阶段奠定基础，其特点是苏军的进攻越来越成功。不过，虽说其体制有效，但效率不高，部队的伤亡巨大——这种情况大多发生在前两个阶段，而且很少或根本没有带来积极成果。红军官兵持续的高更换率妨碍到作战部队和兵团的发展成熟，好在他们迅速吸取了经验教训并以越来越可接受的代价提高作战表现。特别是一些快速兵团，战术技能变得极其熟练，有能力遂行复杂任务，其行动远非对简单战斗演习的盲目复制。当然，这种情况是随着时间的推移而逐渐出现的。直到1944年年底，红军的战术技能总体上还不如他们的对手，尽管德国人的质量优势因连续失败导致的人员持续损失而逐步削弱。苏联人需要以数量优势抵消敌人战术素质优势的事实其实并不重要——除了会导致数十万人阵亡和负伤。为了赢得战争，红军有两件事要做，首先是大量扩充人力，当然更重要的是扩充军事装备。战争第三阶段，红军在实施战役法的过程中也展现出越来越大的优势，这往往使陷入巨大战役灾难的德军部队和小型兵团的战术熟练度变得无关紧要。

注释：

1. 本章主要资料来源为：理查德·辛普金，《大纵深战斗：图哈切夫斯基元帅之杰作》，伦敦：布雷赛出版社，1987年；A.A.斯韦钦，《战略》，明尼阿波利斯：东方瞭望出版社，1992年，第一章；苏联国防人民委员部，《1936年工农红军暂行野战条令》，莫斯科：军事出版局，1937年；M.M.基里扬，《方面军进攻》，莫斯科：科学出版社，1987年，第一、第二章；米哈伊尔·图哈切夫斯基，《战争的新问题和一些苏联作者提出的苏军战役理念》，美国陆军战争学院，战争艺术研讨会，1983年；哈罗德·S.奥伦斯坦译，《苏军战役法的发展纪实》，伦敦：弗兰克·卡斯出版社，1995年；戴维·M.格兰茨，《苏军战役法：探寻大纵深战役》，伦敦：弗兰克·卡斯出版社 1991年，第二至第四章；戴维·M.格兰茨，《苏联的军事战略：一段历史》，伦敦：弗兰克·卡斯出版社，1992年，第四章。本书中的"学说"一词，指的是普遍接受的、西方意义上的控制策略和作战艺术原则，而非苏联意义上具体的思想。

2. 欲了解这些作者相关著作的特点，读者们可参阅以下著作中的简要介绍：辛普金的《大纵深战斗》、斯韦钦的《战略》、奥伦斯坦的《苏军战役法的发展纪实》第一卷、图哈切夫斯基的《战争的新问题》，以及《沙波什尼科夫分析第一次世界大战的总参谋部》——这是对外广播情报处（FBIS）1984年对B.M.沙波什尼科夫《军队大脑》一书的摘录翻译。

3. 参见图哈切夫斯基对富勒《战争的革新》的评论，辛普金《大纵深战斗》一书第八章有转载和评述。他举的例子是美国同英国在加拿大边境爆发的一场假想战争，认为配备5万辆坦克和3万架战机的180个美国师能轻易打垮配备5千辆坦克和3千架战机的18个英国师。

4. 觉察到威胁日趋加剧的时期，I.V.斯大林解释了农业集体化和强行加快工业化的理由："落后就要挨打。旧俄国的历史表明……就因为她落后，因而不断被打败。败于蒙古可汗，败于波兰—立陶宛的贵族们，败于英法资本主义者……挨打是因为落后——军事、文化、政治、工业和农业方面的落后。我们落后于主要国家50—100年。我们必须在10年内弥补这一差距。做不到这一点，我们就将失败。"斯大林1931年对工业管理人员发表的讲话中赞扬第一个五年计划取得的成就并强调该计划的必要性。引自亚当·B.乌拉姆，《斯大林和斯大林时代》，伦敦：艾伦·莱恩出版社，1974年，第340页。

5. 图哈切夫斯基30年代初写道："长期以来，步兵分队独立行动的能力一直是我们最薄弱的环节。'我正等待命令'（实际上就是'我很消极'）是对我们野战行动真正的祸害。不过，近年来在这方面取得了显著进步。步兵们逐渐了解到，独立性和个人主动性是规定而非例外，没有这些，不可能实现计划中的总体目标。"引自图哈切夫斯基的《战争的新问题》，第25页。PU-36倡寻任务导向型指挥控制，第128条写道："下达命令时，诸兵种合成军队指挥员必须特别注意，务必清晰而又准确地表述分配给各兵团（部队）的广泛任务并阐明所做决定的基本思想。即实现预期目标的主要方向，切断敌退却路线……或迫使对方应对一道障碍。"该条令进而详述指挥员的意图、任务、资源、制约因素和协同行动的必要性并逐一加以详细说明。当然，苏联人认为，主动性的积极发挥依赖于周密的理论基础。"对军事艺术的深刻认识使战场上出现创造性军事行动成为可能。有人认为军事知识和技能无关紧要，仅凭天生的智慧和简单的常识便使自己摆脱困境，他们会在战场上遭遇悲惨下场。"M.I.亚里宁，引自1946年6月7日的《红星报》。

6. 就连德国国防军也难以接受即将阐述的这些理念。直到1940年胜利完成征服后，他们才衷心接受这些一再受到军事保守主义者排斥的理念。

7. 作者的朋友兼同事克里斯·唐纳利在英国国防部图书馆发现了一本奥匈帝国的"绝密"情报手册，里面详细介绍俄国人1905年前后采用的战术。手册中的概念和附图，实际上与列兹琴科1987年的《战术》一书中的那些相同。对编组、行军顺序和使用战斗训练加快速度的强调并非始于红军。它出现于沙皇时期的俄国军队并延续至后来的苏军——尽管武器装备越来越复杂。因为它是一种在遍布东欧和远东的、广袤的、极其空旷的平原上从事战争的合理策略。

8. 这一段的主要资料来源为：戴维·M.格兰茨，《苏军战役法：探寻大纵深战役》，伦敦：弗兰克·卡斯出版社，1991年，第四章；戴维·M.格三茨，《苏联的军事战略：一段历史》，伦敦：弗兰克·卡斯出版社，1992年，第四章；C.J.迪克，《苏军坦克兵在伟大卫国战争中的战役运用》，刊登于J.P.哈里斯、F.H.托阿塞主编，《现代装甲战》，伦敦：巴茨福德出版社，1990年；M.M.基里扬，《方面军进攻》，莫斯科：科学出版社，1987年，第一章；沃尔特·S.邓恩，《希特勒的死对头：1930年—1945年的红军》，康涅狄格州西港：普雷格出版社，1994年，第二、第三章。

9. 这些数字引自罗伯特·康奎斯特，《大清洗》，伦敦：鹈鹕出版社，1971年。另一些资料提供的数字稍有不同，但差异不是太大。D.A.沃尔科戈诺夫撰写斯大林传记对苏联档案加以研究，他在《劳动报》对他的采访（1988年6月19日）中指出，1937年8月1日至1938年9月1日，高级和中级指挥部门约有4万人被杀，这个数字比康奎斯特的说法多5000人，约占红军军官团总人数一半以上。

10. 苏联历史学家们将这场战争分为三个阶段。第一阶段为从1941年6月至1942年11月，其特点是苏联的战略防御不时被周期性、大多不太成功的进攻尝试打断，他们意图从侵略者手中夺回主动权。第二阶段持续至1943年12月，双方争夺主动权，战略防御和进攻交替进行。第三阶段是1944年至1945年，由苏军的进攻行动主导，起初是从一个地段向另一个地段连续进行，随着力量对比越来越有利于红军，他们跨过整条战线遂行进攻。这一段的主要资料来源为：霍斯特·布格等，《德国与第二次世界大战·第四卷：入侵苏联》，牛津：牛津大学出版社，1998年，第一部第四、第七章和第二部第一、第二章；戴维·M.格兰茨，《巨人重生》，劳伦斯：堪萨斯大学出版社，2005年，第一章；戴维·M.格兰茨，《苏军战役法：探寻大纵深战役》，伦敦：弗兰克·卡斯出版社，1991年，第五章；罗伯特·M.奇蒂诺，《德国国防军之死：1942年的德军战役》，劳伦斯：堪萨斯大学出版社，2007年，第一章；戴维·M.格兰茨，《苏联的军事战略：一段历史》，伦敦：弗兰克·卡斯出版社，1992年，第五章；戴维·M.格兰茨、乔纳森·M.豪斯，《巨人的碰撞：红军是如何阻止希特勒的》，劳伦斯：堪萨斯大学出版社，1995年，第三至第八章；厄尔·F齐姆克、麦格纳·E.鲍尔，《从莫斯科到斯大林格勒：东线决战》，华盛顿特区：美国陆军史处处长办公室，1987年；《德国对苏战争：策划和行动，1940年—1942年》，第20-261a号手册，华盛顿特区：陆军部，1955年；M.M.基里扬，《方面军进攻》，莫斯科：科学出版社，1987年，第一章；G.F.克里沃舍耶夫，《揭秘：苏联武装力量在战争、作战行动和军事冲突中的损失》，莫斯科：军事出版局，1993年，第162—225页。克里沃舍耶夫的著作首次坦诚汇编苏军战斗损失的准确统计。

11. 苏联军事理论家们将战争初期定义为动员、集中和展开。实际上，若侵略方在秘密准备的同时麻痹被侵略国政府，使其忽视警告信号，或至少使其相信威胁并非迫在眉睫，战争初期准备工作的未完成性可能会给被侵略方造成严重影响。对1941年的斯大林来说，情况的确如此。战争初期猝不及防的经历后来对苏联从事战争的方法造成了深远影响。这方面可参阅：S.P.伊万诺夫，《战争初期》，莫斯科：军事出版局，1974年；C.J.迪克，《令北约猝不及防：苏军的突袭和欺骗技术》，刊登于《国际防御评论》，1986年第19期。

12. 红军并未忽视德国人的集结和敌意（这一点从多个方面得到证实，例如深入苏联腹地的空中侦察），因而展开了部分动员和集中。德军发动入侵时，尽管许多红军高级指挥员没有料到对方的打击力度，但他们对这场侵略并不感到惊讶。从军事角度看，他们之所以猝不及防，是因为其军队正处于组织结构和学说发生变更的阵痛期，因而未做好战斗准备。另外，斯大林的命令也禁止他们纠正不恰当的部署和另一些可挽回的错误，他知道德国的入侵无法避免，但他担心激怒对方，使其在苏联做好准备一年前就发动进攻。

13. 不可归队减员指的是阵亡、因伤或其他非战斗原因死亡、在战斗中被俘和失踪的，不包括负伤和患病者（包括冻伤者），他们也许能在短期内重新归队。1941年至1942年，苏军不可归队减员约占损失总数的70%—74%。战争第二阶段，德军抓获的俘虏比第一阶段少得多，这一比例降至30%以下，第三阶段降至26%左右。参见克里沃舍耶夫，《揭秘：苏联武装力量在战争、作战行动和军事冲突中的损失》，莫斯科：军事出版局，1993年 第146—147页。

14. 与德国人相比，10 个匈牙利师、6 个意大利师、5 个罗马尼亚师（共 10 个师）的训练和装备都很糟糕，只能部分弥补德军地面部队实力的下降。另外，塞瓦斯托波尔 1942 年 7 月陷落后，7 个德军师中的 5 个并未用于加强德军的主要突击，而是调往北面，计划用于征服列宁格勒。至于空中力量，德国人已大幅削弱他们在苏联的主要行动，将一个航空队调至次要的地中海战区。尔后，从 1943 年春季起，越来越多的战斗机和高射炮力量不得不用于防御德国本土以抵抗英美日益加强的战略轰炸攻势。

15. 这一段的主要资料来源为：戴维·M. 格兰茨，《巨人重生》，劳伦斯：堪萨斯大学出版社，2005 年，第二章；戴维·M. 格兰茨，《苏联的军事战略：一段历史》，伦敦：弗兰克·卡斯出版社，1992 年，第五章；戴维·M. 格兰茨，《从顿河到第聂伯河：1942 年 12 月至 1943 年 8 月的苏联进攻战役》，伦敦：弗兰克·卡斯出版社，1991 年；戴维·M. 格兰茨，《第二次世界大战中的苏联军事欺骗》，伦敦：弗兰克·卡斯出版社，1989 年，第五章；戴维·M. 格兰茨、乔纳森·M. 豪斯，《巨人的碰撞：红军是如何阻止希特勒的》，劳伦斯：堪萨斯大学出版社，1995 年，第九至第十一章；罗伯特·M. 奇蒂诺，《德军退却：1943 年的败仗》，劳伦斯：堪萨斯大学出版社，2012 年，第二章；厄尔·F. 齐姆克，《从斯大林格勒到柏林：德国在东线的失败》，华盛顿特区：美国陆军军史处处长办公室，1968 年，第四至第十章；冯·哈德斯蒂，《火凤凰：苏联空军力量的崛起，1941 年—1945 年》，华盛顿特区：史密森学会出版社，1991 年；M.M. 基里扬，《方面军进攻》，莫斯科：科学出版社，1987 年，第一章；G.F. 克里沃舍耶夫，《揭秘：苏联武装力量在战争、作战行动和军事冲突中的损失》，莫斯科：军事出版局，1993 年，第 181—198、第 225—226 页。

16. 第 1 装甲集团军的及时撤离是德军 3 月份反突击赢得胜利的一个重要因素。在希特勒的坚持下，第 17 集团军留在库班坚守登陆场，以便日后再度发起征服高加索的战略性进攻。这种观点缺乏现实性，这一点变得越来越明显，他最终于 1943 年 10 月批准该集团军撤入克里木。

17. 1943 年 3 月，德国人不得不放弃勒热夫突出部（尽管该突出部靠近莫斯科）以缩短 230 千米防线并腾出 21 个师。这实际上承认由于斯大林格勒战役失败并被迫几乎撤至第聂伯河，战略态势已变得对他们不利。此时的问题已从何时恢复对苏联首都的进攻转变为能否恢复防线的完整性。

18. 盟军掌握了制海权，英军在阿拉曼赢得了胜利，英美军队 1942 年 11 月在摩洛哥和阿尔及利亚实施了登陆，这些迹象表明轴心国注定会在北非迎来末日。希特勒拒不接受这一战略现实，将 5 个德国师作为援兵调入突尼斯。为投入并维系这股力量，他牺牲德国空军超过 40% 的力量，包括大多数空军运输机队，而这是戈林履行空运补给斯大林格勒的承诺所需要的力量。1943 年 5 月，约 25 万名轴心国士兵在突尼斯投降，其中德军士兵约占半数，显然，盟军光复欧洲大陆（很可能从意大利开始）只是个时间问题。7 月 10 日，他们在西西里登陆。希特勒对意大利这个越来越靠不住的盟友产生正确的担心，当年 7 月将 12 个师调入该国。希特勒早已预料到这一需要，也知道苏军在库尔斯克突出部内的防御日趋加强，他数次推迟堡垒作战的发起日期并无太大意义。

19. 德国情报部门估计，6 个月后，全面动员的红军将达到 209 个师。但到 1941 年 12 月，实际数字是 492 个师。

20. 战争目的在很大程度上受到意识形态的严重影响，因而是不完善的。毫发无损地接管苏联的经济，利用遭到恐吓和奴役的苏联民众，使其经济最大限度地为德国服务，这种想法荒唐可笑；更重要的是，这与为德国过剩的人口在东方创造生存空间而采取的种族清洗政策不符。消除英国在欧洲大陆的"潜在之剑"——也就是说，若不消灭苏联的力量，德国将陷入无力应对的两线作战，这一点已在第一次世界大战中得到证实——这种做法从未被考虑过。

21. 这一愿景源自政治方面的考虑，或者说，更多地来自某种偏见，以及对德国军队不可战胜的盲目自信。希特勒认为苏联的整个体制非常脆弱："我们只要对房门踢上一脚，整个腐朽的房子就会坍塌。"

22. 理论和实际力量的全部问题，特别是在诸如生产能力和弹药储备这些深奥领域，是一个能引发无休止争论的话题。最新、最出色的研究资料可能当属布格等人合著的《德国与第二次世界大战》第三、第四卷。

23. 截至 1941 年年底，德军遭受的不可归队减员为 41 万人。与红军的损失相比，这个数字似乎并不大，但其中包括训练有素、经验丰富的入侵力量之 15%（在作战部队中所占的比例较高）。补充兵和新组建兵团在质量和训练方面普遍较差，因而战斗价值较低。

24. 俄语 rasputitsa 指的是春季、秋季化冻系和雨水将未铺砌、布满车辙印的道路变为泥潭的时期。

25. 马丁·范克里费德，《希特勒 1940 年至 1941 年的战略：巴尔干线素》，剑桥：剑桥大学出版社，1973 年。本书第五、第六章详细分析了这个问题。

26. 当然，德国领导人并非不了解俄罗斯冬季的性质和它会给一支毫无准备的军队造成怎样的影响。毕竟他们中的许多人 20 多年前曾在东线服役，而且他们肯定都研究过 1914 年至 1918 年的战役。他们没有考虑时间、空间和气候因素，待一切已为时过晚才后悔不迭，对此只能解释为过度自信造成的满不在乎所致。

27. 德国人 1943 年不太担心盟军进入西北欧，于是从该地区抽调大批兵团支援东线和意大利。到 1944 年年初，他们再也无法做出这种估计。

28. 最初在波罗的海诸国、乌克兰和高加索部分地区，德国人作为苏联压迫的解放者受到欢迎。1943 年至 1945 年，红军收复失地后，近 200 万少数民族人员因反苏情绪、实际或据称与侵略者合作而被驱逐到西伯利亚和中亚。

29. 尽管如此，德国人和一些苏联人都声称，战前并没有在敌人占领的情况下展开游击活动的准备。苏联直到 1942 年 5 月才设立游击运动中央司令部，几个月后，该司令部对游击运动加以真正的控制、纪律约束和指挥。大多数情况下，游击队员得不到充分信任，他们所在的地区获得解放后，这些游击队并未纳入红军，相反，他们被调往后方接受"再培训"。许多情况下，这种怀疑是合理的，一些乌克兰和波罗的海游击队抗击苏联解放者的程度与抵抗德国侵略者的程度同样激烈。就被占领地区的面积和人口而言，游击运动规模的微小性是一个对苏联体制不满程度的衡量标准。基于同样的道理，它也是衡量德国人错失良机的程度的一个指标。

30. 对这些主题更全面的阐述，可参阅：艾伦·S. 米尔沃德，《战争、经济和社会，1939 年—1945 年》，伦敦：企鹅出版社，1977 年；艾伦·S. 米尔沃德，《德国战时经济》，伦敦：阿斯隆出版社，1965 年。

31. 这一段的主要资料来源是：厄尔·F. 齐姆克、麦格纳·E. 鲍尔，《从莫斯科到斯大林格勒：东线决战》，华盛顿特区：美国陆军军史处处长办公室，1987 年，第二十四章；亚历克·诺夫，《苏联经济史》，伦敦：企鹅出版社，1969 年，第十章；艾伦·S. 米尔沃德，《战争、经济和社会，1939 年—1945 年》，伦敦：企鹅出版社，1977 年，第三、第四、第六至第八章；伦纳德·夏皮罗，《苏联共产党》，伦敦：艾尔和斯波蒂斯伍德出版社，1970 年，第二十七章；罗伯特·瑟维斯，《二十世纪俄国史》，伦敦：艾伦·莱恩出版社，1997 年，第十三、第十四章；G.F. 克里沃舍耶夫，《揭秘：苏联武装力量在战争、作战行动和军事冲突中的损失》，莫斯科：军事出版局，1993 年，第 91 页。

32. 苏联的武器设计思想与西方国家存在很大不同——西方更倾向于设计相对复杂的武器。苏联的坦克引擎使用几个月后就变得极不可靠，苏联人对此的解释是，坦克的作战寿命以几周或几天计，为何要设计能用几年的东西？在基地维修车间更换整个部件好于在各部队层面对其加以修理，后者缺乏训练有素的机修工。专业维修人员供不应求，部分原因是数量相对较少，另外就是苏联人希望尽量减少部队层级的后勤开支以加强机动性，同时保持简单性。

33. 基于相关的预见性，苏联人在许多领域从民用转为军工生产较为容易。例如，苏联的农用拖拉机配有履带，沉重却毫无必要。这种拖拉机容易造成压实土壤的不利影响，但生产拖拉机的工厂可以迅速改为生产坦克。

34. Motherland 和 Fatherland 这两个词经常交替使用。从最初阶段起，苏联领导层便提及伟大卫国战争（Great Patriotic 'Fatherland War'）以唤醒民众对 1812 年全民族抵抗拿破仑入侵的回忆。

35. 这一段的主要资料来源是：G.F. 克里沃舍耶夫，《揭秘：苏联武装力量在战争、作战行动和军事冲突中的损失》，莫斯科：军事出版局，1993 年，第 139、第 143、第 146—147、第 355—360 页；戴维·M. 格兰茨，《巨人重生》，劳伦斯：堪萨斯大学出版社，2005 年，第四章，第 10—13 页；阿姆农·萨拉，《苏联战争中的生命价值》，伦敦：劳特利奇出版社，1992 年，第四章。

36. 克里沃舍耶夫书中提供的只是战略性战役中的损失总数，忽视了其他方面的损失。

37. 作战方面军指的是从事作战的力量，而非守卫受威胁边境的军队，以及各内陆军区的纵深资源和军队。

38. 纳粹对待纪律和士气的方法与苏联人有许多相同之处。双方都大量使用死刑和惩戒单位，特别是对所谓的怯懦者或开小差者。若士兵们在外国领土犯下劫掠、强奸、谋杀罪，双方都对此视而不见。他们都派政治军官灌输信念、鼓舞士气，苏联人自内战起便设立政委，德国人 1943 年 12 月引入国家社会主义教育员，以消除战事失败造成的负面影响。

39. 军事历史委员会推出的资料是总参谋部对各场战役的一系列研究成果，目的是用于教学。这些研究资料非常详细，涵盖各个重要方面。各场战役结束后，他们对其加以分析，很快便推出这些研究资料，但显然无法获取德方资料加以完善。因此，这些资料存在一些错误，特别是倾向于夸大德方优势和伤亡（这种缺陷在西方国家也很常见），有时候也夸大己方的前进速度。部分资料已翻译成英文并附有评述，包括：戴维·M. 格兰茨、哈罗德·S. 奥伦斯坦，《库尔斯克战役：苏军总参谋部研究》，伦敦：弗兰克·卡斯出版社，1999 年；《利沃夫战役：苏军总参谋部研究》，伦敦：弗兰克·卡斯出版社，2002 年；《白俄罗斯 1944：苏军总参谋部研究》，伦敦：弗兰克·卡斯出版社，2001 年。路易斯·J. 罗通多，《斯大林格勒战役：苏军总参谋部研究》，伦敦：布雷赛出版社，1989 年；迈克尔·帕里什，《莫斯科战役：苏军总参谋部研究》，伦敦：布雷赛出版社，1989 年。该委员会还推出一些比西方同类作品更具权威的手册："国防人民委员部认为……一本手册就是一份法典。"但这些手册无意扼杀主动性："手册中的指示应根据具体情况加以执行。"参见 S.M. 什捷缅科，《战争年代的总参谋部，1941—1945》，莫斯科：进步出版社，1985 年，第二册，第 23—25 页。战后，该委员会陆续推出一系列对战时战役的分析研究，由上校和将军们撰写（通常是集体创作）并参考苏联国防部中央档案馆的资料和另外一些主要材料。这些著作，例如参考书目中列举的拉济耶夫斯基、阿南耶夫和基里扬的著作，旨在通过详细分析战时经验阐明战役法的原则和技巧。其受众群是总参学院学员和高级指挥员，目的是教会他们成功从事未来战争的方法。

40. H.F. 施特克列，《苏军的战役策划：优势比与伤亡率》，AA6 号研究，桑德赫斯特：苏联研究中心，1985 年。苏联方面的记录表明，他们在诸多战役中对损失和作战结果进行预测且准确率相当高。若预测不正确并导致战役失败或只取得部分胜利，他们会认真研究，通常能推出针对不同情况的修正规范。例如，他们根据解放乌克兰的诸次战役期间建立的规范计算 1944 年秋季的东喀尔巴阡战役，但事实证明，这些规范在低山区无效。他们重新研究后对这些规范加以修订，并运用于六个月后的布拉格战役和之后的远东战役。C.N. 唐纳利在《苏联人运用军事历史从事战役分析》一书中详细介绍了战役计算。对苏联时代后期战役—战术计算的详细研究，可参阅：A.R. 瓦伊涅尔，《战术计算》，莫斯科：军事出版局，1982 年；C.W. 布兰迪，《计算作战结果》，冲突研究中心，1992 年。

41. 这一段和下一段的主要资料来源为：戴维·M. 格兰茨，《苏军战役法：探寻大纵深战役》，伦敦：弗兰克·卡斯出版社，1991 年，第五章；戴维·M. 格兰茨，《苏联的军事战略：一段历史》，伦敦：弗兰克·卡斯出版社，1992 年，第五章；戴维·M. 格兰茨，《巨人重生》，劳伦斯：堪萨斯大学出版社，2005 年，第三章；戴维·M. 格兰茨，《从顿河到第聂伯河：1942 年 12 月至 1943 年 8 月的苏军进攻战役》，伦敦：弗兰克·卡斯出版社，1991 年；戴维·M. 格兰茨、哈罗德·S. 奥伦斯坦，《库尔斯克战役：苏军总参谋部研究》，伦敦：弗兰克·卡斯出版社，1999 年；戴维·M. 格兰茨，《第二次世界大战中的苏联军事欺骗》，伦敦：弗兰克·卡斯出版社，1989 年，第四、第五章；戴维·M. 格兰茨、乔纳森·M. 豪斯，《库尔斯克战役》，劳伦斯：堪萨斯大学出版社，1999 年，第七章和附录；M.M. 基里扬，《方面军进攻》，莫斯科：科学出版社，1987 年；S.M. 什捷缅科，《战争年代的总参谋部，1941—1945》，莫斯科：进步出版社，1985 年，第二册，第八、第九章；C.J. 迪克，《苏军坦克兵在伟大卫国战争中的战役运用》，刊登于 J.P. 哈里斯、F.H. 托阿塞主编，《现代装甲战》，伦敦：巴茨福德出版社，1990 年；A.I. 拉济耶夫斯基，《突破，1941 至 1945 年伟大卫国战争的经验》，莫斯科：军事出版局，1979 年，第 2.2 章；A.I. 拉济耶夫斯基，《坦克突击：从伟大卫国战争的经验看坦克集团军在方面军进攻战役中的行动》，莫斯科：军事出版局，1977 年，第 3.1、第 3.3、第 4.1、第 4.2 章；路易斯·J. 罗通多，《斯大林格勒战役：苏军总参谋部研究》，伦敦：在雪赛出版社，1989 年。

42. 相关学说规定步兵师防御地带为 8—12 千米宽、4—6 千米深（根据任务的重要性、地形和反坦克兵器数量而变化）；对坦克的防御应依托相互支援的防坦克地域组织环形防御和反坦克预备队。参见 PU-36，第 229—233 条。

43. 格兰茨的《巨人重生》在第 21、第 30—32、第 41—43 页列举了所有的成功、部分成功或失败的进攻。

44. 战前学说强调果断合围是一种战斗行动方式，红军曾在上一次冬季攻势中多次尝试——在杰米扬斯克、勒热夫、维亚济马、柳班和季赫温。由于兵力不足、策划和协同不力，这些行动均以失败告终。

45. 与此相反，德国人识破了苏军的意图并对苏军同时期在勒热夫发起类似规模的进攻（苏联史学界后来将其淡化为只是为分散德国人的注意力）做好了准备。一旦欺骗行动证实敌人相信或希望相信的东西，成功的机会就很大。德国人希望对方的企图是将德军驱离莫斯科附近，并相信自己在斯大林格勒已胜利在握。

46. 斯大林格勒包围圈实际上在战役第四天便已封闭，但消灭被围之敌却耗费 72 天。这牵制住苏军计划用于扩大进攻的力量，击败敌救援企图的行动不得不以多少有些令人不太满意的方式即兴而为。

47. 实际上，苏军的突破并未如计划的那么快，因为坦克第 5 军的进度比集团军司令员的时间表落后约 3 个半小时。该军穿过突破口时发生延误，主要是炮火给道路造成严重破坏、需要跨过两道防坦克障碍带和波良卡河所致。该军 20 点到达进攻出发线时，德国第 5 装甲师强有力的一部已开至并组织起相当牢固的防御。结果，苏军没能在首日突破对方第二防御地带。

48. 德国人的快速军从南面调回后，苏军的优势缩减为：兵力 3 比 1，坦克 4.6 比 1。德军的反击为时过晚，无法恢复防线并挽救哈尔科夫，但在对方将战役胜利发展为战略性胜利前及时阻止了遭削弱的苏军继续推进。

49. 9 月下旬，苏军投入一个空降兵军实施伞降突袭，以深化并加强基辅以南的一座登陆场，其目标是协助地面力量强渡第聂伯河，毫不停顿地发展突破。贯彻战前学说的这一尝试遭遇惨败，主要原因归咎于空降兵部队的运送缺乏训练、运输机不足、苏军情报部门没有发现德军强大的装甲兵团部署在距离空投区很近的地方。这也是苏军伞兵力量最后一次实施这种战役部署。

50. 直到有人想起斯大林 1942 年 2 月将之作为一个基本真理予以提及，这似乎才成为一个具有争议的理念："决定战争结果的不是突然性这种偶然因素，而是后方的巩固性、军队的士气、师的数量和质量、军队的装备、军队指挥人员的组织能力这些永久性因素。"将突然性原则提升到突出地位显然具有潜在风险。

51. 这一段的主要资料来源是：戴维·M. 格兰茨，《苏联的军事战略：一段历史》，伦敦：弗兰克·卡斯出版社，1992 年，第五章；戴维·M. 格兰茨、乔纳森·M. 豪斯，《巨人的碰撞：红军是如何阻止希特勒的》，劳伦斯：堪萨斯大学出版社，1995 年，第十二章；戴维·M. 格兰茨、哈罗德·S. 奥伦斯坦，《乌克兰之战：1944 年红军的科尔孙 – 舍普琴科夫斯基进攻战役》，伦敦：弗兰克·卡斯出版社，2003 年；厄尔·F. 齐姆克，《从斯大林格勒到柏林：德国在东线的失败》，华盛顿特区：美国陆军军史处长办公室，1968 年，第十至第十四章；戴维·M. 格兰茨主编，《从第聂伯河到维斯瓦河：苏军1943 年 11 月至 1944 年 8 月的进攻战役》，美国陆军战争学院，陆战中心，战争艺术研讨会，1985 年，第二章；尼克拉斯·泽特林、安德斯·弗兰克森，《科尔孙包围圈》，英国纽伯里：凯斯梅特出版社，2008 年。

52. 随着霍特 11 月遭解职，前景变得越来越明朗。作为第 4 装甲集团军司令，霍特已证明自己是一位机动防御大师。1944 年 3 月，曼施泰因和克莱斯特这两位技艺更加娴熟的机动战倡导者也被解除职务。接替后者的是舍尔纳，这名将领动辄枪毙军官，以此激励面临绝望困境的部下们坚守阵地。他的乐观情绪对元首深具吸引力，哪怕这种乐观毫不现实（例如，舍尔纳 4 月 7 日报告，克里木可以长时间据守，可实际上，第 17 集团军的防御仅持续了不到一个月）。

53. 苏军伤亡人数引自克里沃舍耶夫的《揭秘：苏联武装力量在战争、作战行动和军事冲突中的损失》第 227 页。红军总参谋部对该战役的研究声称德军伤亡 8.3 万人，包括阵亡的 5.2 万人和被俘的 1.1 万人。泽特林和安德斯·弗兰克森在《科尔孙包围圈》一书第 18 和第 19 章提出的伤亡人数，是认真研究德方资料后得出的结果，也更加可信。

54. 若非武装党卫队第 2 装甲军及时介入，第 1 装甲集团军就将不复存在。尽管元首已下达第 51 号指令，但武装党卫队第 2 装甲军这支强大的新锐兵团还是从法国开赴东线以挽救南乌克兰的灾难。此举的代价是，西线德军在盟军即将登陆前夕失去了一支最强大的抗登陆预备力量。

第二章

1944 年夏季的战略性进攻战役

1944 年春季至夏末，红军发起八场战略性战役和许多单独的方面军战役。本书并非一部通史，而是对战役法发展的研究。因此，为便于说明，这里只阐述三场紧密相关的战略性攻势：白俄罗斯战役、利沃夫—桑多梅日战役和雅西—基什尼奥夫战役。其中，对第一场战役的研究最为详细，因为与其他战役相比，它的规模更大，也更加复杂。

最高统帅部大本营的战略决策

随着战略主动权被牢牢控制在苏军手中，加之力量对比越来越有利于己方，最高统帅部大本营策划 1944 年夏秋季具有无可争辩的决定性战役时有很大的选择自由。[1] 战争第二阶段，主导其磋商意见的现实主义作风继续得以展现，与第一阶段形成鲜明对比的是，大本营抵挡住了沿整条战线同时发起若干场战略性攻势的诱惑，以便通过一场强大的打击打垮敌人。他们意识到自己只能为 4—5 场同时实施的方面军进攻战役提供充足资源。因此，战略打击不得不按先后顺序展开，尽管一定程度的重叠是可能和可取的。突破始终是一场战役最艰巨的阶段，和克服对方预有准备的防御相比，彻底击败敌人所需要的火炮和坦克资源要少得多。若敌重兵集团遭歼灭，而非被击退，就可以大量减少追击行动所需要的力量。因此，用于突破战的大部分资源，可以在战役仍在进行时变更部署至下一场战役。

截至 1944 年 6 月 1 日，获得重建的最高统帅部大本营预备队编有 2 个诸兵种合成集团军、1 个坦克集团军和 1 个空军集团军，辖 30 个步兵和骑兵师、8 个坦克军、7 个机械化军、11 个炮兵、迫击炮兵和火箭炮兵师，外加 11 个独立旅。这股力量共计 65 万人、9500 门火炮、迫击炮和火箭炮、2000 辆坦克和自行火炮、3000 架战机。预备力量逐渐积累并积极准备时，最高统帅部大本营制定了战略决策，他们有四个选择。红军可以在南方继续进攻，使德国丧失匈牙利、罗马尼亚、保加利亚这些盟友，还可以在政治劝阻无效的情况下抢在西方盟军之前占领巴尔干半岛大部。但这样一场行动会导致东南突出部内的苏军主力过度拉伸，诸多物理障碍和遥远的距离将该突出部与中央地区隔开（德国人 1942 年夏季的错误就是前车之鉴）。红军也可以将重点集中于北方，迫使芬兰退出战争并重新征服波罗的海诸国。但鉴于时间因素至关重要，这样一场行动的回报与相关投入很不相称。列宁格勒解围后，芬兰人所能做的不过是滋扰并牵制红军部分力量而已，而波罗的海诸国的内在价值微乎其微，这是一条终结于大海的战略死胡同。截至 4 月底，从科韦利南延至喀尔巴阡山，红军已将普里皮亚季沼泽以南之敌肃清。因此，红军的第三个选择是从乌克兰西部这个出发平台展开一场攻势，沿科韦利—华沙—但泽这个大致方向穿过波兰，对德国中央和北方集团军群实施一场庞大合围。但经历战争第一阶段的灾难性错误和 1943 年的艰难前行后，苏军领导层知道这种宏大战略愿景的愚蠢并学会了借助战前的连续作战理论，通过一个个可实现的步骤达成战略目标。他们也知道突然性这一力量倍增器的价值，德国人显然认为苏军的主要突击将在普里皮亚季沼泽以南发起并做出相应部署。因此，最后一个选择是从中央地区发起进攻，穿过普里皮亚季沼泽北面的白俄罗斯，直扑东普鲁士或波兰中部。这样一场行动将解放白俄罗斯，红军可以大步向前，甚至沿华沙—柏林这条直达路线进入中欧并使北方集团军群扼守的阵地难以为继。

第一和第四个选择将使苏维埃政权向西延伸，这对苏联的安全前景至关重要。德国人 1941 年曾到达莫斯科和列宁格勒门前。斯大林下定决心，必须迫使西方资本主义国家日后对苏联的入侵从更远处发起，特别是在关键的西部战略方向，这样就能在对方到达苏联首都前将其力量消耗殆尽，就像纳粹的入侵那样。时间不容浪费。西线盟军将于夏初登陆法国。所有人都知道，他们可能会取得红军一直渴望的前进速度，这种速度可能得益于西线德军的崩溃。苏联人希望尽快向西发展到尽可能远的地方。

因此，为夏季攻势制定的计划是实施一连串战略性战役。红军首先将歼灭（而非击退）德国中央集团军群，从而在敌人的战略防线上撕开个大缺口。德国人肯定会从其他地区抽调兵团，最靠近的兵力来源是波兰南部，德军预计红军会在那里发起下一场打击，因而将重兵集结于此。利用敌防御随之而来的不稳定性，苏联人将对敌预备队所在处遂行突击，沿利沃夫—凯尔采方向打击德国北乌克兰集团军群，从而在华沙以南约200千米的维斯瓦河对岸设立一座战役规模登陆场。由于整个波兰防线的破裂，南乌克兰集团军群势必遭到削弱，红军将恢复进攻，冲入罗马尼亚，再从那里向巴尔干地区拓展。地图2.1描述的是最高统帅部大本营对1944年夏季攻势的战略构想。

白俄罗斯战略性进攻战役，7月23日至7月31日

战场、交通和天气

中央集团军群据守着一个巨大突出部，北起波洛茨克以东，南至莫济里附近的普里皮亚季河，再从那里西延至科韦利以北，若将战线上的弯曲部纳入计算，总长约1100千米。苏军的主要目标是歼灭该集团军群，但也打算前出到卢布林—比亚韦斯托克—格罗德诺—考纳斯—德文斯克（陶格夫匹尔斯）一线，解放一片450—550千米深、450千米宽的领土。

白俄罗斯是一片广阔的平原，诸多河流纵横交错。许多低洼地域是沼泽地，尤以河谷两侧为甚。森林约占总面积的四分之一到三分之一，其中大部分也是沼泽地。有些森林非常辽阔，例如明斯克以西的纳利博卡森林，面积超过1600平方千米。高地（这个词是相对的，因为海拔最高处也只有200—300米）由微微起伏的丘陵和高原构成，有利于机动，因为即便大雨过后也能迅速变干，而且通行路线较佳。相比之下，低洼地带潮湿后的干燥过程很缓慢，诸多湖泊和河流，无论大小，普遍被沼泽和林地所环绕。森林和沼泽是游击队潜伏的避难所，有些游击队的人数多达数千人。

地图 2.1: 苏军最高统帅部大本营对 1944 年夏季攻势的战略构想

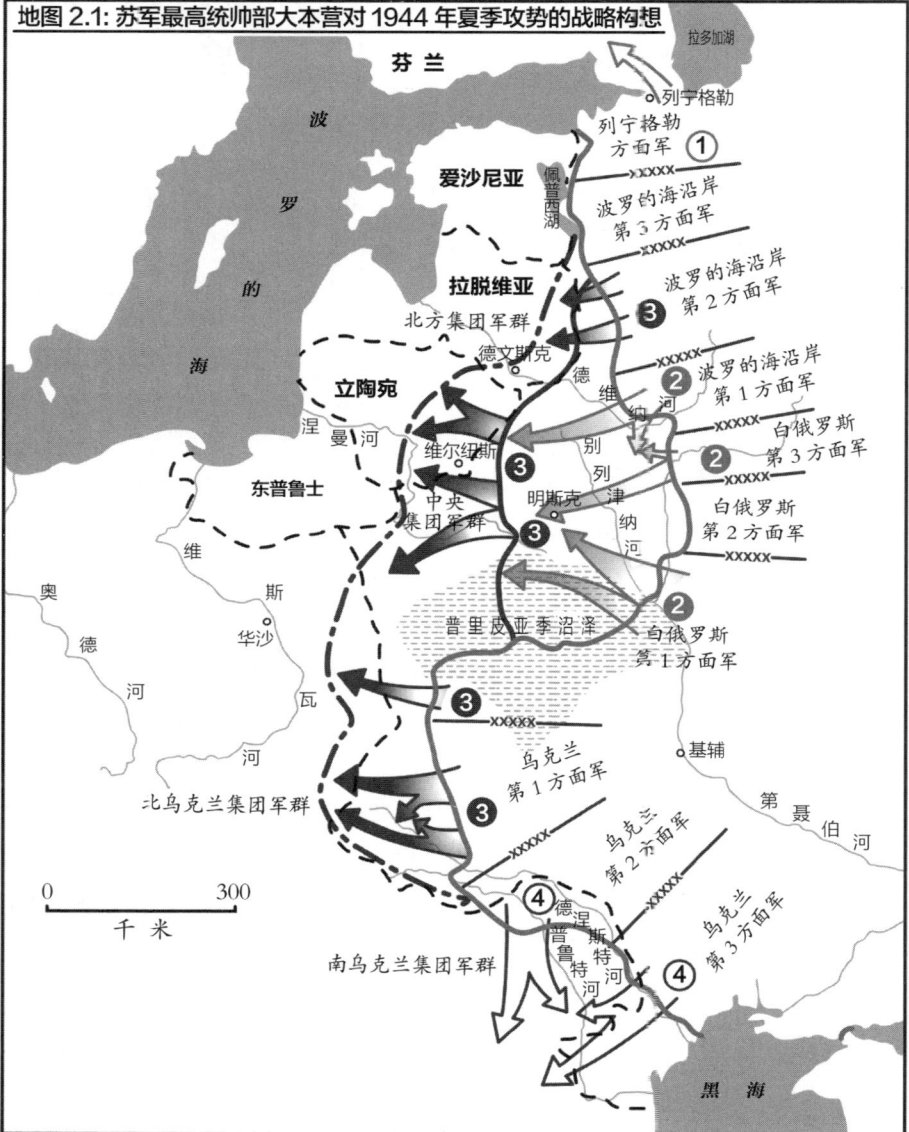

芬 兰

波

罗

的

海

拉多加湖

列宁格勒

列宁格勒
方面军 ①

爱沙尼亚

佩普西湖

波罗的海沿岸
第 3 方面军

拉脱维亚

北方集团军群

德文斯克

波罗的海沿岸
第 2 方面军 ③

德

维

波罗的海沿岸
第 1 方面军 ②

立陶宛

涅

曼

河

别

列

津

纳

河

白俄罗斯
第 3 方面军 ②

维尔纽斯

明斯克

白俄罗斯
第 2 方面军

东普鲁士

中央
集团军群 ③

③

维

斯

瓦

河

奥

德

河

华沙

白俄罗斯
第 1 方面军 ②

普里皮亚季沼泽

③

北乌克兰集团军群

乌克兰
第 1 方面军

基辅

第

聂

伯

河

③

乌克兰
第 2 方面军

南乌克兰集团军群

德涅斯特河

④

乌克兰
第 3 方面军 ④

黑 海

图例:

———— 方面军当前任务

② 连续战役的顺序

—·—·— 方面军后续(战略)任务

⟵ 方面军主要突击方向

0   300
千 米

维捷布斯克高地延伸到该镇东面和东南面，北面有一些较低矮的山丘。一座高原伸展至奥尔沙东面和西面并沿第聂伯河西岸南延到莫吉廖夫。大片山丘环绕明斯克，广阔的山脊朝西北方伸向维尔纽斯，向北伸往通向波洛茨克的路途的三分之二处，西至格罗德诺，再向东南方延伸一段距离至巴拉诺维奇。从后一个镇子起，一道山脊朝西伸向比亚韦斯托克，东延至斯卢茨克，北至涅曼河。低洼地一般不适合大规模机动。德文斯克东面和东南面遍布湖泊和沼泽，不利于机动作战。波洛茨克以东和以南地域普遍布满沼泽，一些湖泊向南延伸，直至从奥尔沙向西伸展、与明斯克以北高地相交的山脊；明斯克、莫吉廖夫与博布鲁伊斯克之间也有相当大的沼泽地。实际上，整片地区遍布沼泽，纵横交错的诸多河流和小溪形成的河谷内同样如此。南部，从普里皮亚季沼泽北面起，一直到河流南面，至少到莫济里东面，一连串河流、沼泽、森林和湖泊构成的地形阻挡住了机械化力量的移动。两条相对较窄的小径稍微缓解了这种恶劣的通行性：一条以莫洛杰奇诺为中心，位于纳利博卡森林与纳罗奇湖以南的沼泽和河流之间，另一条以巴拉诺维奇为中心，位于纳利博卡森林与从普里皮亚季河向北延伸的沼泽之间。

两条东西向流动的主要河流（普里皮亚季河和西德维纳河）大致形成白俄罗斯战役的天然南北边界，将位于两岸的作战力量隔开。大部分行动发生在两条河流之间420千米宽的地区。西德维纳河宽100—350米，流经维捷布斯克、波洛茨克和德文斯克。难以靠近的普里皮亚季河流经平斯克和莫济里，尔后转向东南方的基辅，该河上游仅90米宽，但下游加宽到450米。另外，前进路线上还横跨着几条向南或向北流动的主要河流障碍（白俄罗斯山脊和莫斯科—斯摩棱斯克丘陵的西部延续是一道分水岭）。在奥尔沙转身向南的第聂伯河，宽度从100至300米不等，最宽处位于日洛宾上方，在那里同别列津纳河交汇。后一条河流，上游仅20—40米宽，但在鲍里索夫上方的宽度增加到50—120米，在博布鲁伊斯克上方达到100—120米，其河谷较宽，布满沼泽。考纳斯与格罗德诺之间的涅曼河，宽度从75米到350米不等，但某些地方可以涉渡。这些只是主要河流障碍。整片地区还纵横交错地分布着许多相对较小，但存有潜在麻烦的水道，特别是位于前进地域，在第聂伯河与别列津纳河之间的德鲁季河，这是一道主要的坦克障碍。

主要的东西向铁路线，对支援一切纵深推进至关重要，具体路线如下：涅韦尔—波洛茨克—莫洛杰奇诺—利达—沃洛夫科维斯克—格罗德诺；斯摩棱斯克—

奥尔沙—明斯克—巴拉诺维奇—布列斯特；克里切夫—莫吉廖夫；奥西波维奇—巴拉诺维奇—沃尔科维斯克—比亚韦斯托克；戈梅利—卡林科维奇—平斯克—布列斯特；戈梅利—日洛宾—明斯克—莫洛杰奇诺—维尔纽斯。另外还有几条侧线：涅韦尔—维捷布斯克—奥尔沙—莫吉廖夫—日洛宾—卡林科维奇；德文斯克—维尔纽斯—利达—巴拉诺维奇—卢尼涅茨（平斯克东面）；维尔纽斯—格罗德诺—比亚韦斯托克—布列斯特—科韦利。布格河与第聂伯河之间地域修建的路线用于过境交通，配有紧凑而又齐全的装车和卸载设施的地方寥寥无几，这个问题会延缓德军援兵的到来。该地区西部的道路交通网发展较好，普里皮亚季沼泽地区则最为糟糕。主要路线由碎石路或（主要是）得到改善的土路构成，具体如下：斯摩棱斯克—维捷布斯克—波洛茨克—德文斯克—考纳斯，并从波洛茨克延伸至维尔纽斯和考纳斯，再从那里通往莫洛杰奇诺和明斯克；维捷布斯克—明斯克，再通往维尔纽斯或巴拉诺维奇—布列斯特或比亚韦斯托克；斯摩棱斯克—奥尔沙—明斯克；莫吉廖夫—明斯克；戈梅利—博布鲁伊斯克—明斯克，或斯卢茨克—巴拉诺维奇—比亚韦斯托克或布列斯特；从普里皮亚季沼泽深处的平斯克至布列斯特。一条出色的横向路线还连接着维捷布斯克、奥尔沙、莫吉廖夫和博布鲁伊斯克。

该地区的航空网得到了充分发展。

这里在 6 月下旬通常有一段大雨期。1944 年的情况就是如此，这导致进攻发起日期不得不推迟一周左右。对坦克力量而言，头几天的进展相当迅速，但后来逐渐减缓，甚至裹足不前。漫长的夏日深受红军欢迎，因为他们拥有空中优势。

德军的部署和准备

中央集团军群将实施一场阵地防御，依托野战筑垒工事弥补实力和机动性的欠缺。[2] 特别是他们奉命扼守某些看似难以绕开的城镇，以此作为"坚固的阵地"（委婉的说法是"要塞"），在他们需要加以维系的交通线上牵制苏军纵深发展力量。由于西方面军的冬季和春季攻势没能取得重大进展，中央集团军群据守的防线上，战斗已于 6 月份结束。这道未被选中的防线，很少使用天然障碍，他们本可以合并这些障碍，代价仅仅是稍稍后撤。实际上，部分防线已穿过难以通行的地带，在缺乏混凝土的情况下，德国人仍试着大力修筑防御工事。防御战术地幅由两处阵地组成：主阵地 5—6 千米深，配有三道或更多战壕线、大范围雷区和一些铁丝网；

第二阵地位于后方约 12 千米处。战役地幅没有准备防御。为守卫 1100 千米长的防线（其中不到 400 千米的防线与普里皮亚季河相平行，在地理上获得出色保护），集团军群 5 月份投入 42 个步兵师（包括 5 个匈牙利师）、3.5 个装甲师、2.5 个装甲掷弹兵师和 5 个配备轻武器、执行反游击任务的保安师。尔后，德国人认为波兰南部遭受的威胁更大，遂将包括 2 个装甲师在内的 6 个师转隶北乌克兰集团军群。由于西线享有优先权，东线德军的兵力严重不足，他们预计苏军的主要打击将落在普里皮亚季沼泽以南，因而在此集结重兵。

第 3 装甲集团军扼守的防区，从波洛茨克以东约 15 千米处延伸到斯摩棱斯克以西 90 千米处。虽然他们位于能加强其防御的河流和沼泽的前方，但无数小湖泊和维捷布斯克西面和西北面普遍难以通行的状况导致地面条件不利于敌坦克力量大规模机动。这里还有一个明显的突出部，以维捷布斯克要塞为中心，而西德维纳河将其一分为二。该集团军辖 10 个步兵师，包括一个预备队师，平均每 30 千米防线部署一个师；其中 6 个师的战斗力等级为 3 类，只能遂行防御，4 个师的战斗力等级为 2 类，只具备有限的进攻能力。[3]

第 4 集团军位于第 3 装甲集团军右侧，负责掩护奥尔沙和莫吉廖夫方向，其防线向南延伸到罗加乔夫以北 30 多千米处，这里的地面较为坚实，适合于机动，但存在四道严重的横向障碍（普罗尼亚河、第聂伯河、德鲁季河、别列津纳河）。因此，集团军辖内 10 个师（包括 2 个装甲掷弹兵师）部署在第聂伯河前方 50 千米的登陆场内，平均每个师据守 25 千米长的防线。后方还有 2 个兵团担任预备队：一个步兵师部署于奥尔沙要塞西北面，在西德维纳河与第聂伯河之间面对"斯摩棱斯克门户"，两条河流都在这里转向东面；一个装甲掷弹兵师（隶属德军最高统帅部）未获重建的残部位于莫吉廖夫要塞附近。两个师的战斗力等级都为 3 类。

第 9 集团军以 10 个步兵师扼守 250 千米长的防线，在他们认为遭受威胁的地段，平均每 16 千米部署一个师。第 55 军的 2 个师掩护另外 100 千米防线，这里有几条河流，加之普遍难以通行的地形条件，德国人因而将其视为大规模机动的一道障碍。前线后方约 50 千米处，位于十字路口的博布鲁伊斯克镇也是一座"要塞"。担任预备队的步兵师只具备有限的防御能力。

第 2 集团军以 3 个步兵师（包括一个匈牙利师）和一支骑兵预备队据守科韦利北部并以另外 2 个师和一些骑兵力量沿普里皮亚季河掩护防线其余地段。

集团军群的预备队实际上只有第20装甲师，部署在博布鲁伊斯克附近，该师有71辆坦克，具备一些进攻能力。另外还有几个配备轻武器的保安师，以及各种训练部队、后方地域部队及其他部队，他们大多装备不佳，缺乏野战训练，因而战斗力有限。

中央集团军群是一个重要的战役—战略野战军团，约占东线德军力量的30%。尽管如此，该集团军群并没有足够的实力遂行其任务。第4集团军防区，每千米正面仅有119名作战士兵、2.1门野炮和中型火炮、不到1辆突击炮。第9集团军（不包括第55军防区）的步兵平均密度为每千米205人，每2.5千米可获得2.1门野炮和中型火炮及1辆突击炮支援。如此宽大的防御正面，步兵力量过于稀疏，射程有限的师属炮兵无法通过集中火力于各处加以弥补，而反坦克防御也很薄弱。他们主防御阵地的深度通常只有5—6千米，几乎没有战术纵深，在战役层级也根本没有纵深可言。第3装甲集团军只有一个步兵师未部署于前线，但离前线非常近，以至于只能充当战术预备队，第9集团军有一个虚弱的步兵师，第4集团军有一个重型装甲营。除此之外，集团军群和德军最高统帅部还掌握着1.5个装甲师。他们甚至没有认真准备纵深防御阵地，希特勒严禁构筑此类工事，因为他认为这会鼓励指挥官们下令后撤。实际上，德军指挥官们在指挥防御方面几乎没有回旋余地。元首就连战术后撤也不愿批准，因而后撤令总是姗姗来迟。他还喜欢将横跨重要路线的城镇宣布为"要塞"并下令不惜一切代价予以坚守，根本无视其可防御性。

德国人面对的另一个问题是游击运动，白俄罗斯和苏联西北部的其他地区情况尤为严重。这里的俄罗斯民族主义势力比乌克兰中西部更加强大，大片沼泽和林地为他们提供了藏身处和掩护。苏联人声称，截至1944年6月，该地区有15万名游击队员。其中约四分之三栖身在波洛茨克—奥尔沙—明斯克、奥尔沙—博布鲁伊斯克—明斯克三角地带，明斯克南面和西面，布列斯特—斯卢茨克—博布鲁伊斯克公路以南——也就是说，他们横跨或靠近德军主要交通线。这些游击队，特别是获得红军指挥领导的游击力量，给德军交通线造成严重破坏并使德军保安师疲于奔命。当年春季，三场反游击行动极大地削弱了游击队在波洛茨克—奥尔沙—明斯克三角地带的活动能力，但苏军发动攻势后，德国人不得不放弃反游击行动。从某种意义上说，游击队没能达到预期效果：即便组织起多达数千人的大股游击力量，他们也未能在敌后开辟有效的第二战场，从而牵制或消灭大股敌军。

但是，他们确实出色地提供了情报。红军发动进攻前的两个晚上，游击队出色地执行了 10500 起精心策划的爆破，几乎使明斯克—奥尔沙和莫吉廖夫—维捷布斯克铁路线彻底瘫痪达数日之久并扰乱了其他铁路线。结果，德国人的后勤支援、部署变更和后撤都受到严重妨碍并发生延误。

战略性战役的构想和准备

战役决定的设想是歼灭整个中央集团军群，从而使对方的防线发生战略性破裂。[4] 这一点无法通过一场诸如在斯大林格勒和科尔孙－舍普琴科夫斯基实施的大规模合围实现。遍布森林和沼泽的地形有众多河流穿过，这让苏军很难保证进攻速度并有助于敌军潜逃。不过，德军的部署也使他们很容易在前沿地区遭歼灭。他们将兵力集中于防御战术地幅，等于邀请对方集中炮火实施压制，尔后以强大的坦克—步兵突击粉碎其凝聚力，进而封闭战役—战术包围圈。苏联人认为至关重要的是在数个地带同时击败敌人，防止对方有序撤至纵深阵地并实施机动维持其防线的完整性。由于严重缺乏战役预备队，敌人无法坚守或恢复其防御战术地幅。因此，红军将包围并粉碎德军扼守维捷布斯克和博布鲁伊斯克要塞这两个侧翼支撑点的集团，在其防线撕开一个 90—100 千米宽的缺口。完成这一行动的同时，红军还将沿两条主要机动通道同时达成迅速突破，总方向为奥尔沙—明斯克和博布鲁伊斯克—明斯克，从而向敌战役纵深发展攻势并合围中央地带的全部德军。战役第一阶段将歼灭中央集团军群两翼并渡过别列津纳河，7 月 8 日前到达波洛茨克—列佩利以西—鲍里索夫—别列津诺—博布鲁伊斯克—格卢斯克一线。这场打击的每个方向由两个方面军辖内力量在最高统帅部代表的监督下遂行：波罗的海沿岸第 1 方面军和白俄罗斯第 3 方面军位于北面，由 A.M. 华西列夫斯基协调；白俄罗斯第 2 方面军和白俄罗斯第 1 方面军右翼力量位于南面，由 G.K. 朱可夫协调。同时，向莫吉廖夫发起的辅助突击将混淆德国人对红军主要突击方向的判断并扰乱中央地带的德国第 4 集团军。尔后该集团军和其他集团军之残部将在企图经明斯克后撤的过程中遭包围和歼灭，游击队在支离破碎的敌军之后方展开的非常规行动将为这项任务提供大力协助并加快其速度。但是，当前任务的影响远远超过仅歼灭三个德国集团军之主力。几个方面军将于 7 月 15 日前到达德鲁亚（德文斯克与波洛茨克中途）—莫洛杰奇诺—斯托尔布齐—日托科维奇（平斯克与莫济里中途）一线。

届时，红军发展胜利的力量已完成对靠前部署之敌的歼灭并前出到这一线，对敌战略防线的突破会达到 500 千米宽，200 千米深。尔后的任务是于 8 月中旬前到达德文斯克—维尔纽斯—格罗德诺—布列斯特—卢布林一线。

若一切按计划进行，各进攻方面军未遭受严重损失，即便合围战正在进行，也应沿多个方向毫不停顿地继续前进，突破敌战役纵深并进入其战略纵深。若战役发展特别顺利，进攻范围将在 7 月中旬扩大，以白俄罗斯第 1 方面军左翼力量从科韦利地域延卢布林和布列斯特这个总方向朝西突击。甚至在纵深任务完成前，红军的辅助突击就将利用德军防线的不稳定性，在波罗的海地区和波兰南部攻击前进。中央地带，尔后战役将沿柯尼斯堡和（或）里加、华沙、罗兹和（或）克拉科夫方向发展。苏军最高统帅部大本营认为如此宏大的目标合乎情理，因为德军的部署缺乏纵深，而红军的快速推进将阻止敌人从消极地带抽调力量恢复其战略防线。白俄罗斯进攻战役的速度不再像以往那样依靠几个坦克集团军。地形的限制导致红军只能投入一个坦克集团军，其他方面军层级的快速力量由骑兵机械化集群组成。但是，诸兵种合成集团军充分配备独立坦克军、旅和团。实现战略和战役突然性的压力很大，除了真正的准备工作，他们还将实施一项全面的马斯基罗夫卡计划。时间非常宝贵，初步策划于 5 月 14 日完成，红军总参谋部 5 月 20 日予以批准。各方面军军事委员会、最高统帅部大本营代表、总参谋部 5 月 22 日—23 日商讨该计划后，不仅对其加以完善，还显著扩大其范围。最终指令 5 月 31 日下达。这场战役最初打算在 6 月 15 日—20 日之间发起，但由于铁路运输导致后勤集结落后于计划时间表，对泄密的担心将加强白天的活动这一选项排除在外，战役发起日期遂推延到 6 月 23 日。

西方面军先前遭遇的失败已证实德军防御阵地的实力，因而需要集中力量予以突破。另外，这场行动不仅仅是一场战役规模的进攻，其目标具有战略性。这给铁路系统造成了巨大压力，特别是因为进入作战地域的大多数运输调动不得不在短暂的夏夜执行。相关工作人员必须在几周内组织起公路运输和所需要的 7000 列火车并把运载的人员和物资分散到隐蔽处。最高统帅部大本营预备队还为参加战役的四个方面军提供加强，共计 29 个步兵师、9 个坦克和机械化军、2 个骑兵军，大批炮兵兵团、独立坦克部队和另外一些战斗及勤务部队，23 个航空兵师，120 万吨燃料、弹药、食物和草料。总之，红军为最初的进攻集中 13 个诸兵种合成集团军、1个坦克集团军、4个空军集团军，7个坦克—机械化军、4个骑兵军，数十个独立旅和独立团。随着援兵的到来，各方面军内部实施大量再编组以组建用于选定方向的突击集群。参与这场大规模突击的几个兵团不得不跋涉数百、上千千米。例如，调自克里木的两个诸兵种合成集团军，以及调自罗马尼亚的近卫坦克第5集团军，行程超过1000千米。

苏军完成集结时，共投入233.2万人（半数为作战士兵），约占所有野战方面军总兵力的三分之一。他们共有2.44万门火炮、迫击炮和火箭炮，4070辆坦克和自行火炮。通过这番集结，苏联人实现的初期战役优势为，兵力2.5比1、火炮（包括迫击炮）2.9比1、坦克和自行火炮4.3比1、空中力量6.3比1（但歼击机超过10比1）。当然，通过节约兵力的措施和集中力量，这些数字在关键地带转化为更大的战术优势——步兵高达10—15比1、火炮35比1、战车20比1。红空军在整个战役地区上方享有空中优势。

实现必要的优势需要大规模重组，而且必须在短时间内完成，尽量减少敌人发现苏军集结的可能性。当然，对集结加以隐蔽也是必要之举。如果德国人怀疑平静数月之久的白俄罗斯地区即将出现重大情况，他们就会迅速采取反集结措施。因此，马斯基罗夫卡将为苏军的胜利发挥重要作用。北方面军群做出如下的部署变更：近卫第6集团军由第22集团军接替，从波罗的海沿岸第2方面军转隶波罗的海沿岸第1方面军，该集团军部署至前线，为进攻加以准备并获得坦克第1军加强；近卫第11集团军从波罗的海沿岸第2方面军预备队调至白俄罗斯第3方面军第一梯队并得到近卫坦克第2军的加强；近卫坦克第5集团军从罗马尼亚边境长途跋涉至斯摩棱斯克，担任白俄罗斯第3方面军的快速集群；奥斯利科夫斯基的骑兵机械化集群担任另一个快速集群；诸兵种合成集团军进行内部部署变更，从防御姿态改为进攻姿态。苏军必须对这些动作加以隐蔽，或者想方设法误导德军的判断。南方面军群也发生了类似的大规模重组：第28集团军作为白俄罗斯第1方面军右翼突击群进入前线，这使第65集团军得以缩短其战线并构成方面军右翼突击群另外一半力量；另一个突击群位于更北面，由第3集团军、坦克第9军和友邻的第48集团军辖内另一个军组成，这就导致第48集团军余部的正面战线拉长；最高统帅部大本营预备队提供两个快速集群，分别是近卫坦克第1军和普利耶夫骑兵机械化集群；由于稍晚些时候也将参与进攻，白俄罗斯第1方面军左翼同样获得加强，得到调自罗马尼亚边境的近卫第8和坦克第2集团军。两个方面军群还从最高统帅部大本营预备队获得了许多炮兵师、炮兵旅和独立坦克及自行火炮部队,战役进行期间,近卫第2集团军和第51集团军将从克里木赶来,担任战区预备力量。

红军尽一切努力隐蔽这些准备工作,以防敌人窥探。苏军掌握的制空权将德国人的空中侦察限制在那些正实施欺骗措施的地区。德军无线电测向和侦听捕获的是虚假的通信网和电文,红军各参战兵团还采取了严格的通信保密措施。同样,严格的伪装、隐蔽和通信纪律得到执行。实施集结和进攻再部署的同时,显而易见的防御准备一直持续到夏季,空中和地面的日常活动保持不变,不寻常的公路和铁路运输限制在夜间进行。随着进攻开始日期临近,红军在消极地段假意实施进攻准备,而在牵制性地段也部分显现出进攻准备的迹象。正常的侦察活动只能以德国人习以为常的兵团遂行,战役即将发起前,战斗侦察将沿一条包括消极地带在内的宽大战线发起,以此隐蔽主要突击地带。隐蔽是马斯基罗夫卡的一个方面,但同样重要的是将敌人的注意力转移到其他战略方向以牵制其力量。德国人的注意力被苏军一场次要但具有政治重要性的进攻战役吸引到北方,红军6月初发起攻势,力图迫使芬兰退出战争。但正如苏联人期望的那样,敌人预计红军将在南方展开主要打击并做出了相应部署。德国人将坦克集团军的存在视为一场即将发生战略性攻势的重要标志,因此,对方六个坦克集团军悉数留在利沃夫方向或威胁罗马尼亚这个显而易见的事实,证实了他们通过各种手段细心培育出的判断——苏军即将重新发动进攻,冲入波兰南部和(或)巴尔干地区。他们加强战略防线之南部,包括将中央集团军群的一个装甲军转隶右侧友军,前者失去了包括2个装甲师在内的6个师,以及该集团军群82%的坦克和23%的突击炮。德国人在白俄罗斯发现的苏军活动,大多被德军最高统帅部视为欺骗行动或是为有限进攻所做的准备,因而未被加以理会。

表2.1:白俄罗斯战略性进攻战役中的苏军作战序列

北方面军群(最高统帅部大本营代表:苏联元帅 A.M. 华西列夫斯基)	
波罗的海沿岸第1方面军 (I.Kh. 巴格拉米扬大将)	
突击第4集团军	4个步兵师,1个步兵旅
近卫第6集团军	11个步兵师,2个坦克旅,2个坦克团,2个自行炮兵团

第 43 集团军	8 个步兵师，1 个筑垒地域，2 个坦克旅，1 个坦克团，2 个自行炮兵团
方面军直属部队	坦克第 1 军，1 个步兵师，1 个机械化旅，1 个坦克团
空军第 3 集团军	3 个强击航空兵师，1 个歼击—轰炸航空兵师，3 个歼击航空兵师
白俄罗斯第 3 方面军（I.D. 切尔尼亚霍夫斯基上将）	
第 5 集团军	9 个步兵师，2 个坦克旅，6 个自行炮兵团
近卫第 11 集团军	9 个步兵师，1 个筑垒地域，近卫坦克第 2 军，1 个坦克旅，4 个坦克团，3 个自行炮兵团
第 31 集团军	8 个步兵师，1 个坦克旅，4 个自行炮兵团
第 39 集团军	7 个步兵师，1 个坦克旅，2 个自行炮兵团
近卫坦克第 5 集团军	近卫坦克第 3 军，坦克第 29 军，1 个坦克团
奥斯利科夫斯基骑兵机械化集群	近卫骑兵第 3 军，近卫机械化第 3 军
方面军直属部队	1 个自行炮兵团
空军第 1 集团军	6 个轰炸航空兵师，3 个强击航空兵师，1 个歼击—轰炸航空兵师，6 个歼击航空兵师
南方面军群（最高统帅部大本营代表：苏联元帅 G.K. 朱可夫）	
白俄罗斯第 2 方面军（G.F. 扎哈罗夫上将）	
第 33 集团军	3 个步兵师，1 个筑垒地域
第 49 集团军	10 个步兵师，2 个坦克旅，1 个坦克团，7 个自行炮兵团
第 50 集团军	8 个步兵师，2 个自行炮兵团
方面军直属部队	2 个坦克旅，1 个自行炮兵团
空军第 4 集团军	2 个强击航空兵师，1 个歼击—轰炸航空兵师，2 个歼击航空兵师
白俄罗斯第 1 方面军右翼力量（K.K. 罗科索夫斯基大将）	
第 3 集团军	13 个步兵师，坦克第 9 军，5 个坦克团，8 个自行炮兵团
第 28 集团军	9 个步兵师，3 个筑垒地域，1 个坦克团，4 个自行炮兵团
第 48 集团军	9 个步兵师，1 个筑垒地域，2 个坦克团，3 个自行炮兵团
第 65 集团军	8 个步兵师，1 个步兵旅，近卫坦克第 1 军，1 个坦克团，4 个自行炮兵团
普利耶夫骑兵机械化集群	近卫骑兵第 4 军，机械化第 1 军
空军第 16 集团军	4 个轰炸航空兵师，4 个强击航空兵师，1 个歼击—轰炸航空兵师，9 个歼击航空兵师
第聂伯河区舰队	第 1 旅

注：除白俄罗斯第 1 方面军左翼力量，作战力量总数为 233.2 万人（125.4 万名作战士兵）、4070 辆坦克和自行火炮、24363 门火炮、5302 架战机。罗科索夫斯基方面军左翼力量编有 5 个诸兵种合成集团军、1 个坦克集团军、1 个空军集团军和 1 个强大的骑兵机械化集群，辖 33 个步兵师、4 个坦克军、3 个骑兵军，共计 41.6 万人、1748 辆坦克和自行火炮、8335 门火炮和迫击炮、1450 架战机。

红军的打击落下前，就连中央集团军群也没有太过担心。他们确认对方在前进地域有所活动，但并未意识到苏军进攻准备的真实规模，而且对苏军在纵深处的集结情况一无所知。他们预计对方会穿过斯摩棱斯克门户攻向莫吉廖夫和博布鲁伊斯克，但不会是一场具有深远和决定意义的战略性攻势。集团军层级深感不安，而下属各层级更加焦虑，但这种情绪并未给自负、思维固化的关键决策层造成任何影响。就连悲观主义者也没有意识到他们所面临威胁的严重程度。对战役前夕德军情报部门的结论和苏军的实际部署加以比较，就会发现后者的马斯基罗夫卡是多么成功。[5]

白俄罗斯战略攻势 6 月 22 日发起时（德国人将战斗侦察理解为战役开始），其战略突然性令德军最高统帅部措手不及，他们对既令人眼花缭乱又令人震惊的事态发展反应迟缓。直到 6 月 24 日下午，他们才决定派 2 个步兵师和 2 个装甲师提供增援，6 月 29 日又派出另一个装甲师。即便如此，他们仍对苏军的主要突击尚未在其他地方发起担心不已，东线外军处对红军可用力量的过度高估加剧了这种担心。德军投入的援兵太少也太晚，无法阻止灾难的发生，批准有限后撤以免各师各军陷入合围并缩短防线的决定同样如此。到 7 月 1 日，德军防线出现了一个 300 千米宽的缺口，德军各兵团遭孤立的集团实施迟滞行动或展开绝望的尝试，力图逃出包围圈以免全军覆没。白俄罗斯战役的发展参见地图 2.2。

战役计划和第一阶段，6 月 22 日至 28 日

波罗的海沿岸第 1 方面军负责的战线宽达 160 千米。[6] 在这片作战地区，该方面军将沿列佩利这个总方向对维捷布斯克以北地域遂行打击，受领的两项任务分别是：与白俄罗斯第 3 方面军右翼力量相配合，包围并歼灭敌维捷布斯克集团；向敌纵深挺进，掩护进攻战役之北翼，以免遭受德国北方集团军群干扰。规模较小的突击第 4 集团军和近卫第 6 集团军辖内一个军（共计 7 个步兵师）据守右翼，第 43 集团军一个军据守左翼。在他们之间 25 千米宽的地带，分别调自近卫第 6 集团军和第 43 集团军的两个军组成的突击集群（共计 11 个步兵师，其中 7 个师部署在第一梯队），将在大量火炮和直接支援步兵的坦克加强下，突破敌防御战术地幅。方面军的当前任务是强渡西德维纳河并构成合围敌维捷布斯克集团之北钳，作战纵深为 30—40 千米。第 43 集团军负责包围维捷布斯克并与白俄罗斯第 3 方

地图 2.2: 白俄罗斯战役，1944 年 6 月 22 日—7 月 31 日

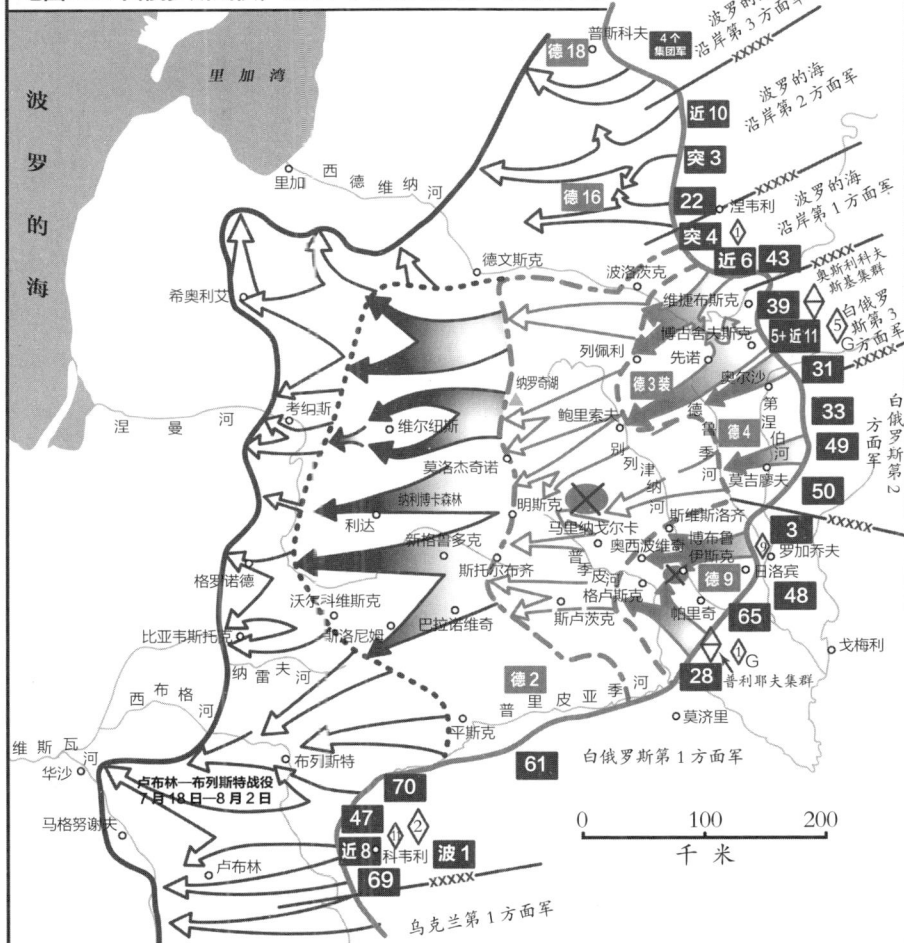

波罗的海

里加湾

波罗的海

里加

西德维纳河

希奥利艾

考纳斯

涅曼河

利达

格罗德诺

比亚韦斯托克

纳雷夫河

西布格河

维斯瓦河

华沙

马格努谢夫

卢布林

德文斯克

波洛茨克

维捷布斯克

列佩利

先诺

纳罗奇湖

维尔纽斯

莫洛杰奇诺

纳博博卡森林

新格鲁多克

斯托尔布齐

沃尔科维斯克

新洛尼姆

巴拉诺维奇

鲍里索夫

别列津纳河

明斯克

马里纳戈尔卡

奥西波维奇

斯卢茨克

格卢斯克

帕里奇

德2

普里皮亚季河

莫济里

卢布林—布列斯特战役
7 月 18 日—8 月 2 日

布列斯特

德18

普斯科夫

4 个集团军

沿岸第 3 方面军

近10

突3

德16

22

突4

近6 43

39

5+近11

31

33

49

50

3

德3装

德4

德伯河

莫吉廖夫

斯维斯洛奇

博布鲁伊斯克

伊洛克

德9

罗加乔夫

48

65

G

28

普利耶夫集群

涅韦利

奥斯特罗夫斯基集群

白俄罗斯第 3 方面军

白俄罗斯第 2 方面军

戈梅利

白俄罗斯第 1 方面军

61

70

47

近8 科韦利

2

波1

69

乌克兰第 1 方面军

沿岸第 2 方面军

沿岸第 1 方面军

0   100   200

千 米

图例:

—— 6 月 22 日的战线	◇ 苏军诸兵种合成集团军
- - - 6 月 28 日接触线	◇ 苏军坦克集团军
-·-·- 7 月 4 日接触线	◇ 苏军骑兵机械化兵集群
······ 7 月 16 日接触线	◇ 苏军坦克军
—— 7 月 31 日接触线	

德军集团军

苏军诸兵种合成集团军

⇒ 苏军 6.22—6.28 的推进

⇒ 苏军 6.28—7.4 的推进

⇒ 苏军 7.4—7.16 的推进

⇒ 苏军 7.16—7.31 的推进

面军第 39 集团军共同歼灭被围的 5 个德军师。与此同时，担任方面军快速集群的坦克第 1 军将穿过突破口，在西德维纳河对岸夺取登陆场，以便近卫第 6 集团军迅速攻入敌纵深。后者的后续任务是夺取列佩利，之后向西攻击前进，这样，到战役第十或第十一天，方面军的突破深度将达 100—130 千米。战役平均进攻速度应达到每昼夜 8—12 千米。方面军向西进击，将与在波罗的海沿岸第 2 方面军重新发起的进攻相配合，从而掩护白俄罗斯战役之北翼。

白俄罗斯第 3 方面军在西德维纳河与第聂伯河之间掩护斯摩棱斯克门户并在后一条河流南面延伸 25 千米，使其战线达到 140 千米左右。领率机构设想的是一场分为两个阶段的战役。当前任务是突破敌防御，前出到纵深 30—40 千米处的先诺—奥尔沙一线并歼灭敌维捷布斯克和奥尔沙集团。尔后任务是以主力向前推进 160 千米，在鲍里索夫地域强渡别列津纳河。渡河后，方面军应遵照最高统帅部大本营的计划，毫不间断地进入战役第二阶段，发展攻势，同白俄罗斯第 1 方面军辖内部队在明斯克地域会合。遂行突击的两个突击集群，一个与波罗的海沿岸第 1 方面军协同，负责完成对敌维捷布斯克集团的包围和歼灭；另一个负责达成突破，同时为朝斯摩棱斯克—明斯克公路方向实施战役机动创造机会。第一项任务由第 39 和第 5 集团军辖内部队完成。其突击群将投入 13 个步兵师（其中 8 个师部署在第一梯队），在 3 个坦克旅的支援下沿 16 千米宽的地段遂行冲击。第 39 集团军辖内部队负责包围维捷布斯克，而第 5 集团军则向西攻往别列津纳河。第二个突击群由近卫第 11 集团军和第 31 集团军的 14 个步兵师、1 个坦克军、2 个坦克旅组成，沿 17 千米宽、横跨第聂伯河的地段攻往奥尔沙—鲍里索夫方向。待方面军辖内诸兵种合成集团军突破敌防御战术地幅后，其快速力量将用于第三项任务。近卫第 11 集团军编成内的坦克军负责从北面包围奥尔沙。在第 5 集团军的作战地带，奥斯利科夫斯基骑兵机械化集群将于次日夜间投入交战以发展突破并于战役第五日之前在鲍里索夫地域渡过别列津纳河。近卫坦克第 5 集团军应于第三日，在近卫第 11 集团军或第 5 集团军作战地域投入交战，具体位置视情况而定，总体任务是朝奥尔沙—明斯克公路发展突破。战役第二阶段将以强渡别列津纳河为开始，在与白俄罗斯第 1 方面军从南面而来的力量共同夺取明斯克后结束。诸兵种合成集团军的平均进攻速度应为每昼夜 12—16 千米，快速力量则为 30—35 千米。

白俄罗斯第 2 方面军将在次要的莫吉廖夫—别列津诺方向展开行动，目标是牵制德国第4集团军，阻止其援助友邻部队或迅速、有序地后撤。该方面军应与白俄罗斯第3、第1方面军之内翼协同歼灭该集团军。170千米宽的战线，大部分应在初期保持消极状态，第33和第50集团军据守约五分之四的防线，位于中间的第49集团军集中力量攻向莫吉廖夫。一旦他们在中央地带的突破迫使德国人实施一场全面后撤，担任侧翼掩护的集团军就将转入追击。纵深40千米的当前任务是在第聂伯河对岸夺取一座登陆场。随后将强渡该河，攻克莫吉廖夫，朝别列津诺这个总方向发展攻势。最初发起的进攻将在一片12千米宽的地带强渡普罗尼亚河，尔后以临时组建的快速集群发展突破，该集群编有1个步兵师、1个反坦克炮兵旅、2个独立坦克旅和另外一些部队，其任务是在主力前方渡过一道中间河流，之后是第聂伯河。战役第三日日终前，他们应切断莫吉廖夫—奥尔沙公路。第50集团军应提供1个步兵军，可能投入第49集团军打开的突破口，也可能在其右翼展开一场辅助突击。

白俄罗斯第1方面军据守的防线，从普里皮亚季沼泽西端的科韦利起，沿普里皮亚季河一路延伸430千米至莫济里，从那里向东北方延伸240千米至日洛宾，再向北伸展到罗加乔夫北面。最初参加白俄罗斯进攻战役的只是方面军右翼力量（左翼力量7月份投入进攻，配合右翼的战役发展和乌克兰第1方面军的利沃夫—桑多梅日进攻战役）。该方面军将充当攻入白俄罗斯的左钳，同白俄罗斯第3方面军右翼力量在明斯克地域会合。纵深40—50千米的当前任务是歼灭敌博布鲁伊斯克集团，从而粉碎中央集团军群南肩。为完成这项任务，方面军应将其力量一分为二，发起同等强度的突击，合围博布鲁伊斯克地域之敌。尔后，这场进攻将朝西北方的明斯克发展，与白俄罗斯第3、第2方面军协同歼灭敌莫吉廖夫集团并在西面攻向斯卢茨克。在其接合部，第3和第48集团军将由12个步兵师和1个坦克军构成的快速集群集结于15千米宽的地段（约为其防线总宽度的15%），沿罗加乔夫—博布鲁伊斯克方向遂行突破并参与夺取后者。德军在这条明显路径的防御最为强大，而在别列津纳河以南进攻力量对面的防御虚弱得多。第65和第28集团军在14千米宽地段集中12个步兵师，达成突破后就投入两个快速集群：一个坦克军负责切断博布鲁伊斯克与西面的连接，尔后协助第65集团军主力夺取该镇；普利耶夫骑兵机械化集群朝明斯克或斯卢茨克方向发展胜利，阻止敌人救援博布鲁伊斯克。夺取博布鲁伊斯克的任务，纵深60—70千米，进攻速度预计为每昼夜 8—9 千米。歼灭敌被围集团之际，发展力量应遵照最高统帅部大本营的计划，朝明斯克或斯卢茨克方向发展战役。

位于北部的两个方面军 6 月 22 日展开战斗侦察，旨在弄清一场猛烈进攻似乎即将到来时，德军部署情况的变化和坚守前沿阵地的意愿。一场历时 20 分钟的炮火准备后，苏军部署在最前沿的各个师以强有力的侦察支队向前试探，先遣营尾随其后（大多是佯攻）。他们在德军拉伸的防线上找到缺口和薄弱点。除近卫第 11 集团军和第 31 集团军的地带，这些营大多成功夺取了敌人第一道战壕的部分地段，有些营甚至于当日取得 4—7 千米的突破。在取得这种成功的地段，炮兵进攻计划做出修改，缩短炮火准备时间，甚至在进攻提前开始时直接进入炮火支援阶段。

波罗的海沿岸第 1 方面军和白俄罗斯第 3 方面军北突击群在时间、方向、战斗力方面达成了战役和战术突然性。德国第 3 装甲集团军未发现近卫第 6 集团军的到达并将苏军实力低估约 30%。为遂行这场突如其来的冲击，苏军在每千米正面集结起 151 门火炮和迫击炮，外加 22 辆直接支援步兵的坦克。近卫第 6 集团军和第 43 集团军充分利用突然性和巨大的数量优势，6 月 23 日日终前（战役首日）沿一条 20 多千米宽的战线取得 17—18 千米的突破。但是，方面军快速集群却在三条前进路线上陷入黏稠的泥泞，在道路之外行进更不可能做到。德国第 3 装甲集团军从一开始就遇到了大麻烦，北方集团军群和最高统帅部预备队师提供的增援没能恢复防御完整性。次日日终前，苏军两个集团军已逼近西德维纳河，先遣支队在行进间渡河，坦克第 1 军部分部队在别申科维奇横跨维捷布斯克—明斯克公路。突击势头得以保持。第 43 集团军在维捷布斯克以西约 50 千米同南面的友军建立起牢固连接并留下一个军在接下来三天协助消灭敌维捷布斯克集团被围的 5 个师。近卫第 6 集团军和第 43 集团军主力向西攻击前进，穿过乌拉，在战役第六日夺得维捷布斯克以西约 100 千米的列佩利。列佩利对保持突击势头至关重要，奥尔沙—明斯克公路北面唯一良好的东西向路线正好穿过该镇。近卫第 6 集团军和突击第 4 集团军（德军南翼遭迂回，被迫放弃防御后，该集团军得以向前推进）到达距离波洛茨克不到 20—30 千米处，在德国北方集团军群与中央集团军群之间插入一根不断扩大的楔子。

白俄罗斯第 3 方面军以第 39 和第 5 集团军的突击集群达成与北面友邻力量类似的突然性，其火炮和迫击炮密度为每千米正面 175 门，战车密度与波罗的海沿岸第1方面军相当。他们也迅速向前，战役首日在26千米宽正面取得13千米突破，次日完成对敌维捷布斯克集团军的南部合围并夺得维捷布斯克—奥尔沙—莫吉廖夫这条横向道路上的博古舍夫斯克。此后，第39集团军在突破和歼灭维捷布斯克地域一个德国军方面发挥了重要作用，这项任务于6月27日完成，而第5集团军一路向西攻击前进。白俄罗斯第3方面军两个左翼集团军虽然也集结起类似力量，但战果令人失望。德国第4集团军预料到对方会进攻奥尔沙，于是对此加以准备。尽管获得大量的支援，炮火准备也很猛烈，但红军的进展异常缓慢，方面军领率机构遂于战役首日做出决定，将近卫第11集团军的主要突击调整到与第5集团军毗邻的北部地段。

　　该方面军在快速兵团投入地段达成了最大的突然性。德国人未发现苏军发展力量的集结，后者的投入因而取得了很好的效果。6月24日，随着前进道路的打开，奥斯利科夫斯基骑兵机械化集群穿过第5集团军，延列佩利以南的先诺方向朝西攻击前进。另外，华西列夫斯基决定将近卫坦克第5集团军的投入地段从近卫第11集团军的作战地带调整到第5集团军的作战地带，跟随在骑兵机械化集群身后。这些坦克力量正式向北调动，由于缺乏横向路线，这番调动涉及一场90千米的行军，因为他们必须先向东前进30千米，然后再转身向西。到6月26日晚，红军正利用维捷布斯克与奥尔沙之间德军防线上的缺口打垮中央集团军群的中央防区。奥尔沙处在苏军从北面和西面的攻击下，近卫坦克第5集团军位于该镇西南方50千米，通往鲍里索夫和明斯克的公路上。骑兵机械化集群、第5集团军和近卫第11集团军大部正向西挺进。6月28日日终时，奥斯利科夫斯基集群一部在列佩利西南方渡过别列津纳河（协助第43集团军夺取该镇），第5集团军和近卫坦克第5集团军辖内部队在鲍里索夫正面逼近该河。由于德军第5装甲师昨日从利沃夫地域开至，德军暂时守住了鲍里索夫镇。但姗姗来迟的援兵只造成了一些局部影响并为德军以保安力量、另一些杂七杂八的部队和正规军残部组成临时战斗群守卫明斯克赢得了一些时间，总的来说无法对第4集团军面临的越来越严重的灾难性威胁产生任何影响。攻克奥尔沙后，苏军开始卷击德军中央地段，他们冲向德鲁季河，对逃离莫吉廖夫、退往明斯克方向的敌兵团实施侧翼攻击。

　　截至6月28日　白俄罗斯第3方面军在第43集团军协助下，已彻底歼灭敌维捷布斯克集团的5个师（约3万人）并击败另外6个师。在这场历时六天的战役中，方面军夺得维捷布斯克和奥尔沙要塞这两个公路和铁路枢纽部，向西推进约 130 千米并将突破口拓宽到 150 千米。方面军还为歼灭德国第 4 集团军余部发挥了重要作用并与友邻的波罗的海沿岸第 1 方面军共同在德军战略防线上打开了一个无法修补的缺口。但是，该方面军没能彻底完成当前任务，鲍里索夫仍在德国人手中，只有先遣支队突破了别列津纳河一线。

南方面军群辖内力量交错发起战役。白俄罗斯第 2 方面军 6 月 22 日展开战斗侦察。30 分钟炮火准备的同时，侦察支队（先遣营尾随其后）跨过普罗尼亚河、该河潮湿的浸水草地和德国人布设的雷区。一如既往，为了误导敌人，这种行动不仅仅在第 49 集团军突破地段实施，两翼同样如此。初期试探和炮兵的努力成功压制住了敌人的防御，这使 6 月 23 日的进攻在 12 千米宽突破地段取得 5—8 千米进展。方面军达成的火炮密度为每千米正面 181 门，但坦克和自行火炮只有 19 辆。次日，苏军将突破纵深扩大到 20 千米，前出到赶往第聂伯河途中的中间河流。6 月 25 日，尽管敌人投入一个预备队师，但红军还是强渡巴夏河。方面军的进攻行动也扩展到第 33 和第 50 集团军。由于中央地带一个不断加深的突出部和苏军两翼推进造成的威胁越来越大，德军被迫后撤，这使苏军得以一路向前，突破宽度增加到 90 千米。6 月 26 日，方面军快速集群已渡过第聂伯河，而第 49 集团军将其主力变更部署至右翼，以便强渡该河。6 月 28 日日终前，莫吉廖夫已落入苏军手中，他们还沿 120 千米宽的战线渡过第聂伯河，追击力量正逼近下一条河流，即集团军出发线以西约 80 千米的德鲁季河。德国第 4 集团军被彻底击败，但并非白俄罗斯第 2 方面军独立完成。德军左翼遭第 31 集团军、近卫第 11 集团军和近卫坦克第 2 军包围和驱逐，而近卫坦克第 5 集团军则突入敌战役纵深。对德国人来说，南翼的情况也不太妙。在那里，苏军第 3 集团军和坦克第 9 军很可能抢在德国第 4 集团军之前到达别列津诺，莫吉廖夫—明斯克公路在那里跨过别列津纳河和 60 千米宽的森林沼泽地。

白俄罗斯第 1 方面军发起的两场突击相距 60 千米，但计划从东面和南面汇聚至博布鲁伊斯克，从而合围德国第 9 集团军。苏军经博布鲁伊斯克攻往明斯克，最明显的主攻方向在罗加乔夫地域，那里的地形较为有利。第 3 和第 48 集团军集结两个军并肩展开冲击，令德国人感到意外的是其规模而非方向，他们没有料到第 65 集团军的集结规模，以及别列津纳河南面第 28 集团军和普利耶夫骑兵机械化集群的存在。另外，他们也不相信苏军会在别列津纳河与西面约100千米的普季奇河之间发起大举推进，因为他们认为沼泽地不适合大规模行动，特别是机械化力量的行动。他们没有想到苏军工程兵会修建起相当隐蔽的木质辅道和木排路，更没有想到骑兵穿越"无法逾越"地形的能力会使他们的防御失去作用。在两个方向，苏军实现了每千米正面204门火炮和迫击炮、45辆坦克和自行火炮的兵器密度，从而达到了相当震撼的效果。德国人低估了该方面军的力量，兵力大约低估了50%，战车数量大约低估了75%。一场持续125分钟的炮火准备后，方面军两个突击群于6月24日投入冲击。

受到德鲁季河周边沼泽的妨碍，加之侦察不力，以及德军在第20装甲师协助下实施了顽强抵抗，北面的罗加乔夫突击群起初的进展令人失望。虽然坦克第9军6月25日投入交战，但该突击群在战役头两天只取得10千米突破。南面的帕里奇突击群情况较好，这是因为第65集团军在首日日终前投入快速集群。德军的防御摇摇欲坠，受此鼓舞，普利耶夫骑兵机械化集群6月25日下午投入交战，加速了敌防御的崩溃。该集群迅速取得30千米纵深突破。次日深夜，他们到达博布鲁伊斯克西南方40千米处并渡过普季奇河，向西赶往斯卢茨克，而近卫坦克第1军则将博布鲁伊斯克与西面的连接切断。与此同时，罗加乔夫突击群将快速集群调整至新方向，从而获得突击势头，德国人在那里的防御较为薄弱，因为他们认为那里地形条件复杂，坦克无法机动。因此，坦克第9军得以挫败德军变更第20装甲师部署、遏止苏军从南面推进的企图并抢先占领别列津纳河上的大部分渡口。与近卫坦克第1军协同，坦克第9军完成了对博布鲁伊斯克要塞的包围。超过6个德军师，约7万人陷入重围，数量与科尔孙-舍普琴科夫斯基包围圈内的德军大致相等。德军第12装甲师先遣力量赶至明斯克东南方的马里纳戈尔卡展开营救时，陆军总参谋长不得不承认："第9集团军已不复存在。"

6月27日，第12装甲师首批部队开始在明斯克以南卸载，由一支虚弱、临时组建的"拦截支队"提供掩护。同北面的第5装甲师一样，这股援兵来得太晚，所能做的仅仅是迟滞苏军向明斯克推进。到6月28日，苏军第48集团军和第65集团军一个军留下消灭博布鲁伊斯克包围圈内的敌人，这项任务的进行因密集的空袭而加速，月底前基本已完成。但与科尔孙包围圈一样，在第12装甲师救援行动的协助下，可能有1万名德军将士设法逃出包围圈。不过这些脱困人员后来大多又陷入合围第4集团军的、更深的明斯克口袋。与此同时，第65集团军余部和近卫坦克第1军向西北方进击，在通往明斯克的公路上夺得了距离博布鲁伊斯克45千米的奥西波维奇。第3集团军和坦克第9军亦攻向西北方，以封锁被围镇北面30千米的别列津纳河渡口并攻入德国第4集团军之侧翼。同时，第28集团军和普利耶夫骑兵机械化集群开始沿斯卢茨克—巴拉诺维奇方向朝西攻击前进，进入德国第2集团军后方，迂回对方沿普季奇河仓促构筑的防御。

战役第二阶段，6月29日至7月4日

红军六天内前进120—50千米，进攻速度最终达到每昼夜20—25千米。[7]其行动得益于德国集团军群和最高统帅部糟糕而又迟缓的决定，提前四天完成战役第一阶段保守的目标。苏军的合围重创德国第3装甲集团军，基本歼灭第9集团军。他们积极发展在中央集团军群侧翼撕开的缺口，为计划中对第4集团军余部的合围创造条件，为实现这一点，苏军将朝明斯克发起向心突击并以正面和平行追击破坏、扰乱企图逃窜之敌。敌人沿别列津纳河一线稳定防御的企图不可能成功，因为他们主要依靠由后方地域保安师和杂七杂八、战斗力低下的部队拼凑而成的临时战斗群。德军第一战役梯队和预备队在战役第一阶段幸存、尚具战斗力且撤至这道纵深阵地的力量寥寥无几，而从消极地段抽调的兵力太少，到得也太晚，无法恢复稳定防御态势。

6月28日，与华西列夫斯基和朱可夫商讨后，苏军最高统帅部大本营为下一阶段攻势下达指令，这场战役的目标现在更加深远，明斯克不过是中间目标而已。波罗的海沿岸第1方面军奉命夺取波洛茨克并以主力向西进击，深化插入北方集团军群与中央集团军群之间80千米宽的楔子。白俄罗斯第3方面军应沿鲍里索夫—明斯克方向攻击前进，充当合围德国第4集团军之北钳并攻入其北翼。该方面军新的优先事宜是同时沿维尔纽斯方向朝西推进，利用德国第3装甲集团军与第4集团军之间50多千米宽的缺口，在敌人组织起防御前突破莫洛杰奇诺的隘路。白俄罗斯第2方面军应攻向明斯克，在敌人后撤前以正面追击牵制并分割对方。白俄罗斯第1方面军应从南面攻向明斯克，完成对德国第4集团军和明斯克地域其他敌兵团的合围。同时，该方面军新受领的主要突击任务是沿斯卢茨克—巴拉诺维奇—比亚韦斯托克方向朝西深化突破。次日，为保持平衡和灵活性并提供进攻

深度，最高统帅部命第 39 集团军撤回大本营预备队，在维捷布斯克地域休整补充，加入尚未投入交战的第 51 集团军和近卫第 2 集团军。

最高统帅部下达训令后的六天内，白俄罗斯战役像最初设想的那样得到有效完成，纵深发展顺利进行。波罗的海沿岸第 1 方面军直到 8 月 4 日 [①] 才攻克波洛茨克要塞，但是得益于立即着手向西推进，该方面军四天前便已切断该镇与莫洛杰奇诺和维尔纽斯的铁路连接，尽管第 3 装甲集团军获得了各种小股部队、2 个保安师和 1 个步兵师的加强（另外 2 个步兵师赶往波洛茨克，目前在北方集团军群作战地区）。到 8 月 4 日 [②]，方面军先遣部队已越过维尔纽斯与波洛茨克的中间点，正进入第 3 装甲集团军与北方集团军群之间的缺口。方面军取得 120—140 千米进展，平均每昼夜 20—23 千米。大本营将第 39 集团军转隶该方面军，使其战斗力得到加强，该集团军已逼近列佩利。另外，随着最高统帅部大本营提出战役下一阶段攻入敌战略纵深的想法，第 51 和近卫第 2 集团军很快也将加入波罗的海沿岸第 1 方面军。

南面，白俄罗斯第 3 方面军沿不同方向推进。在目前的主要突击方向上（鲍里索夫—莫洛杰奇诺—维尔纽斯），第 5 集团军获得游击队支援的先遣支队，从行进间强渡别列津纳河，在奥斯利科夫斯基骑兵机械化集群率领下于 7 月 2 日切断明斯克与北面、西面的交通联系。7 月 4 日日终时，先遣力量距离维尔纽斯约 80 千米。相邻的近卫第 11 集团军和近卫坦克第 5 集团军，沿明斯克—奥尔沙公路攻击前进，他们遭遇的抵抗更为顽强——德军防御力量的核心是新开到的第 5 装甲师，因而耗费更多时间在鲍里索夫两侧强渡别列津纳河。但是，德国人缺乏兵力和准备时间，所能做的仅仅是沿河实施迟滞行动，红军先遣支队从一开始就挫败了对方的努力。获得一个新锐步兵师加强后，德军沿一条狭窄通道重新实施抵抗，莫洛杰奇诺位于通道中央，但苏军快速力量从南北两面达成迂回后，该镇 7 月 5 日落入近卫第 11 集团军手中。不过，坦克第 5 集团军 7 月 3 日已解放明斯克，其先遣支队（坦克军主力紧随其后）抢在德军扼守该要塞前将其攻克。夺取该城就封闭了包围德国第 4 集团军和博布鲁伊斯克战役期间第 9 集团军退向东北方 [③] 的两个军基本力量的铁环。近卫坦克第 5 集团军并未留下参加消灭包围圈的行动，相反，该集团军毫不停顿地

①译注：实际是 7 月 4 日。
②译注：应为 7 月 4 日。
③译注：应为西北方，原书有误。

转向西北方，加强向维尔纽斯的推进，第一个目标是莫洛杰奇诺。当然，消灭支离破碎的德国第 4 集团军的任务仍需要完成。这个包围圈从明斯克东面延伸至别列津纳河，困住约 10 万名德军将士。这不是一股具有凝聚力的强大力量，主要由筋疲力尽、饥肠辘辘、缺乏组织、毫无补给、士气低落的各种部队构成，重武器基本损失殆尽。歼灭这股敌人的任务留给第 31 集团军和白俄罗斯第 2 方面军（其推进已获得游击队帮助）辖内三个集团军。但这项任务直到 7 月 9 日才完成，为确保优先任务，第 50 和第 31 集团军主力已向西开拔，一个兵团接一个兵团，加入从明斯克发起的进军。

与北面的友军相同，白俄罗斯第 1 方面军也沿不同方向展开进攻。在近卫坦克第 1 和坦克第 9 军率领下，第 3 集团军在明斯克同近卫坦克第 5 集团军会合，就此完成合围，前者 7 月 4 日转隶白俄罗斯第 2 方面军。方面军辖内各快速军尔后立即转向西南方，加强第 65 和第 28 集团军以普利耶夫骑兵机械化集群为先锋、沿斯卢茨克—巴拉诺维奇—比亚韦斯托克方向展开的行动。红军 7 月 1 ヨ夺取斯卢茨克，但德国人对苏军在该方向的推进做出强有力的应对，在该镇以西 20 千米设立一道强大防线。匈牙利第 1 骑兵师和一个德军旅不会造成太大麻烦，但德军第 4 装甲师则不同了，他们很快就会获得第 28 猎兵师的加强，第 12 装甲师也于 7 月 2 日奉命经斯托尔布齐开赴该防线。由于要等两个集团军属坦克军脱离明斯克地域的战斗才能获得足够的坦克力量，苏军暂时停止向巴拉诺维奇推进。他们实施机动，派普利耶夫的骑兵力量穿过德国人认为难以逾越的地区，7 月 2 日攻占斯托尔布齐和涅曼河上的桥梁，以及巴拉诺维奇—明斯克铁路线。苏军此举抢在德军第 12 装甲师变更部署前进行，德国人没能夺回斯卢茨克，尽管第 12 装甲师以至关重要的时间为代价，设法在涅曼河下游渡河。截至 7 月 4 日，第 48、第 65 和第 28 集团军正并肩向西推进，近卫坦克第 1 和坦克第 9 军匆匆赶来加入其中。巴拉诺维奇这一主要方向上，苏军在六天内取得 70—100 千米进展，距离该镇不到 40 千米，同时，他们还完成了对敌博布鲁伊斯克集团的歼灭并参加了消灭明斯克包围圈的行动。

战役第三阶段，7 月 5 日至 16 日

随着维捷布斯克、博布鲁伊斯克、明斯克包围圈内约 25 个师遭遇覆灭或即将覆灭，德军战略防线被撕开一个巨大的缺口。[8] 德军个别兵团零碎开到，充其量只

能在遭孤立地段实施些迟滞行动。因此，随着进攻战役的顺利发展和提前于计划时间表的超前进行，大本营部署了新的任务。根据华西列夫斯基6月29日提交的建议，最高统帅部大本营决定解放整个白俄罗斯和波罗的海诸国。波罗的海沿岸第1方面军获得近卫第2和第51集团军的进一步加强（但该方面军不得不交出规模较小的突击第4集团军），该方面军应沿考纳斯和希奥利艾方向挺进，而其他波罗的海沿岸方面军改为朝西德维纳河以北展开一场并行攻势。夺取莫洛杰奇诺后，编有第5、近卫第11、第31、第3集团军，近卫坦克第5集团军和奥斯利科夫斯基骑兵机械化集群的白俄罗斯第3方面军奉命最迟在7月10日—12日前攻克维尔纽斯并在涅曼河西岸设立登陆场。先前因明斯克包围圈而分散的白俄罗斯第2方面军（辖第50、第3、第49集团军）应重新回到自己的战线上，朝新格鲁多克—比亚韦斯托克方向攻击前进，夺取前者并渡过涅曼河和莫尔恰季河，时间不得迟于7月12日—15日。白俄罗斯第1方面军右翼力量，已交出第3集团军，目前编有第48、第65、第28集团军和普利耶夫集群，先前处于消极状态的第61集团军现在活跃起来。方面军当前任务是朝巴拉诺维奇—布列斯特方向发展进攻，7月11日—12日前到达斯洛尼姆—平斯克一线（前者位于巴拉诺维奇以西约50千米处）。尔后任务是攻克布列斯特并在西布格河对岸设立一座登陆场。另外，最高统帅部大本营7月7日命令扩大罗科索夫斯基的攻势，将白俄罗斯第1方面军迄今为止处于消极状态的左翼力量投入交战。待罗科索夫斯基的右翼力量到达布列斯特远接近地，他应从科韦利地域发起一场持续不停的战役。这场行动应使用方面军左翼当前力量并以突破炮兵加强，不再需要右翼和最高统帅部大本营预备队快速兵团支援，任务是与乌克兰第1方面军协同，歼灭敌卢布林—布列斯特集团并沿一条宽大战线渡过维斯瓦河。[9]

　7月4日，最高统帅部大本营指示波罗的海沿岸第1方面军于7月12日前夺取德文斯克—帕布拉德，尔后赶往考纳斯和希奥利艾，利用西德维纳河掩护其北翼。但是，只有三个集团军可用于完成当前任务，前调第39集团军需要5天，调集近卫第2和第51集团军又需要5—7天时间。近卫第6集团军的12个师，只有5个可投入德文斯克之战，因为集团军主力被牵制在争夺波洛茨克的持续战斗和掩护右翼的行动中，而坦克第1军在一片布满沼泽和湖泊的地区只能发挥有限作用。另外，该方面军几乎未得到任何空中支援，因为空军第3集团军获得的燃料补给断断续续。因此，敌人得以先行到达有利地带并以仓促调自北方集团军群的充裕力量设立起一道防线。截至 7 月 9 日，他们共投入五个师扼守防御。另外，德国空军再度活跃起来，暂时取得空中优势，给苏军造成伤亡和延误。经过 10 天激战，该集团军甚至没能逼近德文斯克，从 7 月 15 日起便陷入一场僵持。方面军左翼力量遭遇的抵抗较为虚弱，因而取得了更大战果。第 43 集团军 7 月 7 日切断了维尔纽斯与德文斯克之间的铁路线。从 7 月 10 日起，该集团军的行动获得了第 39 集团军加强，7 月 13 日，后者位于维尔纽斯正北面。截至 7 月 15 日，该集团军已在过去十天内前进 140 千米。最高统帅部大本营把夺取考纳斯的任务转交白俄罗斯第 3 方面军，从而将波罗的海沿岸第 1 方面军的战线缩短 120 千米。这就使波罗的海沿岸第 1 方面军得以在近卫第 2 和第 51 集团军加强下，集中力量于希奥利艾—里加方向，目标是切断德国北方集团军群。

由于优先任务是夺取维尔纽斯，白俄罗斯第 3 方面军遂将近卫机械化第 3 军调离莫洛杰奇诺的战斗，派其担任第 5 集团军攻向维尔纽斯的先锋。7 月 7 日，一个机械化旅和各步兵师之先遣支队即将绕过并威胁维尔纽斯，该先遣队于次日攻入该镇。第 5 集团军五天内前进 100 千米，使敌人未能在有利地形构筑有组织的防御。尽管如此，由于包括第 6 装甲师在内的德军遂行反冲击，夺取该镇的战斗直到 7 月 13 日才结束。由于德军在莫洛杰奇诺地段获得了一个步兵师和第 7 装甲师加强，近卫第 11 集团军和近卫坦克第 5 集团军在中央地带的推进起初较为艰难。他们留下近卫步兵遂行正面冲击，近卫坦克兵实施机动，迂回敌抵抗枢纽部并从东南面参加夺取维尔纽斯的战斗。脱离明斯克战役后，第 31 集团军在近卫坦克第 2 军（调自近卫第 11 集团军）和奥斯利科夫斯基骑兵力量的率领下也取得了出色进展。7 月 9 日，他们攻克利达，这个公路和铁路枢纽位于纳利博卡森林西面，维尔纽斯到巴拉诺维奇的中途。侧翼集团军的迅速推进为近卫第 11 集团军的前进铺平了道路，集团军当面之敌因担心陷入合围而被迫连续后撤。夺得维尔纽斯和利达后，该方面军毫不停顿地继续其攻势，7 月 15 日日终前，他们已沿约 70 千米宽的正面渡过涅曼河（希特勒视之为"灾难线"，因而要求不惜一切代价坚守）并参加了攻克格罗德诺的行动。23 天内，该方面军一路向前推进约 500 千米。

起初，白俄罗斯第 2 方面军中向西推进的部队仅限于第 3 集团军，因为军团余部卷入消灭明斯克包围圈内敌军的战斗中。该集团军 7 月 8 日夺得新格鲁多克，仅遇到轻微的抵抗，此后不久又渡过涅曼河。7 月 7 日，第 50 集团军脱离包围圈南侧的战斗并匆匆向前。到7月11日，该集团军正与第3集团军并肩推进，而第49集团军亦开始从明斯克向西开进。7月15日，第50集团军会同白俄罗斯第3方面军第31集团军解放格罗德诺，而第3集团军夺得距离比亚韦斯托克80千米的沃尔科维斯克铁路枢纽。除消灭明斯克包围圈中的敌人外，该方面军还取得了270千米进展，每昼夜平均速度为20—25千米，自战役开始以来，该方面军已向前推进500多千米。

白俄罗斯第1方面军的第一项任务是强行穿越相对狭窄的巴拉诺维奇走廊。方面军抢在德军第12装甲师变更部署前，于7月2日夺得斯托尔布齐——这是明斯克与巴拉诺维奇之间公路和铁路线在涅曼河上的渡口——从而为完成这项任务创造出重要条件。随后的意图是以率领第48集团军的普利耶夫骑兵机械化集群从北面、率领第65集团军的近卫机械化第1军从南面包围巴拉诺维奇要塞。后续推进将合围扼守普里皮亚季沼泽防线的敌平斯克集团，第61集团军奉命从东面施以正面压力。机械化第1军的大力推进阻止了德国第2集团军从普里皮亚季河地带抽调一个师增援巴拉诺维奇的企图。获得航空兵大力支援的苏军7月8日晨攻克巴拉诺维奇，两天后又将西面50千米处的斯洛尼姆拿下。7月14日，方面军辖内部队已夺取平斯克并渡过罗西河，离比亚韦斯托克和布列斯特不到90千米。自6月24日以来，他们已推进400多千米。

至7月底的战役发展

截至7月中旬，苏军已重创两个、歼灭一个德国集团军并解放了白俄罗斯大部。[10]但是，由于大批德军援兵开至（13个师），战役第二阶段的突然性和前进兵团的破坏效果有所下降。7月17日—23日，德军另外11个师也将开到。各方面军觉察到的影响不仅仅源于伤亡，更多来自后勤过度拉伸及各种耗损（例如近卫坦克第5集团军，战役开始时有524辆坦克，到7月16日只剩50辆可用的坦克，另外，各快速军都已撤出战斗，调至后方接受休整补充）。尽管如此，大本营不愿放弃对虚弱之敌的进攻，因而战役继续进行——对最初参加进攻的四个方面军来说，主要以一种即兴方式实施，依照预先计划开展的行动则是乌克兰第1方面军和白俄罗斯第1方面军右翼力量分别于7月13日和18日发起的利沃夫—桑多梅日战役和卢布林—布列斯特战役。

获得白俄罗斯第3方面军近卫机械化第3军和调自最高统帅部大本营预备队的第51、近卫第2集团军加强后，波罗的海沿岸第1方面军7月28日攻克希奥利艾。截至月底，该方面军已到达里加湾并切断北方集团军群与德国本土最后的陆地连接。重新获得第39集团军但失去奥斯利科夫斯基集群两个军后，白俄罗斯第3方面军面对着德军调自其他地带或防御纵深的大批力量——亘少5个新锐步兵师、6个装甲师和许多加强旅、加强团。尽管如此，方面军还是击退了德军企图恢复涅曼河防线的进攻，到7月31日，他们设法沿整个正面将登陆场纵深扩大到25—50千米。白俄罗斯第2方面军也要面对获得加强的德军力量，进攻速度同样有所下降。但是，该方面军还是在7月底前攻克比亚韦斯托克并越过该镇继续前进20—30千米。白俄罗斯第1方面军7月份最后两周取得约100千米进展，7月28日攻克布列斯特。方面军左翼辖4个诸兵种合成集团军、1个坦克集团军和1个骑兵机械化集群，在7月18日至8月2日的卢布林—布列斯特战役中推进200多千米并在华沙南面的维斯瓦河对岸设立登陆场。方面军右翼亦在华沙北面的纳雷夫河对岸占领了几座小型登陆场。

这场战役在8月初到达顶点，不到六周时间就沿500千米宽的战线取得了约450千米进展。接下来几周，红军的突击势头逐渐消退，但德国人的反突击收效甚微，只保持了与北方集团军群之间一条相当狭窄的走廊之畅通。白俄罗斯战役极为成功，头12天内取得决定性战果，红军在此期间推进约250—300千米并在德军战略防线上撕开了一个250千米宽的缺口。德国人仅剩3个师，其侧翼摇摇欲坠，仍横跨主要东西向路线。红军在这段时期歼灭或重创25个德国师，约占中央集团军群6月22日时实力的70%。接下来两周，各方面军继续推进150—200千米，又给德军造成大量破坏，新锐力量组成的科韦利集团发起卢布林—布列斯特战役时，红军正面战线的宽度超过400千米。可是，从7月下旬起，后勤困难逐渐加剧，德军的实力也有所加强，这使红军取得的战果越来越小。德军的损失超过39.9万，其中28.9万人为不可归队减员（其中26.3万人失踪，大多成了俘虏）。[11] 苏军伤亡77万，包括伤病者在内（不可归队减员超过18万），另外还损失2957辆坦克和自行火炮、2447门火炮和迫击炮。[12] 这些数字涵盖6月23日至8月29日整个时期的损失，也就是说，非常成功的卢布林—布列斯特战役的损失也包括在内。

利沃夫—桑多梅日战略性进攻战役，7月13日至8月29日

战场

5月中旬，大致沿卢茨克以西至捷尔诺波尔—科洛梅亚以西一线，苏军在普里皮亚季沼泽以南的进攻战役已呈颓势。从这道新战线起，一座高原向西延伸到桑河和德涅斯特河一线并从桑河与桑多梅日（位于华沙以南不到200千米处）附近的维斯瓦河交汇处向东南方倾斜。位于这些河流西面的是西喀尔巴阡山，这条山脉跨过波兰—乌克兰边境时变得越来越险峻。利沃夫东面是一片遍布河流的平原，以两座独特的山脊为界——西北方的拉斯托奇耶和东面的佐洛切夫。除了丘陵和山地，这片战场大部分地区较为开阔，稍有些起伏，但散布着一些较大的沼泽和林区，这里的河谷通常呈沼泽化。

四道主要河流障碍会给战役造成严重影响。从前线向西，第一道障碍是西布格河，战役地域内的流向是从佐洛切夫起，穿过弗拉基米尔—沃伦斯基，再流向布列斯特。河流宽度从10米至100米不等，但它作为一道障碍的真正价值在于沼泽化的河谷和崎岖的周边环境。不过，这条河流的可防御性受到诸多浅滩影响。约150米宽的桑河流经丘陵地带，寥寥无几的浅滩情况复杂，300米高的右岸俯瞰东面的接近地。德涅斯特河源自乌克兰喀尔巴阡山，沿东坡奔流，虽说河岸陡峭，但只要水位保持在低位，浅滩就非常多。一道分水岭从利沃夫以南约30千米起东延至捷尔诺波尔，无数支流从这里向南流往德涅斯特河。这片地区不利于大规模机械化部队机动，需要大量工程兵支援。维斯瓦河源自西喀尔巴阡山，战役地域内的宽度通常从100米到200米不等，但其支流（桑河）在桑多梅日附近汇入后，个别地段的河流宽度加大到400—600米。维斯瓦河河岸在许多地段又高又陡，河谷通常呈沼泽化。

与白俄罗斯相比，乌克兰西部的铁路交通网较为发达，越往西越好，但从欧洲标准轨距改为苏联的宽轨距会使改造工作更加复杂、更费时间。利沃夫是个交通枢纽，一条条铁路线从这里通向四面八方，但两条东西向铁路线绕过这座城市通往北面，同样情况的另一条铁路线则伸向南面。选定的战役地域，虽说存在大量河流、沼泽和小型运河，但道路交通网相当密集，这使机械化部队的机动成为可能。不过，诸多土路在雨季无法使用，特别是对轮式车辆来说。这里只有两条

全天候东西向公路，一条从卢茨克通往卢布林，另一条从捷尔诺波尔起，穿过利沃夫通往雅罗斯瓦夫。

德军的部署和准备

苏军 1943/1944 年冬季攻势最终在 4 月份下半月到达顶点，乌克兰大部在攻势中得以解放。德国人认为对方的夏季攻势将从上一场攻势停止处发起，也就是说，苏军的主要突击是攻入波兰南部并进入巴尔干地区。[13] 前一个威胁尤为严重，它将轻而易举地切断德军同巴尔干集团的交通连接并对西里西亚工业区构成直接威胁，更不必说通往柏林的道路会被打通了。因此，德国人将资源优先分配给南方集团军群的后继者——南乌克兰集团军群和北乌克兰集团军群，后者的优先级更高，编有第 1、第 4 装甲集团军和匈牙利第 1 集团军。6 月中旬，苏联人认为这些集团军编有 44 个师，包括 12 个装甲和装甲掷弹兵师，以及 8 个匈牙利师，他们扼守一条 440 千米长的防线。红军在白俄罗斯发起的攻势出人意料，迫使德军最高统帅部将大批兵力北调。尽管相信苏军会在这里发起冲入波兰南部的攻势，但他们还是将 3 个装甲师和 2 个步兵师调给中央集团军群以避免即将发生的崩溃。[14]

红军 7 月 13 日发起利沃夫—桑多梅日进攻战役时，北乌克兰集团军群的实际部署情况如下：辖 8 个师的匈牙利第 1 集团军位于德涅斯特河南面，据守南部地段约 100 千米宽的防线——对苏联人来说就是斯坦尼斯拉夫（伊万诺—弗兰科夫斯克）方向。第 1 装甲集团军编有约 15 个师（包括第 3 装甲军的 3 个装甲和装甲掷弹兵师），在位于中央的利沃夫地带据守 200 多千米宽的防线，这道防线从德涅斯特河延伸到布罗德西北方 40 千米处。第 4 装甲集团军的防御正面延伸得较长，一直到白俄罗斯第 1 方面军左翼对面地带。弗拉基米尔－沃伦斯基南部至布罗德—拉瓦－罗斯卡亚地域，德军在这条 120 千米宽的战线上部署 8 个师（包括 2 个装甲师，其中一个师战役开始后开至）与乌克兰第 1 方面军对峙。德国人在两个多月时间里竭力加强防御，希望（实际上是期盼）以预有准备的防御抵消苏军的数量优势。主防御地区纵深 4—6 千米，由 3—4 道彻底完工的战壕线组成。第二防御地区位于主防御地区后方 8—10 千米处，修建工作的进展相当缓慢。西布格河构成第三道防线。某些城镇被宣布为"要塞"，或多或少加以相应准备。这些城镇包括戈罗霍夫、利沃夫、佐洛切夫、布罗德、索卡利、拉瓦－罗斯卡亚和佩列梅什利（普热梅希尔）。步兵师都部署在第一防区，但缺乏经验的武装党卫队"加利西亚"师位于布罗德以西，另一个保安师位于弗拉基米尔－沃伦斯基后方。各快速师部署在第二防区，作为集团军级预备队准备遂行反冲击和反突破任务。另一些杂七杂八的部队（非主要作战力量）纵深部署。总之，德军6月初的兵力可能高达59.7万人（作战人员超过43.7万人），配备约1030辆坦克和突击炮、5400门火炮和迫击炮、700架战机。[15]

苏军在战役第一阶段的突破期间遂行两场主要突击：北面的一场沿卢茨克以南—拉瓦－罗斯卡亚方向实施，南面的一场从捷尔诺波尔北面向利沃夫进行。北部突破地段，德国人将4个步兵师部署在第一梯队，防区宽度从15千米至30千米不等。其中2个师的战斗力等级为2类，另外2个师被评定为3类，后两个师中的一个据守24千米宽防御正面，在苏军的进攻中首当其冲。南部突破地段，德国人将3个第一梯队步兵师部署在60千米宽的防御正面，扼守25千米防区的一个师将成为苏军最初突击的重点打击对向。这些兵团中，一个师的战斗力等级为2类，另外两个（包括苏军选定突破地段的一个师）为3类。位于第二梯队的各快速师，战斗力等级都是2类。

苏军的战役构想和准备

4月下旬，普罗斯库罗夫—切尔诺维策进攻战役最终落下帷幕，乌克兰第1方面军开始为后续行动做准备。[16] 6月24日，最高统帅部大本营命令科涅夫准备一场战役，从卢茨克和捷尔诺波尔地域突破150—160千米进入敌纵深，以此击败敌拉瓦－罗斯卡亚集团和利沃夫集团并夺取利沃夫。方面军尔后应强渡桑河，整体推进超过250千米。战役目标较为有限，这场攻势最初被称作利沃夫—佩列梅什利战役即能反映出这一点。I.S.科涅夫元帅认为2比1的战役力量对比不算太高，但他知道可以在选定地段将这种对比转化成更大的战术优势。他力图以穿插突击形成合围，分割瓦解敌人后将其逐一歼灭。德国第13军位于中央地带，通常被称为布罗德集团，方面军将以右翼和中央力量实施合围，而方面军左翼在战役开始时仅发挥消极作用。科涅夫决定以近卫第3和第13集团军主力沿拉瓦－罗斯卡亚方向遂行北路突击；他们在12千米宽的地段上的突破，将由近卫坦克第1集团军和巴拉诺夫骑兵机械化集群加以完成和发展。强渡战线前方约60千米处西布格河的要求，使这场突击趋于复杂；尽管从一开始就计划渡过该河，但渡河行动很可能造成延误。第二场突击，也是主要突击，将从南面60多千米处沿利沃夫方向展开，第60和第38集团军应在主要方向沿14千米宽的地段遂行突破。发展胜利的任务交给近卫坦克第3、坦克第4集团军和索科洛夫骑兵机械化集群。近卫第1和第18集团军应积极掩护方面军漫长的左翼，对前者而言，应在前出到德涅斯特河后转入防御。他们将模拟进攻斯坦尼斯拉夫的准备，将敌军牵制在南面，若当面之敌因北面遭受的失败而后撤，则应转入进攻。近卫第5集团军部署为方面军第二梯队，步兵第47军担任预备队。在乌克兰第1方面军右翼，白俄罗斯第1方面军左翼力量将提供支援并利用科涅夫的推进朝卢布林和布列斯特方向遂行自己的进攻，其行动与右翼从东北面逼近布列斯特的力量协同进行。

7月7日，诸集团军受领各自的任务。但四天后，战役计划在两个重要方面做出修改。科涅夫原本打算以坦克集团军会同诸兵种合成集团军突破敌防御，但最高统帅部大本营命令他以后者实施突破，留下前者在战役次日作为发展力量投入交战。骑兵机械化集群将在坦克集团军之后进入战斗。另外，最高统帅部大本营还否决了赋予诸兵种合成集团军战役首日过于雄心勃勃的任务的计划，要求将相关目标缩小到他们力所能及的程度。下面简要阐述修改后的诸集团军任务。[17]

北部地区，诸兵种合成集团军的任务如下：近卫第3集团军应以3个步兵师坚守57千米宽的消极地带，以9个师组成的突击群在8千米宽地段沿戈罗霍夫—索卡利方向遂行突破。这场进攻应将4个师部署在第一梯队，4个师部署于第二梯队，另指派1个师担任预备队。原先的计划是在战役首日前出到40千米外的西布格河，这项当前任务的纵深被减半。该集团军尔后应向前挂进，夺取托马舒夫。第13集团军应以3个师据守78千米宽的次要地带，这股力量形成合围敌布罗德集团的东面。另外5个师（每个梯队各2个师，1个师担任预备队）构成紧邻近卫第3集团军突击群的另一个突击群，在4千米宽地段实施突破。近卫第3集团军应与近卫坦克第1集团军协同夺取拉瓦－罗斯卡亚，但应以一个师攻向卡缅卡－斯特鲁米洛沃以形成布罗德包围圈的组成部分。

快速集群应扩展上述突破。近卫坦克第1集团军将于战役次日穿过近卫第3和第13集团军打开的突破口投入交战。该集团军将从行进间强渡西布格河，朝拉瓦－罗斯卡亚方向发展胜利并在战役第四日与索科洛夫从东南面而来的骑兵机械化集群协同夺取该镇。先遣支队应阻止敌人向西或向南退却。巴拉诺夫骑兵机械化集群最初接到的命令是跟随近卫坦克第 1 集团军穿过突破口，进入敌卡缅卡 – 斯特鲁米洛沃集团后方并向西攻往西布格河，但战役次日，其任务改为攻向卡缅卡 – 斯特鲁米洛沃，以此作为合围敌布罗德集团的组成部分。

中央地区是主要方向，第 60 集团军面向 30 千米宽的战线，将以编为两个梯队的 6 个师组成的突击群沿 8 千米宽地段攻往佐洛切夫—利沃夫方向。3 个师遂行的辅助突击从南面展开，以对敌布罗德集团形成合围。集团军第二梯队由一个步兵军（辖 2 个师）构成。预计战役首日至少达成 20 千米深的突破。第 38 集团军突击群将与第 60 集团军并肩攻往利沃夫方向。7 个师中的 3 个部署在第一梯队，奉命在 6 千米宽地段遂行突破，而另外 3 个师负责坚守 34 千米宽的消极地带。空军第 2 集团军 60% 的力量被用于支援利沃夫方向的突破。

中央地区的发展力量更为强大。近卫坦克第 3 集团军将于战役次日穿过第 60 集团军打开的突破口投入交战，其目标是从北面包围利沃夫并阻止敌人朝北面或西面后撤。其先遣支队应继续赶往雅罗斯瓦夫地域，在桑河对岸构筑登陆场，该集团军应与另外两个坦克集团军和索科洛夫集群协同配合。坦克第 4 集团军应与近卫坦克第 3 集团军平行推进，穿过第 38 集团军打开的突破口，从南面包围利沃夫并阻止敌人从该镇撤往西面和西南面。索科洛夫骑兵机械化集群跟随近卫坦克第 3 集团军，经佐洛切夫攻往拉瓦 – 罗斯卡亚，以完成对敌布罗德集团的合围。

南部地区主要遂行辅助突击。近卫第 1 集团军以 7 个师坚守 118 千米宽正面。一旦敌防御崩溃，另外 5 个师和近卫坦克第 4 军组成的突击群将穿过第 38 集团军作战地域投入交战。这股力量应逼近德涅斯特河以掩护方面军突击群之左翼并在河对岸设立一座登陆场。[18] 第 18 集团军以 9 个师（1 个师担任预备队）坚守方面军 105 千米长的左翼。德国北乌克兰集团军群被迫后撤时，该集团军应转入进攻并靠近近卫第 1 集团军左翼。

方面军将编有 9 个师的近卫第 5 集团军部署在第二梯队，辖 3 个师的步兵第 47 军担任预备队。

科涅夫需要实现强大的集中，以此确保迅速突破敌防御，从而获得发展胜利的势头。整个战役正面为 440 千米，他建议将半数以上步兵力量（不包括第二梯队和预备队，这些力量计划用于加强进攻）集中在仅 26 千米宽的突破地段。大部分火炮和全部战车也将实施类似的集中。空军第 2 集团军 48% 的力量集中于利沃夫方向的航空火力准备，40% 用于拉瓦－罗斯卡亚方向。5 月底在捷尔诺波尔和斯坦尼斯拉夫地域对德军反突击实施防御战役后，包括三个坦克集团军在内的乌克兰第 1 方面军主力位于捷尔诺波尔南面。为组建计划中的突击集群，大部分诸兵种合成力量和所有坦克兵团必须向北变更部署。方面军领率机构决定拓宽近卫第 1 和第 13 集团军的防御地带，从而缩窄近卫第 3 和第 60 集团军的防区。整个第 38 集团军将向北调动 200 千米，从斯坦尼斯拉夫方向进入第 60 集团军与近卫第 1 集团军之间。近卫坦克第 1 集团军经铁路北调约 500 千米，坦克第 4 集团军调动 250 千米，近卫坦克第 3 集团军经公路实施有限调整。总之，方面军变更了 37 个步兵师、32 个坦克和机械化旅、87 个炮兵团的部署。这些调动发生在 6 月 24 日至 7 月 7 日，诸坦克集团军 7 月 9 日至 14 日开入前进集结区。

显然，这种大规模的部署变更必须加以隐蔽，否则敌人会采取反集中措施。对攻入波兰南部的意图实施战略性马斯基罗夫卡是不可能做到的。这种巨大的威胁，因三个坦克集团军部署在乌克兰第 1 方面军而得到强化，德国人为此削弱白俄罗斯的装甲力量。科涅夫所能做的只是让对方相信，预期中的进攻不会在北部和中央地区发起，苏军会在南部攻向斯坦尼斯拉夫。近卫第 1 和第 18 集团军在其防区模拟两个坦克集团军和一个坦克军的存在，表明苏军正准备实施一场在斯坦尼斯拉夫西面会合的两翼合围。假集中和假机场，以及开赴其中的虚假调动，模拟出一场大规模集结。[19] 假无线电通信网加强并扩大了欺骗，通过当地居民散布的假情报同样如此。另外，友邻的白俄罗斯第 1 方面军 7 月 9 日—10 日在科韦利地域发起一场佯攻，将一个德国军牵制在其正面。

由于马斯基罗夫卡纪律未得到严格执行，加之德国人产生了怀疑，这场欺骗只取得部分成功。德国人不愿相信苏军的主要突击力量会攻入喀尔巴阡山，而非攻向利沃夫的主要交通枢纽，这使他们发现了苏军一些变更部署的行动。更重要的是，武装党卫队“维京”装甲师离开集团军群时，其在拉瓦－罗斯卡亚方向的防御任务被第 16 和第 17 装甲师接替（尽管红军发起打击时，后者仍在变更部署）。可是，直到第 38 集团军发起进攻，德军情报人员仍相信近卫坦克第 1 集团军可能还在德涅斯特河南面，正准备攻向斯坦尼斯拉夫。而在拉瓦－罗斯卡亚方向，他们没有发现苏军准备进攻的大股突击群，也未查明近卫坦克第 1 集团军在这些突击群身后的集结。利沃夫方向，他们同样未探明苏军突击群和最终的进攻准备，甚至认为近卫坦克第3和坦克第4集团军还在遥远的南面。在长长的消极地带，德国人没有发现苏军步兵师的拉伸，这使他们未能确定苏军突击群和相应威胁的规模。换句话说，苏军开始进攻时，德军情报部门仍未掌握整个战役的准确情况，此时采取反制措施为时已晚。足够的突然性使红军获得一个关键优势。

表2.2：利沃夫—桑多梅日战略性进攻战役中的苏军作战序列

乌克兰第1方面军（苏联元帅I.S.科涅夫）	
近卫第3集团军	12个步兵师，1个独立坦克旅，1个坦克团，1个自行炮兵团
第13集团军	9个步兵师，1个坦克团，1个自行炮兵团
第60集团军	10个步兵师，1个坦克团，2个自行炮兵团
第38集团军	10个步兵师，1个坦克团，2个自行炮兵团
近卫第1集团军	12个步兵师，近卫坦克第4军，1个坦克团
第18集团军	9个步兵师，1个自行炮兵团
近卫第5集团军	9个步兵师（方面军第二梯队）
近卫坦克第1集团军	近卫坦克第11军，近卫机械化第8军，2个独立坦克旅，1个坦克团，3个自行炮兵团
近卫坦克第3集团军	近卫坦克第6军，近卫坦克第7军，机械化第9军，1个独立坦克旅，5个坦克团（4个重型坦克团），5个自行炮兵团
坦克第4集团军	近卫坦克第10军，近卫机械化第6军，1个独立坦克旅，1个重型坦克团，3个自行炮兵团（1个重型自行炮兵团）
巴拉诺夫骑兵机械化集群	近卫骑兵第1军，坦克第25军，2个坦克团，3个自行炮兵团
索科洛夫骑兵机械化集群	近卫骑兵第6军，坦克第31军，3个坦克团，3个自行炮兵团
方面军预备队	步兵第47军（辖3个步兵师），1个重型坦克团
空军第2集团军	6个轰炸航空兵师，1个歼击—轰炸航空兵师，9个强击航空兵师，12个歼击航空兵师

注：总实力为100.2万人（84.377万名作战士兵），2206辆坦克和自行火炮，13825门火炮、迫击炮和火箭炮，3246架战机。

战役开始时，马斯基罗夫卡并未停止。直到7月19日，红军仍在德涅斯特河南面模拟进入前线附近集结区的调动，为了让这些举动令人信服，他们还大量使用烟雾，部分遮蔽空中侦察。北路突击的初衷是以近卫坦克第1集团军穿过近卫第3集团军打开的突破口，后者的先遣支队因而致力于完成突破。但第13集团军取得的战果更大，这一点，加之德国人对苏军主要突击的激烈反应，促使科涅夫将坦克集团军主力调整到南面遂行突破。为欺骗敌人，先遣支队继续进攻，以此牵制德军装甲预备队。

战役的发展

利沃夫—桑多梅日战役的进程可参阅地图 2.3。[20] 与白俄罗斯战役一样，战斗侦察拉开了战役第一幕的帷幕。早在 7 月 10 日就有迹象表明，德国人打算在对方发起进攻前最后一刻实施有限后撤，从第一防御地带退至第二防御地带据守，以确保苏军的炮火准备大部分落在空战壕上。因此，科涅夫于 7 月 12 日 22 点派侦察支队发起战斗行动，比计划提前了 24 小时。5 小时后，各第一梯队师先遣营投入其中。北部地区，近卫第 3 和第 13 集团军突击群取得一些战果。面对苏军六个师的一个德军步兵师及时撤至第二防御地带，这是德军摆脱对方炮火准备并扰乱进攻方步伐的计划的组成部分。到 7 月 13 日日终，苏军第一梯队已投入战斗，部分兵团在近卫第 3 集团军作战地带取得 8—15 千米进展，突破敌第一防御地带纵深。但德国人拥有强大的预备力量，第 16 和第 17 装甲师在第二防御地带阻挡住苏军的推进。红军 7 月 14 日仓促准备的进攻未取得重大进展。炮火准备没能削弱守军，因为炮兵没有足够的时间进行相关勘测，对敌部署情况的了解也很粗略。就连用以加强唯一取得成功的步兵军的坦克集团军先遣支队，也只取得不到 8 千米进展。

苏军 7 月 15 日安排了一场准备细致的进攻，强大的炮火准备和航空火力准备持续了 60 分钟，每千米正面有 200 门火炮和迫击炮。第二战术梯队随即投入交战，突破加深到 15—30 千米。傍晚时，方面军司令员意识到第 13 集团军作战地域即将突破敌防御战术地幅，遂决定次日晨投入巴拉诺夫骑兵机械化集群。该集群应强渡西布格河，前出到卡缅卡－斯特鲁米洛沃，构成合围敌布罗德集团之北钳。可是，德军第 20 装甲掷弹兵师一部及时开至，加之骑兵部队的力量相对薄弱，苏军对狭窄突破口的发展艰难而又缓慢。恼火的科涅夫极不耐烦，直到 7 月 17 日，巴拉诺夫集群才突破敌防御。若非近卫坦克第 1 集团军主力投入位于其先遣支队南面 30 多千米的新方向，开始向拉瓦－罗斯卡亚及其前方展开一场纵深发展，突破行动不可能取得成功。这一发展令德国人猝不及防，他们丧失平衡，缺乏抗击对方的预备力量。7 月 17 日至 18 日，近卫坦克第 1 集团军和近卫第 3 集团军辖内

地图2.3：利沃夫－桑多梅日战役，1944年7月13日－8月29日

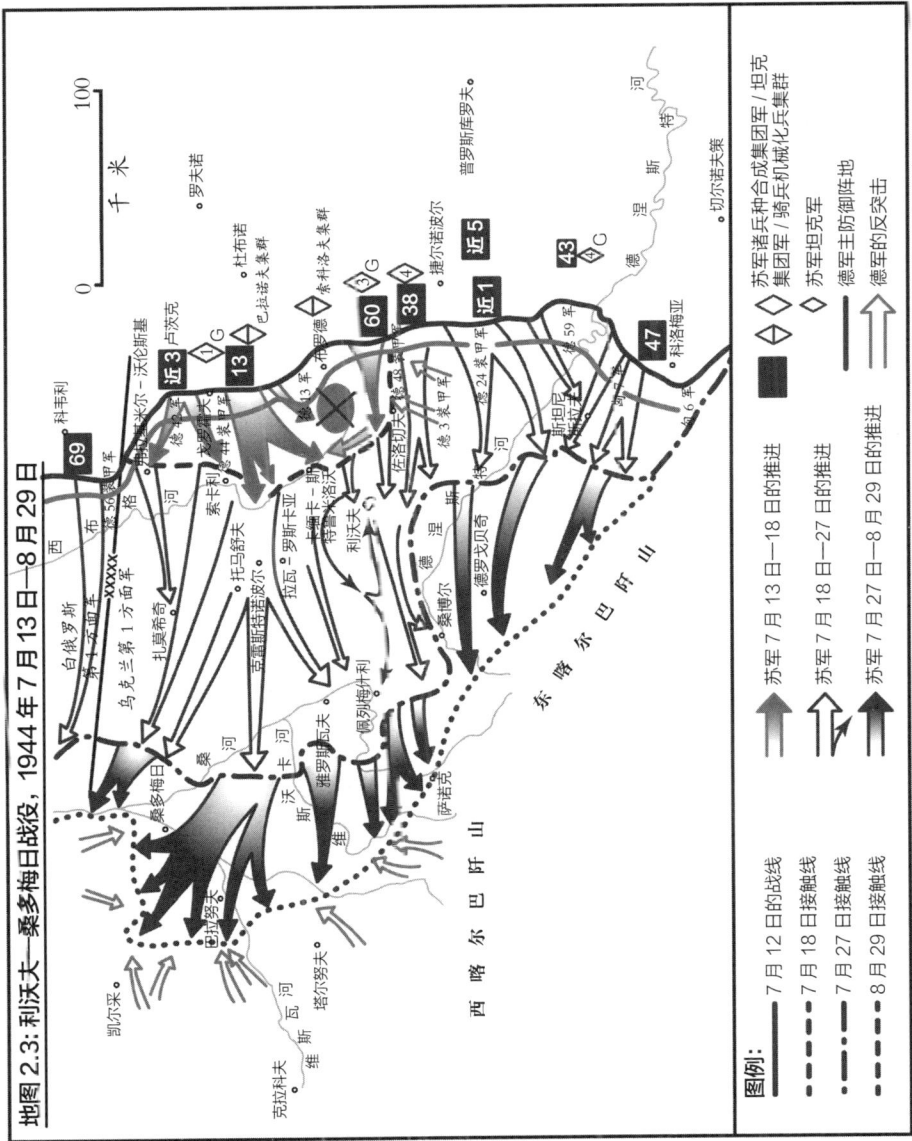

图例：

苏军诸兵种合成集团军/坦克集团军/骑兵机械化兵集群
苏军坦克军
德军主防御阵地
德军的反突击

苏军7月13日—18日的推进
苏军7月18日—27日的推进
苏军7月27日—8月29日的推进

7月12日的战线
7月18日接触线
7月27日接触线
8月29日接触线

步兵师在克雷斯特诺波尔北面 20 多千米处逼近西布格河并在该镇南面沿 30 千米宽战线渡过该河。德军第 20 装甲掷弹兵师已将巴拉诺夫集群击退至卡缅卡 – 斯特鲁米洛沃，但德军侧翼岌岌可危，苏军骑兵和坦克向东绕过他们，构成了布罗德集团包围圈之北部。到 7 月 20 日，苏军已夺得拉瓦 – 罗斯卡亚，正穿过德军防线上一个 40 千米宽的缺口向西推进。随着德军后撤，苏军位于消极地带的各兵团转入进攻，冲向弗拉基米尔 – 沃伦斯基和布罗德西面，一路向西挺进。

南面，第 60 和第 38 集团军的战斗侦察都没能取得显著战果。德国人以后卫力量和反冲击掩盖其意图，从前沿阵地顺利撤至后方主防御地带，苏军一场大规模突击落空了。由于天气恶劣，加之需要重新策划，对敌后方主防御地带的进攻推迟到 7 月 14 日下午，以一场持续 90 分钟的炮火准备和大规模航空火力准备拉开序幕。但是，猛烈的炮火大多未击中敌防御核心，就连 6 个步兵师大部对 1 个德军师的打击也只取得缓慢进展。到 7 月 15 日午夜，第 60 集团军仅仅迫使德军防线凹陷 15 千米，由于德军装甲力量展开反冲击，友邻突击群的进展小得多。实际上，幸亏空军第 2 集团军密集的近距空中支援，苏军才得以稳定住危急的态势。[21]

苏军仅在一片狭窄地段成功突破了敌中央地带的防御战术地幅全纵深。利沃夫方向缓慢的进展和敌布罗德集团逃离计划中的合围圈的可能性令科涅夫深感担心。他决定投入近卫坦克第 3 集团军完成突破并以近卫第 1 集团军步兵第 107 师和近卫坦克第 4 军加强第 38 集团军突击群，攻向东南方，夹击近卫第 1 集团军当面之敌的防御。7 月 16 日日终前，坦克集团军前出到佐洛切夫北面，紧随其后的第 60 集团军获得一些突击势头。但德军的防御并未破裂，苏军的渗透非常狭窄——近卫坦克第 3 集团军三个军日终前挤入一条约 20 千米深、仅 6 千米宽的走廊，这条单向路线处在敌人火力下，遭到了空袭和反冲击。方面军司令员决定拓宽、加深这条"科尔图夫走廊"，7 月 17 日投入坦克第 4 集团军，加强近卫坦克第 3 集团军的突击。空军第 2 集团军的首要任务是为行动提供支援，三个关键日子里，该集团军出动飞机近 10300 架次，其中约半数是轰炸机和强击机。强击机以 1848 个架次的近距空中支援打击德军第 1 和第 8 装甲师，钝化其反冲击，这番空中干预对击败德军至关重要。但是，挤入狭窄空间的大批苏军车辆成为德国空军的理想目标，德军的空袭使对方伤亡惨重。

近卫坦克第 3 集团军攻向西面和西北面，7 月 18 日突破敌人过度拉伸的防御并同巴拉诺夫集群会合，该集群已绕过卡缅卡－斯特鲁米洛沃，正在完成对敌布罗德集团的合围。实际上，坦克第4集团军一天后投入突破口，辖内一个军会同近卫坦克第4军和步兵兵团击退敌人对走廊底部的反突击，尔后投入消灭敌布罗德集团的战斗。到7月19日，分割并歼灭被围之敌的行动进展顺利。包围圈被切为两段，遭到第13、第60、坦克第4集团军辖内兵团、两个骑兵机械化集群和近卫坦克第4军（现转隶第60集团军）的攻击。部分德军企图突围，但他们无法突破合围对内和对外正面。由于持续不停的地面和空中突击，加之口粮短缺，伤亡人数不断增加，德军士气发生崩溃。有效抵抗于7月22日结束，7月25日前，残余的4.5万名德军将士投降。在此之前，苏军快速力量（欠近卫坦克第4军）已撤出消灭包围圈内之敌的战斗，继续向西攻击前进。坦克第4集团军力图从南面包围利沃夫，而巴拉诺夫集群则从北面实现合围。方面军司令员7月20日就决定脱离歼灭包围圈的战斗，着手变夏索科洛夫骑兵机械化集群的部署。该集群被调整到右翼，用以拓宽并加深以拉瓦－罗斯卡亚为中心的突破。

但苏军对利沃夫的突击很晚才获得进攻势头。科涅夫在行进间夺取该镇，"不得迟于7月20日"的要求未能实现。"科尔图夫走廊"内的空间不足，坦克第4集团军无法于7月17日投入。近卫坦克第3集团军次日取得突破后，坦克第4集团军才加入对利沃夫的进攻。但因交通堵塞，加之大雨将各条土路变为泥潭，苏军的进展和再补给被拖缓，德国人迅速从斯坦尼斯拉夫方向抽调力量（4个步兵师）加强防御，甚至从北面调来第16装甲师。到7月22日，苏军对利沃夫的突击面对的是德军约7个师的防御。德军统帅部认为，为赢得时间构筑桑河防线并阻挡苏军进入华沙或西里西亚工业区，顽强扼守利沃夫至关重要。但该镇无法长时间坚守。近卫坦克第3集团军摆脱正面冲击，绕过敌防御敞开的北翼，隐蔽机动120千米，以便从西面进攻该镇，而坦克第4集团军和第60集团军则从北面、东面和南面展开冲击。方面军司令员意图以另一场合围歼灭敌利沃夫集团。

当然，德军为拼死守卫该镇付出的代价是，位于其他地带的力量必须撤离预有准备的阵地以免陷入合围。这使苏军迄今为止处于消极状态的部队转入进攻。北面，近卫第3集团军右翼力量渡过西布格河向前推进，中央地区和南面，第38、近卫第1和第18集团军悉数向前进击，阻止敌人发动反突击攻入进攻利沃夫苏军部队之侧翼，或在后方地域恢复坚定防御。截至7月22日，乌克兰第1方面军正沿 400 千米正面遂行攻击，其行动包括在拉瓦－罗斯卡亚两侧穿过一个宽约 80 千米的缺口。近卫坦克第 1 集团军和第 13 集团军主力逼近桑河并以先遣支队在雅罗斯瓦夫北面扩大河对岸已形成的登陆场。巴拉诺夫集群的坦克正在赶来，索科洛夫集群位于后方 100 千米处。科涅夫还命令第二梯队从捷尔诺波尔地域向前推进，预计近卫第 5 集团军 7 月 27 日前可到达雅罗斯瓦夫地域。包围圈剩余部分的迅速消亡使苏军得以腾出力量加强对利沃夫的压力并穿过该镇与佐洛切夫之间敞开的缺口。

7 月 26 日，近卫坦克第 3 集团军从西面对利沃夫发起冲击，经科涅夫批准，他们还与巴拉诺夫的坦克力量相配合，同时向东冲击佩列梅什利，以便抢在德军援兵开到前夺取该镇。次日，苏军数个兵团的协同行动攻克这两个镇子，但近卫坦克第 3 集团军无法阻止敌人撤离利沃夫。另外，南部地带的近卫第 1 集团军及其左侧梯次配置的第 18 集团军，7 月 20 日开始向西推进，7 月 27 日位于佩列梅什利东南方 60 千米处，留下敌人遭受重创的斯坦尼斯拉夫集团在喀尔巴阡山北侧据守一个约 120×70 千米的突出部。[22]

一如既往，德国人实施后撤的战役决定姗姗来迟。他们直到 7 月 23 日才获准撤至桑河。前一天，德军第 24 装甲师先遣力量已从南乌克兰集团军群开至雅罗斯瓦夫地域以构设防御。但此举为时过晚，近卫机械化第 8 旅先遣支队已渡过该河。待德军第 208 步兵师和第 23 装甲师分别于两天和四天后开到时（后者也调自南乌克兰集团军群），苏军已在 170 千米宽的地带渡过桑河，位于河西面 50 千米处。德国人构设河流防线的企图未能如愿，即便真的先苏军一步到达桑河，他们也没有足够的兵力扼守一道连贯防线。

总之，阻挡苏军的企图被北乌克兰集团军群北部地域的事态发展阻止。7 月 18 日，白俄罗斯第 1 方面军左翼加入总攻，冲击中央集团军群与北乌克兰集团军群脆弱的结合部。凭借第一梯队 4 个诸兵种合成集团军和第二梯队规模较小的波兰第 1 集团军，加上坦克第 2 集团军、2 个骑兵军和 1 个坦克军（41 万人、1500 多辆坦克和自行火炮），罗科索夫斯基沿科韦利—华沙这个总方向发起冲击。面对这场进攻，德军 9 个步兵师（不到 10 万人，约 210 辆坦克和突击炮，两个装甲师早已调离）被迅速击退，到 7 月 24 日，坦克第 2 集团军已攻克卢布林。这就使面对近卫第 3 集团军的德军左翼悬空，而索科洛夫骑兵机械化集群正在合围其右翼。卢布林—布列斯特战役 8 月 2 日结束时，苏军沿 150 千米正面推进 160—220 千米，已从桑多梅日以北40千米的方面军结合部至华沙一线到达维斯瓦河并在其间设立起两座小型登陆场。[23]

到7月27日,佩列梅什利北面出现一个150千米宽的突破口,2个骑兵机械化集群、1个坦克集团军和1个诸兵种合成集团军投入其中,驱逐敌人的3个师。利沃夫—佩列梅什利战役的既定目标已经实现,敌人遭到重创,其战略集团被切为两段,第4装甲集团军残部混乱撤至维斯瓦河后方,第1装甲集团军和匈牙利第1集团军被迫退往喀尔巴阡山。坦克第4集团军和第38集团军对桑博尔构成威胁。7月28日和29日,科涅夫下达新命令,近卫第3集团军、索科洛夫集群、第13集团军和近卫坦克第1集团军应毫不停顿地继续进攻,在行进间强渡维斯瓦河,夺取大量登陆场。次日,近卫坦克第3集团军奉命尾随其后,而坦克第4集团军的任务是夺取桑博尔。后者虽然获得第38集团军加强,但直到8月份第二周才封锁穿过桑博尔的公路,切断德国人连接喀尔巴阡山北部的最后的公路和铁路线。

待夺取的维斯瓦河渡口的位置和夺取方法已提前确定,各先遣支队7月30日毫不停顿地展开行动,正如罗科索夫斯基麾下部队在北面所做的那样。没有可用的桥梁和浅滩,苏军遂采用各种即兴方式,以渔船、汽油桶、扎制的木筏和能漂浮的一切东西将步兵送至对岸。次日,第13和近卫坦克第1集团军已获得150艘冲锋舟、16只6—10吨的救生艇和3艘能搭载反坦克炮、火炮甚至坦克渡河的重型渡轮。次日日终前,方面军属工程兵开到时,9艘30—50吨、15艘60吨渡轮正在12—15千米宽的河段上作业,近卫坦克第3集团军开始渡河,为第13和近卫坦克第1集团军扩大登陆场的力量提供加强。7月31日,敌人以调自右翼的力量和援兵发起反突击,攻入第13集团军位于河东面的南翼。另外,苏军地面力量推进得过深、过快,空军第2集团军各兵团来不及通过转场保持持续的空中支援。德国空军得以迟滞苏军的渡河和在西岸的集结并为德军反突击提供支援,这种情况持续数日,直到红空军重新获得空中优势。8月4日,第60集团军和巴拉诺夫骑兵机械化集群正在击退德军。同时,担任方面军第二梯队的新锐的近卫第5集团军加入登陆场争夺战。10天后,登陆场扩大到80千米宽、30—65千米深。激烈的战斗持续到月底,德国人拼凑起所能找到的所有兵团和部队,竭力恢复维斯瓦河防线,而科涅夫则投入坦克第4集团军。此时,苏军在维斯瓦河上的渡口已固定：两座较小的登陆场位于白俄罗斯第 1 方面军作战地域，而乌克兰第 1 方面军控制着一座 90 千米宽的重要屯兵场，从桑多梅日向南延伸，纵深 35—50 千米。[24] 方面军在此过程中遭到严重消耗，例如近卫坦克第 1 集团军损失 365 辆坦克和自行火炮——这个数字超过战役发起时该集团军拥有的战车数量——不得不于 8 月份下半月撤回后方休整补充。

历时 48 天的利沃夫—桑多梅日战役头四周，乌克兰第 1 方面军在 180 千米宽正面沿主要方向推进 200—300 千米，在一道重要河流障碍对岸设立一座战役规模登陆场。接下来 20 天，他们努力保持之前的战果。为完成这些任务，该方面军伤亡 28.93 万人，包括 6.5 万人的不可归队减员，还损失 1269 辆坦克和自行火炮、1832 门火炮和迫击炮。[25] 红军总参谋部研究估计，德军 7 月份损失 20 万人，这很可能说的是整场战役中德军损失的人数。

雅西—基什尼奥夫战略性进攻战役，8月20日至9月25日

1944 年大部分时间里，苏联从事战争的重点是解放仍在敌人占领下的斯拉夫地区并攻入纳粹德国腹地。到 8 月底，随着红军进入东普鲁士和通往柏林的直达公路上的维斯瓦河对岸登陆场，这些目标已然完成。由于后勤不济，加之德国人为阻挡苏军大潮付出的巨大努力，北部和中央地区很难取得更多战果。但斯大林的战略愿景已不仅仅是消灭纳粹德国，实际上，敌人的覆灭只是个时间问题，这一点可以肯定。他更关心的是战后协议，也就是说，应确保苏联的控制力和影响力尽可能向西伸展。巴尔干的命运与苏联的安全和苏联的势力范围大小密切相关。因此，临近夏末，苏军最高统帅部的注意力转向南面。西方盟国，特别是英国，不仅在外交方面表现出对南斯拉夫及希腊的觊觎，还通过支援当地的某些抵抗运动表达了对该地区的兴趣。罗马尼亚和匈牙利一些日趋重要的政治势力正向西方盟国发出和平试探。在军事方面抢占先机至关重要。成功进入罗马尼亚将迅速迫使该国退出战争并将其纳入苏联的利益范围，保加利亚和匈牙利极有可能同样如此。更广泛的地缘政治原因同经济理由有效吻合，包含最后几个主要油田在内的普洛耶什蒂地区仍在德国人控制下。德军在巴尔干地区的力量已被掏空，有限的

军队被用于加强其他地区崩溃的防线，这就为苏联提供了一个机会。因此，红军最后一场大规模夏季攻势将在罗马尼亚发起。

战场

乌克兰第2方面军位于乌克兰第1方面军南面，负责一片约180千米宽的消极地带，从科洛梅亚南面起，沿喀尔巴阡山脚下的锡雷特河延伸至帕什卡尼。战线从帕什卡尼向东延伸约175千米，直至杜博萨雷的德涅斯特河（苏军在该镇附近控制着规模较小的塔什雷克登陆场）。战线再从这里沿该河伸向其河口。苏军在蒂拉斯波尔西面也掌握着一个小型登陆场（面积仅18×10千米）。宾杰里地段是一片浅滩，但至少这里的德涅斯特河上有两座桥梁，还有道路穿越该地带，而且不在德军阵地监视下。基茨坎地段虽然较大，但处在德国人的俯瞰下，河岸陡峭。那里沼泽较多，缺乏通行道路，存在许多小溪和较大的水潭。德涅斯特河形成战役地域的东侧，而锡雷特河和喀尔巴阡山从帕什卡尼南延至福克沙尼，再向西南方延伸到普洛耶什蒂的山坡形成该战役地域之西侧。三条南北向河流对军事机动造成了强烈影响，德涅斯特河下游河道弯曲，宽100—200米，右岸通常高于左岸。该河流入距离大海50千米的一座泻湖，最低的河段是湿地。普鲁特河与德涅斯特河平行南延至胡希，两条河流在那里相距90千米，该河宽60—80米，但在下游西岸很容易扩展成3—7千米宽的洪泛区。从胡希起，两条河流偏离开来，向南奔流的普鲁特河在加拉茨汇入多瑙河。位于西面60—80千米的锡雷特河又与普鲁特河大致平行，直至两条河流逐渐汇合，前者在更上游处汇入多瑙河。德涅斯特河以西地面普遍崎岖不平，一系列南北向山脊起初非常平缓，但逐渐变得更高、更陡，直到锡雷特河西面陡然升起的喀尔巴阡山。德涅斯特河与普鲁特河之间的森林相当广阔。锡雷特河与普鲁特河之间地带的东西向特征对战役至关重要——崎岖、林木茂密的马雷山脊是喀尔巴阡山麓的延伸，在战线南面伸展20千米并与之平行。

这里有三条南北向铁路线，其中一条位于普鲁特河东面，另外还有两条东西向铁路线。公路网的状况普遍较差，当然也是沿该国地形特征由北向南延伸。但夏末是一段干燥期，有利于机械化力量的推进。

德国和罗马尼亚军队的部署和准备

与北面的姊妹军团一样，德国南乌克兰集团军群是以冬春季战役后的南方集团军群残部组建而成的。[26] 苏军指挥部门并未意识到4月份的攻势已达顶点，乌克兰第2、第3方面军继续实施的进攻行动除导致伤亡不断增加外一无所获。但5月下旬，罗马尼亚战线出现了一段战役间歇。德国人认为这只是暂时的，一旦苏军完成重组并前调援兵和补给，就会从停止处恢复进攻。因此，南乌克兰集团军群重建破碎的兵团，竭力构筑防御并将重点放在他们认为最危险的地带。夏季到来时，该集团军群是德军实力较强的战役—战略集团之一。白俄罗斯和利沃夫—桑多梅日战役结束了这种平静状态。6月和7月，5个装甲师和6个步兵师匆匆北调，力图避免灾难的发生。当然，德国人认为这番兵力调动不仅必要，而且也较为安全，因为苏军近卫第5、第8、近卫坦克第5和坦克第2集团军已从罗马尼亚悄然变更部署以加强白俄罗斯地区和利沃夫—桑多梅日战役的力量。南方只剩坦克第6集团军。

8月19日，雅西—基什尼奥夫进攻战役发起前夕，部署在罗马尼亚的轴心国军队由两个德国—罗马尼亚混编集团军级集群构成：韦勒集团军级集群（编有德国第8集团军和罗马尼亚第4集团军）部署地域从集团军群结合部延伸至普鲁特河东面，辖1个装甲掷弹兵师、1个装甲战斗群、6个德国步兵师和隶属罗马尼亚第4集团军的1个装甲师、1个骑兵师、16个步兵师；杜米特列斯库集团军级集群（编有德国第6集团军和罗马尼亚第6、第3集团军）辖1个装甲师、17个德国步兵师（包括1个训练师）和罗马尼亚的1个骑兵师及7个步兵师。

总之，该集团军群拥有约50万名德国士兵和40.5万名罗马尼亚士兵，作战人员约占半数。他们可能还有250—260辆坦克和突击炮并获得约230架可用战机的支援。[27] 该集团军群的部署呈单梯队战役布势，但德国部队和罗马尼亚部队并未完全分开部署，因为德国人想起轴心国军队的崩溃是如何导致德国第6集团军在斯大林格勒陷入重围和随后的灾难的。他们有充分的理由认为罗马尼亚人靠不住。从政治上看，罗马尼亚当权派中的许多人很值得怀疑，他们正设法脱离轴心国阵营，首选目标是同西方盟国达成协议，但在必要时，与苏联缔约亦无不可。[28] 大部分罗马尼亚军队也抱有这种消极态度，他们装备不佳、缺乏训练、指挥拙劣，大多数人在战事顺利时也没展现出太多的积极性和太高的效率。因此，南乌克兰集团军群采取这种部署方式以尽量降低各兵团发生崩溃或投降、叛变的可能性。

德国第 8 集团军将三分之一罗马尼亚步兵用于防御东至特尔古弗－鲁莫斯的喀尔巴阡山地带并以 2 个德国师提供加强，山脉区不太可能成为苏军的突击重点。沿防线其他地带，韦勒交错部署罗马尼亚和德国师，甚至在罗马尼亚军编成内亦是如此。约 50 千米宽的特尔古弗－鲁莫斯—雅西地带，7 个师扼守防线，其中 3 个是德国师。第二防御地带距离前线 10—12 千米，沿巴赫卢伊河延伸，由罗马尼亚 1 个装甲师、2 个步兵师和德国第 10 装甲掷弹兵师据守。在他们后方，3 个实力相当的罗马尼亚师在马雷山脊上守卫"图拉真防线"，防御战役地幅距离前线 20—25 千米。这里还有德军第 20 装甲师残余的一个战斗群，该师已在博布鲁伊斯克周围被歼灭大半。防线延伸到普鲁特河东面，再转身向南递延至基什尼奥夫东面，但整条战线由一系列支撑点，而非连贯的战壕线构成。第 8 集团军可用的装甲力量非常微薄。仅有 16 辆坦克的装甲战斗群隶属罗马尼亚装甲师，该师理论上讲应有 70 辆德制四号坦克和三号突击炮。集团军编制规定的 50 辆突击炮，其中 40 余辆是否由德军装甲掷弹兵师掌握，这一点尚不清楚。

斯大林格勒战役后重建的第 6 集团军，负责掩护从普鲁特河到蒂拉斯波尔登陆场南端这片地域。从普鲁特河到宾杰里登陆场起点处，约 150 千米宽的基什尼奥夫地带由 13 个师据守，包括 1 个罗马尼亚师和 1 个预备队师。有利于守军的是，这片地带的 40% 获得德涅斯特河掩护。防御最严密的地段将狭窄的宾杰里—基茨坎登陆场隔开，3 个德国师和友邻的罗马尼亚第 3 集团军的 1 个罗马尼亚师据守于此。后一个登陆场被认为不太可能成为大规模突击的发起地，因为那里条件恶劣，无路可寻，缺乏部署空间。担任预备队的是 1 个步兵师和第 13 装甲师（约有 35 辆坦克）。在苏军不太可能发起进攻的方向，罗马尼亚第 3 集团军据守约 100 千米宽的地带，半幅宽度是宽阔的黑海海湾，德涅斯特河汇入其中。该集团军辖 5 个师，其中一个是德国师（面对苏军一座小型登陆场）。杜米特列斯库的战役预备队由 1 个训练师和 1 个罗马尼亚骑兵师组成。

苏军的战役构想和准备

7 月 15 日，乌克兰第 2、第 3 方面军司令员 R.Ya. 马利诺夫斯基和 F.I. 托尔布欣奉命拟制战役计划。[29] 他们于 7 月 31 日提交计划，经过讨论和修订，这些计划成为最高统帅部大本营下达相关训令的基础。计划的基本假设是罗马尼亚军队不会实施一场有效或旷日持久的抵抗，只要有可能，就应对罗马尼亚兵团据守的地带施以打击。[30] 马利诺夫斯基方面军应在特尔古弗－鲁莫斯—雅西地带突破敌人的防御并向前推进，夺取从锡雷特河河谷的巴克乌至胡希南面的瓦斯卢伊这片地区并在后者附近夺得普鲁特河上的渡口。这场 100 千米的推进应于战役第五日日终前完成。它将形成合围敌基什尼奥夫集团的右钳，阻止对方撤过普鲁特河并与乌克兰第 3 方面军协同将其歼灭。尔后向福克沙尼山口（喀尔巴阡山与锡雷特河之间）发展攻势，打开通往普洛耶什蒂油田和布加勒斯特的道路，同时确保喀尔巴阡山侧翼的安全。托尔布欣方面军应从蒂拉斯波尔登陆场攻向列奥沃，同时掩护突击群，防范敌人从南面发起的反突击；形成合围左钳后，应与友邻力量协同歼灭敌基什尼奥夫集团。方面军尔后前出到加拉茨至多瑙河河口一线，防止敌人撤过普鲁特河或多瑙河。该方面军还应同黑海舰队相配合，后者将在德涅斯特河河口对面和罗马尼亚海岸实施一场两栖行动。协调两个方面军作战行动的最高统帅部大本营代表是苏联元帅 S.K. 铁木辛哥，他预计能够实现一场快速突破，尔后向前高速推进 90—130 千米，完成对 10 余个敌军师的合围。初步推进和歼灭敌基什尼奥夫集团期间，这场进攻将深入敌战役纵深 140 千米左右，以便为下一阶段的攻势夺得出发线，而下一阶段攻势将实现战略目标，其中最重要的是夺取普洛耶什蒂和布加勒斯特。战役的总体力量对比为，作战兵力 2 比 1（尽管罗马尼亚人约占轴心国总兵力的一半），火炮 4—5 比 1 或更高，战车 7—8 比 1（不包括罗马尼亚人过时的坦克），空中力量 8 比 1。

沿喀尔巴阡山山麓至帕什卡尼，马利诺夫斯基以第 40 集团军的 5 个步兵师和 2 个筑垒地域据守 160 千米宽的消极地带。位于其左侧的近卫第 7 集团军辖 7 个师，将于战役次日以两个步兵军中的一个，沿 34 千米正面的 4 千米宽地段遂行辅助突击，为投入戈尔什科夫骑兵机械化集群创造机会。第 27 和第 52 集团军部署在主要突击方向，各辖 9 个步兵师，正面战线分别为 20 和 30 千米。但他们最初的突破地段加在一起也只有 16 千米宽。敌人以 4 个师扼守该地段，其中 3 个是罗马尼亚师。苏军将在战役首日突破对方约 15 千米深的防御战术地幅，以第 27 集团军打开足够宽的缺口，以便当日投入坦克第 6 集团军。左侧的近卫第 4 集团军辖 4 个步兵师，扼守约 70 千米宽的消极地带，但该集团军也会发起一场辅助突击——集中另外 4 个师，在右侧不到 15 千米宽的进攻地段突向普鲁特河东岸。

　　快速集群的任务如下：戈尔什科夫骑兵机械化集群比坦克第 6 集团军晚一天投入，应攻向特尔古弗－鲁莫斯东面，尔后转身向西跨过锡雷特河河谷，封锁喀尔巴阡山山口，掩护突击力量之右翼。坦克第 6 集团军应穿过第 27 集团军打开的突破口，战役次日完成对敌主防御地带的突破，日终前夺取雅西以南 50 千米的瓦斯卢伊镇。该集团军尔后应朝西哥偏南方攻击前进，战役第八日结束前夺取约 25 千米宽的福克沙尼山口，那是通往普洛耶什蒂和布加勒斯特的门户。担任第 52 集团军快速集群的坦克第 18 军将于战役次日投入交战，作为合围德国第 6 集团军的内翼，沿雅西—胡希方向进击，日终前夺取胡希镇附近的普鲁特河渡口。

　　方面军将第二梯队留在手中，该梯队由第 53 集团军担任，编有 7 个步兵师和 2 个预备队步兵军，每个军辖 3 个师。

　　托尔布欣也有一片长长的消极地带。突击第 5 集团军负责据守与乌克兰第 2 方面军毗邻的 126 千米宽地带。虽然该集团军只有 7 个步兵师，但作为马斯基罗夫卡计划的组成部分，应以 3 个师向基什尼奥夫发起佯攻。主要突击由第 57 和第 37 集团军从德涅斯特河对岸的宾杰里—基茨坎登陆场实施。两个集团军各辖 9 个步兵师，前者的正面为 14 千米，但突击群进攻地段仅 9 千米宽；后者的突击群将在集团军 9 千米宽正面展开冲击。第 46 集团军负责据守 111 千米宽的防线，以 1 个师掩护这段防线的半幅。集团军辖内 7 个师将与第 37 集团军共同突破敌防御。尔后，该集团军应从北面合围罗马尼亚第 3 集团军，而巴赫明集群和黑海舰队两栖力量应在 11 千米宽地段渡过德涅斯特河下游，从南面实施合围。

　　战役次日，方面军快速集群将穿过第 37 和第 46 集团军打开的突破口。机械化第 7 军担任合围德国第 6 集团军的内翼，向西发展突破，尔后转向西北方，逼近胡希对面的普鲁特河。近卫机械化第 4 军受领两项潜在任务，具体决定待态势明确后做出。该军要么赶往列奥沃加强合围，要么直奔西南方的普鲁特河下游，以一个加强旅朝南冲向阿尔齐兹，切断罗马尼亚第 3 集团军退往西面的铁路和公路交通线。辖 3 个师的一个步兵军任方面军预备队。

　　为实现必要的集中，大规模重组（主要在内部）必不可少。17 天内，45 个步兵师（步兵师总数的一半）和几乎所有坦克及炮兵高级兵团变更部署，行程从 20 千米至 110 千米不等。这些调动必须尽可能加以隐蔽，不仅仅在组建突击集群的地段，方面军力量遭削弱处也应如此。一如既往，这种隐蔽通过主动和被动措施加以完成。两个方面军都制订了欺骗计划：乌克兰第 2 方面军模拟跨越锡雷特河的进攻准备，摆出迅速攻往福克沙尼山口的姿态；而乌克兰第 3 方面军模拟的是从杜博萨雷南面直接攻往基什尼奥夫的大规模行动。每个欺骗计划都具备符合常规的优点，因为苏军春季攻势达到顶点时，这些地区已在他们的推进线上。另外，托尔布欣的主要突击完全能够达成突然性，这是因为进攻发起地域极不适合此类行动。[31]苏军在假集结区制造出 2500 个坦克、火炮、迫击炮、卡车、战地厨房和其他军用设施的模型，真实的部队、假通信网和进出集结区的假调动使这种欺骗行动更趋真实。与此同时，部署在这些地域的兵团赶去加入真正的集结，在调动期间和新阵地上严格执行马斯基罗夫卡纪律。开阔地域的调动通过设立大面积垂直和水平隐蔽网，以及在锡雷特河和普鲁特河构筑水下桥梁加以隐蔽。基茨坎和宾杰里登陆场极其狭窄，这片禁区的隐蔽问题尤为突出。苏军在这里修筑的战壕，每千米正面达到 19 千米长，为调入其中的兵力兵器提供掩护，而浮桥只在夜间使用，白天予以拆除和隐蔽。

　　苏军实施的马斯基罗夫卡基本取得成功。德军高级情报部门 8 月 4 日在报告中承认，空中侦察能力恶化，苏军严密的通信安全和迅速展开的行动使他们只能凭经验猜测对方的意图。鉴于原先位于罗马尼亚的大批苏军兵团，特别是坦克力量向北调动，德军情报部门 8 月 15 日认为红军不太可能对南乌克兰集团军群发起大规模攻势，但他们认为对方可能会实施局部进攻。8 月 16 日，集团军群情报处指出苏军在雅西和蒂拉斯波尔以北地域有所动作，次日估计对方会在前一个地带发起比局部行动更大的进攻。[32]德国人直到 8 月 19 日才接受苏军从德涅斯特河登陆场实施猛烈突击的可能性。将德方评估和苏军 8 月 19 日的实际活动加以对比，就会发现苏军的马斯基罗夫卡有多么成功。德国人没有发现对方在普鲁特河西面组建的强大突击群，第 27 和第 52 集团军挤入原先只以前者占据的地域，他们也未发现坦克第 6 集团军和第 53 集团军变更部署至该突击群后方。东面，德国人没有探明第 57 和第 37 集团军在 18 千米宽地带的强大集结（包括后者的 9 个师和机械化第 7 军进入基茨坎登陆场）。虽然低估了两翼的威胁，但德国人认为普鲁特河与宾杰里之间，第 6 集团军面对的是苏军 4 个集团军的 10 个步兵军和 2 个坦克或机械化军，而非没有坦克部队加强的 4 个步兵军。

表2.3：雅西—基什尼奥夫战略性进攻战役中的苏军作战序列

乌克兰第2、第3方面军所辖力量（最高统帅部大本营代表：苏联元帅 S.K. 铁木辛哥）	
乌克兰第2方面军（R.Ya. 马利诺夫斯基大将）	
第40集团军	5个步兵师，2个筑垒地域
近卫第7集团军	7个步兵师
第27集团军	9个步兵师
第52集团军	9个步兵师，坦克第18军
第53集团军	7个步兵师（方面军第二梯队）
近卫第4集团军	8个步兵师
坦克第6集团军	近卫坦克第5军，机械化第5军
戈尔什科夫骑兵机械化集群	坦克第23军，近卫骑兵第5军
直接支援步兵的坦克	独立坦克/自行炮兵旅，6个坦克/自行炮兵团
方面军预备队	步兵第27、第57军（6个步兵师）
空军第5集团军	1个轰炸航空兵师，1个歼击—轰炸航空兵师，3个强击航空兵师，3个歼击航空兵师
乌克兰第3方面军（F.I. 托尔布欣大将）	
突击第5集团军	6个步兵师
第57集团军	9个步兵师，1个坦克旅，1个自行炮兵团
第37集团军	9个步兵师，2个重型坦克团，3个自行炮兵团
第46集团军	10个步兵师，2个自行炮兵团
方面军直属力量	近卫机械化第4军，机械化第7军
方面军预备队	近卫步兵第10军（3个步兵师）
空军第17集团军	3个歼击—轰炸航空兵师，3个强击航空兵师，3个歼击航空兵师
黑海舰队	2个海军步兵旅

注：总实力为88.65万作战士兵，1874辆坦克和自行火炮，15774门火炮、迫击炮和火箭炮，1848架战机（不包括黑海舰队）。

战役发展

雅西—基什尼奥夫战役的进程和随后的战略发展可参见地图2.4。[33] 一如既往，苏军在主要突击发起前实施战斗侦察（他们跨过整条战线展开战斗侦察，而不仅仅在突击地段，以此隐瞒主要突击发起地段）。这些侦察表明，德军坚决抵抗，但罗马尼亚人的防御摇摇欲坠（这大概是德军指挥部认为即便实施一场小规模先行后撤也太过危险的原因所在）。乌克兰第 2 方面军以持续 90 分钟的炮火准备和空中轰炸拉开进攻帷幕，这给敌人造成严重破坏，特别是对其交通线和苏军突击群对面两个罗马尼亚师的士气。炮火准备 7 点 40 分结束后，一轮两层徐进弹幕射击接踵而至，紧随其后的是突击步兵和直接为其提供支援的坦克和自行火炮。他们迅速突破敌军防御，特别是在罗马尼亚军队据守的地段，罗马尼亚人的崩溃又迫使德军仓促后撤。到中午时，苏军第一梯队渡过巴赫卢伊河，完好无损地夺得河上的桥梁和渡口。截至 13 点，第 27 集团军突击群已完成对敌第二防御地带的突破，方面军司令部决定提前投入快速集群。14 点，坦克第 6 集团军先遣力量沿四条路线进入突破口，集团军炮兵群的 4 个加农炮兵旅和从步兵兵团抽调的炮兵力量为其提供支援。日终前，尽管罗马尼亚预备力量付出努力，但苏军坦克已在敌纵深取得 16 千米突破，逼近马雷山脊上的"图拉真防线"。坦克集团军在这里暂时受阻，但坦克和第一梯队步兵力量协同行动，进攻彻夜进行。次日日终前，他们突破敌人最后的阵地，越过山脊并获得机动空间。由于没有强大快速集群增强突击势头，第 52 集团军的进展不太突出，但还是在 8 月 21 日攻克敌雅西支撑点。随后担任集团军快速集群的坦克第 18 军投入交战，完成了对其作战地域内"图拉真防线"的突破并击败了德军第 10 装甲掷弹兵师。

8 月 21 日，方面军发起辅助突击。利用友邻力量取得成功，近卫第 7 集团军从东面突向特尔古弗－鲁莫斯筑垒地域。敌防御崩溃时，戈尔什科夫骑兵机械化集群穿过打开的缺口，突破锡雷特河河谷的"图拉真防线"。该集群遭遇德军第 20 装甲师战斗群，这个战斗群与左侧的罗马尼亚兵团一起坚守了一段时间。左翼，近卫第 4 集团军攻向普鲁特河东侧，几乎与对岸的第 52 集团军保持同步。就连希特勒也意识到灾难正在发生，遂于 8 月 21 日午夜批准南乌克兰集团军群撤至喀尔巴阡山—福克沙尼—多瑙河河口一线。但此举为时过晚，甚至连当日下午未经批准擅自开始的后撤也是如此。

虽说投入 5—6 个预备队师和旅，但罗马尼亚军队迅速加速的解体导致"图拉真防线"的防御无法恢复稳定。韦勒麾下的德国兵团无计可施，只得迅速退却。扼守锡雷特河谷河东面高地的力量则保持着凝聚力并继续战斗。右侧的普鲁特河谷，米特集群正在实施战斗后撤。中央地带被苏军撕开了一个大口子，截至 8 月

地图 2.4: 雅西—基什尼奥夫战役，1944 年 8 月 20—29 日

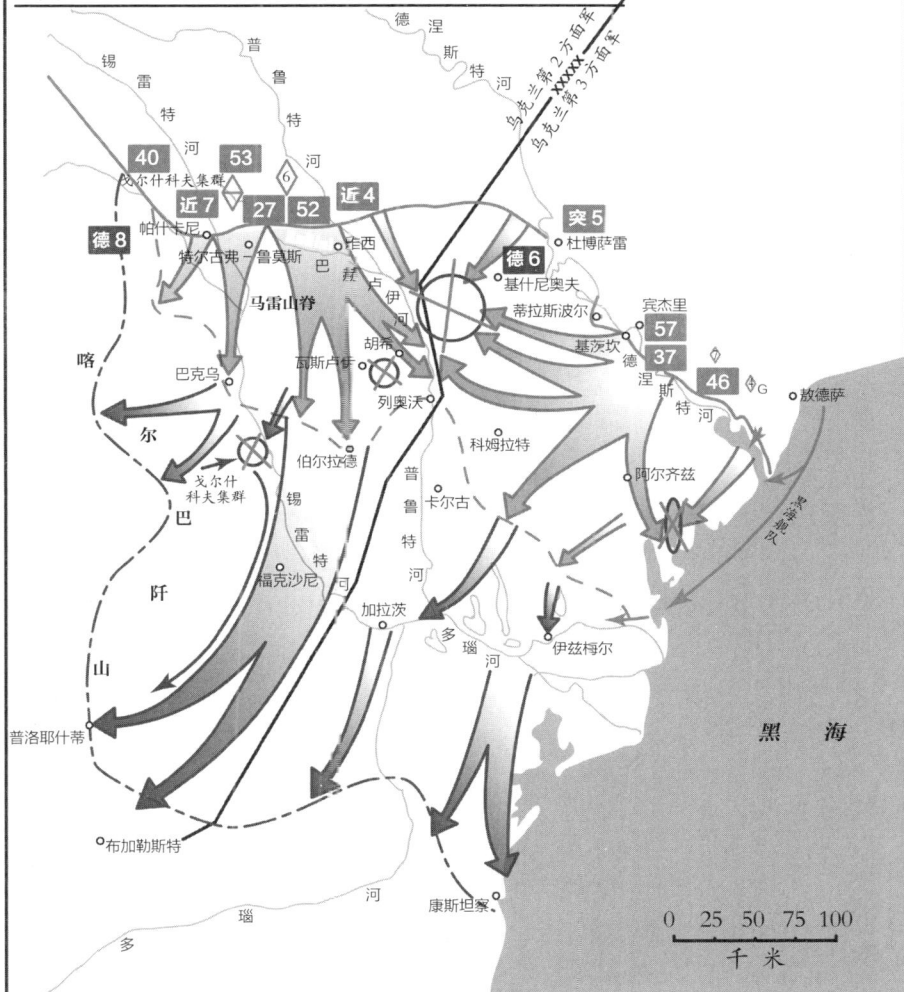

图例:

- —— 8 月 20 日的战线
- - - - 8 月 24 日接触线
- - - - 8 月 29 日接触线
- ⊗ 包围并歼灭的德军集团
- ⇐ 苏军 8 月 20 日—24 日的推进
- ◀ 苏军 8 月 24 日—29 日的推进
- ◇ ▓ 苏军坦克集团军 / 诸兵种合成集团军
- ◈ ◇ 苏军骑兵机械化兵集群 / 机械化军

22 日深夜，坦克第 6 集团军辖下的机械化第 5 军位于瓦斯卢伊郊区，近卫坦克第 5 军从西面绕过该镇。坦克第 18 军正迅速逼近胡希，第 27 和第 52 集团军第一梯队步兵军尾随其后，其先遣力量就在后方 30 千米处。48 小时后，戈尔什科夫的坦克军和 1 个步兵军到达巴克乌南面并对尚未撤入喀尔巴阡山的德军展开追击。米特集群在普鲁特河西岸坚守两座登陆场（分别位于胡希南北两面）以确保第 6 集团军渡河。但他们遭到第 52 集团军、坦克第 18 和机械化第 5 军的攻击。与此同时，近卫坦克第 5 军已穿过伯尔拉德，离福克沙尼只有 40 千米。尾随其后的第 27 集团军全力跟进。马利诺夫斯基方面军提前一天完成当前目标，正着手实现后续目标，而担任预备队的 2 个步兵军和方面军第二梯队尚未投入交战。

托尔布欣 8 点至 9 点 45 分历时 105 分钟的炮火和航空火力准备似乎极具破坏性，至少给突击群对面 3 个德军师中的 2 个造成约 20—30% 的伤亡，还摧毁守军许多无线和有线通信设施。炮火准备结束前半小时，一场虚假的火力平息和模拟的步兵冲击诱使敌人过早进入作战阵地。炮火准备结束后又是一轮单层徐进弹幕射击，之后，步兵和提供支援的坦克及自行火炮投入冲击。上午 10 点，苏军坦克突袭德军第 306 步兵师指挥所，该师处于崩溃状态。没过两个小时，罗马尼亚第 4 山地师亦溃不成军。日终前，第 37 集团军突击群和第 46 集团军右翼已推进 10—12 千米，横跨德国第 6 集团军与罗马尼亚第 3 集团军的结合部。这场对敌主防御地带的成功突破，弥补了第 57 集团军一个突击军仅楔入敌防御 3—4 千米这一令人失望的战果的不足。另外，苏军还较为轻松地击退了实力虚弱的第 13 装甲师遂行的反冲击。

由于同敌预备队交战并攻克对方第二道防线，机械化第 7 军推迟到 8 月 21 日 16 点才投入，因为托尔布欣希望该军穿过一个明确的突破口。更重要的原因也许是快速集群先遣力量乱作一团，以及第 37 集团军第二梯队位于极其拥挤的基茨坎登陆场内。不管出于什么原因，第 37 集团军日终前只深入敌防御 30 千米。罗马尼亚山地师的解体及右侧友军的加速崩溃，促成近卫机械化第 4 军六小时前在第 46 集团军作战地域投入交战。到深夜时，该军已达成 50 多千米纵深突破。右翼，由于投入一个第二梯队军加强第一梯队的行动，第 57 集团军开始获得有限的突击势头。苏军次日重创敌防御，杜米特列斯库集群在战役纵深已没有值得一提的抵抗力量。8 月 22 日，沿约 40 千米宽正面推进的 2 个快速军离列奥沃已不到 40 千米。第 37 集团军先遣力量就在他们身后约 20 千米处。实际上，战役演变为一场全面推进。德国第 6 集团军开始后撤，右翼第 57 集团军紧追不舍。左翼第 46 集团军以一个军向西攻击前进，另外两个军向南而去，合围罗马尼亚第 3 集团军。这项任务已然开始，近卫机械化第 4 军一个摩步旅夺得阿尔齐兹，从而切断了敌人连接西面的铁路线，红军还以一场庞大、突如其来的两栖突击跨过了德涅斯特河河口。8 月 23 日，托尔布欣诸兵团集中力量合围德国第 6 集团军，次要行动是以部分力量继续攻往普鲁特河下游，对处于消极状态的罗马尼亚第 3 集团军形成松散合围。

德国第 6 集团军（苏联人称之为基什尼奥夫集团）8 月 21 日下午开始后撤。该集团军为成功击退苏军突击第 5 集团军的牵制性佯攻深感鼓舞，因而对后撤令感到意外。由于通信不畅，他们不清楚侧翼的态势发展。8 月 23 日日终前，集团军辖内 12 个师（包括 1 个罗马尼亚师）已陷入合围。普鲁特河东面，苏军 4 个步兵集团军（近卫第 4、突击第 5、第 57、第 37 集团军）正在逼近。紧紧跟随近卫机械化第 4 军的第 7 集团军[①]封闭包围圈并着手攻入德军后方。德国人的有序后撤迅速沦为一场混乱、仓促的退却。各部队混杂在一起，交通管理失效，道路拥堵不堪，补给体系瓦解。对情况缺乏了解导致越来越恐慌的溃逃，就连那些设法维持秩序并保持凝聚力的指挥官也无法确定他们能否渡过普鲁特河。不管怎么说，德国人还是朝胡希这个总方向发起了几次突围。实际上，第四日日终前，已没有任何渡口控制在德国人手中。第 52 集团军及其快速集群扼守胡希并合围沿河部署的米特集群，近卫第 4 集团军则正赶往河东岸。若在苏军步兵赶上坦克力量前立即展开行动，米特本可以突出重围，但他的 4 个师没有突围，而是为第 6 集团军的后撤竭力坚守一座登陆场。结果，面对苏军的压倒性力量，该集群据守的桥梁悉数丢失。因此，米特集群选择留下坚守，只是增加被围集团的规模而已。第 13 装甲师和第 10 装甲掷弹兵师也试图在更下游处扼守普鲁特河渡口，但被机械化第 5 军和第 52 集团军步兵力量驱赶至南面。

南乌克兰集团军群必然而又即将发生的覆灭，赋予布加勒斯特那些政治密谋圈勇气，他们早已对同德国的联盟不抱幻想，但到目前为止一直没敢采取行动。8 月 23 日发生了一场针对安东内斯库政权的皇家政变后，新政府宣布立即停火。令

---

①译注：似乎应该是机械化第 7 军。

德国人沮丧的是，所有罗马尼亚将领都忠于国王并执行他的命令，而他们的军队只是对停止战斗感到高兴。

按照马利诺夫斯基的计划，8月25日—26日的重点是在敌纵深展开行动。第40、近卫第7集团军和戈尔什科夫骑兵机械化集群正在追击过度拉伸、退入喀尔巴阡山之敌。坦克第6集团军继续追击，担任先锋的近卫坦克第5军渡过锡雷特河，没等敌人做出反应便到达福克沙尼。机械化第5军沿普鲁特河西岸迅速推进，8月26日日终前到达河东岸的卡古尔对面。与此同时，第27集团军先遣力量紧紧跟随近卫坦克第5军，离福克沙尼已不到40千米。方面军第二梯队的第53集团军，跟随机械化第5军匆匆向南。第52集团军控制普鲁特河西面困住米特集群的包围圈，其战线北起胡希，一路延伸到列奥沃南面。乌克兰第3方面军辖内大部分力量致力于消灭普鲁特河东面困住德国第6集团军的口袋，以突击第5、第57、第37集团军和两个机械化军压缩被围之敌，将其分割成毫无凝聚力的碎片。红空军对德国人的无情轰炸加快了其解体过程。罗马尼亚第3集团军投降后，腾出的第46集团军继续发展方面军的胜利。该集团军在卡古尔附近渡过普鲁特河并在伊兹梅尔附近逼近多瑙河。

苏军犯下的一个严重错误，给包围圈内之敌带来希望。随着围困德军的铁环逐渐收紧，近卫第4集团军在普鲁特河东侧遂行攻击的力量，越过两个集团军的结合部分界线，结果与突击第5集团军辖内部队发生混杂。托尔布欣抱怨，马利诺夫斯基麾下军队干扰了他的行动。最高统帅部大本营"明确命令"后者将他的近卫集团军撤离东岸。因此，乌克兰第2方面军8月26日北撤近卫第4集团军以渡过普鲁特河向西变更部署。这就使两个德国军之主力也趁机渡过该河。仍在东岸包围圈中的德军命运已定，但趁机渡河的德军加强了西岸的力量，使德国第6集团军一部处在更有利的位置上，他们试图抢在苏军近卫第4集团军完成费力的渡河行动并封锁逃生路线前向西突围。德军8月27日发起猛烈冲击，7万余人在胡希地段突围，进入过度拉伸的第52集团军之后方地区，意图逃往喀尔巴阡山和其他安全处。

新包围圈正从胡希向伯尔拉德移动，其中的敌人必须予以歼灭。为迎接新挑战，第52集团军仓促变更部署，召回已向南出击的一个军。同时，正向南开进的第53集团军留下一个师封锁敌人向西突围的路径。这些反突破力量争取到了时间，第 52 集团军从南北两面，近卫第 4 集团军从北面组织反突击，攻入德军侧翼。8 月 29 日—31 日，这些兵团分割包围圈，逐一消灭敌人。但直到 9 月 5 日，德军第 6 集团军最后 1 万人才被击毙或俘房，在此之前，他们穿过苏军第 27 集团军后方，渡过锡雷特河并迫使对方付出更大的反突破努力——红军为此投入了担任预备队的步兵第 27 军并将戈尔什科夫正向西进入山区的坦克第 23 军召回。

8 月 27 日至 30 日期间，第 27 集团军提供步兵力量并掩护不断延伸的山脉侧翼，重新集结的坦克第 6 集团军则发起一场迅猛突击，一举攻克普洛耶什蒂。第 53 集团军与之齐头并进，8 月 31 日赶去夺取布加勒斯特。[34] 同时，近卫第 7 集团军和戈尔什科夫集群正翻越喀尔巴阡山，他们为主要突击提供侧翼掩护并构成攻入罗马尼亚中部的威胁。

8 月 27 日，托尔布欣方面军几乎已彻底消灭敌人在普鲁特河东面最后的抵抗。甚至在最终战斗仍在进行时，实施重组后的第 57 集团军两个步兵军和近卫机械化第 4 军已向南开拔。[35] 第 46 集团军主力在加拉茨两侧逼近锡雷特河和多瑙河，近日从乌克兰第 2 方面军转隶的坦克第 18 军迅速赶上，方面军辖下的预备队军同样如此。德军临时拼凑的防御由第 13 装甲师、第 10 装甲掷弹兵师和第 153 训练师残部组成，他们遭到源源不断穿过福克沙尼山口和在伊兹梅尔渡过多瑙河的苏军的迂回，已被迫退却。8 月 29 日，突击第 5 集团军准备搭乘火车开赴波兰，第 37 集团军实施重组之际，第 57 集团军占领康斯坦察，这是罗马尼亚的主要港口，离保加利亚边境不到 40 千米，而第 46 集团军正沿多瑙河西侧赶往保加利亚边境。

十天内，乌克兰第 2、第 3 方面军显著改变战略态势，使之对苏联有利。德军折损 18 个步兵师、1 个训练师和 2 个快速师大部，人员损失为 12.5 万人伤亡、15 万人被俘，整个德军南翼遭到重创。罗马尼亚人的伤亡与德军的处境没什么关系，因为战役结果不仅仅是失去整个罗马尼亚军队，对方还摇身变为敌军。9 月底之前，保加利亚和罗马尼亚都被苏军占领，德国国防军正竭力从希腊和南斯拉夫收缩兵力。从前一直很顺从的斯洛伐克人开始反抗德国的统治，匈牙利则面临一场迫在眉睫的进攻。对红军来说，他们赢得了一场代价低廉的胜利——伤亡 6.7 万人，包括 1.32 万不可归队减员，还损失了 75 辆坦克和自行火炮、108 门火炮和迫击炮[36]。

附录：苏军1944年的战役后勤

战争第一阶段的情况迅速表明，后勤是苏联军事理论中最缺乏认真思考的部分。后方勤务（即后勤）部队过于笨重，缺乏机动性，无法适应不断变化的情况。相关计划各自为政，效率低下，经常与它本应支持的战役概念脱节。

一些后勤支援原则

战争第二阶段结束时，红军正在实践中实现理论的要求，以稳步上升的速度遂行纵深越来越大的战役。[37] 战争第三阶段，这些战役计划在2—3周内便能实现其目标，但是，若发展顺利，为转入后续战役做出的规定却没有提及任何战役间歇（即便有也很简短）。其特点是，一场战役以激烈的战斗为开始，消耗大量人员、物资、弹药和燃料，以此突破敌防御战术地幅。一旦达成突破，参战各集团军便发展胜利，后勤需求将急剧下降，这表明敌方防御有效性降低（由于敌援兵开到或在敌防御纵深不得不强行突破障碍，可能偶尔会出现消耗的小高峰）。战役发展阶段不会线式扩展，相反，一旦在绵亘战线取得突破，极具流动性的动态战斗会在一片相当大的地域蔓延开来。各兵团将深入敌战役后方，绕过抵抗枢纽部，而德国人会在苏军先遣力量完成合围或通过平行追击消灭后撤之敌时将其切断并予以歼灭。态势突然发生剧烈变化，重点从一个方向转移到另一个方向，有时候甚至从进攻转入防御，这种情形并不罕见。这种情况下，消耗不会相对均匀地发生在一条明确的战线上。相反，消极地带和发生激烈但仅具局部性的战斗及破坏之地域，对后勤的需求小得多。传统后勤体系并不适用于这种作战空间。前进师或军无法申请补给或从安全后方地域的仓库获取物资，他们也无法将伤员和受损的技术装备疏散到后方半静态的医院和维修部门。各兵团无法获得持续不断的再补给，不得不依靠每隔几天提供一次的流动库存。医疗和维修设施不得不向前部署并设立在战斗激烈、伤亡较为集中的地域。对战斗性质的这种理解使红军采纳了一些后勤原则，而这些原则与西方国家的理解和实践截然不同。

大部分后勤设施控制在集团军和方面军层面。苏军认为这种集中控制对战役灵活性至关重要。集中控制使战役指挥员得以调整后勤分配，使之符合任务的重要性、军队的实力，以及辖内各兵团作战地域的分配。熟悉整个战役构想和态势的高级兵团指挥员可以迅速调整消耗殆尽、停滞不前或进展有限的师、军、集团军掌握的资源，将其重新分配给正取得更好进展的其他军队。他们还掌握着运输预备力量，这样便能为成功的行动提供加强，确保它不会因为缺乏补给、无法发展胜利而昙花一现。在分散化后勤体系中，战役重点从一个方向调整到另一个方向更加困难、更为缓慢，无论上级指挥员的战役愿景是什么，运输和补给物资的"所有权"都会受到小心翼翼地看护。[38]

上级指挥员的责任是根据战役态势的要求为其下属提供补给。换句话说，再补给的基本概念并非"需求拉动"，需求拉动曾在战争第一阶段导致过多资源消耗在不太重要的任务上，因而不利于主要突击方向的加强。这个概念变为"供给推动"，方面军根据他们确定的优先等级，为战役各阶段制定消耗标准，战斗中的紧急情况导致作战计划做出修改时，相应的资源分配也会发生变化。这个远期交付的概念很容易实现，因为大部分运输工具掌握在战役层级。因此，师属运输连只有45辆卡车，一个诸兵种合成集团军的3—4个运输营拥有600辆卡车，而一个方面军的3—5个运输团共有3500—4500辆卡车。这就使他们可以在各方向间调整重点、发起一场新行动、根据调整后的优先等级重新分配方面军掌握的资源，以此应对不断延长的交通线会变得更加容易。后勤体系还采用一些快捷方式，确保迅速应对迫切的需求：例如，坦克集团军的卡车可以跳过一个层级，绕过军一级直接交付到旅。该体系对于取得战果，但位于次要方向上的步兵和兵团较为苛刻，对那些遭遇困难，因而被取消优先级的部队更加不公，但它确保对储备物资和运输工具的经济使用，以此促进战役目标的实现。

随着补给线延长，往返时间和故障增加，载货量下降，成功的战役必然发生问题。紧急情况下，空运可以提供有限补给，但红军合用的飞机不足，无法实施任何大规模、持续性空运。他们认为各兵团应采取临时性自助措施，而非单纯依赖上级指挥员弥补缺陷。例如，一些炮兵部队不得不交出他们的拖车，而摩托化步兵则把卡车上交（他们改为搭乘坦克和自行火炮）。他们往往大量依赖就地征用的畜力运输。一个典型的例子发生在利沃夫—桑多梅日战役期间，近卫第3集团军通往军需站的土路补给线，7月20日—8月1日间从60千米增加到200千米，他们总共动用7000个补给日的农垦马匹和耕牛的来补充资源。第13集团军的情况与之类似，乌克兰第1方面军从预备队调拨200—220辆卡车提供协助，直到拉瓦—

罗斯卡亚建立起一个新军需站。[39] 有时候，当地农民被迫将炮弹和燃料桶从一个村庄运至下一个村庄。各炮兵连的炮弹即将耗尽时，乌克兰第 2 方面军第 53 集团军动用当地居民和一个预备步兵团人员前送 340 吨炮弹。

与运输一样，后方勤务的其他方面大多也较为集中。战术兵团只掌握编制规定的后勤部队，以此应对常规的轻微战斗情况。此举有两个好处：首先，后勤部队规模较小，各兵团的行动会更加灵活，机动性也更强，反之则会受到大量脆弱的非战斗车辆和人员的拖累。另外，还可以确保经济使用专业和稀缺的后勤支援单位，使之发挥最大效力。例如，如果一个步兵师担任预备队或部署在消极地带，赋予其解决高佐亡率的手段就没什么意义，配备一个小型医疗营足以满足日常需求。但是，若该师和军辖内其他兵团向前推进，不久后将实施一场战斗渡河行动，集团军就应从医疗储备力量中抽调足够的资源应对预计的伤亡（必要时由方面军提供）。这种措施同样适用于回收、修复受损的技术装备。各快速军掌握足够的技术保障力量，以应对日常维护和一些故障。他们投入战斗时，高级别的回收和维修部队直接奔赴战斗最激烈的地域，就地回收、修理受损装备。

计算和满足补给需求量

为计算补绐需求量然后更新战役和战场规范，红军做出持续、基本上成功的努力，若有效贯彻这些规范，就能增加成功的机会。[40] 到 1943 年夏季，他们对进攻战役物资需求的评估大体是成功的。显然，这种需求取决于兵团的实力、任务的规模和持续时间、遭遇的抵抗水平。但一般说来，对方面军需求所做的评估如下：火炮、坦克或自行火炮 3.5—4.0 个的弹药基数；汽车 4—6 个油料基数，航空燃油 15—20 个基数[41]；士兵和马匹 15—25 个日份。为实现这种物资储备，战役准备期通常为 3—4 周（较长的准备期会对马斯基罗夫卡计划构成挑战）。要了解这样一场储备所涉及的体积和重量，可以看看白俄罗斯第 1 方面军为白俄罗斯战役所做的准备。方面军储备 2.5—7.7 个弹药基数（取决于火炮口径），4—7 个车辆和战机的油料基数，10—15 个食物和饲料日份。前送这些储备需要 17939 节车厢（四个方面军共需要 44111 节车厢）。倘若战役超出计划范畴，后续行动同样如此，另外 15518 节车厢的物资运至罗科索夫斯基方面军以维持持续到 8 月份的战斗（四个方面军共收到 48280 节车厢的物资）。[42] 建立完成方面军近期任务所需要的物资储备，必须在基础建设（相关调动必须加以隐蔽）和参谋工作方面付出巨大努力，应牢记同时集中部队和技术装备这一准则。不过，一旦交战重点在后续任务中转入敌战役纵深，这些问题与后勤兵团面临的困难相比根本不值一提。

问题的焦点在于后方勤务能否跟上进攻速度。最有效、最快捷的办法是通过铁路运送大批油料和弹药。当然，后撤中的德军一有机会便尽力破坏铁轨并炸毁桥梁。苏军向前推进时，各方面军的军事修复工程局以3—4个铁道兵旅和2—3个机械化营恢复一两条铁路线。到1944年，修复速度比战争第二阶段上升一倍，平均每昼夜修复7—12千米。穿越敌防御战术地幅内遭严重破坏的地区时，修复速度仅为每昼夜3—5千米，但在敌人的战役防御纵深，修复速度上升到20千米。更高的修复速度也是投入更多资源和进攻速度增加的结果。主要突击方向上的诸兵种合成集团军，每昼夜平均速度在利沃夫—桑多梅日战役中为8—10千米，白俄罗斯战役中为12—18千米，雅西—基什尼奥夫战役中达到16—20千米。在这些战役中，坦克集团军每昼夜平均速度分别为23—27千米、22—30千米、40千米，但每昼夜最高速度是这些数字的两倍。进攻速度越快、红空军的活动越积极，敌人给交通基础设施造成严重破坏的机会和时间就越小（越少），相关修复工作也进行得越快。但是，桥梁修复——特别是大型河流上的桥梁，通常比铁路修复落后数日，而且导致各方面军的进军速度参差不齐。另外，一条铁路线投入使用，哪怕以最小承载能力运行，涉及的不仅仅是铁路线的物理修复，还必须提供车站、加油设施、信号、通信和其他必要的基础设施与基础功能。一旦红军攻入东普鲁士和波兰，铁路运输从宽轨距改为标准轨距会使问题进一步复杂化。

战争第三阶段更为成功的战役㆗，快速兵团10—14天内推进300—350千米，而从维斯瓦河至奥得河，进攻速度几乎翻了一倍，高级兵团的物资仓库远远落在后面。为实现计划要求的发展水平，各方面军通常需要几周时间前送物资储备，从而沿其方向继续进攻。也就是说，每个方面军必须有几条纵向铁路和2—3条横向铁路，总长度为800—1500千米，每昼夜运送40—50列火车。战役初期，每个方面军应努力修复1—2条铁路线，初期运载能力为每昼夜8—14对列车。条件有利处，例如白俄罗斯第3方面军在白俄罗斯的作战地域，铁路终端可以延伸到距离前线70—130千米处。条件欠佳处，例如白俄罗斯第2、第1方面军的作战地域，铁路终端可能落后150—380千米或更多。因此，铁路运输在敌纵深维持战役方面只能发挥有限的作用。雅西—基什尼奥夫战役是个例外。在那里，红军几乎完好无损地夺得铁路线，迅速攻入罗马尼亚期间，乌克兰第 2、第 3 方面军缴获约 2000 部火车头和 5.6 万节车厢，因而他们从一开始就可以利用标准轨距铁路线，这对坦克第 6 集团军 8 月 20 日至 9 月 25 日间取得约 1000 千米纵深发展有所贡献。

随着战争的继续，红军机械化、摩托化兵团和部队的数量不断增加。进攻速度越来越快，纵深越来越大，加之方向的调整和参差不齐的进展，战役变得更加复杂，更难预料。因此，作为一种补充，战役层级的后勤保障越来越依赖汽车运输。在很长一段时间内，汽车运输替代了铁路运输，因此道路的及时维修和保养至关重要，方面军汽车道路管理处掌握 12—15 个独立道路修筑维护营和 4—5 个架桥营。这些力量用于修建通往集团军后方分界线的军用汽车道路。最重要的方向通常有 2—3 条道路，每条约 300—400 千米长，非常成功的战役中，这些道路有时会更长。[43] 路桥修建和维护部队的工作重点不仅仅在工程方面，还包括指挥控制的有效组织、加油站和车辆修理站的建设。

汽车部队面临的最大挑战是在进入敌纵深的迅速发展的动态战役中为坦克集团军及其辖内兵团提供不间断补给。坦克集团军的后方勤务编为两个梯队，第一个是战术机动梯队，紧紧跟随作战部队，第二个梯队机动性较差，由集团军仓库组成，基本保持静止状态，待进攻速度下降或战役停顿后才向前变更部署。一般说来，车辆携带的战术补给具体如下：弹药——每辆战车或拖车配备 1 个基数重武器弹药，每个士兵携带的轻武器弹药也是 1 个基数，部队、旅和军运输单位另外各携带 0.25 个基数轻重武器弹药，总共 1.75 个弹药基数[44]；油料——每辆战车 1 个基数，部队和旅运输单位各 0.5 个基数，军一级再提供 0.5 个基数；食物——每个士兵携带 2 个日份，部队配 2—3 个日份，旅运输单位 3—4 个日份，军一级 4—5 个日份，足以维持 11—14 天。集团军仓库通常储备 1.5 个弹药基数、2—4 个油料基数、15—20 个给养日份，以此补充机动储备。但相关经验很快表明，战斗部队可能会在获得补充前耗尽其油料和弹药（后一种情况较少见）。为防止这种情况发生，以及考虑到受领新任务的部队（兵团）未获得补给预算的可能性，后勤部门需要更大的灵活性。必须提供更多汽车，这样一来，集团军仓库可以组建一支机动梯队，作为紧急预备力量立即交付油料。军后勤机构与集团军仓库的距离超过 100 千米时，后者将组建野战基地先遣组，为争取时间，也可以绕过军一级，将物资直接交付各个旅。

随着战役更深入的发展，集团军掌握的资源越来越无法保证持续不断的再补给，方面军对此的应对是以额外的车辆加强最重要的兵团，或者将物资直接交付各个军。

一旦补给物资的前送单位不得不在方面军仓库与前线部队间跋涉500—600千米（往返时间4—5天），各方面军通常也已到达其进攻顶点。甚至在到达顶点前，由于后勤保障未能跟上，集团军的作战行动也经常发生被迫停止的情况。例如，由于距离、拥堵和科尔图夫走廊内恶劣的路况，加之高昂的消耗，弹药，特别是燃料严重短缺致使近卫坦克第3和坦克第4集团军7月19日未能从行进间夺取利沃夫。维斯瓦河—奥得河战役中，近卫坦克第2集团军一次次发生停顿，16天战役期间共停止5天。即便推进并未完全停止，但各集团军不得不命令辖内1个军停下，各军也命令辖内1—2个旅停止前进，直到获得油料补给。因此，维斯瓦河—奥得河战役中，1月25日，近卫坦克第3集团军机械化第9军不得不只以2个旅攻击前进。同一场战役中，坦克第4集团军只投入1个旅强渡奥得河。某些时候，虽然后勤保障无法跟上，但红军还是能继续向前，这是因为他们缴获了大批油料储备。卢布林—布列斯特战役中，坦克第2集团军消耗的油料占总油料消耗的30%多，近卫坦克第2集团军从维斯瓦河攻向奥得河期间，消耗的油料约占25%。当然，这种发展很可能在达成突然性的情况下取得较快的进攻速度。雅西—基什尼奥夫战役中，坦克第6集团军完好无损地夺得普洛耶什蒂油田，依靠一条225千米长的输油管，乌克兰第2方面军继续向前推进500多千米。当然，这只是意外收获，无法将其预先纳入计划。

维持作战能力

油料和弹药短缺并非导致战役仓促结束的唯一原因。[45] 更严重的是无法承受的损失，特别是坦克力量。为避免过早达到进攻顶点（这将浪费一场成功突破创造的良机），红军越来越重视修理、恢复受损的技术装备并更换伤亡人员。战争期间演变出的这种制度，可以用苏军保持坦克和自行火炮数量的例子加以很好的说明。维持战斗力在战役发起前就已开始，他们尽一切努力确保参战部队和兵团达到（可能的情况下甚至超过）满编，武器和装备也做好持续数日密集使用的准备，尽可能多地以工厂生产的新坦克和自行火炮替换磨损或陈旧过时的战车（换下的车辆通常留在平静地带，车组人员被送至集结区，为即将发起的新战役挑选新战车）。另一些战车的引擎和履带已严重磨损，在可能的情况下至少更换其最陈旧的零部件。实际上，这是保持兵团可用性的主要手段。战役进行期间，快速兵团在敌纵深以较高速度展开行动，即便有新零配件也无法更换（除非出现战役停顿）。

为战役进行过程中恢复战斗力制定的计划，必须考虑到两个原因造成的不均匀损失率：战斗（被击毁，更常见的是被击伤）和非战斗（机械故障或陷入泥潭）。到目前为止，敌人的行动造成的最严重伤亡发生在突破阶段。理想情况下，这些损失应主要由诸兵种合成集团军承受，快速集群只用于完成突破。当然，若战役发展不尽如人意，没能达成明确突破，就会发生一场消耗战，伤亡率居高不下。例如，奥廖尔战役中，坦克第 4 集团军为突破敌防御苦战十天，T–34 坦克折损 83.9%。相比之下，战役发展阶段的平均每日损失率会保持在较低水准。但是，突破敌人纵深防线期间，卷入建筑区域的战斗、强渡大型水体障碍或遭到敌人反突击时（通常是战役达到顶点时），损失率会增加，有时候甚至急剧攀升。例如，利沃夫—桑多梅日战役中，近卫坦克第 1 集团军 50% 的损失发生在维斯瓦河对岸建立桑多梅日登陆场和随后守卫该登陆场期间。非战斗损失的发生率主要取决于战役持续时间、穿越的地形和天气情况，但技术装备的保养状况同样重要。机械故障的频率和程度，随着战争的进行、驾驶员接受的训练和部队维护水平的改善而显著降低。这方面的一个例子是，近卫坦克第 1 集团军在别尔哥罗德—哈尔科夫战役中损坏 334 辆坦克和自行火炮，而在维斯瓦河—奥得河战役中只损坏 105 辆，尽管该集团军在后一场战役中的损失增大 30%。大体而言，需要回收和修理的坦克和自行火炮，70% 是战斗受损，30% 是出现机械故障或陷入泥潭。

修复无法使用的坦克和自行火炮，再将其交还作战部队。这一体系旨在应对高速进行的机动作战。在每个层级，恢复战斗力的责任在于上级指挥员。他会根据任务的重要性和对面之敌的实力分配资源加强麾下各兵团并做好按照战役需求将相关资源变更部署至不同方向的准备。方面军层级通常掌握一股预备力量，确保足够的资源可在最关键时刻用于最关键地域。

苏军部队的技术能力较低，只能确保日常维护和最简单的维修。因此，各个旅只承担不超过 2 个工时的维修工作。各个军和集团军的移动坦克修理基地，在辖内部队和兵团完成最激烈战斗的地域设立技术检查组。他们指导后送分队和部队收集近期战斗中受损的战车，以便将其集中到损坏车辆收集站，不超过 6 个维修工时的车辆除外，通常就地修复。修理部队随后赶来维修这些收集站内的受损战车。修理工作有严格的优先次序，最优先修理的是那些不超过 6—8 个维修工时的战车，然后再处理需要 12 个维修工时的受损车辆。军级修理机构，如果在该地区待的时间够长，就对需要 12—18 个维修工时的车辆加以修理。但是，若战役以令人满意的速度发展，他们不得不赶往下一个损坏车辆收集站，可能在很远处，通常会留下许多尚未完成、相对轻微的修理工作。接替他们的是集团军修理机构，一旦完成简单的修理工作，他们就将开始需要一天、两天甚至三天的中修。完成所有中修前，他们也经常向前调动。大修工作留给方面军修理机构，但他们忙于从事一场高速推进积压下来的中修工作，很少有时间处理大修任务。这种体系发挥作用的一个例子是维斯瓦河—奥得河战役期间，两个损坏车辆收集站在近卫坦克第 1 集团军作战地域内分别向前推进 40—50 千米。参与战役的 40 天内（并未随集团军转入防御而结束），一个收集站前移三次，另一个前移五次，收集站在每个地点的工作时间持续 3—16 昼夜不等。他们共修理了 227 辆战车，并且为另外 356 辆战车排除较小的故障，另有 88 辆后送到方面军修理中心。该集团军 1945 年 2 月 1 日可用的坦克和自行火炮为 577 辆，是战役发起时总实力的 76%，这在很大程度上归功于他们的辛勤工作。近卫坦克第 2 集团军的情况稍显逊色，战役结束时还剩 495 辆坦克和自行火炮，约为最初 838 辆战车的 59%。

表2.4：部分战役中坦克集团军战车的总损失和彻底损毁数

坦克集团军	战役	持续时间（天）	战役开始时的战车数量	战车总损失数（与开始时的百分比）	彻底损毁的战车数（与开始时的百分比）
近卫坦克第 1 集团军	利沃夫—桑多梅日战役	12	419	429（102.4%）	121（28.8%）
近卫坦克第 2 集团军	维斯瓦河—奥得河战役	16	838	302（36%）	84（10%）
近卫坦克第 3 集团军	维斯瓦河—奥得河战役	19	922	520（56.4%）	183（19.8%）
坦克第 4 集团军	维斯瓦河—奥得河战役	13	750	423（56.4%）	118（15.7%）
近卫坦克第 5 集团军	东普鲁士战役	25	585	421（72%）	210（35.9%）

※ 资料来源：A.I. 拉济耶夫斯基，《坦克突击：从伟大卫国战争的经验看坦克集团军在方面军进攻战役中的行动》，莫斯科：军事出版局，1977 年，第 265 页。

表 2.4 分析了第三阶段战役期间一些坦克集团军的战车损失和修理情况，以此说明不同的战役条件。近卫坦克第 2 集团军在维斯瓦河—奥得河战役中的情况较为理想：坦克兵团穿过一个明确的突破口，向敌纵深快速发展，没等对方加以防御，他们已突破中间防线。相比之下，乌克兰第 1 方面军编成内的者坦克集团军，不得不在实施快速战役机动前完成对敌防御的突破，这在很大程度上导致他们遭受到更大的损失。利沃夫—桑多梅日战役中，近卫坦克第 1 集团军不仅要完成突破，更要面对敌人的反突击，为坚守桑多梅日登陆场，他们不得不从事一场旷日持久的消耗战。东普鲁士战役是为华沙—柏林方向的主要突击实施的一场辅助进攻，必须突破敌纵深预有准备、毫不令人吃惊的防御，损失自然也较大。

表 2.4 说明，在战争第三阶段这些和另一些战役中，诸坦克集团军的总损失平均为 70% 或更高，但不可修复损失仅为最初实力的 25%。投入回收和修理力量可以使坦克集团军恢复实力并让大部分可就地修理的坦克和自行火炮重返战斗（尽管如此，由于缺乏零配件，不得不从许多可修理的技术装备上拆除零件供其他装备使用）。在这些战役中，几乎所有坦克和自行火炮都需要小修，80% 的战车需要中修才能返回作战部队。实际上，这种情况并不罕见，就像利沃夫—桑多梅日战役中的近卫坦克第 1 集团军，总损失已超过集团军最初拥有的数量。同一场战役中，近卫坦克第 3 集团军的每辆坦克和自行火炮都损坏了 2—3 次，但它们也以同样的频率重返战场。当然，回收和修理体制取得成功的关键因素是战场上的胜利。战斗结束后，占领激战现场的是苏联红军，他们可以打扫战场，将受损战车分为从彻底报废到轻微故障的各种类别。另一方面，对退却的德国人来说，遗弃在战场上的每一辆战车，无论受损程度多么轻微，都被彻底勾销。

对伤亡人员的处理遵循相同原则，这些原则应用于相关机构。该体制的目的是尽最大可能为维持战斗力做出贡献，可以将之描述为严酷。例如，战场上的救护车非常少，大多数伤员被放在没有减震器的农用大车上或搭乘运送弹药返回的卡车。医疗卫生营集中在预计会出现最大伤亡的方向，他们从一个战斗激烈地段调至另一个地段，不断向前延伸。相关政策是在医疗链的各个阶段尽可能多地治疗伤员。伤员后送得越远，康复后重新融入部队就越困难。分队一级只提供基本的急救；甚至在部队一级（团和旅）也只有那些可立即归队的伤员才能获得救治。其他伤病员被鉴别分类，1—2 天内可重返战场的轻伤员送至师救护所接受治疗，在那里待到被再次送上前线。手术过程中发现无法救治的伤员按伤势分类，后送至集团军专科医院，情况最严重的则送到方面军野战医院。虽说每个阶段实施的急救都挽救了伤员们的生命并使其伤势稳定下来，但在各个阶段只为那些有望在较短时期内康复的伤员提供治疗；这种优先次序被认为能使卫生勤务为恢复战斗力做出最大贡献。

　　红军发现，进攻战役中，每阵亡或失踪一名士兵，通常伴以三名卫生减员（即负伤或患病；据较保守的估计，患病者约占卫生减员总数的15%）。卫生减员中，81%最终可以归队，所以，不可归队减员大约超过总减员数的40%。计算兵力需求时，苏军策划者了解到，在集团军层面，整个战役中遭受的伤亡，65—80%通常发生在突破阶段，也就是战役头3—4天。这些数据为卫生资源的分配提供了依据，对战役策划同样重要，因为他们意识到，鉴于伤亡总数取决于敌人的实力和准备情况，苏军伤亡人数与总兵力的比例会随着优势比的增加而下降。表2.5表明突破敌人预有准备的防御期间，优势比与伤亡率之间的粗略关系，明显的不一致可通过诸如是否达成突然性及敌人的准备情况这些因素加以解释。最重要的是，这种分析有助于方面军级指挥员和参谋人员确定保持进攻势头、穿过计划中的整个战役纵深并实现既定目标所需要的兵力。

表2.5：突破阶段卫生减员与优势比的关系

战役	集团军	卫生减员（百分比）	总优势比
利沃夫—桑多梅日战役	近卫第 3 集团军	8	4.2:1
利沃夫—桑多梅日战役	第 38 集团军	7.6	5.5:1
雅西—基什尼奥夫战役	第 52 集团军	9.3	5.2:1
雅西—基什尼奥夫战役	第 57 集团军	10.6	5.2:1
白俄罗斯战役	近卫第 11 集团军	7.3	5.0:1
雅西—基什尼奥夫战役	第 27 集团军	5.5	6.4:1
维斯瓦河—奥得河战役	突击第 5 集团军	7.4	6.5:1
维斯瓦河—奥得河战役	第 69 集团军	4	6.5:1
维斯瓦河—奥得河战役	近卫第 5、近卫第 8、第 61 集团军	4.5	6.5:1

※ 资料来源：H.F. 斯托克里，《苏军战役策划：优势比 vs 伤亡率》，AA6 号研究，桑德赫斯特：苏联研究中心，1985 年。

苏联人预测所需要的兵力和可能遭受的伤亡，获胜的可能性因而随时间的推移而变大。方面军的计算越来越可靠，尽管始终有些保守，而且只是在宏观层面。虽然技术保障和卫生勤务组织和培训方面的改善增加了暂时失去战斗力的装备和人员的归队数量，但伤亡仍对战斗力具有相当大的影响。进攻实现较高速度时，师级层面修复/康复的坦克、自行火炮和伤员无法重新加入原先的第一梯队，那些部队此时已前进得太远。这些人员和装备必然用于恢复暂时撤出战斗的部队或加强第二梯队，也可能用于组建预备队——通常是通过重建直属于指挥部、战斗力折损大半的部队等方式进行。集团军和方面军层级的长期可持续性并未转化为重要的下级兵团最直接的获胜能力。

例如，苏联人估计一个坦克或机械化军会在突破战第四或第五天，或在敌纵深展开行动的第八至第十天耗尽力量。在没有第二梯队可立即接替受损兵团的情况下，他们采用各种方法保持战役持久性。重组可以解决一些问题，因此，坦克第25军军部在奥廖尔战役中被消灭后（其力量尚存），近卫第11集团军将该兵团调拨给步兵第36军，残余的坦克由步兵兵团指挥，为其提供直接支援。指挥部门依然完整，但损失导致其部队即将丧失战斗力时，常见的办法是组建临时性集团。例如，别尔哥罗德—哈尔科夫战役期间，坦克第29军残部改编为一个混成旅。喀尔巴阡—杜克拉战役中采用另一种方法，近卫坦克第4军军长将近卫摩托化步兵第3旅的力量重新分配给各坦克旅。利沃夫—桑多梅日战役临近结束时，在敌纵深展开行动期间，坦克第25军的坦克和自行火炮仅剩15%，火炮和迫击炮只剩50%，步兵力量下降到19%，通信设备只剩40%。为组建一个兵团强渡维斯瓦克河并阻止敌人退往克罗斯诺，该军重组为近卫摩托化步兵第20旅和由坦克第162旅旅部指挥的一个坦克营。这种临时性部队和兵团能够正常运作并迅速成为有效的战斗力量，归功于统一培训和简单的战术演练。尽管如此，不得不采取这些临时性举措的事实提醒上级指挥员们，此时已临近进攻顶点。

总结

战争第三阶段，红军遂行的战役，纵深越来越大，持续时间越来越长，由于保守计算的目标以低于预计的代价实现，一场场成功战役的发起越来越频繁，几乎没有战役间歇。后勤体系的出色发展配合以较快速度实现后续目标的行动，使战役的胜利成为可能。这种体系旨在保障战役机动，而不是进行线式消耗。严酷的是，只有最重要的任务能获得资源。首先，高级指挥员为后勤工作制定明确的优先等级，通常会避免同时追逐所有期望目标的诱惑，以免冒沿宽大战线达到进攻顶点但没能实现关键目标的风险。待主要目标实现后，才能通过依次进行的战役从事次要任务。

通过完成高速攻势，苏军的后勤范围得到扩大。战役结束后，留在战场上的通常是红军，这就意味着他们可以回收并修复受损的技术装备。进攻速度越快，后撤之敌执行焦土政策的机会就越小。红军经常完好无损地夺得铁路线和桥梁，有时候它们仅仅是表面受损。敌人有时候来不及疏散或摧毁继续实施抵抗所需的物资仓库，缴获油料往往能延伸红军兵团的前出范围。另外，将一个每昼夜进攻速度达 16—45 千米的坦克集团军和另一个速度仅为 4.5—13 千米的兵团加以对比就会发现，消耗量会随进攻速度的增加而下降。以较高速度前进 100 千米，消耗的油料仅为较低速度的三分之一。另外，前者的弹药消耗仅为后者的六分之一，人员伤亡数不到后者的三分之一，虽说坦克和自行火炮的损失接近后者的三分之二，但大多是简单、可迅速修复的机械故障。这就是追击无力实施激烈抵抗之敌与突破顽固的敌人据守的稳定防御之间的区别。成功孕育了成功，对那些在概念和组织方面做好对其加以利用的准备的指挥员和后勤人员来说莫不如此。

注释：

1. 这一段的主要资料来源为：戴维·M. 格兰茨，《苏联的军事战略：一段历史》，伦敦：弗兰克·卡斯出版社，1992 年 第五章；戴维·M. 格兰茨、乔纳森·M. 豪斯，《巨人的碰撞：红军是如何阻止希特勒的》，劳伦斯：堪萨斯大学出版社，1995 年，第十二至第十三章。

2. 这一段的主要资料来源为：格尔德·尼波尔德，《白俄罗斯之战：1944 年 6 月中央集团军群的覆灭》，伦敦：布雷赛出版社，1987 年，第二、第三、第七章；厄尔·F. 齐姆克，《从斯大林格勒到柏林：德国在东线的失败》，华盛顿特区：美国陆军军史处处长办公室，1968 年，第十五章；埃德加·M. 豪厄尔，《1941 年—1944 年的苏联游击运动》，德方报告系列丛书，第 20-244 号手册，华盛顿特区：陆军部，1956 年，第十一章。

3. 在理论上讲，分配给一个标准满编步兵师的防御正面为 10 千米左右。

4. 这一段的主要资料来源为：戴维·M. 格兰茨、哈罗德·S. 奥伦斯坦，《白俄罗斯 1944：苏军总参谋部研究》，伦敦：弗兰克·卡斯出版社，2001 年，第一章；S.M. 什捷缅科，《战争年代的总参谋部，1941—1945》，莫斯科：进步出版社，1985 年，第一册第十二章；格尔德·尼波尔德，《白俄罗斯之战：1944 年 6 月中央集团军群的覆灭》，伦敦：布雷赛出版社，1987 年，第八、第九章；戴维·M. 格兰茨，《第二次世界大战中的苏联军事欺骗》，伦敦：弗兰克·卡斯出版社，1989 年，第六章；戴维·M. 格兰茨主编，《从第聂伯河到维斯瓦河：苏军 1943 年 11 月至 1944 年 8 月的进攻战役》，美国陆军战争学院，陆战中心，战争艺术研讨会，1985 年，第三章；A.N. 西尼钦，《白俄罗斯战役中对敌人的合围和歼灭》，莫斯科：伏龙芝军事学院，1984 年。

5. 这一段的主要资料来源为：戴维·M. 格兰茨，《第二次世界大战中的苏联军事欺骗》，伦敦：弗兰克·卡斯出版社，1989 年，第 373—377 页；格尔德·尼波尔德，《白俄罗斯之战：1944 年 6 月中央集团军群的覆灭》，伦敦：布雷赛出版社，1987 年，第六章。前者以出色的示意图对德军情报部门的结论和苏军的实际部署做出比较。

6. 这一段的主要资料来源为：戴维·M. 格兰茨、哈罗德·S. 奥伦斯坦，《白俄罗斯 1944：苏军总参谋部研究》，伦敦：弗兰克·卡斯出版社，2001 年，第三章；戴维·M. 格兰茨主编，《从第聂伯河到维斯瓦河：苏军 1943 年 11 月至 1944 年 8 月的进攻战役》，美国陆军战争学院，陆战中心，战争艺术研讨会，1985 年，第三章；格尔德·尼波尔德，《白俄罗斯之战：1944 年 6 月中央集团军群的覆灭》，伦敦：布雷赛出版社，1987 年，第十三至第二十四章；厄尔·F. 齐姆克，《从斯大林格勒到柏林：德国在东线的失败》，华盛顿特区：美国陆军军史处处长办公室，1968 年，第十五章；亚历克斯·布希纳，《东线 1944：德军 1944 年在苏联前线的防御战》，宾夕法尼亚州西彻斯特：希弗出版社，1991 年，第四章。

7. 这一段的主要资料来源为：戴维·M. 格兰茨、哈罗德·S. 奥伦斯坦，《白俄罗斯 1944：苏军总参谋部研究》，伦敦：弗兰克·卡斯出版社，2001 年，第四章；戴维·M. 格兰茨主编，《从第聂伯河到维斯瓦河：苏军 1943 年 11 月至 1944 年 8 月的进攻战役》，美国陆军战争学院，陆战中心，战争艺术研讨会，1985 年，第三章；格尔德·尼波尔德，《白俄罗斯之战：1944 年 6 月中央集团军群的覆灭》，伦敦：布雷赛出版社，1987 年，第二十五至第三十章；厄尔·F. 齐姆克，《从斯大林格勒到柏林：德国在东线的失败》，华盛顿特区：美国陆军军史处处长办公室，1968 年，第十五章；亚历克斯·布希纳，《东线 1944：德军 1944 年在苏联前线的防御战》，宾夕法尼亚州西彻斯特：希弗出版社，1991 年，第四章。

8. 这一段的主要资料来源为：A.N. 西尼钦，《白俄罗斯战役中对敌人的合围和歼灭》，莫斯科：伏龙芝军事学院，1984 年；戴维·M. 格兰茨、哈罗德·S. 奥伦斯坦，《白俄罗斯 1944：苏军总参谋部研究》，伦敦：弗兰克·卡斯出版社，2001 年，第五章；戴维·M. 格兰茨主编，《从维斯瓦河到奥得河：苏军 1944 年 10 月至 1945 年 3 月的进攻战役》，美国陆军战争学院，陆战中心，战争艺术研讨会，1986 年，第三章；格尔德·尼波尔德，《白俄罗斯之战：1944 年 6 月中央集团军群的覆灭》，伦敦：

布雷赛出版社，1987年，第三十一至笃三十五章；厄尔·F.齐姆克，《从斯大林格勒到柏林：德国在东线的失败》，华盛顿特区：美国陆军军史处处长办公室，1968年，第十五章；罗尔夫·欣策，《东线巨变，1944年》，曼尼托巴省温伯尼：J.J.费多罗维奇出版社，1996年，第三至第五章。

9. 这场战役的构想早在5月22日—23日便已确定，成为大体连续，但多少有些重叠的白俄罗斯战役与利沃夫—桑多梅日战役之间的连接。该战役也得益于苏军投入的大量增援，包括：调自乌克兰第2、第3方面军的近卫第8集团军和坦克第2集团军，以及调自最高统帅部大本营预备队的波兰第1集团军、1个骑兵机械化集群和1个强大的空军集团军。

10. 这一段的主要资料来源为：戴维·M.格兰茨、哈罗德·S.奥伦斯坦，《白俄罗斯1944：苏军总参谋部研究》，伦敦：弗兰克·卡斯出版社，2001年，第六章；厄尔·F.齐姆克，《从斯大林格勒到柏林：德国在东线的失败》，华盛顿特区：美国陆军军史处处长办公室，1968年，第十五章；罗尔夫·欣策，《东线巨变，1944年》，曼尼托巴省温伯尼：J.J.费多罗维奇出版社，1996年，第六至第七章。

11. 卡尔－海因茨·弗里泽尔等编《德国与第二次世界大战，第八卷，东线1943年—1944年》，慕尼黑：德意志出版社，2007年，第592页。

12. G.F.克里沃舍耶夫，《揭秘：苏联武装力量在战争、作战行动和军事冲突中的损失》，莫斯科：军事出版局，1993年，第202—204，第371页。

13. 这一段的主要资料来源为：戴维·M.格兰茨、哈罗德·S.奥伦斯坦，《利沃夫战役：苏军总参谋部研究》，伦敦：弗兰克·卡斯出版社，2002年，第一章；A.I.拉济耶夫斯基，《突破，1941年至1945年伟大卫国战争的经验》，莫斯科：军事出版局，1979年，第四章；罗尔夫·欣策，《苦战到底：北乌克兰、A、中央集团军群的最后之战，东线1944年—1945年》，英国索利哈尔：氪核出版社，2005年，第二十章；亚历克斯·布希纳，《东线1944：德军1944年在苏联前线的防御战》，宾夕法尼亚州西彻斯特：希弗出版社，1991年，第五章。

14. 红军总参谋部的研究并未将德军沿科韦利—卢布林方向部署于白俄罗斯第1方面军右翼对面的第56装甲军和第8军包括在内。他们还认为北乌克兰集团军群6月10日编有12个装甲和装甲掷弹兵师，其中6个调往白俄罗斯抗击苏军的攻势。该集团军群的确派出了第4、第5、第7装甲师，但第20装甲师6月中旬已派往博布鲁伊斯克，第9装甲师在法国南部重建，第10装甲师一年前在突尼斯覆灭，后来再未重建。

15. 这些数字引自《红军总参谋部研究》。《巨人的碰撞》一书中，格兰茨和豪斯引用一份德方资料，称德军实力为43万名德军士兵、19.8万名匈牙利军士兵、811辆坦克和突击炮、1100门火炮（不包括迫击炮）。尼克拉斯·泽特林和安德斯·弗兰克森在1998年3月号的《斯拉夫军事研究》杂志上刊登的《分析第二次世界大战的东线战役》一文中称，德军的兵力为53.27万人，其中半数为作战人员。他们的研究严谨且具有权威性。当然，他们分析的是德方资料，并未提供匈牙利兵团的人数。

16. 这一段的主要资料来源为：戴维·M.格兰茨、哈罗德·S.奥伦斯坦，《利沃夫战役：苏军总参谋部研究》，伦敦：弗兰克·卡斯出版社，2002年，第二至第四章，第九章；戴维·M.格兰茨，《第二次世界大战中的苏联军事欺骗》，伦敦：弗兰克·卡斯出版社，1989年，第六章；约翰·埃里克森，《通往柏林之路》，伦敦：韦登菲尔德＆尼克尔森出版社，1983年，第五章。

17. 鉴于兵力对比并不占优势，斯大林对科涅夫计划发起两个，而非一个突击不太高兴。他告诉科涅夫，如果他的"固执态度"导致没能获得所承诺的结果，责任将由"他本人承担"。

18. 这场攻势之右翼将由白俄罗斯第1方面军左翼力量在发起卢布林—布列斯特战役时加以掩护。

19. 苏军共设置1360个各种模型，包括453辆坦克、612门火炮、200辆汽车和95个战地厨房。他们还使用一些真实的装备和人员制造相关迹象，使虚假的集结显得更为真实。当然，这种巧妙的模拟，其意图不仅仅是为误导敌人，还要吸引敌人的侦察活动和空袭，使其远离红军真正的集结。

20. 这一段的主要资料来源为：戴维·M. 格兰茨、哈罗德·S. 奥伦斯坦，《利沃夫战役：苏军总参谋部研究》，伦敦：弗兰克·卡斯出版社，2002 年；约翰·埃里克森，《通往柏林之路》，伦敦：韦登菲尔德 & 尼克尔森出版社，1983 年，第五章；A.I. 拉济耶夫斯基，《突破，1941 年至 1945 年伟大卫国战争的经验》，莫斯科：军事出版局，1979 年，第四章；埃哈德·劳斯著，史蒂文·H. 纽顿译，《坦克战》，马萨诸塞州剑桥：达·卡波出版社，2003 年，第十一章；厄尔·F. 齐姆克，《从斯大林格勒到柏林：德国在东线的失败》，华盛顿特区：美国陆军军史处长办公室，1968 年，第十五章；罗尔夫·欣策，《苦战到底：北乌克兰、A、中央集团军群的最后之战，东线 1944 年—1945 年》，英国索利哈尔：氦核出版社，2005 年，第一章；亚历克斯·布希纳，《东线 1944：德军 1944 年在苏联前线的防御战》，宾夕法尼亚州西彻斯特：希弗出版社，1991 年，第五章。

21. 科涅夫下令调查第 38 集团军拙劣的表现，得出的结论是该集团军侦察不力，特别是对敌人的装甲力量；集团军在炮火护送时节对炮兵的控制和部署也很差。由于控制部队的组织工作极其糟糕，集团军指挥员的计划无法影响战斗进程。受到方面军司令员严厉申斥的不仅仅是倒霉的第 38 集团军司令员 K.S. 莫斯卡连科，许多指挥员都沦为科涅夫失望和焦躁的受害者。

22. 到 8 月 5 日，近卫第 1 集团军和第 18 集团军已从乌克兰第 1 方面军转隶新成立的乌克兰第 4 方面军。

23. 关于这场重要的战役，可参阅戴维·M. 格兰茨的《红军的卢布林—布列斯特战役和攻向华沙（7 月 18 日至 9 月 30 日）》一文，刊登于《斯拉夫军事研究杂志》2006 年 6 月号。

24. 这座登陆场的规模与 7 月 24 日"眼镜蛇"行动发起前的诺曼底屯兵场相当。

25. G.F. 克里沃舍耶夫，《揭秘：苏联武装力量在战争、作战行动和军事冲突中的损失》，莫斯科：军事出版局，1993 年，第 204—205、第 371 页。

26. 这一段的主要资料来源为：厄尔·F. 齐姆克，《从斯大林格勒到柏林：德国在东线的失败》，华盛顿特区：美国陆军军史处长办公室，1968 年，第十六章；W. 维克托·马杰伊，《苏德战争》，宾夕法尼亚州阿伦敦：勇气出版社，1987 年，第五章；马克·阿克斯沃西，《第三轴心第四盟友：欧战中的罗马尼亚军队，1941 年—1945 年》，伦敦：兵器和铠甲出版社，1995 年，第五章；戴维·M. 格兰茨主编，《从第聂伯河到维斯瓦河：苏军 1943 年 11 月至 1944 年 8 月的进攻战役》，美国陆军战争学院，陆战中心，战争艺术研讨会，1985 年，第四章；亚历克斯·布希纳，《东线 1944：德军 1944 年在苏联前线的防御战》，宾夕法尼亚州西彻斯特：希弗出版社，1991 年，第六章。

27. 轴心国军队的兵力数字摘自格兰茨和豪斯的《巨人的碰撞：红军是如何阻止希特勒的》，以及格兰茨主编的《从第聂伯河到维斯瓦河：苏军 1943 年 11 月至 1944 年 8 月的进攻战役》。交战双方缺乏训练的补充兵所占的比例较高，红军尤是如此：两个方面军在穿越乌克兰的进军途中共搜罗到 25.7 万名新兵。苏军步兵师的兵力为 2500—5000 人，这种情况并不罕见，通常对其效用和持续作战能力造成限制。两份资料都称轴心国军队的坦克和突击炮总数为 170 辆左右。这个数字反映钧可能是罗马尼亚第 1 装甲师、德国第 13 装甲师和第 10 装甲掷弹兵师的战车数量，而未包括德军 9 个独立自行火炮旅，也没有将罗马尼亚军队过时的坦克纳入其中。

28. 就连罗马尼亚独裁领袖、军队总司令、一直是希特勒坚定盟友的安东内斯库元帅也于 8 月 19 日向德国外交部明确指出，他将寻求停战，除非德国人将装甲援兵派至罗马尼亚。

29. 这一段的主要资料来源为：戴维·M. 格兰茨主编，《从第聂伯河到维斯瓦河：苏军 1943 年 11 月至 1944 年 8 月的进攻战役》，美国陆军战争学院，陆战中心，战争艺术研讨会，1985 年；戴维·M. 格兰茨，《第二次世界大战中的苏联军事欺骗》，伦敦：弗兰克·卡斯出版社，1989 年，第六章；S. 索科洛夫主编，《主要战线：苏军指挥员回顾二战》，伦敦：布雷赛出版社，1987 年，第八章（马利诺夫斯基撰写）；S.M. 什捷缅科，《战争年代的总参谋部，1941—1945》，莫斯科：进步出版社，1985 年，第二册第四章。作战序列资料引自《战争经验研究资料集第十九期》，莫斯科：军事出版局，1945 年。

30. 苏联人非常清楚反对安东内斯库政权的势力日渐加强，一段时间以来，他们一直在寻求同西方盟国媾和。实际上，这些密谋分子甚至在 8 月 8 日与苏联取得秘密联系。

31. 第 37 集团军从 70 平方千米的一座登陆场遂行冲击。部署进这片地域的炮兵力量包括 630 个观察所、320 个炮兵连阵地、324 门直瞄火炮。

32. 8 月 18 日，南乌克兰集团军群司令弗里斯纳大将报告德军最高统帅部，必须预计苏军即将对雅西地域发起进攻，同时对杜米特列斯库集团军级集群实施一场辅助突击。他建议（已不是第一次）撤至喀尔巴阡山，但希特勒拒绝批准这种后撤（同样不是第一次）。

33. 这一段的主要资料来源为：戴维·M. 格兰茨主编，《从第聂伯河到维斯瓦河：苏军 1943 年 11 月至 1944 年 8 月的进攻战役》第四章。大多数德方评述认为罗马尼亚军队在这里和别处一样表现拙劣，或根本未实施抵抗，但布希纳的书中指出，这种夸大的说法是为这场惨败寻找替罪羊——罗马尼亚军队的表现从平庸到无效、短暂不等，但他们并未背信弃义。参阅：马克·阿克斯沃西，《第三轴心第四盟友：欧战中的罗马尼亚军队，1941 年—1945 年》，伦敦：兵器和铠甲出版社，1995 年，第五章；亚历克斯·布希纳，《东线 1944：德军 1944 年在苏联前线的防御战》，宾夕法尼亚州西彻斯特：希弗出版社，1991 年，第六章；约翰·埃里克森，《通往柏林之路》，伦敦：韦登菲尔德 & 尼克尔森出版社，1983 年，第 347—365 页；S. 索科洛夫主编，《主要战线：苏军指挥员回顾二战》，伦敦：布雷赛出版社，1987 年，第八章。

34. 夺取普洛耶什蒂是一起具有战略意义的事件。这是德国人控制下的最后一处主要油田，它对德国的重要性怎么说都不为过，因为盟军对德国合成石油生产的空袭 5 月初开始奏效。德国国防军的空中力量、机械化兵团和机械化运输很快就会耗尽燃料。

35. 第 57 集团军将两个步兵军交给突击第 5 和第 37 集团军并从后者获得一个步兵军。

36. G.F. 克里沃舍耶夫，《揭秘：苏联武装力量在战争、作战行动和军事冲突中的损失》，莫斯科：军事出版局，1993 年，第 205—206、第 371 页。

37. 这一段的主要资料来源为：V.Ye. 萨夫金，《战役法和战术的基本原则》，莫斯科：军事出版局，1974 年，第 156—157 页；C.J. 迪克，《论苏军战役法》，刊登于《陆军战地手册》第二册第二部分，英国陆军，1991 年。C.J. 迪克的《论苏军战役法》从《战役法和战术的基本原则》一书和其他史学研究发展而来。

38. 诺曼底战役后期，美国第 1 和第 3 集团军为稀缺的补给物资和运输工具发生的争执说明了这一点。

39. 实际上，截至 8 月初，红军的前进速度非常快，通往拉瓦 - 罗斯卡亚的铁路线投入使用时，各集团军先遣部队已位于西北方 200 千米处。

40. 这一段的主要资料来源为：M.M. 基里扬，《方面军进攻》，莫斯科：科学出版社，1987 年，第八章；V.N. 罗金主编，《苏联武装力量后方勤务的发展，1918 年—1988 年》，莫斯科：军事出版局，1989 年，第九章；A.I. 拉济耶夫斯基，《坦克突击：从伟大卫国战争的经验看坦克集团军在方面军进攻战役中的行动》，莫斯科：军事出版局，1977 年，第四章；I.M. 阿南耶夫，《从伟大卫国战争的经验看进攻战役中的坦克集团军》，莫斯科：军事出版局，1988 年，第 6.11 章（在本书作者看来，该书有些地方较为晦涩或含糊不明）；戴维·M. 格兰茨、哈罗德·S. 奥伦斯坦，《白俄罗斯 1944：苏军总参谋部研究》，伦敦：弗兰克·卡斯出版社，2001 年，第六章；戴维·M. 格兰茨和哈罗德·S. 奥伦斯坦的《利沃夫战役：苏军总参谋部研究》，伦敦：弗兰克·卡斯出版社，2002 年，第七章；S.K. 库尔科特金主编，《伟大卫国战争中的苏联武装力量后方勤务，1941 年—1945 年》，莫斯科：军事出版局，1977 年），第四、第五章。

41. 一个弹药基数的炮弹数量如下：81 毫米和 120 毫米迫击炮 120 发，76 毫米 ZIS-3 加农炮 80 发，122 毫米 M-30 榴弹炮 102 发，152 毫米 M-10 榴弹炮 60 发，T-34/85 坦克 55 发。一个油料基数可供行驶的里程为，T-34/85 坦克 350 千米，租借法案提供的 2.5 吨 GMC 卡车 255 千米。

154

42. 以类型和负载划分的物资补给详情，可参阅 C.N. 唐纳利，《苏联军队在战斗中的可持续性》，C54 号研究，桑德赫斯特：苏联研究中心，1986 年，表 75—79。

43. 总之，参加白俄罗斯战役的四个方面军，辖内的道路兵修复了超过 3.7 万千米道路，构筑起 400 千米新道路，还修复了 3600 座桥梁。

44. 当然，战役发起时用于炮火准备的弹药不在机动储备的总数内。例如，为准备白俄罗斯战役，每门加农炮、榴弹炮和迫击炮在发射阵地提前储备至少 1 个弹药基数。某些情况下，由于战斗侦察大获成功，炮火准备时间缩短，炮兵力量在支援阶段向前部署时，不得不将大批炮弹留在后面。

45. 这一段的主要资料来源为：M.M. 基里扬，《方面军进攻》，莫斯科：科学出版社，1987 年，第八章；A.I. 拉济耶夫斯基，《坦克突击：从伟大卫国战争的经验看坦克集团军在方面军进攻战役中的行动》，莫斯科：军事出版局，1977 年，第 4.2、4.3 章和附录四、五；I.M. 阿南耶夫，《从伟大卫国战争的经验看进攻战役中的坦克集团军》，莫斯科：军事出版局，1988 年，第 6.11 章；A. 克鲁普琴科，《为担任快速集群的坦克和机械化军提供的技术保障》，刊登于《军事历史杂志》，1982 年第 6 期；Yu.I. 扎韦茨基耶，《恢复伟大卫国战争进攻战役中的坦克（机械化）部队 / 兵团的战斗力》，刊登于《军事历史杂志》，1986 年第 10 期；V.N. 舍肯琴科，《伟大卫国战争进攻战役中保持坦克集团军战斗力的方法》，刊登于《军事历史杂志》1986 年第 9 期（俄文）；H.F. 斯托克里，《苏军战役策划：优势比 vs 伤亡率》，AA6 号研究，桑德赫斯特：苏联研究中心，1985 年；H.F. 斯托克里，《苏军战役策划准则：人员和坦克的损失率——过去和现在的规范》，AA17 号研究，桑德赫斯特：苏联研究中心，1987 年。

第三章
1944年夏季，成熟的战役法

学说的发展

1944年工农红军野战条令（PU-44）

在修正后的学说指导下，苏军指挥员们将战争引入第三阶段。战争第一、第二阶段的经历证明PU-36阐述的概念基本正确。但正如PU-44序言所说的那样，"某些规定"已然过时，需要对其加以彻底修改。1944年野战条令更加强调诸兵种合成力量（包括空军）在各个层级的有效行动。他们还抵制住了给予"战斗各个方面全面指导"的诱惑，将对战斗的指导限制在基本原则与方针上，因为"战斗条件差异很大"。相反，他们更强调理解力、判断力和"具有创造性的主动性"。

PU-44序言突出体现了战争经验带来的变化。过去在集团军或军级以下采用的梯次战斗队形被取消，因为这会造成不必要的伤亡，小型兵团和部队的重要组成部分无法参与战斗，导致部署过深。此后，各师各团应以单梯队遂行冲击，只保留小股预备力量应对突发情况，这将从一开始就形成最大火力。进攻深度和随之而来的持续性可由军和集团军组织的第二梯队实现，更不必说投入由快速力量构成的强大发展梯队了。新条令还承认指挥和控制的连续性不可或缺，禁止团级和师级指挥员亲自率领进攻，尽管在前移的指挥所可以亲自观察主要突击方向上的展开情况，但他们应致力于担任战斗组织者这一关键角色。进攻战斗的性质得到了更彻底的阐述，从行进间发起进攻与从近战阵地投入进攻被加以区分，突破筑垒地域、精心准备的野战防御与突破仓促或机动防御被区别对待，条令描述了各种情况下的不同要求和技术，进攻中的火力支援问题同样如此。新条令明确规定了炮兵进攻和航空兵进攻的性质，这些新概念将确保穿过敌人整个防御纵深的战斗获得持续支援。条令还对坦克支援步兵、炮兵支援坦克和步兵的持续性提出要求，并且强调密切协同。指挥员们被告知，坦克的任务是消灭敌步兵，通常不用于对付敌坦克，消灭敌坦克的任务由大批战术、战役级反坦克力量完成。条令还提醒指挥员们，不得零碎、分散使用坦克部队和兵团。当代战斗的主要特点是机动，这一点也得到强调，随之而来的需求是快速重组和包围或合围敌军，指挥员们在这方面获得了切实的指导。

条令将转入防御定义为一种临时性举措——为恢复进攻创造有利条件，并且要求实施顽强而又积极的防御，强调应特别注意防坦克、防空，严守侧翼和结合部。各部队和兵团必须做好在包围圈内战斗的准备，未获上级批准不得擅自撤离。条令还指出，位于苏联后方的敌人将陷入困境，因为他们不得不在两条战线上从事战斗并面对红军纵深预备力量为粉碎包围圈展开的进攻。现代战争中的确没有后方，前线无处不在。

一个特别章节概括了游击战的经验，以及他们为主战场做出的贡献。游击战的主要任务是侦察，切断公路、铁路和电话线，破坏敌人的仓库、物资堆积所、维修中心和其他后方地域设施，破坏重要的基础设施（例如电力和供水系统），暗杀敌人的重要人员，消灭敌人遭孤立的个体和小股群体，使敌人搜寻、攫夺、破坏粮食收成的活动更趋复杂。在游击运动中央司令部的集中指导下，游击队应发起协同一致的进攻，红军逼近时，他们的活动要与正规部队协同进行。[1]

在许多方面，比对 PU-36 的变化和修改更有趣的是那些早期条令的延续，以及根据战斗经验进行的扩充。进攻战役的目的依然是歼灭敌有生力量。胜利通过以下因素的结合实现：指挥员的正确决定和为实现该决定所做的充分准备；各层级赢取胜利的意志；精心组织和持续实施的侦察；突然性，野战条令第11段的说法是"出乎敌之意料，瘫痪其意志，使之丧失遂行有组织抵抗的机会"；在主要方向集中优势力量；诸兵种协同；巧妙利用地形；机动，"迅速、隐蔽、出敌意料地实施"（第9段）；持续、有效的指挥和控制；后勤保障。另外，条令第12段的说法至关重要：“战斗中大胆的一方总是能赢得胜利，他们始终掌握主动权并将其意志强加给敌人。明智的主动性基于对任务和情况的了解。”这包括为完成任务寻找最佳解决之道的意愿，以及遭遇威胁并迅速做出应对时对一切有利因素的运用。在后一种情况下，指挥员可能不得不主动做出新决策并立即将之汇报给上级和毗邻兵团及部队。愿意为大胆的决定承担责任也是必要的，“大胆而又明智的英勇之举必须始终指导上级和下属。那些没能实现目标的人……其优点不应受到责备，应当申斥的是那些担心承担责任，因而消极被动的人。”但是，该体制并不鼓励指挥员们下达命令，然后将后续责任向下传递。师级指挥员总是应在指挥和观察所实施指挥，他们在那里可以亲自观察主要方向上的战斗并在必要时掌控其下属。同样，条令也要求集团军指挥员（有时也包括方面军指挥员）前往辅助指挥所，以便为亲自指挥战斗掌握关键地段的情况。依靠可疑和几乎可以肯定已然过时的报告显然不太合适，面对面的交流对指挥员掌握准确情况并以其意志影响疲惫、压力重重的下属至关重要。指挥员不在时（通常缺席很长时间），身处主指挥所的参谋长，作为副司令员有权力和责任以司令员的名义下达命令。

新条令对战争每一个阶段各种表现的本质特征都加以阐述。例如，区分了冲击筑垒地域、预有准备的野战防御、仓促防御，以及机动防御之间的不同，并且给出了相应指导。面对不同的防御　所采取的突破行动也不尽相同。突破敌人浅近、薄弱、仓促准备的防御时，投入坦克—机械化兵团可能就足够了，但在敌防御强大且深邃的情况下，必须以诸兵种合成集团军打开突破口，然后再投入快速力量。关于战役布势，新条令规定诸兵种合成集团军和军应组织两个梯队，第二梯队的规模根据地形和敌人的实力不同而变化，主要用于加强突击力量，或替换丧失战斗力的师，或拓宽、发展一切突破，或巩固胜利。集团军和军应以自身力量和最高统帅部大本营预备队提供的支援组建炮兵群，用于反炮兵作战和打击敌纵深目标。航空兵进攻为其提供补充并打击炮兵力量的死角或超出其射程的目标。各层级都应组建反坦克炮兵预备队并与工程兵快速障碍设置队协同行动，他们应特别注意守卫侧翼和结合部，但也应灵活应对一切意想不到的威胁。高射炮兵群负责防御最具价值的资产。独立坦克团和一些坦克旅应在冲击过程中为步兵提供直接支援并在防御阶段组建一股坦克预备力量。部分主旨在所有进攻战役中通用。整体胜利是局部成功的持续发展之总和，每场突破都必须加以利用，即便是在次要方向，这就要求指挥员们的思想和部署都具有灵活性。时间始终是至关重要的因素，正如第227段警告的那样："迟延和等待指示在战斗中是最危险的。"只有在初期实现进攻势头，之后保持战役高速进行，才能抓住敌人，使其处于失衡状态并牢牢掌握主动权。进攻必须彻夜进行，其速度和深度将被视为衡量战役成功与否的标准。

突破通常是一场战役中最困难的阶段，但发展阶段最具决定性。新条令将注意力集中于快速力量的作用和能力，其指导意见比 PU–36 更加具体。独立坦克和机械化旅是战术部队，作为集团军快速力量用于浅近行动，其职责是夺取并守卫重要地段直至主力赶到，在局部进攻中发展胜利、支援冲击兵团之侧翼、追击后撤之敌，在防御战中遂行反冲击，或以机动防御掩护集团军实施重组。作为战役—战术兵团的坦克和机械化军由方面军或集团军直接掌握，用于发展胜利：攻入敌人暴露的侧翼或后方、遂行追击，或者坚守一道夺得的防线直到主力赶至。另外，他们在防御战中还用于实施反冲击和反突击。对付处于失衡状态的敌人时，他们可以凭自身力量完成任务。相关条令禁止为加强其他兵团而拆分使用快速力量（但在实践中，他们经常不得不隶属于诸兵种合成集团军辖内兵团，若以快速力量完成突破，他们的坦克会遭受严重损失）。除非占据绝对优势，否则不得以快速力量对付敌坦克，那是反坦克部队的任务。必须保存发展胜利兵团的实力，这样一来，他们便可以抢在敌人企图封闭一切突破口之前发挥其主要作用，通过侧翼和后方突击彻底击败敌人的主力集团。鉴于突破战既要求速度，又要求避免快速力量为追求速度而遭受损失，必须特别注意快速力量的组织、指挥和投入时机。

正如以往的野战条令反复重申的那样，机动战的行动特点要予以特别关注，最重要的是遭遇交战／战斗、合围和追击。以往的战争经历，无论成功与否，都为在理论层面宽泛地理解条令增添了大量实践智慧。同其他领域一样，概念、情况和要求得到更精确的阐述，因而在指导做出相关决定时更具价值。例如，条令强调，在合围战役中使敌人丧失一切机动自由至关重要，即便在合围进行时也应分割包围圈，同时击败或至少迟滞开进中的敌预备队。将红军通常更具自信、更有效的行动与英美军队1944年的战役加以对比就会发现，健全的学说基础对行动是多么重要。

PU–44 以完整（尽管较为简短）的一章专门阐述空中力量，各小节详述了航空兵在战役不同阶段的应用，对航空兵的重视超过以往旧条令。但是，航空兵作为地面力量的下属投入战斗, 这一地位并未发生改变。空中力量的主要任务依然是侦察, 防空, 消灭敌炮兵、支撑点和有能力显著影响突破战的敌战术预备队, 消灭或压制敌战役预备队, 破坏敌人的指挥和控制, 实施后勤保障。条令将更多的注意力集中于制空行动, 显然认识到了将敌人消灭在基地并控制其上方的天空是压制对方空中力量的最有效手段。封锁任务似乎仅限于战地附近, 并不向纵深发展。关于空中力量的章节强调空中与地面实施紧密的战术和战役协同, 目标和进攻时机的选择由诸兵种合成力量指挥员负责。快速集群投入时, 航空兵部队通常会配备给他们以提供近距空中支援。反过来, 地面力量应通过提前夺取着陆带确保持续的空中支援, 这些着陆带尔后由紧随作战部队的机场维修单位加以发展, 这么做的目的是确保歼击机机场距离接触线不超过 50 千米, 强击航空兵则不超过 75—100 千米。

1944 年战役法的重要概念和问题

一般说来, 一场战役的目的并非攻城略地, 这通常不过是个重要的副产品而已。[2] 战役的目的是歼灭敌有生力量, PU–36 提出的这一愿景经过无数次失败后, 终于在斯大林格勒的战略性进攻中首次实现——红军歼灭了敌人 30 多个师, 这部分归功于特别有利的条件。除此之外战争第二阶段没有其他的成功尝试, 苏军最高统帅部终于意识到, 麾下的兵团仍没有足够的能力实施高度复杂的大纵深战役。因此, 1943 年下半年, 红军虽然沿 1800 千米正面将敌人击退 350—700 千米并重创数十个德军师, 但并未将这些师歼灭, 德国人将残余的骨干力量加以重建, 其战斗力高于全新组建的师。1944 年, 苏联人的重点是歼灭敌军, 而非将其击退。奥廖尔战役算不上典范战列, 红军的要求是实施战役机动, 在一片庞大地域粉碎敌人的凝聚力, 破坏对方大股兵团的指挥、控制和后勤保障。敌人的计划落空后, 其在广阔地域及防御纵深协调行动的能力也将瓦解; 重要地段被红军夺取后, 只能被迫摆出被动应对姿态, 同时丧失做出及时、有效应对的能力。实现这一目标的最有效方法也许是合围, 但是否采用这种或其他战斗行动方式, 在很大程度上取决于前线情况和敌人的相关部署, 胜利的关键是将战役重点迅速转入敌防御纵深, 尽可能同时从前后两面完成对敌人的歼灭。时间非常关键, 进攻必须在敌人"情报—决策—行动"周期内尽快实施。

大本营的战役理念将决定击败哪个敌集团并以何种方式将其歼灭——通过合围，通过将其逼入死路后予以粉碎，或以分割突击切碎敌人并在追击过程中将其逐一消灭。最高统帅部大本营制定了包括规定哪些方面军参加战役的广义标准，即方向、目标和时间安排。战后，对保密的红军总参谋部日志所做的研究指出，对一场战役的战略要求是改变力量对比。后者是个快速变化的动态值，在很大程度上与时间、空间和兵力对比有关。根据这个前提，评估一场战役有效性要从三个方面着眼：给敌人造成破坏的程度（至少是其最初力量的 50%），以及对其指挥和控制的扰乱力度；规定时间内实现的突破深度；战役按规定时间结束时，进攻集团剩余的战斗力——实施积极行动的能力必须高于敌人。如果三个方面都能达标，任务就被视为彻底完成；若只有两项达标，则为部分完成；倘若没能做到两项达标，则被视为任务失败。[3] 衡量给敌人造成破坏的程度远比单纯统计人员和装备的损失数量更困难。纵深与时间方面的关键问题是衡量对防御稳定性造成的破坏和进攻方强加其意志的程度。第三项指标的高低决定能否避免一场战役停顿。

这些标准的设立给策划者和决策者带来了极大的挑战。苏联人并未将他们的大批兵力视为多余。[4] 一方面，数量上的显著优势非常必要，可以确保迅速突破德军防御并留下足够的力量前出到指定战役纵深——需要指出的是，一场缓慢的突破或缺乏发展力量意味着投入到战役中的努力和时间在很大程度上被浪费。另一方面，一场不必要的大规模集中可能会不利于达成突然性并导致毫无意义的损失，和一场力量不足的进攻一样，其后果显而易见。正如朱可夫元帅所写的那样："人员和物资的准确估量……必须符合所分配的任务。相关经验表明，不能给部队分配无法执行的任务。分配无法执行的任务，除造成损失、耗尽力量并破坏战士们的士气外，不会有任何效果。"[5] 另外，最理想的情况是，同时，而非先后完成几项战略任务，从而导致敌人过度拉伸，以此赢得时间。为此，或至少为增加战役的潜在范围并缩短各场战役间的时间间隔，每场战役都应以足够的资源（但仅仅够用）发起，以确保达成目标。即便力量相对充裕，节约兵力也很重要，因为显著的盈余总是可以很好地用于其他地方。

能否以决定性的战役机动达成既定目标，取决于能否实现数量、火力和机动性的正确组合，而这种组合必须考虑敌人的实力、部署和地形。第一个需要解决的问题是突破，它始终是大纵深战役中必不可少的初步行动，而且通常很困难。德国人转入战略防御时，他们的重点是改善阵地防御的复杂性和深度，以此抗击红军不断增长的力量，弥补自身机动性的下降。但是，由于希特勒不愿放弃既占地域，哪怕小规模战术后撤能对战役稳定性做出巨大贡献时亦是如此，德军的灵活性受到了限制。防御地幅一般有两道，第一道是战术地幅，其纵深从1944年的6—8千米增加到了1945年的10—15千米，由主要防御地带和第二防御地带组成。每个防御地带筑有两道（时间允许的情况下为三道）连贯堑壕线，通常设在反斜面上并以斜切阵地连接。至少在受威胁最大的接近地，两道堑壕线会获得大量铁丝网、雷区和其他障碍物的加强。1944年中期，某些德国集团军采用地幅防御战术扼守战术地幅，有时候较为有效。第一道堑壕线仅以薄弱兵力据守，主力在苏军发起炮火准备前后撤1—2千米，确保对方的毁灭性炮火落在空战壕上；同样，炮兵也变更部署至备用发射阵地以避开对方的反炮兵连火力。[6] 位于后方的防御战役地幅由两道堑壕线组成，配有集团军和集团军群预备队。防御总纵深达60—100千米。德国人通常缺乏兵力，特别是因为马斯基罗夫卡经常导致他们最初的错误部署。因此，战役级防御一般呈单梯队部署，每个集团军有1—3个师的预备队，集团军群可能有3—6个师。防御战术地幅通常由防御兵团80%的力量据守（有时会更多），每个师扼守10—12千米宽的地段。战役预备队可获得调自消极地带的兵团和部队及空中力量的支援，通常以反冲击恢复遭突破的主要防御地带。希特勒还经常将某些城镇宣布为"要塞"，这些城镇横跨公路或铁路线，是苏军向纵深发展攻势的必经之路。希特勒坚持要求这些要塞充分做好准备，坚守到最后一人一弹。

考虑一场以突破这种防御为开始的战役时，参与其中的方面军必须解决三个关键问题：哪个进攻方向或轴线最具决定性前景，哪里又最容易，因此，主要和次要突击方向是哪里？牢记必要的最低兵力对比（包括质量和数量指标）和可用时间的同时，需要怎样的突击集群，每千米正面集中多少火炮、步兵和直接支援坦克才能确保迅速突破敌人的防御战术地幅？由于突然性绝对必要，采取何种马斯基罗夫卡措施才能防止敌人确定打击落在何处并及时采取对策？

突破是个先决条件，但一场战役的决定性阶段是发展胜利期。一场快速突破能为发展胜利创造机会，第二梯队实施的战役机动则用来达成目的，哪种战役布势能为这两个需求提供最佳平衡？如何发展初期突破，以便将战术胜利扩大为战役胜利？也就是说，该如何实现所需要的进攻速度，从而粉碎敌人的反制措施，并以何种集团军级快速集群和第二梯队实施？达成突破并在敌纵深赢得机动空间后，战役胜利如何发展为战略胜利？应投入怎样的方面军级快速集群，第二梯队和反坦克、工程兵及其他预备队？应以这些力量实施何种连续、相继展开的战役？每一场战役的宽度和纵深，必要的范围是多大？如何实现并保持空中优势，空中力量如何融入地面战役从而取得决定性战果？如何实现"与战役衰竭的后果做斗争"，也就是说，如何实现战役后勤保障，直至获得所希望的纵深？为解决最后一个问题（这个问题导致西线盟军1944年夏季的追击过早达到顶点），红军发展出了适合机动战的后勤体系，第二章附录对其有所描述。

即便到战争第三阶段，力量对比更有利于红军时，这些问题依然难以解决。关键问题是时间，苏联领导层并不认为消灭法西斯后会迎来一个和平、和睦、充满善意的世界。资本主义与社会主义间的冲突，无论是武力冲突还是至少在最初还未升级到全面军事冲突的斗争（后来被称为冷战），将不可避免地继续发生。苏联必须在两种制度发生冲突的后法西斯阶段到来前确保最佳战略态势。这就意味着在纳粹灭亡，或在摆脱希特勒的德国同西方盟国缔结合约尔后共同对付苏联之前（后一种可能性最令人担心）尽可能多地控制欧洲。这反过来意味着战役计算和策划必须严谨：一场方面军战役的失败会给一场战略性进攻带来不利结果，失败的战略性进攻战役将是一场可能会造成严重后果的重大挫折。[7]

白俄罗斯战役中的战役法

战役概述

苏军最高统帅部大本营希望白俄罗斯战役具有战略规模和重要性。[8]这场战役涵盖一片前所未有的庞大地域，意图歼灭一个德国集团军群之主力。实际上，战役结束时——恰巧是在到达预期的顶点后，它以一个共同的整体概念连接起不下十场单方面军和多方面军战役：维捷布斯克—奥尔沙战役、莫吉廖夫战役、博布鲁伊斯克战役、波洛茨克战役、明斯克战役、希奥利艾战役、维尔纽斯战役、考纳斯战役、比亚韦斯托克战役和卢布林—布列斯特战役。遵照最高统帅部大本营的训令，这些战役需要四个方面军紧密配合，由两位最高统帅部大本营代表指挥，他们是 A.M. 华西列夫斯基元帅和 G.K. 朱可夫元帅。早在 1943 年，这已成为一种典型的安排。除极少数例外，战略性战役变得如此庞大，已超出单个方面军的能力。对策划和较高层面的执行加以集中控制，可以确保最有效地使用资源并防止方面军司令员因追求自身利益而对大本营的意图造成有意或无意的破坏。但方面军司令部的任务不仅仅是机械地执行上级的命令。战役目标在 1944 年前便已确定，但实现这些目标的时间和可供使用的手段有待商榷。在此过程中，诸方面军司令员以他们对地形和当面之敌的深刻了解，对相关决策施加实实在在，而不仅仅是名义上的影响。在整体概念的框架内，方面军司令员们在他们认为合适的时候有相当大的行动自由，战役法的实施毕竟是一个创造性的过程，而不是一件靠僵化的理论和死板的计划自动实现的"紧身衣"，但如果违背上级部门的建议，他们也知道失败的后果。I.Kh. 巴格拉米扬、I.D. 切尔尼亚霍夫斯基、M.V. 扎哈罗夫和 K.K. 罗科索夫斯基都面临与任务、地形、敌人有关的不同问题，都提出了适合他们所面临的情况的独特解决方案。

对早期常见做法的另一个改善是提供足够的准备时间以确保对马斯基罗夫卡、充裕的相关训练、侦察、后勤储备、制定炮兵和航空兵进攻计划、组织协同等方面的充分重视。各方面军有 22—28 天的时间准备其力量，是战争第一阶段平均准备时间的 5—8 倍，是第二阶段准备时间的 2 倍。具体决定做出后，各集团军有 12 天准备时间。[9] 以往的进攻战役，虽然拥有显著的数量优势，但由于准备不足，这些资源被滥用，经常导致战役部分失败或彻底失败。另外，红军指挥员和参谋人员从长期、艰苦的学习过程获益匪浅。带着源自现实主义的经验，他们知道什么是重要的，什么是不重要的并建立起基础牢靠的策划标准，且有能力准确执行并取得成功。到 1944 年中期，红军的策划质量得到了很大提高。本章附录将阐述成熟的方面军战役的策划过程。

为实现战略目标，各方面军需要连续实施 3—4 次战役（在某些情况下同时发起），每场战役的纵深约 140—160 千米。第一阶段，波罗的海沿岸第 1 方面军和白俄罗斯第 3 方面军必须紧密协同，在北翼完成对维捷布斯克周围一股敌重兵集团的合围和歼灭，而白俄罗斯第 1 方面军主力应在南面消灭博布鲁伊斯克地域的另一股敌军。白俄罗斯第 2 方面军应将敌人牵制在中央地带，使对方在关键的数日之内无法弄清苏军主要突击方向，而红军则趁机加强真正方向上的突击势头。侧翼两场初期战役结束后，第二阶段将从两翼对中央地带之敌实施第三场合围，最初相距约 220 千米的两翼苏军将在纵深超过 200 千米的明斯克地域会合。一如既往，方面军级快速集群构成合围对外正面，而诸集团军辖下的快速集群提供合围对内正面需要的坦克力量。[10] 第二阶段正在进行之际，三个方面军应同时展开第三阶段战役，从战役纵深向战略纵深发展。各方面军已策划好穿越全纵深的初期战役——也就是实现尔后任务的计划：第一周准备细节问题，第二周准备的是更广泛的大纲。此后，对后续阶段的指示取决于发展情况和敌人的应对。目标是无缝隙过渡，即便从第二阶段转入第三阶段时也不能有哪怕是最短暂的战役停顿，以免敌人获得宝贵的时间做出有效应对。为避免出现这种缝隙，战役计划应建立在各阶段重叠的基础上。不等敌维捷布斯克和奥尔沙集团陷入重围，北方面军群就应着手向战役纵深发展；歼灭敌人前置力量的同时就应强渡别列津纳河。不等包围敌博布鲁伊斯克集团，白俄罗斯第 1 方面军就应攻向明斯克并沿斯卢茨克—巴拉诺维奇方向朝西攻击前进；后一个推进对白俄罗斯战役后的发展至关重要。同样，红军也不会等到消灭困住德国第 4 集团军大部的包围圈后再展开行动，在此之前就应继续向西推进。即便从南北两面而来的红军在明斯克会合时，方面军和集团军快返集群也应调离包围圈，一路穿过莫洛杰奇诺和巴拉诺维奇隘路，诸兵种合成集团军将在这两个方向为他们提供加强。

白俄罗斯战役的理念表现出对双方实际能力和局限性的了解，有些东西在苏联军事思想中相对较新。虽说其战略目标雄心勃勃，但计划的组成部分并不过分激进。潜在的决定性优势集中于最重要的方向。尽管各方面军主要突击方向上的充分集中要求红军实施大规模集结和变更部署，但这些行动在隐蔽情况下完成，德军最高统帅部的注意力和主要努力被吸引到了别处。达成突然性并以快速突击对其加以利用，这种必要性已得到充分理解：大多数情况下，地形有利于防御，而遂行机动的路径显然已被敌人轻而易举地封锁，如果苏军没能实现战役乃至战略突然性，敌人就能及时组织反集中，给苏军突破防御战术地幅或战役地幅造成限制，大大增加进攻方的伤亡。实际上，红军基本达成了突然性。波罗的海沿岸第 1 方面军、白俄罗斯第 3 方面军北部集团、白俄罗斯第 1 方面军南部集团各突击群，其力量和（或）方向给德国人造成了混乱和不安。这一点，加上苏联人在有可能出敌不意处设法穿越复杂地形，导致德国人做出了混乱、不足和姗姗来迟的应对。至关重要的是，除罗加乔夫—博布鲁伊斯克方向，德军位于各处的防御战术地幅在战役首日均遭到突破。这使红军获得了发展突破的初期势头，导致德国人从一开始就处于消极被动状态。红军的进攻速度较快，达到平均每昼夜 20 千米左右，这就延长了突然性的效果并将主动权牢牢掌握在手中。

战役中的六场突破均被加以利用。率领发展的是集团军和方面军快速集群的明智组合，其中包括一些骑兵军，他们非常适合当地地形，而坦克兵团在相关地域许多地带无用武之地。[11] 事实证明，初期阶段积聚的突击势头足以拓宽、加深突破，最终导致敌人做出的反应太晚，无法利用有利地形封锁重要方向。战役各阶段，分配给各参战方面军和集团军的任务比较实际，甚至有些保守，因而不存在过重的任务危及总体目标的情况，就像过去经常发生的那样。计划中留下了足够的余地以应对摩擦和意外事件。这种情况下，红军在各处的进攻速度都超过计划要求。战役级指挥员并未按照计划要求在规定时间内夺取某个目标或前出到某一线，而是不断加快前进速度。因此，第一阶段本应在 7 月 8 日前到达波洛茨克—列佩利—鲍里索夫—别列津诺—斯卢茨克一线，但红军 6 月 28 日—30 日间已越过该线。但这并不意味着历史的重演，上级部门并没有因为出乎意料的快速和完全的成功而对相关部队提出过高要求，这些力量正处在过早到达进攻顶点的危险下。实际上，唯一的主要弱点是突破至战役纵深后的后勤保障。但鉴于最高统帅部大本营提供的有限资源和战役涉及的遥远距离，红军还能向前推进多远，这个问题值得怀疑。

朱可夫元帅着重强调航空兵指挥员要参与战役准备工作。根据空军司令员诺维科夫的建议，他批准以远程航空兵力量发起一场大规模制空行动，打击德国第 6 航空队从布列斯特至奥尔沙的基地[12]；6 月 13 日—23 日间，红空军共投入 1472 个飞行架次[13]。白俄罗斯第 1 方面军的进攻发起日期比其他方面军晚一天，这个决定同样能看出诺维科夫的影响，这样一来，远程航空兵的全部力量便可用于加强空军第 16 集团军（共 3200 多个飞行架次）。

突破

虽然有时会遭遇复杂地形和敌人精心准备的防御，但达成突破的速度，在很大程度上归因于德军对战役级部署的错误判断、随之而来的低兵力密度和缺乏预备力量（例如，东线的 22 个装甲师，只有一个部署在中央集团军群防区）。这些错误部分源于他们对防御准备的过度自信，以及对日趋成熟的红军的持续低估。它们也是马斯基罗夫卡取得成功的部分结果。[14] 随后，红军正确识别出了德军的弱点并投入经过准确计算的力量对其加以集中利用。

中央集团军群 6 月 22 日的防御正面约 690 千米（不包括白俄罗斯第 1 方面军左翼），苏军六个突破地段的总宽度为 99 千米，约占总正面的 14.3%。苏军针对这一小片地段集中的突击群编有 75% 的步兵师，85% 的火炮，几乎全部坦克、自行火炮和空中力量。[15] 如表 3.1 所示，这种集结确保了突击群方向的对敌潜在决定性优势。各方面军的主要突击，除白俄罗斯第 1 方面军在罗加乔夫方向的部分例外，都在战役首日突破了敌防御战术地幅并于首日或次日投入快速集群。这主要因为苏军在相对狭窄的走廊集中起庞大的火力，从而突破了对方 5—6 千米精心构筑的防御。对波罗的海沿岸第 1 方面军来说，这意味着在 25 千米正面集结起 3422 门火炮和迫击炮，白俄罗斯第 3 方面军在 33 千米正面集中了 3573 门火炮和迫击炮，而白俄罗斯第 1 方面军的突破正面仅为 29 千米，他们集中了 4379 门火炮和迫击炮。另外，红空军也付出了巨大努力，最极端的例子是，空军第 16 集团军将所有轰炸机和强击机用于确保向博布鲁伊斯克的突破，战役首日共出动 2465 个战斗机架次。这些宏观统计数据显得枯燥无味，可对蜷伏在战壕中等待第 65 和第 28 集团军发起进攻的士兵们来说，炮火猛烈得可怕。德军每 100 米堑壕线仅有寥寥几名掷弹兵据守，他们会在历时 120 分钟的炮火准备期间遭到超过 26 门火炮和迫击炮的轰击。火箭炮齐射通常标志着炮火准备的高潮和结束，但在这场猛烈的炮击期间，苏军至少会展开两轮火箭炮齐射，目的是将敌步兵从避弹壕吸引到他们的射击阵地上。炮击随后恢复，随着突击力量的逼近，最终以一轮炮火急袭告终。甚至在最后一批炮弹落入敌前沿战壕的同时，一群群苏军步兵和冲锋枪手就将涌入其中。他们身后不远处，每隔 30 米一辆的坦克和自行火炮以主炮和机枪火力加强这场死亡之雨。因此，苏军在战役首日就突破敌主防御地带、次日就彻底突破防御战术地幅不足为奇。[16]

表3.1：白俄罗斯战役发起时的力量对比

方面军	作战人员	火炮[1]	迫击炮 （82毫米及以上）	火箭炮	坦克和自行火炮[2]
波罗的海沿岸 第1方面军	1.7/3.2:1	3/5.3:1	2.7/4.6:1	—	4.5/6:1
白俄罗斯 第3方面军	2.5/3/4.2:1	4/7.4/5.4:1	3.8/5.2/5.3:1	6/5.4/6.6:1	4/5.6/5.3:1
白俄罗斯 第2方面军	1.4/2:1	2/6.5:1	2.5/3.6:1	—	11/15:1
白俄罗斯 第1方面军	2/4.3/5.8:1	3/11.4/22:1	3/11.3/13.4:1	—	8/6.3/16:1

※ 资料来源：戴维·M.格兰茨、哈罗德·S.奥伦斯坦，《白俄罗斯1944：苏军总参谋部研究》，伦敦：弗兰克·卡斯出版社，2001年，第二章。
注：引自总参谋部研究的这些数字，给出的是苏联方面基于对德军实力的了解而产生的对力量对比的看法。第一个数字是整体对比；第二个数字，以波罗的海沿岸第1方面军和白俄罗斯第2方面军为例，是突破地段（突击群）的力量对比。若列出三个数字，第二个指的是北部突破地段，第三个指的是南部突破地段——对白俄罗斯第3方面军来说，分别是博古舍夫斯克和奥尔沙方向，对白俄罗斯第1方面军而言，则是罗加乔夫和帕里奇方向。支援各方面军的空军集团军的力量，由北至南，各种型号的飞机数量分别为1094、1991、593和2033架。红军总参谋部研究称，支援中央集团军群的德国空军战机数量为1342架。实际上，掩护该集团军群的德国空军第6航空队，只有775架战机，德国空军在整个东线也只有2085架战机。但是，针对遭受的灾难性失败，德国人7月初从东线其他地区、意大利、诺曼底和本土防御中抽调了270架战斗机和战斗轰炸机以加强摇摇欲坠的中央防线。参见空军历史分部，《德国空军的兴衰》，伦敦：武器和装甲出版社，1987年，第357—358页。
1. 只包括76毫米或更大口径的火炮。
2. 只包括直接支援步兵的坦克和自行火炮，发展梯队的战车数量不在其中。

在苏联人看来，与力量对比同样重要的是力量与空间的关系。例如，德国人在白俄罗斯第1方面军突破地段部署的反坦克防御看似并不强大，每千米正面密度仅为4—4.3门反坦克炮，白俄罗斯第3方面军第5集团军突破地段为每千米正面7门，而在近卫第11集团军对面达到了每千米正面12门。[17]这种考虑有助于确定进攻中的炮兵、直接支援步兵的坦克和自行火炮的密度。同样，通过确保第一梯队步兵师的突击正面不超过1.5千米，各突击群从一开始就投入最大数量的人员和武器，使达成突破的可能性最大化，而炮兵已为这种突破铺平了道路。当然，如此密集的集结很容易招致对方炮兵防御火力和空中力量的打击，冲击一旦出现停滞，重新恢复突击势头通常较为困难，也耗费时间。因此，对敌炮兵连的斗争是集团军炮兵群的一项重要任务，但他们并非总是能确定敌炮兵连的位置并及时予以压制。另外，机动炮兵连和配置在遮蔽发射阵地的炮兵连难以压制。

红空军为解决这些问题发挥了重要作用。苏军拥有绝对空中优势，德国空军无法为打击对方的突破发挥作用。轰炸机和强击机为炮火准备和支援提供加强，特别是它们可以攻击到炮兵打击不到的纵深目标。最重要的是，他们消灭德国人的火炮和迫击炮（这是他们的优先目标），而他们在战场上空的持续存在导致德军许多火力单位保持沉默，以免在被发现后遭到打击。虽然战役首日的恶劣天气给红空军的行动造成了限制，但各方面军的突破行动还是获得了辖内空军集团军的大力协助。[18]确保近距空中支援以满足个别兵团的需要对毫不停顿地实现突破至关重要。例如，空军第16集团军辖内诸航空兵兵团在一段特定时期内被分配给各第一梯队集团军，第3集团军获得了一个强击航空兵军和一个歼击航空兵师，第48集团军掌握两个强击航空兵团和提供掩护的歼击机，其他集团军和骑兵机械化集群各获得一个强击航空兵团和两个歼击航空兵团。[19]

表3.2：白俄罗斯战役突破阶段的平均战役密度

方面军	宽度（千米）		每个步兵师的正面宽度（千米）		每千米正面火炮和迫击炮		每千米正面坦克和自行火炮	
	推进地带	突破地段[1]	整个地带	突破地段	整个地带	突破地段	整个地带	突破地段[2]
波罗的海沿岸第1方面军	160	25（1）	6.6	1.5	31	51	4	22
白俄罗斯第3方面军	140	33（2）	4.2	1.2	51	75	13	44
白俄罗斯第2方面军	160	12（1）	7.3	1.2	80	181	2	19
白俄罗斯第1方面军（右翼）	230	29（2）	5.8	1.3	86	204	5.6	45
白俄罗斯第1方面军（左翼）	120	20（1）	3.3	1	70	356	14.5	88

※ 资料来源：A.I. 拉济耶夫斯基，《突破，1941年至1945年伟大卫国战争的经验》，莫斯科：军事出版局，1979年，第99页。

注：苏军认为德军的平均防御密度（每个师）如下：波罗的海沿岸第1方面军对面为每个师12—15千米；白俄罗斯第3方面军对面为每个师14千米；白俄罗斯第2方面军对面为每个师17千米；白俄罗斯第1方面军对面为每个师18千米，但罗加乔夫集团前方比南面帕里奇集团前方更加密集。

1. 括号中给出的是突破地段数量。
2. 包括快速集群的战车数量。若只考虑直接支援步兵的战车，这个数字为每千米正面12—22辆不等。

与达成突破几乎同样重要的是完成突破的速度。一场缓慢的侵蚀会使敌人获得时间从消极地带抽调预备力量和兵团并保持有效防御密度和平衡。这可能导致某种代价高昂、非决定性的成功，就像红军实施的奥廖尔战役那样。为克服德军不断演变的防御、避免此类消耗战，红军总参谋部不断调整实现突破的规范和对发展梯队的要求。到1944年中期，相关经验似乎表明，对敌预有准备之防御达成一场快速突破需要约3比1的战役优势，这一优势在选定地段转为5—8比1或更大的战术优势。同样成为指导原则的是，突破地段的宽度应与现有兵力和装备（特别是火炮）相符。一场突破的宽度最好是20—30千米，这样，发展突破的力量穿过突破口投入交战时就不会遭到来自侧翼的炮火打击。另外，如果这个宽度比较大，敌战役预备队就无法立即将其封闭。但这种理想状态并不总是能达到，因为有限的资源和诸如地形条件及需要两个突破方向的其他考虑，都会造成一定的影响。在优先事项存在冲突的地段，对适当火力密度的需求压倒其他一切需求。因此，白俄罗斯战役中，波罗的海沿岸第1方面军的突破地段为25千米，白俄罗斯第3方面军为16、14千米，白俄罗斯第2方面军为12千米，白俄罗斯第1方面军为15、14千米。白俄罗斯战役期间实现的战役密度可参见表3.2。

采取何种梯次配置取决于主要突击方向的选择、地形、敌防御力量的大小和纵深跨度，以及以充足火力实施初期所希望的突然性打击的需要。各方面军都将诸兵种合成集团军部署在第一梯队，位于消极地带的力量据守宽大正面，以此在主要突击方向达成高度集中。给突击力量足够的炮兵支援至关重要，因此，突击群的规模一定程度上受到集团军炮兵群规模的限制：这些炮兵群通常配备180—260门火炮和火箭炮，足以构成两个子群，可以将强大火力集中于重要的战术或战役目标以此支援两个第一梯队军并使集团军司令员有能力以大规模炮火影响突破过程。奉命从一开始就遂行合围的三个方面军将快速集群部署在发展梯队，这样便能在敌人做出有效应对前完成任务。由于作战地域不适合大规模机械化作战，波罗的海沿岸第1方面军只有一个坦克军。但是，面对斯摩棱斯克—明斯克机动走廊，白俄罗斯第3方面军有一个骑兵机械化集群和一个坦克集团军，一个诸兵种合成集团军还辖有一个坦克军。总之，该方面军共掌握五个快速军。白俄罗斯第1方面军编有一个骑兵机械化集群，两个诸兵种合成集团军各辖一个坦克军，因此该方面军共有四个快速军。部署在突击群内的14个集团军大都以第一梯队步兵军遂行冲击，仅有1个集团军例外。近卫第6集团军将4个步兵军中的2个部署在第二梯队。步兵突击在战役层面所缺乏的纵深，在战术层面会得到弥补。突击群编成内的大部分步兵军将1—2个步兵师列为第二梯队。三个诸兵种合成集团军（白俄罗斯第3方面军近卫第11集团军、白俄罗斯第1方面军第3和第65集团军）各投入一个坦克军，以便迅速包围敌人设在奥尔沙和博布鲁伊斯克的防御。集团军快速集群完成当前任务时，方面军级快速集群则向纵深推进，切断敌被围集团之交通线并击败对方的救援力量。

突破是赢得战役胜利的必要条件，需要的不仅仅是集中兵力和火力。必须将这种兵力和火力用于搭配均衡的诸兵种合成力量，他们的任务是准确打击敌防御的薄弱点，从而在战术上实现重大战果，各场战术胜利的结合最终会带来战役胜利。过去，战术上的失败经常挫败战役企图，不过1944年6月没有发生这种情况。细致的情报收集工作逐渐获得了敌人防御和部署的详情，战役开始前一天实施的战斗侦察则对其加以确认或修改。这使炮兵得以有效拟制火力计划，这通常是突破行动取得成功的关键。在数个地段，战斗侦察非常成功，以至炮火准备时节得以缩短甚至取消，炮兵直接转入炮火支援时节。[20]步兵军投入冲击时，足够数量的直接支援坦克和自行火炮协助他们实现目标。超过40%的战车力量编入各独立坦克团和旅，用于支援步兵，形成每千米正面20—22辆战车的密度。实际上，直接支援步兵的战车消耗得非常严重，以至于快速集群的先遣部队不得不以自己的战车完成对敌防御战术地幅的突破。

发展：战役机动

为赢得战役胜利，第一阶段（突破）必须按计划时间表完成，当然，更快完成会更好。红军非常清楚，仅仅突破防御的战术地幅和当前战役地幅是不够的。突破战必须迅速完成，若没有完成，敌人就会获得时间调集预备力量并从消极地带抽调兵团，尽管苏军会试图以佯动、辅助行动和马斯基罗夫卡迟滞敌人对红军主要突击做出的应对并分散其力量。一场快速突击是成功的重要保证，出于这个原因，最初的冲击应无情地实施，不考虑降低伤亡或为巩固战果暂停进攻，以免敌人得到喘息之机：第一梯队遭受的严重损失会使第二梯队获益，后者不必艰难穿越敌人仍处在平衡状态的防御，从而保存战斗力用于决定性推进。但是，步兵力量和提供支援的战车冲击敌人连续的堑壕体系时会遭受损失并陷入混乱，第一梯队的实力必然衰减，并不总是能在战役首日或次日达成明确无误的突破。迅速完成对敌主要防御地带的突破，经常依赖于投入一个快速集群（隶属某个第一梯队集团军或方面军），从而果断加强步兵和他们剩余的坦克及自行火炮付出的努力。此举可能存在些许问题，1944年，炮兵支援冲击的深度一般只有6—8千米，换句话说，不一定能覆盖精心构筑的防御战术地幅的全部纵深。对方最后一道炮兵阵地通常尚存，射程和目标确定问题限制了苏军炮兵对其实施压制的能力。率领快速集群的先遣支队将以他们的战车发起新的冲击，解决对方最后一些有组织的防御。[21] 但他们可能会在这种战斗中蒙受严重损失，其纵深任务会因此受到影响。空中支援在降低此类损失和加快突破方面发挥了重要作用。3—4个航空兵师辖内力量为关键的第一梯队集团军和坦克集团军提供及时、迅速、紧密的空中支援。4—12架强击机组成的连续波次出现在敌人上空，具有明显的压制效果。但是，最终突破敌防御战术地幅极其重要，需要大批轰炸机和强击机完成炮兵已无法实现的压制。到1944年，为实现此目标进行的空地协同得到了充分发展。

波罗的海沿岸第1方面军作战地域内，战斗侦察非常成功，各先遣营在一些地带顺利克服了敌人的第一道防御阵地，近卫第6集团军沿15千米宽正面取得5—7千米深突破。一场缩短的炮火准备后，苏军的全面冲击迅速打垮敌人的防御，这使担任快速集群的坦克第1军得以投入一个明确的突破口。但是，该军以步兵般的速度驶过因大雨造成泥泞的道路赶往出发线时，巴格拉米扬大将又后悔做了这个决定。他担心该坦克军会造成拥堵，拖缓诸兵种合成部队的推进和跨越西德维纳河所需的架桥工作，他决定留下坦克力量，直到夺得一座登陆场。没等德国人对渡口加以防御，搭载着步兵的该军坦克和自行火炮组成的灵活、快速推进的先遣支队已迅速完成了这项任务。

白俄罗斯第3方面军作战地域，战斗侦察发现敌人在北部地带的防御明显弱于奥尔沙—鲍里索夫—明斯克方向。他们迅速调整计划，战役首日在50千米宽地段彻底突破敌防御战术地幅，次日日终前，第39和第5集团军已取得25—40千米进展，这使奥斯利科夫斯基骑兵机械化集群得以于当晚投入。南部地带，红军沿奥尔沙—明斯克公路的行动进展甚微，但近卫第11集团军右翼力量穿过一片防御较为薄弱的沼泽地带，两天内取得约20千米进展，其行动得到第二梯队军、集团军预备队加强。战役第三天，集团军快速集群亦投入其中。但切尔尼亚霍夫斯基上将以近卫坦克第2军在主要方向完成突破、取得成功后让近卫坦克第5集团军跟进的计划受挫。按照 A.M. 华西列夫斯基的指示，方面军第二个快速集群 ① 变更部署至北部地带，在第一个快速集群身后跟进，但其先遣支队直到战役第三天日终时才靠近接触线。由于错误地相信第一梯队能为坦克集团军尽早投入通往明斯克的直达公路创造条件，切尔尼亚霍夫斯基最初将近卫坦克第 5 集团军部署在了过于贴近近卫第 11 集团军的地方，前者不得不后撤（几乎退至斯摩棱斯克）以便赶往新方向。这个错误造成了延误，幸运的是敌人无法对其加以利用。近卫坦克第 5 集团军在战役第四天晚些时候投入一个明确的突破口。虽说损失了一些时间，但迅速做出投入奥斯利科夫斯基骑兵机械化集群的决定意味着苏军毫不停顿地保持着压力。意外但快速实施的战役机动迅速将一个微小的突破口扩张成一个敞开的缺口，苏军还利用这一点，通过包围和突入德军战役纵深打垮了对方在奥尔沙地带的防御。到 6 月 28 日晚，快速力量（诸兵种合成兵团紧随其后）取得了远至别列津纳河的进展，一些先遣支队甚至已渡过河去。六天内，波罗的海沿岸第 1 方面军和白俄罗斯第 3 方面军推进了 80—150 千米并将突破正面拓宽到 200 千米。完成突破和遂行发展的速度意味着红军比计划提前三天到达别列津纳河这道主要障碍，其结果是，敌人没能沿河流重新设立一道牢固的防线。

尽管初期的诸方面军战役取得成功，但红军总参谋部研究对发展力量的前进速度不太满意。例如，该研究对波罗的海沿岸第 1 方面军以坦克第 1 军遂行的当前任务感到失望。该兵团没能脱离步兵力量并向敌战役纵深发展，而这才是他们应承担的任务。主要由于进展不顺，加之缺乏足够、及时的工程兵保障，该军在渡口处徘徊，堵塞道路，没有意识到自身的潜力。这种夹杂在步兵战斗兵团内的推进持续到 7 月。同样，近卫坦克第 5 集团军指挥和控制方面的缺点也被批评为"推进期间不够迅速、果断"。结果，同北面的坦克第 1 军一样，该集团军经常混杂在步兵力量中从事战斗，而不是在他们前方迅速推进。该集团军卷入争夺奥尔沙—明斯克公路上支撑点的战斗，而不是绕过它们，因而没能及时夺取鲍里索夫，这就使德军新开到的第 5 装甲师得以在别列津纳河东面设立起一道拦截阵地。看看近卫坦克第 5 集团军获得的强大空中支援，就会觉得该集团军的表现的确不尽如人意：1 个轰炸航空兵军、2 个歼击航空兵军、1 个强击航空兵军，战机数量多达 800 架。

①译注：指的是近卫坦克第5集团军。

这份研究没有详述妨碍快速集群行动的关键问题。报告中称赞为跨越河流障碍（白俄罗斯的河流数量非常多）进行的训练和渡河设备的集结。但渡河设备的数量并不够，6月份的降雨导致河流暴涨，近卫坦克第5集团军的渡河问题尤为严重，因为红军没有料到需要如此规模的架桥作业。[22] 另外，各部队经常因为道路状况发生延误。红军之所以自战役伊始便取得较快的进攻速度，是因为他们抢在敌人炸毁诸多桥梁前就将其夺取，另外，没等对方实施有效拦截，他们已找到涉渡处和渡口。无论批评多么严厉，红军还是提前完成了诸多目标，毫不停顿地保持较高的战役速度，使敌人始终处于消极被动状态。对快速集群的投入和使用展现出了果断性和灵活性，这一特点在1944年夏季红军战役级指挥员身上变得越来越普遍。

白俄罗斯第1方面军的战役发起日期比另外三个方面军晚一天，从时间安排上看，不太可能达成突然性。战斗侦察只获得了微不足道的战术收益，但确实达到了名义上的目的并更新了关于前方地带的情报。第65和第28集团军组成的南突击群，冲击力度和某些战术性创新令敌人深感吃惊。截至6月24日晚，一个步兵军在投入交战的近卫坦克第1军支援下，沿10.5千米宽正面突破敌防御战术地幅，取得12千米进展。这一成功帮助了苦战中的侧翼兵团，德军6月25日开始后撤。普利耶夫骑兵机械化集群当日下午发起追击，将战术突破发展为战役突破。另外，这场突破还迫使德国人将唯一一个预备队装甲师调离与北突击群的战斗。北面的情况同样如此，投入坦克第9军后，北突击群6月26日突破敌战术防御纵深。次日日终前，经过一场70—80千米的推进，红军彻底包围了博布鲁伊斯克。另外，在普利耶夫集群率领下，进入敌战役纵深的发展行动正朝明斯克和斯卢茨克—巴拉诺维奇方向进行。快速力量获得其战役控制下的航空兵兵团的大力协助。骑兵机械化集群得到1个强击航空兵军和1个歼击航空兵军提供的火力支援和掩护，每个独立坦克军获得1个强击航空兵师和1个歼击航空兵师的支援，1个轰炸航空兵军提供强大而又灵活的预备力量。后者和强击航空兵兵团6月27日以523架战机发起大规模空袭，为加速打垮敌人陷入重围的博布鲁伊斯克集团做出了贡献。

德国人对紧急情况的应对一句迅速。这一次，由于苏军实施的马斯基罗夫卡，他们的反应较以往更为犹豫，但对红军来说，扩大突破并抢在敌人之前到达潜在的纵深防线依然重要。因此，各方面军从突破毫不停顿地转入全力追击至关重要。倘若两个方面军群依次完成任务，他们仍能在维捷布斯克、博布鲁伊斯克和明斯克的三场合围中取得胜利。另外，如果没有在 7 月 3 日把所有快速兵团调离明斯克包围圈之战，他们本可以更快地歼灭德国第 4 集团军。但这样一来，德国人可能已利用调自其他地带和战区的新锐军，沿德文斯克—莫洛杰奇诺—巴拉诺维奇—平斯克设立一道新防线。这道防线不会太坚固，但很可能赢得足够的时间，将红军的攻势遏止在距离其实际实现的纵深不远处。但实际情况是，早在 6 月 28 日的训令中，苏军最高统帅部大本营便已选择放弃依次发起战役，而是同时追求纵深战略目标并歼灭中央集团军群主力。战役重点必须从消灭敌前置力量调整到夺取通往德国政治中心的道路上具有战略重要性的领土，此举必须抢在德军从其他地域变更部署、沿有利路线恢复一道稳定防御前完成，最高统帅部大本营相信苏军能做到这一点。

当然，向敌纵深快速推进不仅有其可取之处，还将通过切断敌人的交通线、增加德军援兵解救被围部队必须前进的距离来协助歼灭东面的敌军。苏军最高统帅部这道训令是个大胆、富有远见的决定，因为这项决定做出时，北面的红军尚未强渡别列津纳河，博布鲁伊斯克战役还没有完成，南面的普利耶夫集群距离斯卢茨克仍有 20 千米。但该决定并不轻率，最高统帅部大本营意识到必须保持平衡和灵活性并为战役提供纵深。随着战役的发展，无法预料的情况必然会出现，有可能是新的机会，也有可能是新的危险。大本营希望做好准备并能够决定事件的走向，而不仅仅是对其做出反应。消灭敌维捷布斯克集团后，大本营就把第 39 集团军撤回预备队接受休整补充，第 51 和近卫第 2 集团军也加入其中。随着波兰第 1 集团军开至，大本营预备队还获得了进一步加强。

由于这种充满自信的、提前做出的决定，加之积极实施机动，红军的推进速度占据上风，德国中央集团军群最初所能做的只是抽调数量不足、零零碎碎的援兵实施坚守，与后撤中的第 4 集团军会合根本无从谈起。正如自 6 月 23 日以来所做的那样，苏军在德国人"情报—决策—行动"周期内行动。他们能在重要地带及时实现兵力集结，而德国人仍忙于应对最新的危机，无法在任何方向恢复主动权，哪怕是暂时性的恢复。各层级做出战役决策并加以实施的迅速程度向震惊不已的德国人证明，红军指挥员及其参谋人员已非常成熟。

北方面军群，近卫第 6 和第 43 集团军穿过普遍较为复杂的地形攻往德文斯克和更远处的希奥利艾，拓宽、加深北方集团军群与中央集团军群之间的缝隙。德国第3装甲集团军残部的实力太过虚弱，所能从事的只是一场迟滞战。虽然北方集团军群为南面位于德文斯克的关键阵地设立起了强大防御，但第3装甲集团军残部无法设立一道绵亘防线。白俄罗斯第3方面军编成内的第5集团军攻入德国第3装甲集团军后撤兵团与第4集团军之间的缺口。奥斯利科夫斯基集群先遣支队、近卫坦克第2军和近卫坦克第5集团军跨过数条河流，穿越隘路，于6月29日渡过别列津纳河。他们在宽大正面取得的这些成功，有效抵消了德国第5装甲师的局部战果：赶在近卫坦克第5集团军主力到达前在鲍里索夫前方设立一道防御。随着近卫第11集团军沿鲍里索夫—明斯克方向加强近卫坦克第5集团军的突击，向明斯克实施的合围之北翼没有任何缝隙。但是，战役重点7月1日发生转移，根据最高统帅部大本营的训令，优先事项转为向西发展。奥斯利科夫斯基集群开始迂回莫洛杰奇诺隘路的德军拦截力量。该集群负责率领近卫第11集团军推进，后者的南部分界线重新调整，不再包括明斯克，而是伸向重要的莫洛杰奇诺镇。第31集团军紧随近卫坦克第5集团军和近卫坦克第2军，负责收复白俄罗斯首都，但坦克集团军之后应立即转向东北方[①]，从南面绕过莫洛杰奇诺。没等德军第7装甲师和第170步兵师来得及部署防御，近卫坦克第5集团军和近卫第11集团军辖内力量便于7月5日穿过莫洛杰奇诺缺口，西北方的近卫机械化第3军距离维尔纽斯已不到60千米。

中央地带，白俄罗斯第2方面军诸集团军对德国第4集团军展开正面追击，而友邻的第31和第3集团军发起一场并行追击。苏军已通过以往的合围战学会如何更有效、更迅速地消灭被围之敌。斯大林格勒战役期间，德国人一直能得到喘息空间，从而组织起卓有成效的环形防御，红军不得不以历时两个半月的艰苦战斗将其歼灭。科尔孙–舍普琴科夫斯基战役中，德军被围集团形成一个移动的口袋，依然能保持足够的组织力和凝聚力，这使大批人员得以逃入两个装甲军的救援距离内。科尔孙的经历在3—4月的普罗斯库罗夫—切尔诺维策战役的最后阶段重演。面对苏军两个方面军遂行的进攻，德国第1装甲集团军保持了凝聚力和组织控制，在武装党卫队第2装甲军协助下杀出包围圈，后者从法国调来，朝第1装甲集团军发起对向进攻。而在白俄罗斯，苏军尽一切努力给对方造成破坏，并在可能的

---

①译注：疑为"西北方"之误。

情况下分割后撤之敌，使对方无法成为其指挥官麾下一个具有凝聚力、能做出应对的工具，最终沦为士气低落、缺乏组织、一心只想逃离的乌合之众。苏军的分割突击从正面和两翼发起；游击队骚扰德军队列并封锁其逃生路线；频繁的空袭迟滞德军后撤，通过炸毁或破坏桥梁给对方造成混乱和延误并削弱其指挥控制——6月28日至7月3日，红空军出动7000多个飞行架次打击退却中的德军兵团。

截至7月4日，德国第4集团军的10万名将士已陷入混乱，挤在一个约100千米长、仅5—10千米宽的口袋里，只能分成相对较小的集团以展开行动。五天后，该集团军结束最后的抵抗，一周后，57600名身体健康的德军战俘列队穿过莫斯科的街道，苏联以此作为赢得胜利的标志。

南面，担任集团军快速集群的近卫坦克第1军和坦克第9军，在步兵兵团的紧密跟随下，实现并保持了进攻的高速度，阻止了德军在博布鲁伊斯克接近地展开迟滞战并确保了一场两翼合围的迅速完成。与此同时，第65集团军将合围对外正面推向明斯克，而两个坦克军待封闭博布鲁伊斯克包围圈后也将立即加入。这些力量将确保德军新开到的第12装甲师无法解救博布鲁伊斯克包围圈并负责封闭合围铁钳之南翼。[23] 反映出优先事项发生改变的是，普利耶夫的方面军快速集群已向西赶往新的主要突击方向。该集群渡过普季奇河和另一些较小的河流，在德军第4装甲师开到并据守斯卢茨克前攻克该镇。这些骑兵尔后展开一场堪称典范的大胆战役机动，穿越一片坦克无法通行的沼泽后夺得斯托尔布齐和涅曼河上至关重要的桥梁。此举挫败了德国人以第12装甲师加强巴拉诺维奇防御的企图，该师解救博布鲁伊斯克被围力量的行动已告失败。巴拉诺维奇隘路将成为南部地带之战的焦点，因为苏军一旦穿过斯洛尼姆，沿两条主要路线向西攻往比亚韦斯托克和布列斯特就将轻而易举。6月30日，白俄罗斯第1方面军的部署发生了根本性变化，以确保在该地域比敌人更快地集结起作战力量。第65集团军从攻向西北方的明斯克改为向西攻往巴拉诺维奇，辖内两个军，包括与敌人发生接触的一个军，几小时内便开赴新方向。各集团军的分界线亦发生变化，收复博布鲁伊斯克后，第48集团军将出现在第65集团军右侧。只有第3集团军和两个独立坦克军继续攻往明斯克方向，以执行合围德国第4集团军的原定计划。7月3日，两个坦克军离开明斯克地域，赶去加入第48集团军。从7月4日起，第3集团军作为白俄罗斯第2方面军的组成部分，向西穿过广阔的纳利博卡森林，将消灭包围圈的任务留给了方面军辖内的另外三个集团军。战役重点从合围调整到突入敌纵深，这意味着苏军能够在德国人做出应对前继续行动。事实证明，速度是一种有力的武器。虽然德军以第 4 装甲师和匈牙利第 1 骑兵师加强巴拉诺维奇，但德军的可用力量并不足以扼守该镇，面对苏军三个坦克—机械化军和第 65 集团军数量越来越多的步兵，他们无法在一段时间内阻止红军对该镇的包围。另外，第 28 集团军也从南面迂回该镇。7 月 8 日，红军攻克了这里。

红军跨越战线的快速推进证明了 6 月 28 日决定的正确性，仅仅过了六天，他们就需要新的指示，因为战役发展已提前于日程表。到 7 月 4 日，德国人显然正处于失去整个第 4 集团军的过程中，他们的力量过于虚弱，所能做的仅仅是在个别方向实施一些迟滞行动。随着 20 多个师覆灭于（要么已覆灭，要么即将覆灭）维捷布斯克、博布鲁伊斯克和明斯克包围圈，德军的战略防线被红军撕开了一个巨大的缺口。由于无须突破密集、纵深配置、准备充分的阵地，苏军已不再需要攻破对方的密集防御。他们可以将突破炮兵兵团变更部署到下一场战略性进攻战役（利沃夫—桑多梅日战役）的发起地带，同时在白俄罗斯沿一条宽大战线继续推进。苏军最高统帅部大本营现在可以分配更深更广的目标，因为他们预计伤亡率和弹药消耗会低于突破精心构筑、保持平衡的防御。苏军如此迅速地达成突击势头，以至于白俄罗斯战略性进攻战役的原定目标在 7 月中旬已基本实现。这场攻势并未丧失动力，继续加以遂行是合乎逻辑的。

但不久之后，即便德国人不采取补救行动，后勤枯竭和克劳塞维茨所说的摩擦力也将使这场攻势到达顶点。因此，主要问题是：在这场战役新的，基本上无计划、不确定的结束阶段，主要突击应置于何处？自战役开始以来的 2—3 周内创造出哪些机会？鉴于战役的主要目标是歼灭敌重兵集团，而非攻城略地，答案很快浮出水面：西北方向。倘若波罗的海沿岸第 1 方面军与另外两个遂行进攻战役的波罗的海沿岸方面军相协同，那么前出到里加湾就将切断北方集团军群与德国本土的陆地连接。因此，最高统帅部大本营采纳了华西列夫斯基早在 6 月 29 日就已提交的建议：战役的尔后目标应当是解放整个白俄罗斯和波罗的海诸国。这场新的主要突击将沿德文斯克—旦加方向推进 300 千米——若发生以往曾出现过的情况，德军在德文斯克的抵抗迫使苏军进入一条穿过希奥利艾、更加迂回的路线，推进路程会更长。因此，大本营很快腾出巴格拉米扬及其麾下力量，由他负责夺取考纳斯，重点是攻往波罗的海沿岸。根据将力量集中于主要行动和现实主义的原则（确保力量分配与任务相符），巴格拉米扬不仅得到了第 39 集团军的加强，还获得了近卫第 2 和第 51 集团军。

除北面的攻势外，沿巴拉诺维奇—比亚韦斯托克和布列斯特方向继续行动也很有必要。白俄罗斯战役虽然是 1944 年夏季庞大的战略性计划的基石，但也只是其中的一部分。它是三场基本上先后发起但紧密相连的战略性进攻的第一场。利用在白俄罗斯赢得的胜利，第二场攻势，即乌克兰第 1 方面军的利沃夫—桑多梅日战役，将于 7 月中旬发起。苏军情报部门认为遂行该战役的一个必要先决条件已得到满足——为加强中央集团军群，北乌克兰集团军群已遭削弱。战役目的是突入波兰南部并沿宽大正面强渡维斯瓦河。实际上，白俄罗斯第 1 方面军的继续前进是这场战略性推进的另一半。方面军右翼力量将继续追击，穿过比亚韦斯托克，继而直奔华沙。迄今为止尚未卷入战斗的左翼力量也将加入，在卢布林—布列斯特战役中进一步拓宽、加强攻势。[24] 方面军将沿尽可能宽大的正面强渡布格河，然后是纳雷夫河，从而深入波兰中部。齐头并进的两个方面军将为发动沿华沙—柏林方向的后续攻势创造条件，使红军进一步攻向纳粹德国的心脏。

在两翼保持进攻势头非常必要，但中央地带同样重要。收复领土、解放苏联的大片土地付出的代价可能会比较小，而追击过程中的损失会很大。沿宽大正面展开一场攻势，将为主要突击之两翼提供支援并给德国人的应对造成更大困难。仓促地组织起来、试图阻挡单个方向突击的德军，即便能取得暂时性成功，也总是会遭到包围，甚至是合围。这是因为德军缺乏预备力量，无法彻底封堵一个数百千米宽的缺口——个别兵团零零碎碎开抵，只能完成一些局部迟滞任务。另外，只要无法确定红军的主要突击方向，德军就无法从中央地带变更部署，而苏军在次要方向上的行动将吸引对方新开到的预备力量。显得尤为关键的是，侧翼方面军发展战役（更不必说后续攻势）十分依赖在切尔尼亚霍夫斯基的作战地域及时打通远至维尔纽斯，尔后通往考纳斯的铁路交通线；在扎哈罗夫的作战地域，则是通往利达和格罗德诺的铁路线。换句话说，跨过战线继续进攻并不仅仅是以往导致过度拉伸和失败的坏习惯的重演（但这并非朱可夫的观点——他认为白俄罗斯第 3 方面军取得突击势头应建立在这样一个基础上：在德国人充分据守其防御工事前，将攻势越过考纳斯并进入东普鲁士。这将消除沿柏林方向不可避免的后续攻势之右翼遭受的威胁。[25] 但他没有解释为实现这一点必须放弃哪些东西，必要的坦克力量从何而来，或者，面对敌人在他们显然认为是优先方向上实施的顽强抵抗，如何为一场额外的 120 多千米的推进提供补给）。

白俄罗斯战役前半期，红军全面打垮了敌人的防御能力。他们并未浪费已然获得的优势，而是以一种专注、有力的方式继续行动，不给敌人任何喘息之机并从最初的胜利中榨取最大利益。他们跨过宽大正面，毫不停顿地继续挺进，但未将其力量平均分散于整条战线，而是在各战役方向保持集中。在各既定地带，德军新锐兵团构成恢复防御的威胁处，红军尽可能避免正面冲击，而是采取战役机动保持突击势头。他们绕过敌人的抵抗枢纽部快速推进，使其行动始终处于敌人的"情报—决策—行动"周期内。例如，德国北方集团军群将近卫第 6 集团军阻挡在德文斯克时，波罗的海沿岸第 1 方面军将战役重点调整到希奥利艾方向并转入防御。德国人试图利用有利地形在维尔纽斯前方构筑一道可靠防御时，苏军第 5 集团军牵制对方并展开一场迂回机动，而近卫坦克第 5 集团军在南面对敌侧翼遂行攻击。苏军的快速推进往往使德国人没有时间恢复态势，即便在个别地段亦是如此，苏军反复证明了其军事格言的正确性——友邻力量的迅猛推进是给予陷入困难的兵团的最佳帮助。

利沃夫—桑多梅日战役中的战役法

战役概述

在白俄罗斯，德国人的错误部署（他们在严重缺乏预备队和战役级预备力量完全不足的情况下坚守数个易遭受攻击的突出部）导致防御脆弱，红军迅速对其加以利用。而在乌克兰北部，德国人并未提供类似的危险突出部，并且掌握了一些机动预备力量，尽管只是战役—战术预备队，而非真正的战役预备队。另外，德军高级指挥官对苏军的进攻意图并不感到意外。这些差异会给苏军在利沃夫—桑多梅日战役中突破敌防御制造更多问题，需要一些不同的解决方案。但是，达成突破之后，当地更适合机动的地形有利于坦克力量发展胜利——乌克兰第 1 方面军掌握的快速兵团相当强大，共 10 个坦克—机械化军和 2 个骑兵军。

正如白俄罗斯战役证明的那样，苏军最高统帅部大本营已改正仓促发起战役的坏习惯。乌克兰第1方面军获得了两个半月时间进行战役准备，这使该方面军得以展开从左翼至中央地带再到右翼的大规模重组并对隐蔽和欺骗的必要性加以适当考虑。虽然马斯基罗夫卡计划并未完全成功（由于德国人早有预料，马斯基罗夫卡取得彻底成功不太可能），但其成就足以帮助红军在拉瓦－罗斯卡亚方向获得初步突击势头。他们还获得了时间以整顿补充受损的部队和兵团，进行必要的训练，组织指挥与控制、沟通与协调。同时还储备了必要的弹药、油料和口粮，以便为突入计划中战役纵深的部队提供补给，并且留有足够的余裕，准备利用意想不到的机会。

科涅夫制定的计划清楚表明，他低估了敌人的力量和决心，同时高估了己方部队的战斗力。他过高估计了麾下力量突破敌防御战术地幅的速度，例如，他命令突击集群在战役首日完成突破纵深30千米的初始目标，战役次日取得60千米深的进展。实际上，乌克兰第1方面军的进攻速度仅为计划的40%。他们的辅助突击太过虚弱，无法达到预期效果：第13集团军的1个师和第60集团军的3个师无法突破敌人预有准备的防御并构成合围敌布罗德集团的对内正面。诸坦克集团军应于战役次日进入突破地段，在当日完成60—70千米推进。快速集群负责实现对敌布罗德集团的最初合围，但尔后应毫不停顿地进入敌战役纵深。虽然第13和第60集团军应巩固快速力量取得的成功，但其突击群应跟随诸坦克集团军继续向西，只留部分力量消灭困住敌人5—6个师的包围圈。方面军为取得突破而集结的力量非常庞大，科涅夫对此深具信心，这也加剧了他的乐观情绪，乐观程度明显高于白俄罗斯战役，他甚至认为仅凭火力猛烈就能确保一场快速突破。

他对各突击群的要求不太现实。理论上讲，他们也许能获得足够的炮火和空中支援，但在坦克力量方面却并非如此。很明显，负责直接支援步兵的坦克和自行火炮的比例，仅为白俄罗斯战役中同类战车力量的21%。相关经验表明，没有强大的战车支援，步兵部队的冲击很快会陷入停滞。快速集群不得不过早投入交战以便完成突破，但这会导致他们的实力和指挥控制在着手从事战役发展这项主要的决定性任务前遭到消耗和破坏。

白俄罗斯战役头几日进展迅速，取得了极大的战果，科涅夫可能受此误导。若果真如此，他的想法未免过于肤浅，因为在两个重要方面，这两场战役并无可比性。6月份这些进攻行动大多达成了突然性，但科涅夫应该有充分的理由怀疑能否对其加以复制，至少在利沃夫方向是这样。利沃夫显而易见的重要性，以及强大的苏军力量，特别是 3 个坦克集团军和 3 个独立坦克军的存在（德国人知道他们的存在），表明苏军即将在此发起进攻。虽然只取得了部分成功，执行过程中也存在某些缺陷，但马斯基罗夫卡计划从概念上来说是合理的。不过，德军在利沃夫部署的防御力量，证明了科涅夫不顾大本营的反对意见，坚持对这座敌人预有准备的城市发起两场突击是正确的。苏军沿拉瓦 – 罗斯卡亚方向的突击取得了一定程度的突然性，他们在该方向获得了成功，而主要突击正艰难进行，利沃夫的防御被逐渐撕开。两场战役的初始情况还有另一个显著差异。在白俄罗斯，德国人缺乏足够的预备力量，而且只有一个装甲师。而在科涅夫的两个突击方向上，两个德军装甲师要么已到达，要么正在开到。北乌克兰集团军群的纵深（尽管只是战役—战术纵深）和弹性明显大于中央集团军群。

突破

突破地段的宽度仅占整条战线的 6%，而不是以往的 10—15%。方面军在这些狭窄地段集中起 70% 的炮兵和步兵力量（包括预备队）和几乎全部战车力量。表 3.2 和 3.3 的对比表明，由于突破地段非常狭窄，乌克兰第 1 方面军实现的火炮密度比 6 月份的攻势高出 20—30%。这种集中可以得出两个推论：1. 苏军的战役布势非常深，从师到方面军的每一级都部署了第二梯队，用以确保进攻中不会出现任何停顿或由于缺乏后续资源而过早到达顶点。2. 他们会采取节约兵力的做法，部署在消极地带的每个步兵师（包括预备队），负责据守的防线平均宽度为 16 千米左右；其中许多师还将发起局部牵制性进攻或伴攻。

正如过去失败的进攻证明的那样，集中是达成突破的一个必要条件，但并非充分条件。对详细侦察予以适当关注，确保目标制定和战术策划的准确性从而解决局部问题，也是达成突破的一个重要前提，其高潮是通过战斗侦察来挫败敌人以一场悄然后撤减轻拉瓦 – 罗斯卡亚方向炮火准备影响的企图。北部突击线上的这场初期胜利意味着突击群开始冲击德国人的第二道阵地。但在利沃夫方向，无论红军总参谋部研究的说法如何，德国第 1 装甲集团军似乎在以积极的局部反冲击和后卫行动成功掩饰其有限的后撤。在那里，对成功突破至关重要的炮兵进攻效果不佳。突击群不得不从第二道堑壕线向前推进。主要突击没能实现快速突破，沦为一场缓慢、代价高昂的战斗，只能一点点攻破敌人的防御，这种状况一直持续到红军凭数量上的绝对优势赢得最终胜利。

表3.3：利沃夫—桑多梅日战役突破阶段的平均战役密度

突击群	突破地段宽度（千米）	突破地段每个步兵师的正面宽度（千米）	突破地段每千米正面的火炮和迫击炮	突破地段每千米正面的坦克和自行火炮[1]
北部	12	1.5	24？—255[2]	35
南部	15[3]	1.5	236—254	70

※ 资料来源：A.I. 拉济耶夫斯基，《突破，1941 年至 1945 年伟大卫国战争的经验》，莫斯科：军事出版局，1979 年，第 112 页。

1. 包括快速集群的战车。若只统计直接支援步兵的坦克和自行火炮，每千米正面密度为 8—12 辆。参见 I.M. 阿南耶夫，《从伟大卫国战争的经验看进攻战役中的坦克集团军》，莫斯科：军事出版局，1988 年，第 255 页。

2. 拉济耶夫斯基给出的数字为北部集群每千米正面 24—255 门火炮和迫击炮。这显然是个印刷错误，但无从获知缺失的数字。另外，他的统计与总参谋部研究所说的数字并不完全符合。据后者称，第 13 集团军每千米正面的兵器为 238 件，第 60 集团军只有 195 件（对一个部署在主要方向上的集团军而言，这个数字似乎低得令人难以相信）。

3. 红军总参谋部的研究表明，突破地段的宽度为 14 千米，这个数字被用在作者的计算中。

方面军司令员打算于战役次日将坦克集团军投入突破口，这个决定在掌握战场实际情况前便已做出。这种情况下，就连集中起的大量火炮也无法压制守军可靠、完整的战术全纵深，特别是当对方获得担任预备队的装甲兵团加强的时候。因此，诸坦克集团军只能在战役第三和第四天投入交战。即便投入了近卫坦克第 3 集团军主力，本应于战役首日夺取的目标佐洛切夫也直到第三天才被攻克。在一个未能达成突然性的方向上，这种情况几乎不可避免，红军指挥员也许应该早有预料。坦克集团军投入交战时苏军并未可靠压制对方的防御，幸好科涅夫调拨了由 2—3 个炮兵旅组成的特别炮兵群，用于加强为坦克集团军提供的炮兵支援。另外，坦克集团军还获得了空中支援的绝对优先权，空军第 2 集团军以 9 个航空兵军中的 6 个支援近卫坦克第 3 集团军投入交战。

步兵兵团不得不突破敌人预有准备的防御，因而需要数量足够的火炮、直接支援坦克和自行火炮。方面军战役计划的一个弱点是，为此分配的战车数量太少，每千米正面只有 12 辆自行火炮，不及白俄罗斯战役，某些地段的损失很快将其密度降至临界值以下，导致突破速度减缓。拉瓦 – 罗斯卡亚方向，特别是利沃夫方

向的突破经历强调，每千米正面至少需要 25—30 辆坦克和自行火炮，其中一部分
担任第二战术梯队，加强冲击的力度和深度。事实上，坦克先遣支队（甚至是主力）
不得不弥补这种不足，这不仅会浪费宝贵的时间，还会引发协同问题。最严重的是，
使用快速兵团完成突破会导致他们在执行快速发展这项真正的任务前就遭到削弱，
而战役发展是所有战役的决定性阶段。红军总参谋部研究强调的进攻发展期间投
入坦克集团军的最佳时机为：第一梯队及其坦克已突破敌人的主要防御地带并粉
碎对方火炮和反坦克炮火力配系时；敌人正撤离主要防御地带，但尚未占据并组
织第二道防御阵地时；敌战役预备队尚未在防御纵深占据预有准备的阵地时。只
有依据战役进展确定的坦克集团军投入时机才是最佳的，应避免在策划阶段做出
武断的决定。

发展：战役机动

由于在狭窄地带实施了前所未有的力量集中，科涅夫显然认为自己能在主要
和次要方向达成快速突破。但实际情况并非如此，这无疑令他有些沮丧。一连数日，
他似乎认为只要再加一把力就能攻破德军的防御，因而无需对战役计划细节做出
修改。这就解释了为何他会在一段时间里坚持在利沃夫方向从事一场消耗战。当
然，鉴于其力量优势，乌克兰第1方面军正在赢得这场竞赛。但是，通过消耗压
倒敌人并不是赢取战役胜利的最佳途径，当然也不是最快的解决之道。在此过程中，
进攻方消耗了力量和时间，后来，方面军缺乏战斗力量打垮已获得时间变更部署
并调集援兵的敌人，战略目标的实现受到威胁，科涅夫会为当初的肆意浪费后悔
不已。机动是夺取并掌握主动权的关键，它赋予进攻方行动自由，同时削弱敌人
的行动自由，迫使对方接受进攻方强加的意志。因此，必须抓住每一个机会为有
目的的战役机动创造良机。

科涅夫并没有因为过度执着于利沃夫争夺战而忽略这样一个事实：他的首要
任务是通过合围歼灭敌布罗德集团。虽然德军防御力量强大，但这项任务还是得
以在两周内完成——半数时间用于机动，半数时间用于分割并歼灭敌人的6个
师（约占科涅夫主要突击方向当面之敌的30%），同时粉碎敌人的救援和突围企
图。歼灭战最后五天，若科涅夫留下更多坦克力量，而不仅仅是近卫坦克第4军，
协助合围对内正面的步兵。消灭包围圈的战斗本来可以更快完成，但是他牢牢记

住了自己的主要任务：利用在敌人防线上打开的缺口，抢在对方恢复平衡前夺取利沃夫，同时以一场毫不停顿的推进加宽、加深突破，继而强渡桑河。德军援兵迅速开到，加之后勤问题，导致苏军没能从行进间夺取利沃夫，其机动起初较浅，但随后近卫坦克第3集团军遂行的机动相当深，这是红军得以攻克利沃夫的重要保障。同时，科涅夫加强北部方向取得的战果，那里的进攻速度达到每昼夜25—30千米。他先将索科洛夫骑兵机械化集群换下，尔后投入方面军预备力量和第二梯队。利沃夫刚刚到手，他便变更近卫坦克第3集团军和近卫坦克第4军的部署，使之进入桑多梅日登陆场。第60、第38和坦克第4集团军负责击退南翼之敌，以此支援这场主要突击。到8月中旬，坦克第4集团军亦投入坚守登陆场的战斗，抗击德军发起的反突击。整个战役期间，第18和近卫第1集团军一直遂行非常次要的行动，后者早早失去其快速集群（近卫坦克第4军），用于加强主要突击。[26]

　　虽然科涅夫对优先事项的认定和机动方式的选择有其合理性，但是他的一些决定仍然存在问题。最初的战役设想是于战役次日投入坦克集团军，骑兵机械化集群尾随其后。科涅夫决定在北部颠倒这一顺序，想必是因为战役第三天那里仍未取得明确突破使他深感焦虑。在苏联的军事词典中，初期势头被认为是战役获胜的关键，而这场战役的发展太过缓慢。科涅夫急于尽早开始发展行动，但他可能不愿为完成突破而消耗近卫坦克第1集团军的战斗力，该集团军只编有两个军。[27]相反，他把这项任务交给巴拉诺夫骑兵机械化集群。该集群冲入一个狭窄、尚未完全打开的缺口，在那里，骑兵力量的脆弱性妨碍并延误向战役纵深的发展。科涅夫浪费了整整24小时，全靠近卫坦克第1集团军在北面突然投入交战才攻破对方的防御。突破敌人有组织的抵抗时，坦克和机械化军的战斗力强于骑兵军，若方面军司令员坚持原定计划，本可以取得更大成功，既能赢得时间，又能将骑兵力量留给战役的纵深行动，他们在那里可以充分发挥在复杂地形上的机动能力。[28]他本可以将独立近卫坦克第4军调离缓慢发展的南部方向，将其转隶近卫坦克第1集团军以提供加强，或者对计划做出更彻底的修改。

　　这位方面军司令员显然对南面的突破进展更不耐烦。直接攻向利沃夫的行动发生迟滞，计划中对敌布罗德集团的快速合围处于危险中。虽说对敌防御战术地幅的突破远未完成，但他还是命令近卫坦克第3集团军于战役次日投入先遣支队。

战役第三天（7月16日）结束时，苏军仍未达成突破，因此，甚至没等步兵部队到达指定出发线，科涅夫便下令使用先遣坦克军的主力，而且是在6千米宽的狭窄正面。也许科涅夫认为这是获得突击势头的唯一办法。但由此产生的科尔图夫走廊是个糟糕的基地，苏军意图从这里展开战役机动。实际上，这条走廊几乎成为一个致命陷阱。若非空军第2集团军7月16日至18日期间投入三分之二的力量提供歼击机掩护和近距空中支援，近卫坦克第3集团军可能会遭受致命重创。红军总参谋部研究得出的结论是，就该集团军的初期部署来看，穿过走廊发展战役的尝试实际上是个错误。这条走廊太过狭窄，只有一条通道，导致该集团军只能以密集行进队形前进，两翼和空中袭来的火力使其不断蒙受损失，先遣部队发现很难在走廊末端发挥太大的冲击力，因为他们缺乏部署空间。最终达成突破后，他们又因为后勤单位在穿越狭窄走廊时遭遇问题而暂时受阻。与战前条令慷慨而毫无必要地将部署正面定为20—30千米不同，总参谋部研究认为，开阔地带的宽度应不低于15—18千米，封闭地形的宽度为10—12千米。这对坦克集团军至关重要，可以减少侧射火力造成的伤亡并能够实施机动。[29]

　　截至7月17日日终时，这条走廊已达40千米深，但由于德军的反冲击，其宽度仍和口部同样狭窄，而且缺乏道路。那里既没有机动空间，也没有明确的出口可供立即从事战役发展。因此，当日将坦克第4集团军投入近卫坦克第3集团军身后的决定可谓相当糟糕。一名更加灵活的指挥员应当始终坚持扩大既得战果的原则，对这样一个事实加以利用：北面，第13和近卫坦克第1集团军辖内力量，在某种程度上还包括巴拉诺夫集群，已然达成突破并进入敌战役纵深，后者以一个先遣支队渡过西布格河，前者未遭遇真正的抵抗。坦克第4集团军本应向北变更部署（就像近卫坦克第5集团军6月份在白俄罗斯所做的那样），在他们身后穿过一个明确的突破口。策划并实施一场约120千米的侧敌行军，时间成本可能不超过24小时。坦克第4集团军本可以在7月19日—20日悉数到达利沃夫，从依然脆弱的北面和西面包围该城。事实上，面对德军通过变更部署调遣来的大批兵团，该集团军从东面遂行的冲击遇到阻碍，直到7月25日才对该城发起最终突击。利沃夫两天后才获得解放，而且是在第60和近卫坦克第3集团军于7月22日发动一场合围机动以提供协助的情况下。由于最初未采用机动路线，而是倾向于正面突击，红军白白耗费了5—6天时间，还遭受到毫无必要的伤亡。

也许有人认为，若非投入坦克第4集团军，科尔图夫走廊可能已被德国第3装甲军的反突击切断，这会导致近卫坦克第3集团军陷入重围，无法获得任何补给。实际上，如果德国人能调集意想不到的装甲预备力量，就像三个月前他们从科涅夫的普鲁斯库罗夫包围圈解救第1装甲集团军时所做的那样，科尔图夫走廊之战本可以给苏军造成一场灾难。但是，科涅夫并不需要依靠坦克第4集团军维持这条走廊并继续牵制敌人。除反坦克炮兵预备队外，他还可以投入预备队步兵军和近卫坦克第4军，必要时甚至可以使用近卫第5集团军的第二梯队。他还可以依靠空军第2集团军的强大力量粉碎敌人的进攻并提供近距空中支援。整个白天，苏军战机一直在空中翱翔，强击航空兵以4—10架战机组成的密集波次频频展开行动。这些资源本可以加强必要的力量，从而完成对敌布罗德集团的合围并对利沃夫展开一场正面牵制性进攻。同时，两个坦克集团军和骑兵机械化集群应向北实施决定性战役机动，通过向桑河的纵深迂回，以及穿过佩列梅什利和桑博尔切断敌军补给线和向西退却的路线，将敌人驱离利沃夫。如果在对方组织起防御前尽快夺取利沃夫，单独的战役突破可能已发展为一场战略突破。如此就能以更大的力度更早地发起强渡维斯瓦河的行动。

7月21日日终时，以坦克兵团从行进间夺取利沃夫的企图显然已告失败。科涅夫遂试图恢复这场战役的机动特点。近卫坦克第3集团军将被调离正面突击，实施一场120千米深的迂回，从西面冲击该城。同时，科涅夫将把进攻重点更多地转至北部方向。那里的机动空间更大，敌人的抵抗也较弱，能够创造出向敌纵深发展的可能性。另外，卢布林—布列斯特战役也将与他的拉瓦－罗斯卡亚突击协同。南北两面的迂回会使敌弗拉基米尔—沃伦斯基集团别无选择，为免遭合围该集团只能退却。因此，近卫坦克第1集团军应毫不停顿，继续在雅罗斯瓦夫渡过桑河并切断经佩列梅什利通往西面的道路，而第13集团军应穿过拉瓦－罗斯卡亚，在更北面逼近桑河。近卫第3集团军应配合白俄罗斯第1方面军在北面的突击，击败敌弗拉基米尔—沃伦斯基集团，两股力量将沿宽大正面逼近维斯瓦河。巴拉诺夫骑兵机械化集群应脱离卡缅卡－斯特鲁米洛沃周围的战斗并攻向雅罗斯瓦夫，途中扰乱敌人的指挥控制、破坏其后勤设施。[30]索科洛夫集群应脱离消灭布罗德包围圈的战斗，变更部署到拉瓦－罗斯卡亚方向。几天后，随着白俄罗斯第1方面军发起进攻，态势变得极不稳定，索科洛夫奉命向西北方前进150千米，对德国第4和第1装甲集团军之间的缺口和罗科索夫斯基夺得卢布林的影响加以利用。科涅夫还为他的北部突击提供了强大的空中支援，此举甚为重要，因为炮兵力量越来越难以跟上突击集群的前进速度。地面部队到达重要的河流渡口时，空中支援的作用越来越大。为强渡瓦布格河、桑河和维斯瓦河，他把空军第2集团军60—70%的力量调拨给位于渡口处的各兵团，尔后又以该集团军80%的力量支援桑多梅日登陆场，抗击敌人的反突击。这些百分比强调了空中力量的重要性，但掩盖了其实力正在下降的事实。早在7月21—25日，近卫坦克第3集团军辖内部队便遭到德国空军的攻击，这是因为快速推进期间，前进机场的准备工作滞后，持续的歼击机掩护已难以为继。

这种纵深推进会给利沃夫争夺战造成有利影响，切断德军通往西北方的交通线是部分原因，但这场推进越过桑河直奔维斯瓦河，给德军最高统帅部造成的威胁远甚于利沃夫失陷，这才是更主要的原因。事实证明，德国人7月27日撤离利沃夫，既因为苏军直接对该镇发起冲击，更源于索科洛夫的坦克距离维斯瓦河仅剩30千米。实际上，若科涅夫命令彻底集中的近卫坦克第3集团军不直接进攻利沃夫，而是与巴拉诺夫集群和第13集团军逼近中的步兵第102军相配合，向西夺取佩列梅什利，更重要的是向西南方夺取桑博尔，获得的长期利益可能会更大。后一个行动本可以迅速获得近卫坦克第4军加强，科涅夫不应派该军从消灭敌布罗德集团的战斗中抽身而投入利沃夫争夺战。7月25日时，这些城镇的防御相当薄弱，甚至根本未设防，若将它们拿下，红军切断的不仅仅是德军补给线和逃离利沃夫的路线，还包括对方位于喀尔巴阡山以北最后的东西向公路和铁路线。这会使德国人面临的情况更趋复杂，严重拖缓其右翼的后勤保障速度并加剧他们从右翼抽调兵团加强崩溃的中央地带和左翼的需求。对敌利沃夫集团的这场宽大合围会随德军被迫撤离利沃夫而完成，无须在城内实施巷战。在任何情况下，这项任务都不适合用两个坦克集团军完成。由于补给线遭切断，又受到坦克第4、第60、第38、近卫第1和第18集团军持续不断施加的正面压力，德国人无法保持良好状态并设法经佩列梅什利向西突围。他们不得不越过山区向南退却，还需要额外时间重新部署，这就会给维斯瓦河对岸登陆场南翼之战造成不利影响。[31] 换句话说，对桑博尔展开一场更早、更深的合围，而不是从后方进攻利沃夫，造成的战役影响远甚于直接冲击该城。[32] 等到苏军真正采取这一行动时，敌人已开始变更部署应对威胁，他们没有受到任何妨碍，而空军第 2 集团军的空中拦截也未对其造成影响，他们的行动完全集中于夺取空中优势和近距空中支援。

纵深迂回发挥更大战役影响的另一个例子同一时间在北面发生。坦克第 2 集团军在卢布林—布列斯特战役期间前出到维斯瓦河，迫使德国人放弃在布列斯特—立托夫斯克对白俄罗斯第 1 方面军疲惫的右翼迄今为止卓有成效的防御。但该集团军没能从行进间夺得华沙郊外的普拉加。他们缺乏步兵并将诸兵种合成集团军远远甩在后面。其侧翼暴露在外，长长的交通线同样如此。8 月份的第一周，坦克第 2 集团军遭到德军 1 个步兵师和 5 个装甲师的攻击，被迫转入防御，一连数日面临困难局面。但这场机动给德军防御的稳定性造成了重大影响。它协助恢复了方面军右翼的突击势头，通过吸引德军稀缺的预备力量促成近卫第 8 和第 69 集团军分别在马格努谢夫和普瓦维夺得维斯瓦河登陆场并缓解了科涅夫的桑多梅日登陆场遭受的压力。

利沃夫—佩列梅什利战役的北翼目标完成后，苏军没有出现战役停顿。强渡桑河行动在雅罗斯瓦夫开展得如火如荼之际，方面军正在为渡过维斯瓦河分配任务。红军利用敌人部署上的空隙，继续以每昼夜约 30 千米的前进速度赶往该河并留下部分侧翼掩护力量应对残余之敌对其左翼构成的潜在威胁，实际上，这些东岸之敌正获得加强。红军又一次在敌人"情报—决策—行动"周期内展开行动，获得渡河部队加强的先遣支队发挥了重要作用。近卫坦克第 1 集团军和第 13 集团军部分力量在 7 月 30 日沿 30 千米宽正面到达该河时，德军的防御力量并未做好准备，而且被过度拉伸。结果，苏军从行进间强渡该河。次日日终时，依照预先制定的计划，苏军已在 15 千米宽的渡河地段投入 9 只载重 30—50 吨、15 只载重 60 吨的木筏，将 182 辆坦克和自行火炮、55 门火炮和迫击炮、100 多辆汽车运至西岸。第三日日终前，两个集团军的主力都已渡过河去。[33] 德国人集结起越来越强大的力量，意图重新夺回维斯瓦河防线，从而恢复防御的稳定性，但此举未获成功，既因为他们的行动过于迟缓，又因为苏军全力集中资源，扩大并坚守他们的登陆场。事实证明，苏军这番集中至关重要，其重要性堪比保留强大的战役第二梯队用于在这场战役的高潮时投入战斗。因为战斗激烈且持续了很长一段时间，近卫坦克第 1 集团军损失了 365 辆坦克和自行火炮，半数以上都是在登陆场争夺战期间被击毁的。

雅西—基什尼奥夫战役中的战役法

战役概述

与白俄罗斯战役一样，苏军最高统帅部大本营的主要目标是消灭敌有生力量，而非夺取地理目标，这些目标会随红军在德军战略防线上打开一个巨大缺口而陷落。同样，希特勒仍旧罔顾现实，拒不批准任何后撤，即便这些后撤可以消除脆弱的突出部并缩短防线，这使苏军赢得规模庞大的胜利成为可能。[34] 在罗马尼亚，德国人的一项军事决定加剧了他们的脆弱性。虽然已有斯大林格勒的先例，但德国人还是将几乎所有德国军队置于突出部一角，主要依靠罗马尼亚军队据守侧翼。苏军又一次打算利用这些错误来实现一场大规模合围。因此，雅西—基什尼奥夫战役计划，在歼灭被围敌集团的规模方面显得雄心勃勃，更类似于白俄罗斯战役期间解决德国第 4 集团军的方案，而非利沃夫—桑多梅日战役的方案。苏军位于罗马尼亚境内的两翼，最靠近处的初始距离超过 150 千米，必须前进 120 千米才能封闭合围圈。[35] 基什尼奥夫集团的德军师不得不后撤 60—90 千米，退过普鲁特河，以便利用河流障碍阻挡苏军追击。这就意味着苏军必须突破对方预有准备的防御，向前推进 100 千米左右，抢在德国人到达河流相对安全处之前切断其逃生路线，使敌人无法利用河流障碍摆脱遭粉碎的厄运。经验表明，若敌人直到战役次日才放弃防御开始后撤，苏军先遣部队就必须于战役第四天在胡希—利奥沃地域会合。战役计划受到了这种计算的驱使，苏军必须在战役首日突破敌防御的战术地幅，次日日终前完成对 40 千米全纵深的突破。发展梯队必须以每昼夜 35—40 千米的速度前进。实现这一速度需要相当集中的兵力，而且在很大程度上不能被敌人发现，以免对方采取反集中措施或先行实施战役后撤。[36]

为确保迅速突破敌人的防御，苏军实现了最大程度的集中。乌克兰第 2 方面军的正面战线约为 330 千米。在这段战线上约 16 千米宽的地段（5%），马利诺夫斯基将 50% 的步兵力量集中于突击集群（包括第二梯队和预备队），另外 16% 用于辅助突击。多达 80% 的战车力量集中于主要突击方向，余部用于辅助突击以掩护敞开的右翼。而在乌克兰第 3 方面军战线上一段 18 千米宽的地段，托尔布欣将 70% 的步兵力量（包括预备队）、70% 的火炮和所有战车集中在主要突击方向。这种集结使红军的整体优势达到 8 比 1。[37] 敌人的防御密度必然导致决定性集中。马利诺夫斯基的突击集群，在 16 千米宽的突破地段面对的是敌人 3 个步兵师和 1 个骑兵师，以及由 1 个装甲师和 2 个步兵师组成的战术预备队，另外还有第 20 装甲师和第 10 装甲掷弹兵师位于附近的战斗群。托尔布欣的突击集群面对的是敌人部署在前进地域的 4 个步兵师，另外 1 个步兵师和第 13 装甲师位于其后方。通常情况下，这种数量众多、占据有利防御阵地的守军会被认为非常强大，进攻难以迅速达到战役设想所要求的速度。但苏军的计算强调这样一个事实：乌克兰第 2 方面军突击集群仅面对少量德国兵团（1 个步兵师和担任预备队的 1 个装甲师），外加 1 个轻型快速师和 1 个战斗群。登陆场对面之敌同样虚弱，半数防线由罗马尼亚军队据守。另外，德国第 6 集团军与罗马尼亚第 3 集团军的分界线位于苏军突破地段内，这是其防御上的另一个弱点。苏军预期罗马尼亚兵团会做出微弱或懒散的应对，这一点在战役计划的其他方面也体现得很明显，同样值得注意的是，他们对如下判断深信不疑：第 46 集团军一部遂行的两栖突击，以及近卫机械化第 4 军一个旅，就足以压制罗马尼亚第 3 集团军。

这种集中必然导致某些地带的兵力非常虚弱。马利诺夫斯基的消极地带约 300 千米宽，由 13 个步兵师和 2 个筑垒地域守卫。但这些兵团并不都用于防御，在近卫第 4 集团军作战地域内，7 个师中的 4 个将用于一场辅助突击。乌克兰第 3 方面军的作战地域内，突击第 5 集团军负责 126 千米宽的防区，但还是要从辖内 7 个师中抽调力量实施一场令人信服的佯攻。另一侧，第 46 集团军以 1 个师据守其辅助突击集群与巴赫明集群海军步兵之间的 40 千米宽防区。

重要的是，苏联人知道，一旦他们突破敌防御战术地幅，对方将没有战役预备队实施反突破或反突击。德国人也无法从其他战略地带抽调力量进入罗马尼亚。截至八月底，为避免或减小在苏德战场各处和西线的失败，德军预备力量，特别是至关重要的装甲力量几乎消耗殆尽。另外，从喀尔巴阡山以西通往前方的交通路线状况非常糟糕，导致行速缓慢，就算德国人能拼凑起预备力量，预备力量也无法及时介入。

马斯基罗夫卡是成功的重要保障。其重要性首先体现在战略上，苏军必须说服敌人不要做正确的事情并撤至喀尔巴阡山—福克沙尼—多瑙河一线，从而抢在苏军发起进攻前固守一道更短、更利于防御的战线。而从战役方面看，它对马利诺夫斯基也很重要。他很难指望警惕的敌人忽视苏军在特尔古弗-鲁莫斯—

雅西地段展开进攻的可能性。但是，他必须隐蔽即将发起的攻势之确切地点、真实范围和规模，直到敌人计划中的反制措施实施得为时过晚为止。紧张的时间表能否奏效几乎取决于敌人会不会在初始阶段做出反常之举，例如以德国师替换罗马尼亚部队，或抢先将其防御前沿变更部署到巴赫卢伊河后方，甚至是马雷山脊上。托尔布欣面临的问题更大，在一座受到限制的登陆场内隐蔽进攻集结或进攻方向非常困难。[38] 尽管如此，他还是做到这一点。最高统帅部大本营最初以"不切实际"的理由否决从基茨坎登陆场发起主要突击的计划，因为那里的地形给大规模兵团的部署和调动造成了妨碍，但托尔布欣获得了他的参谋长和炮兵司令员的支持，后者评论道："敌人不会想到我们将从那个方向出击，这是最重要的。"[39] 大本营接受战役突然性至关重要，而大规模的工程兵保障则是实现突然性的不二法门的观点。大本营还勉强接受了这场攻势不应直接针对基什尼奥夫进行，而应沿道路网发展，在列奥沃地域形成一场纵深合围的观点。这也是同马利诺夫斯基麾下力量会合的最短路径。德国人料到苏军会从东面发起进攻，但他们认为主要突击由第5集团军遂行，这归功于苏军出色的欺骗行动在从塔什雷克和宾杰里登陆场发动的佯攻中达到高潮。后一个登陆场毗邻基茨坎，拥有良好的西行路线，看上去是个明显的出发阵地，在此严密据守的两个德军师击败了第57集团军的突破尝试，直到取得成功的苏军友邻力量对其实施迂回。第37和第46集团军的打击重点落在了两个罗马尼亚师，以及德国第6集团军与罗马尼亚第3集团军的结合部身上。

这是苏军学习并迅速运用以往战役教训的强大能力的标志，他们的计划中洋溢着一种高度自信。诸方面军和最高统帅部对交战双方能力和局限性的认识非常清楚。回顾起来，白俄罗斯战役的策划工作似乎略有些保守。两个月后，火炮集结的效果得到了保证。以上这些，再加上近距空中支援的效果和突击步兵、支援战车的密度，会让方面军快速集群在战役首日就投入交战。这反过来将保证从一开始就可以取得较高的进攻速度并能及时展开战役机动以取得决定性战果。

突破

与利沃夫—桑多梅日战役一样，突击集群正面的主要决定因素并非对机动空间和通入敌纵深路径的需求，尽管这两者都很重要。更为重要的是为确保一场快速突破而计算出的炮兵力量。实际上，正是为了加大火炮密度，上级要求马利诺夫斯基将最初的突破地段从 22 千米缩窄到 16 千米，这是对科尔图夫走廊的问题加以分析后确定的最小允许宽度。火炮密度在 8 月份只得到稍稍加强，这是因为红军得出了正确的结论：虽然敌人的密度较大，但罗马尼亚人据守的地段很容易迅速崩溃并在两翼制造多米诺骨牌效应。同样，支援步兵的坦克和自行火炮密度也只是稍大于乌克兰战役，主要原因是他们对炮兵和航空兵进攻效力的预期较高，次要原因是罗马尼亚兵团配备的反坦克武器不足。

狭窄突破地段需要纵深梯次配置进攻部队——在任何情况下，如果希望进攻行动能得到毫不间断地加强，这种配置就是必要的。乌克兰第 2 方面军的作战地域内，第 27 集团军在主要方向遂行冲击，团级、军级和集团军级都编为两个梯队，每个师的冲击正面为 2 千米宽，只留少量预备队。第 52 集团军突击集群的两个军，战斗队形与之类似，但集团军辖下第三个军并未留作第二梯队，而是部署在前线，以两个师沿 3—5 千米宽正面遂行冲击，另一个师据守 14 千米宽的消极地带。方面军从冲击梯队撤下四分之一的步兵兵力：第二梯队掌握着一股强大的新锐力量，不需要进行耗费时间的重组便可以执行后续任务，担任预备队的两个步兵军负责应对意想不到的事态发展，这样就不会削弱两个冲击梯队的行动。乌克兰第 3 方面军突破地段的梯次配置甚至更深，这是从一座受到限制的登陆场发起进攻导致的必然结果。第 57 集团军两个先遣军以两梯队战斗队形遂行冲击，另外两个军前后集结，待获得机动空间后投入交战。第 37 集团军将两个军塞入狭窄的突破地段，每个军编为两个梯队，在他们身后（仍在登陆场内）的是第三个步兵军和一个机械化军。第 46 集团军两个先遣军都以单梯队战斗队形遂行冲击，可能因为他们打击的是实力较弱的罗马尼亚人，也可能因为他们执行的是一场次要突击，但另一个主要原因可能是无法将更多兵团塞入河西岸登陆场内。若该集团军的进展慢于预期，部署在其身后的近卫机械化第 4 军还可以穿过第 37 集团军作战地域投入战斗。与马利诺夫斯基的力量相比，乌克兰第 3 方面军的步兵力量少四分之一，战车力量则更少，只有前者的一半，因而无法组建战役第二梯队，但他们留下了一个步兵军担任预备队。

表3.4：雅西—基什尼奥夫战役突破阶段的平均战役密度

突击群	突破地段宽度（千米）	突破地段每个步兵师的正面宽度（千米）	突破地段每千米正面的火炮和迫击炮[1]	突破地段每千米正面的坦克和自行火炮[2]
乌克兰第2方面军	16	2	240—250	18（56）
乌克兰第3方面军	18	1.5	240—280	14（35）

※ 资料来源：A.I. 拉济耶夫斯基，《突破，1941年至1945年伟大卫国战争的经验》，莫斯科：军事出版局，1979年，第112页。
1. 空中火力大大增加了支援突破的火力的密度。战役头两日，空军第5集团军出动3700多架次战机提供近距空中支援，空军第17集团军出动3790架次。
2. 第一个数字是突破地段直接支援步兵的坦克和自行火炮的密度。括号内的数字包括快速集群的坦克和自行火炮。

　　马利诺夫斯基选择交替实施最初的突击。近卫第7集团军和近卫第4集团军步兵第78军在另一侧遂行的辅助突击，获得的火炮和战车支援无法同主要突击相提并论，但估计能从主要突击撕开敌防御、部分炮兵力量调去支援后续突击中获益。因此，他们将于战役次日和第三日投入进攻。他们的成功将得到主要突击，更重要的是主要突击扩大突破口并掩护其侧翼的大力促进。战役次日日终前，乌克兰第2方面军已将突破口拓宽到65千米并取得了约25千米的进展。托尔布欣方面军在获得25—30千米进展的过程中将突破口扩大到55千米。

发展：战役机动

　　两位方面军司令员都急于在投入其快速集群前突破敌防御的战术地幅，从而将他们的战车留作执行战役发展任务。[40]因此，在一天内突破敌防御战术地幅并前进15—20千米，究竟需要多少炮兵和直接支援步兵的坦克，其计算值得到了高度重视。乌克兰第2方面军完全有理由对不动用快速集群就达成突破抱有信心，战役中有一个关于灵活性的极好例子：近卫坦克第6集团军的投入时间提前到8月20日14点并在短时间内组织起了大量的火炮和航空兵支援。在基茨坎登陆场及其出口高度拥挤的情况下，这样一个加速计划本来绝无可能，苏军参谋人员的工作功不可没，近卫机械化第4军按计划于战役次日投入交战，机械化第7军仅延误了几个小时。

苏军在各个方向迅速扩大突破并实现进攻的高速度，意味着他们从战役伊始便牢牢掌握了主动权。很明显，战役第三日日终前，以坦克第 18 军和机械化第 7 军为先锋的合围对内正面，将在德国第 6 集团军非摩托化步兵力量有望到达普鲁特河之前很久在胡希—利奥沃地域会合。另外，苏军步兵先遣力量落后不到一天的行程，完全能够在敌人组织起任何突围前加强合围圈。马利诺夫斯基的合围对外正面也迅速获得突击势头。战役第四日傍晚前，近卫坦克第 5 军取得了 100 千米的纵深突破，即将攻克伯尔拉德，离福克沙尼只有大约 80 千米了。24 小时后，戈尔什科夫骑兵机械化集群夺得了巴克乌并沿锡雷特河河谷迅速前进。若德国人想要在喀尔巴阡山西面或南面集结战役预备队——就像他们四个月前在乌克兰北部解救第 1 装甲集团军时所做的那样——他们就必须沿一条漫长的道路穿过苏军部队以便到达普鲁特河。随着时间的流逝，这个问题日趋加剧。托尔布欣的合围对外正面由第 46 集团军和一个摩托化步兵旅组成，实力不算强大，但足以承担这项任务。苏联人准确判断出罗马尼亚第 3 集团军构成的威胁十分微弱，而多瑙河下游以南不存在任何威胁，因而决定派近卫机械化第 4 军向西，而非向西南方攻击前进，从而切断罗马尼亚集团，向西南前进的任务留给了一个摩托化步兵旅。

当然，苏军的战役决定建立在充分了解罗马尼亚政治局势及其对军事行动的可能影响的基础上。虽然战役的主要目标是歼灭敌有生力量，但马利诺夫斯基决定 8 月 24 日前彻底解决德国第 6 集团军。这样，他就可以调整重点，同时实现更广泛的领土目标，这对战略目的不无裨益。抢在敌人做出反应前夺取普洛耶什蒂和布加勒斯特，将保持战略主动权并加剧德国人的问题。事实证明的确如此，罗马尼亚叛离轴心国一举决定的不仅仅是一个集团军群的命运（该集团军群已无力回天），还影响了德国在东南战区的整个防御。希特勒施以显然无效的报复，结果加剧了他所面临的问题。他命令德国空军轰炸罗马尼亚王宫和政府大楼，并指示该地区少量德军部队粉碎这场叛变。结果，罗马尼亚不仅脱离轴心国，还于 8 月 26 日对德宣战，罗马尼亚军队期盼着他们长期以来一直希望从事的战争——打击匈牙利的入侵。

8 月 25 日—26 日，战役在敌纵深发展顺利。近卫坦克第 5 军准备进攻福克沙尼临时组织的防御，而第 27 集团军先遣步兵力量落后不到一天的行程。机械化第 5 军追击德军后卫力量至锡雷特河下游，第 53 集团军已位于伯尔拉德。因此，敌人出乎意料地突围到苏军后方地域给马利诺夫斯基制造了麻烦，他认为这股敌人已被消灭。近卫第4集团军脱离战斗并向后调动，结果导致超过两个师的敌人逃过普鲁特河加入米特集团，这个失误归咎于谁目前尚不清楚。两位方面军司令员难道不能通过讨论解决他们的分歧？最高统帅部大本营协调员铁木辛哥做了些什么导致如此严重的战役失误？针对此事大本营是否真的出面进行了干预？结果，德国第6集团军残部苟延残喘到9月，这也迫使苏军调整在南面的力量部署，要求歼灭游荡于乌克兰第2方面军后方地域的一股敌军。

　　苏军不得不抽调力量解决漂移的德军包围圈，但并未超过必要的程度，他们没有召回任何快速兵团。方面军第二梯队派出一个师，以便为近卫第4和第52集团军准备决定性反制措施争取时间。结果，两个步兵集团军耗费很长时间分割并歼灭米特集团。德国人到达锡雷特河时，苏军又投入更多力量。步兵第27军（方面军预备队）和坦克第23军奉命实施另一场反突破行动。虽然参与其中的兵团暂时无法使用，但主要突击并未因此遭到削弱。由于苏军的技术日趋复杂，敌基什尼奥夫集团残部毫无机会可言。科尔孙－舍普琴科夫斯基战役中，苏军的包围圈非常紧密，对内正面困住敌人并竭力将其消灭，而对外正面则击退敌援兵，但对内、对外正面之间几乎没有空间。德军解救被围集团的行动几近成功，大批被围人员得以逃出包围圈。这场战役重复了斯大林格勒的模式，只不过因为德国第6集团军消极被动，苏军才没有重演过去的失误。白俄罗斯战役期间，白俄罗斯第1方面军快速集群扩大了敌博布鲁伊斯克集团与德军救援力量之间的距离。雅西—基什尼奥夫战役同样如此，合围对外正面并未保持静止，而是稳步加大距离，米特集团企图突围时，不得不穿越近100千米的敌对地域才能到达他们认为的安全处。

　　苏军没有对敌人的突围反应过度，新的主要目标（夺取南面的战略目标）得以维持。坦克第6和第27集团军没等敌人组织起防御便从行进间强穿福克沙尼山口，8月30日便夺取了普洛耶什蒂。次日，第53集团军先遣力量进入布加勒斯特。方面军分界线做出调整，从列奥沃向西南方延伸到布加勒斯特以东，这为乌克兰第3方面军加入规模更大的巴尔干战役提供了作战空间。到8月28日，以坦克第18军为先锋的第46集团军已在加拉茨两侧渡过锡雷特河和多瑙河，第57集团军在伊兹梅尔地域逼近多瑙河，第37集团军的先遣军位于后方不远处。下一阶段，马利诺夫斯基方面军将转向西北方，完成对罗马尼亚的占领并为进军匈牙利打开道路。托尔布欣方面军将进入保加利亚，迫使其脱离轴心国，随后以一场社会主义革命推翻国王并协助解放南斯拉夫。

对1944年战役法发展的总结

苏军战役法日益增长的优势

1944年，德军和苏军在兵力和技术装备上的差距日渐扩大，德国人越来越依靠防御工事和优秀的战术表现来弥补这种差距。白俄罗斯战役之前，他们坚信利用精心准备的阵地防御可以有效应对1比3的力量对比，直到他们依靠优秀的战役机动能力伺机发起一场适当的反突破或反突击。德国人大大高估了自己的能力却低估敌人的能力。事实一次次地证明，他们的设想毫无根据。德军情报部门的能力越来越差，无法回答关键的战略和战役问题——苏军的下一场打击将落在何处，目标是什么，何时发起，以何种力量遂行？无法回答这些问题导致越来越稀缺的资源被错误部署，经常造成致命后果。[41] 这种失败的影响本可以通过一定程度的战役灵活性加以缓解，但是，更具能力的德军将领提出的这种要求，通常会因为希特勒越来越固执的态度而遇到无法克服的障碍。元首不会或不能从经验中学习，他更愿意以能力差强人意但意识形态正确的唯唯诺诺者替换那些能干的将领。因此，高级军事指挥官质量的下降使德军的战役优越性成了个危险的神话。德国国防军代价高昂的错误犯得越多，制造的问题就越棘手。巨大的损失导致其能力下降越来越快，据守防御战术地幅的步兵兵团战斗力不断减弱，直到理论上足够的密度和深度变得很难奏效。同时，作为防御弹性和稳定性主要来源的快速兵团，已沦为昔日强大的装甲师和装甲掷弹兵师的拙劣翻版。这不仅仅是个数字问题，中级和下级指挥官，军士和年轻、健康、充满热情的士兵们都被战斗吞噬，这是一场质的下降。德军的战术优势与其战役优越性一样，都非常值得怀疑。

在战役层面，德国人的指挥能力越来越不及敌人。与战争第一阶段那些将领相比，中后期的红军指挥员及其参谋人员受过更好的教育，经验更丰富，也更具才干。苏军对自己和敌人的能力及局限性有了越来越深的了解。在此基础上进行的策划和决策，其复杂性和准确性得到了稳步发展。与新的现实主义相匹配的是彻底、完整的准备，获得极大改善的协同（包括地空协同），甚至是巨大的灵活性（例如，根据战斗侦察的结果在最后一刻调整计划，或针对变化的态势做好变更方向的准备）。这种发展使德国人依然存在的更高战术能力在很大程度上无法奏效。战术上取得成功的德军兵团越来越频繁地被战役级灾难吞噬，而马斯基罗夫卡和苏军遂行突击的高速度使德军高层的应对姗姗来迟，因而全然无效。

表3.5：1944年，坦克集团军遂行的战役发展

战役	集团军[1]	坦克和自行火炮数量	战役纵深地段宽度（千米）	推进深度（千米）	完成推进的天数	平均（最大）前进速度（千米/日）	与诸兵种合成集团军的最大间隔（千米）
科尔孙－舍普琴科夫斯基战役	近卫坦克第5集团军（2）	236	10—15	75	4	19（25）	50
维捷布斯克—奥尔沙战役[2]	近卫坦克第5集团军（2）	562	12—30	135	6	22（30）	30
利沃夫—桑多梅日战役	近卫坦克第1集团军（2+坦克旅）	419	20—45	350	14	25（45）	50
	近卫坦克第3集团军（3+坦克旅）	490	20—100	350	15	23（60）	60
	坦克第4集团军（2）	464	15—25	350	13	27（40）	50
卢布林—布列斯特战役	近卫坦克第2集团军（3）	732	20—35	300	10	30（60）	60
雅西—基什尼奥夫战役	坦克第6集团军（2）	561	20—45	350	8	44（65）	65

※ 资料来源：I.M. 阿南耶夫，《从伟大卫国战争的经验看进攻战役中的坦克集团军》，莫斯科：军事出版局，1988年，第413页；A.I. 拉济耶夫斯基，《坦克突击：从伟大卫国战争的经验看坦克集团军在方面军进攻战役中的行动》，莫斯科：军事出版局，1977年，附录3，第262—263页。拉济耶夫斯基有时会引用不同的统计数据，可能是因为他使用了一种不太相同的方法。阿南耶夫的数据较为保守，因此，若有什么不同的话，也只是淡化了苏军的成就。

1. 括号内给出的是军和独立旅的数量。

2. 完成既定战略使命中的后续任务后，近卫坦克第5集团军前出到维尔纽斯，实现超过350千米的总纵深。当然，投入坦克集团军并非战役发展的唯一手段。在集团军层级，有时候包括方面军级级，独立坦克和机械化军发挥的重要作用远远超出战术层面。骑兵机械化集群同样如此，特别是在坦克兵团难以发挥效力的地形上。但具有战略重要性的纵深任务通常由坦克集团军负责，因为他们更具战斗力和持久力。

1944 年夏季，红军经常能够实现战役突然性。他们实施的马斯基罗夫卡通常会分散敌人的注意力并隐蔽最高统帅部大本营预备队和其他预备力量的大部分部署变更，以及方面军和集团军内部从消极地带抽调各兵团组建突击集群的行动。德国人经常无法发现 50% 甚至更多苏军为大规模进攻而集结的力量，因而将对方的实力低估 25—40%。结果，当德国人认为苏军拥有 2—3 比 1 的整体战役优势时，这一优势实际上是 5 比 1 左右，而在关键地段，这种优势又转化为 8—10 比 1 的战术优势。[42]红军在战役打响前为确保胜利付出了巨大努力，它们尽力隐蔽即将到来的战役的发起时间、规模、位置、方向和预期范围，直至敌人的应对已为时过晚。但是，突然性只是重要的贡献者，而非胜利的保证者。发展期间的犹豫和缺乏想象力的行动很容易浪费突然性带来的优势。为了充分利用突然性，苏联人坚决、慷慨地投入力量，以期取得突破，从而实现初期势头。他们以这种劲头和勇气将战术胜利发展为战役乃至战略胜利，使敌人的消极应对始终处于姗姗来迟的状态。德国人为重建一道连贯防御而变更部署或调集援兵，但这种努力几乎总是遭到阻止并被挫败。同样，他们后撤和保存力量的企图也频频受挫。苏军一向在德国人"情报—决策—行动"周期内行动，他们以日益加强的活力遂行战役发展，从而获得决定性的战果，这一点可参见表 3.5。

仔细查看这份表格就会发现，坦克集团军接受的指示和指挥越来越大胆。1943 年夏季至 1944 年 6 月这段时期，诸次战役要求在实施发展前取得突破，七个选定的主要坦克集团军，平均推进深度为 123 千米，平均速度为每昼夜 16 千米，最高速度 26 千米，坦克集团军与诸兵种合成集团军的平均间隔为 31 千米。[43]到 1944 年夏季，即便在那些突破必须先于发展的战役中，战役纵深也增到原来的 2.5 倍，平均和最高进攻速度提高一倍，坦克力量与身后步兵兵团之间的距离变为 1.7 倍。这些数字在一定程度上反映出德军能力的下降，但在更大程度上说明红军的信心和能力日益增强。一个明显的趋势是，突破越来越快，越来越明确，诸坦克集团军承受的负担和代价越来越低。之后，苏军的战役发展变得更加大胆，更快的进攻速度，以及出现在快速推进的坦克力量与缓慢前行的步兵兵团之间的易遭受攻击的缺口足以证明这一点。更快更深远的推进也反映出提高进攻速度能降低相应代价的事实。苏军对坦克集团军以每昼夜 4.5—13 千米的速度前进 100 千米的消耗所做的分析比较表明，以较高速度前进，弹药消耗量为低速前进的六分之一，油料消耗则为三分之一。同样，将进攻速度从每昼夜 4—10 千米提高到 20—50 千米，能减少 70% 的人员损失，坦克和自行火炮的折损也降低 35%。[44] 一场高速推进能够降低成本，这是战斗性质发生变化的结果。对敌防御缓慢、艰难的突破，涉及与一股保持平衡并下定决心之敌的战斗。它需要大量弹药压制对方，付出众多的人员伤亡后才能取得部分成功。坦克引擎空转消耗许多燃料，而在机动中经常需要急加速，这也导致燃料消耗居高不下。相比之下，追击期间，敌人更关心自己能否逃脱，而不是给对方造成伤害，人员和装备损失因而较低。坦克在战役机动上耗费的时间较多，而用于战术机动的时间较少，大多数战车损失是可修理的机械故障，而非敌火力打击所致。这有助于解释另一些令人印象深刻的统计数据，并且说明了一个普遍存在的事实，即近卫坦克第 3 集团军在利沃夫—桑多梅日战役中修复并重新加入战斗的战车达到了最初投入数量的 210%。[45]

战役法存在的一些问题

随着资源数量和质量的稳步提高，以及红军对此更为熟练的运用，战争第三阶段的战役变得更加雄心勃勃。[46] 一场方面军进攻战役的计划纵深达到 150—300 千米，当前任务是突破敌防御的战术和战役地幅并击败敌战役预备队。这涉及一场纵深 60—100 千米的推进，要求在 3—6 天内完成，具体的距离和时间取决于敌防御的密度、深度和准备程度。后续任务涉及一场追击溃逃之敌及击败开到的敌预备队的战斗，因此要在 8—10 天内夺取指定目标线或距离出发阵地 80—200 千米的地域，这段距离随时间的推移不断加大。紧随胜利而来的是第二场甚至第三场战役，这种情况越来越频繁——前一场战役仍在进行时，苏军就已着手策划下一场突击并在毫无战役停顿的情况下遂行。这种平淡无奇的回顾性总结掩盖了为实现这些新规范必须加以解决的诸多问题。

【突破】

虽说战役计算和技术在整个 1944 年直至战争结束不断得到改善，但战役突破仍存在问题——不仅仅因为德国人不断努力改善并深化他们的防御。在这方面并不存在普遍适用的方案。对比发生在白俄罗斯、罗马尼亚和乌克兰北部的突破战就会发现，在只取得部分突然性、敌人拥有快速预备队的情况下，达成突破需要的最小兵力兵器密度比为 1.3 比 1。然而，尽管科涅夫占据了很大优势，可是他不能保证战役首日就实现进攻的高速度。策划 1945 年的战役，特别是从登陆场发起进攻的战役，例如维斯瓦河—奥得河战役和柏林战役时，苏军吸取了这个教训。

苏军偶尔会遭遇挫败，成功通常伴随着高昂的代价。即便赢得胜利也必须是在 4—5 天内实现，否则只能被视为部分失败。他们总是非常希望在战役首日或次日清晨将发展梯队主力投入交战，这是因为如果不能实现初期突击势头并拓宽突破从而提供机动空间，敌人就有机会调整防御并变更部署以应对进攻。[47] 结果，就像 7 月份利沃夫方向的进攻那样，一场消耗战损害了方面军完成其纵深任务的能力。部分问题在于炮兵进攻的局限性。他们无法压制防御的战术全纵深。苏联方面的研究通常记录下火炮、迫击炮集中的数量和密度，但其中大多数是 82/120 毫米迫击炮和 76 毫米火炮，有效射程仅 2—9 千米，因而无法覆盖防御战术地幅的全纵深，许多火炮 / 迫击炮甚至无法触及敌人的第二阵地。只有约 30% 的火炮（部署于军和集团军炮兵群）能够打击主要防御地带的纵深目标，打击第二防御地带就谈不上了。[48] 当然，强击和轰炸航空兵可以弥补一些炮兵支援的不足，它们在压制敌炮兵和未被己方炮兵充分压制的支撑点方面发挥了至关重要的作用，但它们在即时性、密切性和数量上无法和火炮媲美，而且对天气的依赖较大。另外，德国人越来越多地采用有限后撤战术，在苏军发起炮火准备前退至第二阵地，这就使苏军炮兵失去了大多数经彻底侦察过的目标，各炮兵连被迫前移时，他们不得不放弃（至少是暂时的）堆放在发射阵地的弹药。加大防御纵深也是对进攻方火炮数量不断增加的一种有效应对。当然，苏军对此的反制措施是准备两套不同的炮兵进攻方案，根据战斗侦察结果做出最终选择。即便如此，有限后撤战术在缓解大规模炮兵力量造成的毁灭性影响方面往往非常有效，至少在第二阵地远离第一阵地处是这样。

为满足对战役速度的需要，必须尽快完成对敌防御战术地幅的突破，由于炮兵无法确保充分压制敌人，就需要加大直接支援步兵的直射火力。1944 年下半年一本关于突破阵地防御的手册表明，突击集群中的一个步兵师的确需要 2—3 个重型坦克团和 2—3 个自行火炮团，从而创造出每千米正面 42—75 辆坦克和自行火炮的密度，以便确保相应损失不会导致第二战术梯队在最需要的时候（突破行动超出大部分间接支援火力的有效射程时）失去战车力量的支援。[49] 但这种密度并未实现，战争结束时的柏林战役之前，每千米正面直接支援步兵的坦克和自行火炮很少超过 20—30 辆。结果，诸兵种合成集团军很少能在战役首日突破敌防御的整个战术地幅。波罗的海沿岸第 1 方面军和白俄罗斯第 3 方面军的突击集群在维捷布斯克—奥尔沙战役中设法做到了这一点，主要因为突然性、敌人过度拉伸的防御和每千米正面 36 辆直接支援步兵的坦克和自行火炮的密度（后一场战役）。乌克兰第 2 方面军突击集群在雅西同样做到这一点，但主要是因为罗马尼亚守军的战斗力较弱。

突破敌防御战术地幅要解决的不仅仅是火炮和战车的密度问题。由于日益加大的纵深和野战筑垒工事的发展，防御的稳定性有所提高。实现并保持进攻速度非常重要，这样一来，敌人就不易填补以如此高昂的代价打开的缺口。这要求从步兵团到步兵军的各战术层级呈梯次配置。彻夜不停地进攻并在较低的兵团和部队层级对敌人保持压力也很必要，通常情况下，这涉及第二梯队的投入，因为他们尚未遭到战斗的消耗和瓦解。例如，卢布林—布列斯特战役中，步兵第 88 师第一梯队 7 月 18 日突破敌人第一阵地，日终前到达第二阵地。10 分钟炮火准备后，第二梯队团投入冲击，夜间将突破深度加大到 4 千米。7 月 19 日拂晓，军第二梯队完成突破。

随着决定投入方面军快速集群，突破的关键时刻到来了。实现这一目标的速度和由此遭受的损失会给战役结果造成影响。诸兵种合成集团军和坦克集团军参谋人员要做的工作，以及穿过第一梯队路线的越线换防，还有工程兵、炮兵和航空兵支援的组织事先都已计划妥当。但不可避免的是，最后一刻总会进行调整，有些调整较为重要，时间压力也很大。[50] 例如，8 月 20 日为支援坦克第 6 集团军而投入的火力计划向前延伸 16 千米，涉及第 27 集团军的 4 个炮兵旅、各步兵师参与突破的炮兵力量和空军第 5 集团军。该计划必须在上午加以实施，以赶上提前数小时的进攻发起时刻（H 时）。

在得到了详细分析的 25 场战役中，坦克集团军穿过防御战术地幅一个明确的突破口（深度为 15—30 千米）投入交战的有 7 场[51]，这些坦克集团军包括奥尔沙—维捷布斯克战役中的近卫坦克第 5 集团军，利沃夫—桑多梅日战役中的近卫坦克第 1 集团军，卢布林—布列斯特战役中的坦克第 2 集团军，雅西—基什尼奥夫战役中的坦克第 6 集团军。更常见的情况是，即便在步兵师和步兵军正以第二梯队加强进攻处，若他们缺乏坦克和自行火炮，就有必要在突破至 6—8 千米，甚至 2—4 千米时投入快速集群的先遣力量，否则会因为战车力量不足而无法完成突破。突破敌人第二或第三阵地后，最理想的情况是突破防御的整个战术地幅后，就应该将快速集群先遣支队投入战斗，这样才可能从行进间突破敌人的第二防御地带。如果步兵力量突破敌人第一或第二阵地后就丧失势头，那么对方的防御就会保持足够的组织、平衡和凝聚力，这将导致进攻进展缓慢、代价高昂。事实多次证明，这种情况下仅投入快速集群先遣支队是不够的，有必要将第一梯队坦克—机械化军的主力投入交战。总参谋部认为此时使用方面军快速集群并不可取，因为虽然此举能增加突破速度，但由此蒙受的损失（平均15—20%）削弱了坦克集团军在敌纵深作战的持久力。[52]

这些实力获得发展壮大的坦克集团军能够在到达进攻顶点前更深地突入敌防御。显然，如果他们的投入时机推迟到步兵力量到达或逼近第二防御地带时会更好些，就像在12场战役中发生的那样。倘若要求坦克集团军尽快投入以突破敌人主要防御地带的第二阵地，甚至是第一阵地，通常会很糟糕，正如以往6场战役所证实的那样。关键因素始终是时间，指挥员们经常准备以生命和坦克换时间。战役首日投入较为理想，次日投入通常可以接受；第三日或第四日投入也可以接受，但前提是能确定敌人因在必要距离内缺乏快速力量而无法遂行有效的反突破。维捷布斯克—奥尔沙战役中，近卫坦克第5集团军直到第四日才投入战斗，但他们穿过了一个明确的突破口，与前线相距50千米，而且敌人缺乏装甲预备力量。利沃夫—桑多梅日战役中，科涅夫在战役第三天将近卫坦克第3集团军投入科尔图夫走廊，但这是因为他希望在主要突击方向实现一些突击势头。德军装甲预备力量使此举成为一场代价高昂的赌博，但苏军最终获得了成功——主要得益于坦克第4集团军加入交战后的实力剧增，而非通过机动实现。两个坦克集团军在突破过程中损失了30—40%的坦克力量，这是乌克兰第1方面军到达进攻顶点时，突破深度远不及白俄罗斯战役的主要原因，尽管他们最初投入的战车力量更大。

在一个诸兵种合成集团军已组建快速集群的情况下——例如维捷布斯克—奥尔沙战役中，白俄罗斯第3方面军近卫第11集团军就掌握了近卫坦克第2军——可以以其实现突破。这就是坦克旅—机械化兵团在可投入处越来越受到欢迎的原因。战役机动力量最好能以满编状态和良好的秩序投入交战，而不是被战斗弄得混乱不堪，因此独立坦克军通常会为受领的浅近任务保留足够的战斗力。

【发展和战役机动】

一旦达成突破，红军转入战役发展和追击，德国人面临的问题就将倍增，而苏军的问题会减少。守军发现，每一个狭窄的突破口都会被迅速拓宽。获得机动空间后，快速集群将从纵队改为横队，以便沿宽的正面进入战役纵深，位于前方的先遣支队将在敌人企图实施迟滞行动前抢占先机。在两个或更多方向上的纵深推进，会使德国人更难抉择在何处投入稀缺的预备力量。苏军不断强调速度的重要性，前进速度越快，守军需要的应对时间就越多，但他们所能获得的时间会更少。另外，从战役初期开始，苏军先遣支队和突袭支队开始逐步破坏敌人的指挥控制和后勤保障，进一步削弱对方恢复防御连贯性的努力。同时，利用达成的突破，步兵力量会从各个方向包围敌防御，席卷到目前为止尚算牢固的阵地。敌人会被迫沿一道越来越宽的正面退却，在此过程中放弃防御工事、障碍和精心构筑的用于弥补数量劣势的火力配系。位于消极地带的苏军兵团将转入进攻，迫使敌人实施一场战斗后撤从而使其无法迅速退往后方。起初以1—2个师就能封堵的裂口，迅速变为需要几个军才能封闭的大缺口。

追击是方面军和集团军为突破期付出的高昂代价获取回报的阶段，时间占成功战役持续时间的35—40%。因此，追击的计划和准备工作是战役准备的主要组成部分，由坦克集团军和独立快速军在专用航空兵支援下发挥主导作用。追击期间，大多数炮兵和其他战斗支援部队被分配到各个军，他们以极大的战术自主权在不同方向展开行动。纵深推进会导致防御破裂，敌人不会获得有序后撤、尔后在纵深处坚守预有准备或天然防线的机会。苏军会尽一切努力将后撤中的敌兵团分割为丧失凝聚力的孤立群体并以正面和（更具破坏性的）平行追击将其逐个击破。先遣支队向前疾进，切断敌逃脱路线，而主力攻入敌之侧翼。更具决定性的是合围，通常由超过一个方面军的力量协同实施。1944年夏季，坦克集团军主要用于在合围对外正面稳步加大包围圈、潜在逃生处与救兵的间隔，同时给敌人造成比包围圈内兵力损失更大的问题。合围对内正面由诸兵种合成集团军构成，但经常获得一股调自方面军快速集群的力量的协助，通常由一个集团军快速集群率领，其任务是分割并歼灭陷入合围的敌集团。苏军通过合围消灭了敌维捷布斯克、博布鲁伊斯克、明斯克、布罗德和基什尼奥夫集团，共歼灭德军作战序列中的50多个师。

红空军在加快战役发展方面发挥了重要作用，空中侦察成为快速进行的战役中的主要情报来源并为路线选择、障碍规避和渡河地点的选取提供及时更新的参考信息。随着推进逐渐获得势头，大多数火炮，特别是大口径火炮，已无法跟上机械化力量的前进步伐。战车先遣部队需要的火力支援逐渐由轰炸和强击航空兵提供。航空兵的进攻会阻碍德国人将预备队适时有序地投入战斗、建立迟滞阵地、炸毁对快速推进至关重要的桥梁——即便不能完全阻止，也能拖缓这样的进程。他们强行瓦解并迟滞企图后撤之敌，给那些并未因迫于苏军机动而撤离预有准备的阵地的敌军造成比原来更大的伤亡。被围集团竭力构设环形防御时，就像他们在博布鲁伊斯克及其周围所做的那样，大规模空袭会给他们造成严重的损失和破坏。航空兵还可以为快速集群提供空投再补给，尽管是以一种相对较小、较缓和的方式进行，因为适用的飞机数量不足。在白俄罗斯，红空军向地面部队交付了近3400吨油料、弹药、零配件和装备。但是，随着红军突入战役纵深，空中力量会成为一股逐渐减少的资产。到1944年夏季，各方面军经常能从原定计划的战役无缝过渡到一场新的战役，目标定为两倍纵深，诸空军集团军发现自己难以跟上。能否成功转场取决于快速集群狭窄的后方机场的修复和新跑道的构筑情况，也取决于过度拉伸的后勤勤务为其提供补给的能力。空中支援会逐渐出现脱漏，出动架次会整体减少，这一点无可避免。当快速集群和诸兵种合成集团军需要更多空中支援时，航空兵却力有不逮。另外，歼击机掩护范围的缩小，也使地面部队暴露在德国空军的打击下，这对战役结束时在一条主要河流对岸设立登陆场从而完成任务极具威胁。

相关经验教会苏联人，若发展梯队不能保持突击势头，就无法歼灭敌人并夺取对继续进攻至关重要的地区。一旦停下脚步，快速兵团通常很难恢复推进。如果敌人获得时间从其他地带变更力量部署，从纵深处前调预备队并构筑新防御工事，一场临时性遏制就会迅速凝聚成越来越有效的防御。坦克集团军即便获得加强，也没有足够的火炮、弹药和必需的步兵力量实施一场突破战。此外，他们还要耗费宝贵的时间重新集中炮兵力量，在必要的地方则需要前调摆渡和架桥部队。航空兵力量实力不足，以及等待诸兵种合成集团军和更重型火炮赶来，共同造成了时间的浪费和良机的致命错失，简言之，进攻到达了顶点。一旦最初的突击势头放松下来，就连战役第二梯队的最终可用性和其他资源的重组可能都不足以实现更大收益。倘若利沃夫—佩列梅什利战役结束与开始冲向维斯瓦河之间出现1—2天的战役间歇，乌克兰第1方面军很可能无法强渡该河，或者充其量被限制在一座战术登陆场内。同样，如果近卫坦克第5集团军滞留在明斯克地域以歼灭德国第4集团军，德国人就会获得机会在莫洛杰奇诺构筑防御并以更大的纵深掩护维尔纽斯。

战役发展会在某个阶段结束。这种情况何时发生取决于方面军的计划，例如科尔孙－舍普琴科夫斯基战役期间，近卫坦克第5和坦克第6集团军作为合围对外正面转入防御。这可能是一场遭遇交战失败的结果，就像别尔哥罗德—哈尔科夫战役期间坦克第1集团军在博戈杜霍夫发生的情况。这是进攻到达顶点的必然结果，无论最终目标是否实现。坦克集团军转入防御总是会面临困难。他们缺乏足够的步兵和炮兵力量，特别是口型口径火炮都部署在重要方向上诸兵种合成集团军的炮兵群内。战役逐渐落下帷幕时，通常会有几个加重困难的因素。指挥员经常会在短时间内采取防御措施。他不得不迅速做出决定，主要基于地图判读，麾下部队经过数日战斗已严重消耗，但仍摆出进攻姿态。准备时间有限，他会设法据守一道令人不安的宽大正面，例如尽力扼守一座登陆场——拓宽防御宽度必然以牺牲密度和纵深为代价。至少他的一面侧翼会暴露在外，也有可能是他的后方。补给线会变细，有可能遭切断。集团军通常位于空中支援范围的极限，由于提供支援的空军集团军面临越来越多的后勤问题，这种支援往往会衰减。在这种情况下，坦克集团军不得不依靠积极防御。如棋盘般交错的坦克伏击、防坦克地域和雷区构成一幅框架，反坦克炮兵预备队和快速障碍设置队用于填补缺口。其目的是给进攻方造成破坏并在对方得以巩固战果前迫使其暴露在迅速发起的反冲击面前，这种反冲击由1—2个坦克旅组成的集群遂行并能获得摩托化步兵和炮兵的支援。但是，面对敌人猛烈的反突击，坦克集团军无法实施一场持续数日的成功防御，尽快获得主力解救至关重要。

取得进攻高速度的过程中，先遣支队发挥着重要作用，这与其规模不成比例。苏军意识到先遣支队的重要性，遂加强其实力，使之成为诸兵种合成部队。每个先遣支队通常由一名符合指挥规模的高级指挥员率领，选定的往往是富有能力、英勇无畏、充满主动性的指挥员。凭借较小的规模和灵活性，这些先遣支队能利用敌人防御上的小缝隙，甚至能在半流动状态下予以渗透，随后迅速推进，绕过抵抗枢纽部，从而夺取指定目标。他们在战役发展的各个方面均发挥了重要作用，特别是为做出决策和下达命令赢得了时间。他们位于所属兵团之前方，无论实施防御还是进攻，都能为抗击意外之敌提供预警和安全距离。先遣支队配有一名前进空军引导员（这种情况在 1944 年变得越来越普遍），可以召唤航空兵迟滞并破坏德军的行动。预计会发生遭遇交战时，先遣支队会首先与敌预备队遭遇，上级通常期望他们夺取并坚守对机动至关重要的有利地形。遇到河流障碍时，他们的任务是完好无损地夺取桥梁或渡口，使主力得以在行进间毫不停顿地渡过河去。这对战役速度尤为重要，因为尽管红军从 1944 年下半年开始获得摩托化工程兵旅，但坦克集团军缺乏毫不停顿地渡过中等宽度河流的手段。追击过程中，先遣支队负责拖缓敌人的后撤，使主力能够展开决定性交战或完成合围。

　　一场高速推进的速度，在 1944 年夏季是平均每昼夜 25—30 千米，但个别日子速度可以提高一倍，这是将敌人的后撤变为溃败的基本条件。[53] 因此，一旦发现当面之敌有实施后撤的迹象，所有指挥员都有责任立即发起追击，而不是等待上级的命令。尔后，行动进入敌纵深，其特点是高度流动、快速变化，对先遣支队的期望（实际上是要求）是根据上级的战役意图和概念自行做出决定。追击应不分昼夜地进行，不得暂停。若主力出于某些原因（例如后勤问题）落在后面，先遣支队应继续追击。他们将绕过抵抗枢纽部，避免长时间的战斗，夺取诸如十字路口、河流渡口、机场等重要地点或超过后撤之敌，切断对方的后撤路线。自1943 年起，先遣支队的实力变得更加强大，奉命在更远的前方展开行动：别尔哥罗德—哈尔科夫战役中，先遣支队与主力相隔 15—20 千米，利沃夫—桑多梅日战役中为 40—50 千米，雅西—基什尼奥夫战役期间这一距离加大到 80 千米。追击的重点是给敌人造成破坏，而非防范敌人潜在的反击措施。红军认为掩护脆弱侧翼的最佳办法是保持主动权。

　　但是，对指挥员的要求是大胆而非蛮干。发展兵团通常认为侧翼敞开、后方多少有些暴露是理所当然的，没有必要保持一道绵亘的战线。这种认识可以被接受，但是必须采预防措施，以免出现意外情况，就像德国人 1943 年 2 月所做的那样——他们以反突击歼灭了波波夫快速集群并复夺哈尔科夫。相应的预防措施包括：实施深入、持续的侦察，以便及时为相关决策提供情报（尽管在戈区的庞大地域并不总是能成功做到这一点）[54]；提前对侧翼掩护做出部署；让各纵队的间隔保持在能够相互支援的距离内。坦克集团军虽然不受分界线限制，但通常在一片 30—40千米宽的区域内沿四条或更多路线前进，这一宽度有时候也高达 50—75 千米。为确保平衡和灵活性，他们通常以两个梯队向前推进，辖内各军同样如此，而且总是部署反坦克炮兵预备队和快速障碍设置队。1944 年夏季战役实施时，红军对敌人集结优势兵力从事的破坏性反突击记忆犹新，例如科尔孙－舍普琴科夫斯基和普罗斯库罗夫—切尔诺维策战役期间发生的事情。这种情况并未一去不复返，白俄罗斯战役、利沃夫—桑多梅日战役和卢布林—布列斯特战役临近结束时，德国人开始行动，意图修复苏军攻势造成的破坏。苏军强调要尽早发现这种反击，这样便可以在敌人开到前抢先占领一道有利战线，根据对敌军战斗力的评估，通过一场遭遇交战或据守临时防御阵地来击败对方。若向前推进得不太遥远，不太迅速，空军基地尚未远远落在后面，航空兵兵团的支援将给敌人造成伤亡并迟滞其逼近。

高速进攻的需要意味着快速集群不可避免地在主力前方迅速发展。当然，他们的高速推进有助于身后的诸兵种合成集团军快速取得进展，而诸兵种合成集团军负责解决敌人被绕过的抵抗枢纽部，使其无法威胁到坦克集团军后方及交通线。最高统帅部大本营和方面军司令员通常对坦克集团军与诸兵种合成集团军之间的距离扩大到 50—70 千米持谨慎态度。遭受敌人大规模反突击的坦克集团军，即便在战役临近结束时已遭受消耗，估计也能坚持到落在身后 1—2 日行程的步兵和炮兵前来提供增援。例如，若非第 13 集团军及时提供支援，近卫坦克第 1 集团军在维斯瓦河对岸的立足地就会很快会变得岌岌可危，而他们能在河对岸设立起一座战役规模登陆场，全靠近卫坦克第 3 集团军及时赶至，但更重要的是，新锐近卫第 5 集团军（方面军第二梯队）随后开到了。

速度并不是对在敌纵深展开行动的指挥员们的唯一要求。灵活性，即针对意想不到的事态发展迅速更改计划并确保其立即得以执行的能力，在上级指挥员只能给予大体指导的情况下至关重要。这种能力在战争前半期表现得并不显著。例如，1943 年 8 月初的别尔哥罗德—哈尔科夫战役中，近卫坦克第 5 集团军实施机动的决心下得太晚，因而无法击败占据有利地形的强敌。方面军司令员坚持沿原定方向继续实施 5 天徒劳无获的冲击，而不是调整突击重点，对友邻坦克第 1 集团军在博戈杜霍夫地域取得的初期战果加以利用。到 1944 年夏季，凭借相关经验和对快速兵团指挥员及关键参谋人员的严格挑选，这种错误大为减少。根据敌人可能的后撤方向和切断其逃脱路线的大致时间及地点，方面军一次为坦克集团军分配 2—3 天的大体任务。如果敌人的行动与预计不符，或者要应对发展的态势，就应当修改计划。因此，近卫坦克第 1 和第 3 集团军都在短时间内更改方向以便利用战果，把利沃夫—佩列梅什利战役扩大为利沃夫—桑多梅日战役并在维斯瓦河对岸设立一座登陆场。集团军司令员经常调整麾下主力的部分或全部任务，每天 2—3 次并在每日日终时对他们的计划加以审核：每晚为辖内兵团分配方向、目标，指示击败敌人的时间和方法；第二梯队投入时，司令员为其指定增援力量和出发线并下达配合指示，以确保他们与第一梯队及空中支援顺利协同。若遭遇意想不到的抵抗枢纽部或敌预备队，或出现意外的机会，或上级指挥部门突然改变战役指导方针，这些决定也会发生更改。在这种情况下，只会下达简短的口头命令，通常辅以一幅地图，上面标有司令员所做决定的所有要素。这就要求参谋人员迅速展开工作，确保毫不拖延地予以实施。一般说来，坦克集团军司令部需要 5—16 个小时对计划做出彻底更改。例如，近卫坦克第 3 集团军接到科涅夫的命令，对利沃夫实施迂回而不是展开正面突击，此时距开始机动只有 11 个小时了。[55]

毫无疑问，红空军对战役的成功发展起了重要作用，派至先遣支队和第一梯队各个旅的前进空军引导员则为他们提供了部分协助。快速集群在很大程度上依靠兵团分配给他们的空中支援，以及方面军辖下空军集团军余部的大力协助，必要时甚至能得到远程航空兵的支援。空中侦察是他们获取敌后方纵深情报的唯一手段。由于高射炮兵力量极其有限，歼击机掩护是抗击德国空军对地攻击的重要手段，特别是在渡河或穿越隘路这种脆弱时期。若敌人强大的预备队赶来占据纵深处的防线，或逼近一场遭遇交战，空中力量是强大火力的唯一来源，能给敌人造成破坏和延误并将火力迅速集中于任何给定地段。追击中，他们可以拖缓、驱散敌兵团，使其士气低落，有助于将对方的后撤变为溃逃。但快速集群每昼夜的前进速度达到 30—50 千米，一旦超出航空兵兵团的转场能力时，这些协助必然会消失。从白俄罗斯战役起，每个空军集团军都配备机场养护营，他们跟随快速集群第一梯队前进，有时候位于先遣支队身后。他们的任务是修复缴获的机场，或者构建着陆场和必要的基础设施。白俄罗斯战役期间，近卫坦克第 5 集团军的两个机场养护营设立了 17 条草地跑道，但不管怎样，空中支援总有几天会减弱。归根结底，后勤部门无法将充足的燃料运至前进机场是主要原因。因此，截至 7 月 23 日，空军第 16 集团军为白俄罗斯第 1 方面军提供的支援受到了很大限制，因为他们只能为每架战机提供一次燃料补充。

持续发展：维斯瓦河—奥得河战略性进攻战役

战争的第三个 [①] 夏季，苏军战役法已经相当成熟，德国人实施的防御也有所改善。[56] 他们构筑的防御工事纵深更大，也更加复杂，包括对方发起进攻后预备队占据的阵地。为消除炮火准备的大部分作用，抢在苏军进攻开始前撤离第一阵地变得非常普遍。虽说 1944 年遭受到惨重伤亡，但德国人仍能在防御方面实现合理的密度和深度，因为战略性失败使其前线长度减半，从 4500 千米降至 2250 千米。红军的战役、战术理论和计算继续发展，既反映出他们不断增长的能力，也反映出实践中对敌人的变化做出的辩证应对。

1944 年，苏军的能力仅限于同时沿一个或两个方向发起战略性进攻，它们之间有所重叠。1945 年，苏军能够在从波罗的海到多瑙河一线几乎同时发起协同一致的攻势。主要方向是华沙—柏林，它能提供最大的军事和政治回报。这一点显而易见，但马斯基罗夫卡使德国人认为急需阻止红军突入东普鲁士和匈牙利。11月和 12 月，敌人将相当于 19 个师的兵力调至两翼，包括 8 个装甲师。而作为补偿的援兵只有 6 个步兵师和 2 个装甲师。[57] 然后在 1 月初，实力强大的武装党卫队第 4 装甲军也调离华沙地区开赴匈牙利。这就是白俄罗斯第 1 方面军和乌克兰第 1 方面军 1 月 12 日至 2 月 4 日间遂行的维斯瓦河—奥得河战役为何成为战争第三阶段赢得最壮观胜利的战略性进攻战役的一个原因。为此，苏军最高统帅部大本营主要使用先前战役结束后重建的最高统帅部大本营预备队（1945 年初编有 4 个坦克、机械化军和 20 个步兵师，约 50 万人、6900 门火炮和迫击炮、520 辆坦克和自行火炮、464 架战机）。苏军的整体优势为：兵力 4 比 1、火炮 6 比 1、战车 5.5 比 1、战机 8 比 1。这场战役之所以能如此迅速地取得辉煌胜利，另一个原因是德军能力的下降，以及希特勒将战略优先权暂时调整到西线，徒劳地企图以 12 月 16日发起的阿登攻势歼灭西线盟军。即便放弃该攻势后，元首仍坚持他的错误战略部署，尽管苏军已在华沙南面达成突破，可他还是将第 6 装甲集团军从阿登山区调往匈牙利。第三个原因是自夏末以来苏军战役法得到了长足发展，战役计算也有相当的改进。[58]

突破仍然是需要解决的主要问题，因为敌人将所有希望寄托于扼守防御阵地，

---

①译注：疑为"第四个"之误。

最终投入战役预备队封闭对方的突破。德国人知道，他们已不再具备实施机动防御抗击红军的能力。苏军不得不从华沙以南的登陆场发起进攻，白俄罗斯第1方面军掌握两座较小的登陆场（稍大的一座位于马格努谢夫，面积仅为24千米×11千米），乌克兰第1方面军掌握一座大型登陆场。卢布林—布列斯特战役和利沃夫—桑多梅日战役到达顶点后的四个月来，这些登陆场已被德军野战防御工事包围，但德国人的战役预备队缩减为两个装甲军（尽管实力强大）。防御战术地幅纵深10—15千米，并且得到大范围铁丝网和雷区障碍的加强。

苏联元帅 G.K. 朱可夫的白俄罗斯第1方面军的例子可以用于说明苏联军事理论和实践的进一步发展。最高统帅部大本营的总体计划是以两个方面军同时发起强大的、纵深梯次配置的打击，迅速突破敌防御的战术地幅，尔后将敌人分割成无法实施战役协同的孤立集团，再以合围和（或）追击将其逐一歼灭。白俄罗斯第1方面军将攻往马格努谢夫—波兹南方向，乌克兰第1方面军在其南面展开平行进攻。遂行主要突击的同时，苏军还将以一场辅助突击征服东普鲁士，歼灭盘踞在那里的敌军，以此掩护主要突击之右翼。南面，德军竭尽全力打破布达佩斯遭受的围困，红军在那里被迫暂时转入防御。为战役顺利进行而实施的马斯基罗夫卡计划，使德军情报部门1月5日得出以下结论：乌克兰第1方面军将从正西面桑多梅日登陆场发起主要突击，从而夺取西里西亚工业区，白俄罗斯第1方面军的辅助突击将包围华沙并夺取维斯瓦河下游（但泽以南），从而合围东普鲁士集团。

关于华沙—柏林方向上的华沙—波兹南战役，朱可夫受领的当前任务是击败敌华沙—拉多姆集团并在战役第11或第12天前到达150千米外的彼得库夫—罗兹—日赫林一线。这场攻势随后将沿波兹南方向再朝敌纵深发展200千米。为取得突破，方面军将54%的步兵师、53%的炮兵力量、91%的战车力量和全部航空兵集中于34千米宽的突破地段，不到其正面宽度的15%。方面军将7个诸兵种合成集团军部署在第一梯队，另一个集团军位于第二梯队（共计63个步兵师和2个筑垒地域），2个坦克集团军、2个独立坦克军和1个骑兵军构成快速集群，1个骑兵军担任预备队（共计7个坦克和机械化军，6个骑兵师）。地面力量将获得2200多架战机的支援。

约100千米宽的华沙地带，3个集团军将发起牵制性进攻，主要突击从维斯瓦河对岸的两座登陆场实施。这种态势和发起进攻的意图太过明显，无法加以隐蔽。

因此，大本营和朱可夫的马斯基罗夫卡计划致力于掩饰其规模和主要方向及目标。这两点基本得到实现。德国人预计苏军为包围华沙并扩大维斯瓦河对岸的立足地而付出的努力会很有限。德国人低估了苏军集结力量的 50%，苏军的战役优势并非 2—2.5 比 1，而是 3.6—5.7 比 1，这种优势还将转化为 8—16 比 1 的战术优势——这就是敌人没能发现的苏军最终集结（尽管兵力密度比夏秋季战役高 20%）。红空军的马斯基罗夫卡同样成功，55 个假机场和 818 架飞机模型吸引了大部分德军空袭。

为保持持续压力以确保一场快速突破，必须实施纵深配置的进攻。三个诸兵种合成集团军将沿 16 千米宽地段冲出马格努谢夫登陆场，每个集团军以三个步兵军组成单梯队布势实施进攻，一个步兵师留作预备队。但各步兵军和步兵师以两个梯队甚至三个梯队遂行冲击。普瓦维屯兵场内的两个集团军，突破地段都为 6 千米宽，它们各组成两个梯队，集团军辖内大部分兵团同样如此，每个集团军还都掌握着一个快速集群（编有一个坦克军）。密度最大处，支援炮兵的密度达到每千米正面 300—310 门火炮和迫击炮，大口径火炮所占的比例高于以往的战役。基于极为详细的目标侦察，炮火准备加深到 8—10 千米，在单个或主要方向地段，两层徐进弹幕射击深达 2—4 千米。工程兵支援也很充足，每千米正面的 5—13 个工兵连负责突破无数道障碍，修理和维护前进路线，以及跨越水体障碍。直接支援步兵的坦克和自行火炮（共 1488 辆，为方面军战车总数的 46%），密度为每千米正面 23—30 辆，这些战车完成突破后将被编入诸兵种合成集团军预先设置好的各先遣支队。基于这些措施，苏军预计将以每昼夜 8—10 千米的速度突破敌防御战术地幅，这一速度尔后上升到每昼夜 20—25 千米。另外，完成突破不需要方面军快速集群介入。战役头两天，由于天气恶劣，航空兵几乎无法提供近距空中支援，多亏细致的火力支援计划和兵力兵器集中，进攻进展才没有受到致命影响。

战斗侦察在主要突击开始前几小时实施并与夺取关键支撑点相结合。虽然这会使炮兵在修改火力计划时面临巨大的时间压力，但若在昨日实施侦察，敌人就将获得更多时间修改防御准备。位于每个先遣营前方的是配备扫雷坦克的障碍排除队，一个坦克连和一个自行炮兵连伴随左右，3—4 个炮兵团提供支援。苏军迅速占领敌人的第一阵地，因为德国人将战斗侦察判断为主要突击，据此将前沿兵力后撤。按照新思维，炮火准备时间缩短到 45—90 分钟（1944 年标准的二分之一到三分之二），但以强度弥补时间的不足。这有助于达成突然性并制造最大的心理冲击。之后，关键地段的两层徐进弹幕射击向前延伸，席卷敌人的第二阵地。第一梯队的步兵、坦克和自行火炮紧随其后，与先遣营的冲击实现无缝衔接。德军在兵力和火炮数量上都处于绝对劣势，所能做的不过是在第二阵地阻挡苏军数个小时。朱可夫这场战役的首日（1月14日），从马格努谢夫登陆场出击的近卫第8和突击第5集团军基本突破敌主要防御地带，先遣支队在敌纵深13千米处渡过皮利察河。他们彻夜进攻，为近卫坦克第1集团军次日清晨在15千米深、10千米宽地段穿过一个明确的突破口创造条件。同样，近卫坦克第2集团军1月16日晨穿过一个20千米宽、20千米深的缺口投入交战。坦克集团军的投入获得了空军第16集团军70%战机力量的支援，空中行动和及时投入的反坦克炮兵预备队，阻挡住了德国第40装甲军预备队的反冲击。同时，第69和第33集团军1月14日以坦克第11、第9军冲出普瓦维登陆场，向前推进22千米。主要方向上取得的成功协助消极地带的三个集团军击败当面之敌并导致了华沙解放。不到两天，维斯瓦河防线已然崩溃，乌克兰第1方面军作战地域的情况同样如此，这就使德军守卫波兰的一切希望均告破灭。德国人缺乏战役预备队，无法及时占据纵深处六道预有准备防线中的任何一道，苏军的进攻速度非常快，其先遣部队往往抢在德军仓促变更部署的兵团之前到达这些防线，最不济的情况是与对方同时到达。维斯瓦河—奥得河战役的充分发展大大超出战役策划者的预期，参见地图3.1。

第五日日终前，朱可夫的发展力量（步兵兵团在后方不远处）已取得100多千米进展，因而以规定时间的一半完成了方面军受领的当前任务。于是，最高统帅部大本营1月17日为该方面军分配了新任务：2月2日—4日前到达比得哥什—波兹南一线。这一进展意味着跨过另外两道中间防线和除皮利察河、布祖拉河以外的数条河流障碍，这两条河流已在赶往当前目标途中顺利渡过。（总之，方面军辖内部队将在前往奥得河途中渡过20条河流并为此耗费18天战役时间中的7天；只要有可能，他们会每次渡过两条河流障碍，主力渡过一条河流时，先遣支队强渡下一条河流。）不得不强行穿越这些障碍时，方面军快速集群以中型炮兵、火箭炮兵、反坦克炮兵和工兵提供的加强至关重要。空中侦察、局部空中优势（例如，以一个加强歼击航空兵军为近卫坦克第2集团军提供不间断的战斗空中巡逻）和空对地火力（近卫坦克第2集团军有一个专用的强击航空兵军）更是如此。但坦克集团军的主要武器是速度。在空中力量的紧密支援下，先遣支队通常抢先占据

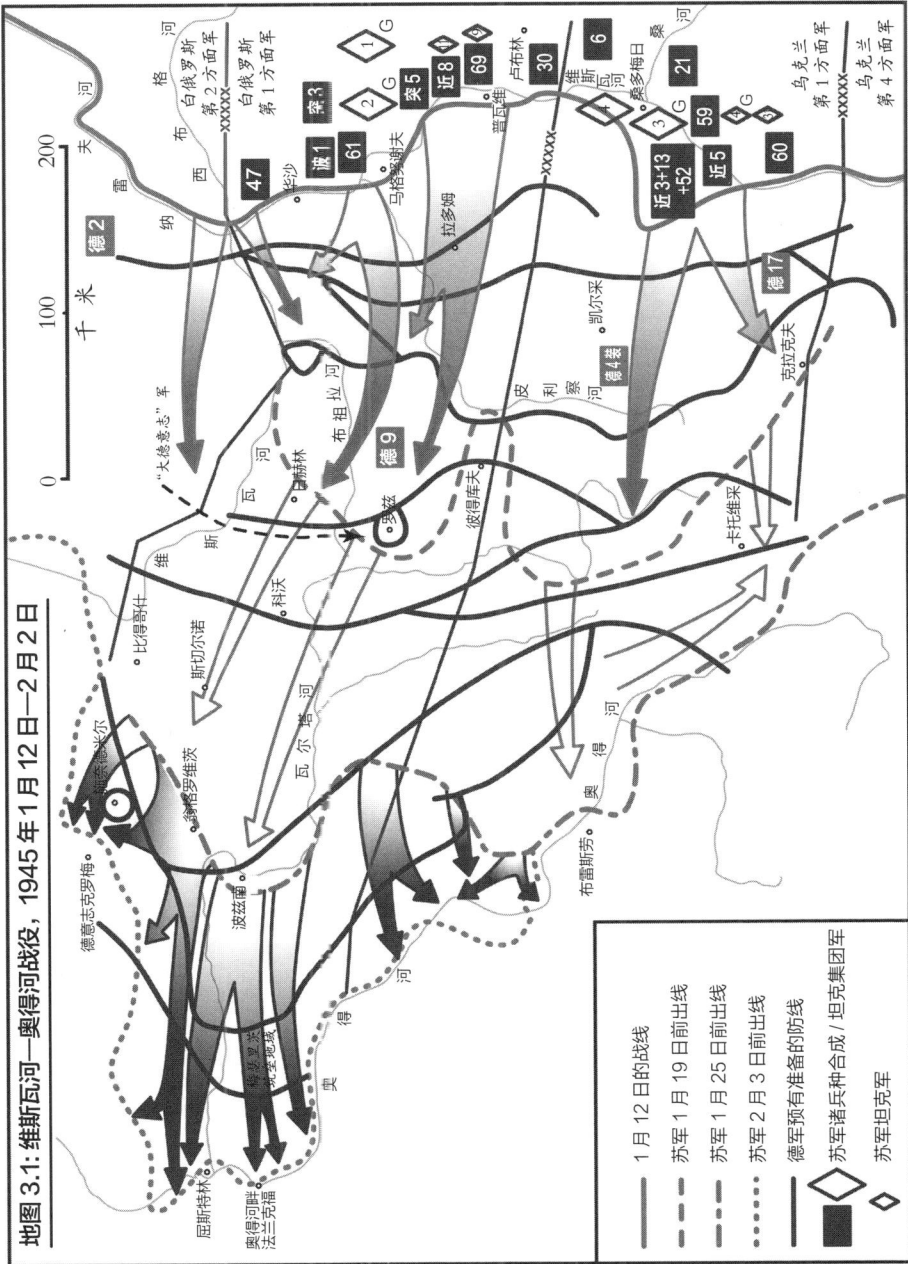

地图3.1：维斯瓦河—奥得河战役，1945年1月12日—2月2日

200

100

0

千 米

图例：

—— 1月12日的战线

– – – 苏军1月19日前出线

–·–·– 苏军1月25日前出线

············ 苏军2月3日前出线

—— 德军预有准备的防线

◇ 苏军诸兵种合成／坦克集团军

◆ 苏军坦克军

（地图中标注：布格河、格鲁谢茨、西纳雷夫河、白俄罗斯第2方面军、白俄罗斯第1方面军、普瓦维、马格努谢夫、拉多姆、乌克兰第1方面军、乌克兰第4方面军、德2、47、波1、61、索5、近8、69、卢布林、30、维斯瓦河、松梅日、6、近3+52、近5、59、60、3、21、4、凯尔采、克拉科夫、德17、德9、皮利察河、"大德意志"军、罗兹、布祖拉河、维斯瓦河、科沃、斯凯尔涅、比得哥什、彼得库夫、卡托维采、奥得河、布雷斯劳、瓦尔塔河、波兹南、德意志克罗梅、施奈德米尔、施奈格罗维茨、屈斯特林、奥得河胖法兰克福、怀塞地区、奥得河、第4装、格罗斯）

防御地段，或者设法绕过盘踞在重要地段（更常见的是城镇）的孤立敌军。德国人从东普鲁士抽调"大德意志"装甲军阻止溃败，可该军没等完成部署便在罗兹的一场遭遇交战中被歼灭大半[59]，罗兹于 1 月 19 日获得解放。西面 200 千米处，近卫坦克第 1 集团军于 1 月 23 日晨在接近波兹南的过程中发起战斗，近卫坦克第 2 集团军则向比得哥什逼近。

1 月 25 日，斯大林与朱可夫商讨战役的后续发展。方面军司令员倾向于毫不停顿地继续进攻，逐一歼灭敌预备队，到达并夺取西面 180 千米处奥得河对岸的登陆场，斯大林表示反对。他指出，前进速度已达到计划的两倍，远远超出后勤保障能力，而且尚无迹象表明铁路交通会迅速得到恢复。一旦到达奥得河，白俄罗斯第 1、第 2 方面军之间会出现一个 150 千米宽的缺口。想要重新向西发起进攻不得不等待 10 天左右，直到东普鲁士战役结束后将增援部队从东普鲁士调至维斯瓦河以西。另外，乌克兰第 1 方面军无法完全掩护朱可夫的左翼，因为最高统帅部大本营利用一个战略机会，暂时将该方面军一股重要力量调往南面，夺取西里西亚工业区大部并合围德国第 12 集团军。朱可夫认为，德军东波美拉尼亚集团并未构成直接威胁，近期而言以四个诸兵种合成集团军（包括战役第二梯队的一个）掩护侧翼已足经够，若再以一个步兵集团军提供加强即可确保侧翼无虞。他主张，目前最重要的是利用德军的虚弱和士气低落，抢在敌人加以据守前突破梅瑟里茨筑垒地域（这条现代化混凝土筑垒防线位于波兹南以西约 100 千米处，距离奥德河畔法兰克福不到 90 千米）。[60]斯大林没有立即回复，获知敌人尚未据守梅瑟里茨筑垒地域后，他便于 1 月 26 日批准朱可夫继续前进，但他警告说侧翼存在威胁，而且没有答应提供援兵。[61]就这样，华沙—波兹南战役扩大为维斯瓦河—奥得河战役。

德国人认为德意志克罗梅（瓦乌奇）、施奈德米尔（皮瓦）、波兹南的公路和铁路枢纽对苏军的推进非常重要，因而以重兵扼守这些要塞，白俄罗斯第 1 方面军绕过这些地点，一路向西挺进。但是，方面军辖下 8 个诸兵种合成集团军中的 4 个负责掩护暴露的右翼，另外 2 个集团军中的 6 个师留下来消灭敌波兹南集团（这项任务相当复杂，几乎持续到 2 月底才完成，这是因为守军超过 4 万人，比情报所说的兵力多三倍）。苏军 2 月 1 日至 4 日间到达奥得河并在 100 千米宽地段跨过该河设立登陆场。苏军的推进速度再次粉碎了敌人在孤立支撑点外重新建立防御的所有企图，即便在强大的防御工事可弥补数量和质量不足处亦是如此。这场推进由坦克集团军和独立坦克军率领。对二者有利的是，快速集群与身后诸兵种合成集团军的协同比过去更加紧密。红军总参谋部已解决了二者间距离越来越大的问题，因而没有过度阻止前者的推进。各步兵集团军也组建起强大的先遣支队，这些先遣支队既能加快所属兵团的前进速度，又能与战车力量保持协同。这方面的一个例子是，突击第5集团军先遣支队编有一个独立坦克旅和一个坦克团，一个摩托化步兵团，一个反坦克炮兵团，炮兵、迫击炮兵、火箭炮兵和高射炮兵营，外加一个工程兵连。[62] 该先遣支队绕过科沃的一个大型支撑点，1月20日在瓦尔塔河对岸夺得了一座登陆场，这使突击第5集团军毫不停顿地渡过该河。一天后，他们又取得70千米进展，一举攻克斯切尔诺。留下一股力量据守十字路口后，他们继续向西前进70余千米夺取翁格罗维茨，那里位于比得哥什与波兹南中途。他们提前于计划时间两天，紧跟在坦克集团军身后。他们继续与近卫坦克第2集团军密切协同，穿过尼斯进入德国，绕过敌人的抵抗，1月31日在屈斯特林北面到达奥得河。为强渡奥得河，诸兵种合成集团军已接到命令，不仅要在主力前方派出先遣支队，还应指定一个步兵军为其提供加强。到2月3日，突击第5和近卫坦克第2集团军共同在柏林前方最后一条大型河流对岸设立起屯兵场。但方面军的攻势已达到顶点，尽管损失并不严重，可是集团军已超出后勤保障范围。空军第16集团军也已呈强弩之末，虽然8个机场养护营修建了55座简易机场并修复了另外25座，但是气候条件抵消了他们的大部分努力，补给短缺给空中行动造成了限制。

23天内，白俄罗斯第1方面军前进约500千米，比该时间段范围内的计划超出240千米。坦克集团军平均速度为每昼夜35—44千米，诸兵种合成集团军为20—25千米，方面军从行进间跨过六条中间防线，抵达了已经距离德国首都不到70千米的战役级登陆场。在此期间，方面军遭受的伤亡超过77300人（不可归队减员为1.7万人）。作为在敌纵深行动主力的两个坦克集团军，其1630辆坦克和自行火炮折损过半，但其中彻底报废的车辆仅占10%。[63] 该方面军声称击毙21.7万名德军士兵，俘虏6.03万人，击毁或缴获2356辆坦克和突击炮。一如既往，苏联方面的说法无疑太过夸张，但似乎没有可靠的德方统计数据予以纠正。无可争议的是，在这场后来被苏军视为战役法典范的高速战役中，他们给对方造成的破坏远远大于自身为实现决定性战果而蒙受的损失。

F.W. 梅伦廷少将在 1956 年撰写的回忆录中曾提及维斯瓦河—奥得河战役："苏军进攻的兵力密度和猛烈度都是这场战争中前所未见的。显然，苏军最高统帅部完全掌握了指挥庞大机械化军团不断前进的方法。"[64] 一名德军将领在战后不久承认苏军战役法趋于完善可谓相当罕见，随着时间的推移，这种情况会变得越来越罕见。解释苏军在战争第二、第三阶段赢得规模越来越大、越来越具决定性的胜利时，一种不恰当的做法迅速流行开来，那就是指责希特勒的错误（几乎所有糟糕的决策都归咎于元首）并强调红军巨大的数量优势。[65] 许多原德军将领依然保持着傲慢，他们似乎难以为"我们这般出色，怎么还会输掉战争"这个问题找到其他答案。西德 1955 年加入北约时，盟国军人向前德国国防军军官们寻求击败苏军的建议。面对同样占据数量优势的苏军常规力量，他们愉快地接受了这样一种观点：他们的敌人，尽管数量多到令人沮丧，但在技能和学说方面非常落后。以更复杂、更具战术创造性和灵活性的机动完全能对付一个笨拙的巨人，这种危险而又普遍存在的信念在西方军队中盛行开来，这是一种因对历史进行了错误解读而产生的信念。1944 年—1945 年的红军确实证明了图哈切夫斯基 1931 年论点的真实性：一支出色、规模较大、以机动战为主导的机械化军队任何时候都能击败一支优秀、规模较小的军队。

附录：策划一场方面军攻势

苏联元帅 K.A. 梅列茨科夫在 1946 年发表的题为《进攻战役的组织》的文章中阐述了战役策划的实施过程，相关总结如下：[66]

最高统帅部大本营（主要是斯大林，在总参谋部的建议下）为方面军司令员们分配任务。各司令员随后针对自己指挥的行动提出建议，通常是当面提出。这些建议有时候会被驳回，例如没有足够的资源支持拟议的行动，或提出的主要方向并不完全符合总体战略计划。方面军司令员对方案加以修改，直到令人满意为止。然后，大本营说明战役目的，确定主要方向并分配必要的资源。

根据接到的指示，方面军司令员亲自制订一份详细计划，通常在莫斯科的总参谋部大楼进行。随行的个别下属和参谋人员为他提供必要的帮助和建议。必要时，他会下令实施进一步的侦察。[67] 这份计划通常按照标准顺序制定：阐明总体态势，简要总结敌人和方面军自身力量的状况；确定战役目标，以及方面军的整体任务、主要突击方向和战役阶段划分；制定与其他方面军协同的办法；确定方面军的编组、突破地段和为此分配的力量，以及兵团的战役配置（梯次队形）；制定炮兵、工程兵、航空兵的支援计划；确定投入快速集群和第二梯队的时机；制定后勤保障相关程序；制定指挥控制方案；确定战役发起日期和时间；对任务深度、所需要的资源和完成战役各阶段需要的时间加以计算；等等。该计划在一份书面报告中列出并在地图上加以描述，还附有所有战役和后勤计算，计划完成后呈交大本营。然后，方面军司令员会被再次召至莫斯科，详细说明计划（经常包括突击群各分队的战斗队形），一切必要的调整随后做出。

从莫斯科返回后，司令员便把他的计划传达给麾下各集团军司令员（到目前为止，只就个别问题征询过他们的意见）。他为每个集团军指定整体任务、主要突击方向、投入的资源、战役的阶段划分、战役布势和后勤保障程序并下达在集团军内部和与分配给各集团军的支援力量协同的指示，确定各集团军准备就绪的日期，以及完成战役各阶段需要的时间。各集团军司令员和他们的主要下属及参谋人员随后在方面军司令部展开工作，拟制计划并呈交方面军司令员批准。监督策划过程时，从方面军级到营级的方案要逐一审核。为提高各个战役层级对计划的理解，还要对各种可能的发展做出模拟推演。战役策划和准备工作就绪后，方面军司令员会接到关于敌情和己方军队状况的每日详细报告——麾下指挥员和各部门主任昨日已完成这些工作——并为后续任务拟制计划。通过这些手段，方面军司令员得以确保自己始终掌握全面情况。可以说，他的职业生涯很大程度上依赖于对战役的策划。

注释：

1. 由于德军占领的区域非常广大，包括数万平方千米的森林和沼泽，苏联的游击力量与西欧抵抗组织不太一样，不仅仅由秘密行动、完成袭击后仓促分散的小股群体组成。连及规模更大的苏联游击队，通常配有重武器，甚至还有轻型火炮，在游击运动中央司令部的指导下与其他游击支队协同行动，这就给德军安保力量造成一个完全不同的、更大的问题。1943 年至 1944 年间，德国人投入的安保力量在 20—25 万人之间，这严重消耗了本就捉襟见肘的人力资源（例如，1943 年 3 月，东线德军缺员近 75 万）。

2. 这一段的主要资料来源是 M.M. 基里扬，《方面军进攻》，莫斯科：科学出版社，1987 年；美国陆军部，《德军抗击苏军突破的防御战术》，德方报告系列，第 20—233 号手册，华盛顿特区，1951 年。

3. V. 列兹尼琴科少将、V. 金斯布尔斯基中校，《战役中地面部队战斗行动有效性的评估标准》，刊登于《军事思想杂志》，1970 年第 7 期。文章认为，为保持继续进攻的重要能力，进攻方的损失不应超过 40%，防御方不能少于 50%，但是，若进攻仍具有数量优势，或者双方势均力敌，但敌人的士气开始动摇，那么，即便损失超过 40%，进攻仍可以继续展开行动。Yu.Ya. 基尔申主编的《军事百科词典》一书第 92 页称：遭受 50%—60% 的伤亡，但指挥控制尚存者，为部分丧失战斗力；伤亡超过 50—60%，指挥控制遭到破坏，则为完全丧失战斗力。这些计算表明以第二梯队加强第一梯队的行动，或在第一梯队的消耗达到关键比例前予以接替是至关重要的。

4. 一些评论者将苏联的胜利贬低为纯粹的数量优势和准备承受西方国家指挥官无法承受的伤亡之产物，这种观点存在几个方面的错误。苏联人证明了他们卓越的战役法，先是有效隐蔽其集结，德国人展开反集中行动时为时已晚；随后，红军大力发展胜利，导致德军姗姗来迟的反应全然无效。红军不仅要突破敌人的防御，还要迅速达成突破，因为他们必须取得进攻速度并使敌人处于失衡状态。要满足对时间（在很容易抵抗进攻方的战斗中，这是最宝贵的资产）的要求，就需要大量战术优势。另外，正如英国陆军中将威廉·斯利姆爵士解释他使用一台打桩机砸开一个核桃的方案时所说的那样：要是你有一台打桩机，而你又不太在乎核桃被砸后的外观，干吗不这么做呢？

5. G.K. 朱可夫元帅，《莫斯科反攻》，刊登于《军事历史杂志》，1966 年第 10 期。朱可夫并非无可指责，有时候会在战役中固执地投入他认为必要的力量。但他后来认识到，这种浪费资源的做法不仅会加剧日趋严重的人力短缺，而且会破坏战斗力和可持续性，这些资源本可以获得更好的使用。

6. 当然，进攻与防御之间存在一种辩证关系。德军防御战术的演变催生了苏军的反制措施。因此，苏军以战斗侦察对付德国人的假防线。发起炮火准备几小时前，苏军会以连级规模的侦察支队试探敌防御。若敌人似乎正削弱第一道防线的力量或已经这样做了，苏军获得坦克加强的先遣营将在大量火炮支援下展开冲击以建立新的关键阵地和火力体系。若敌人确实已变更部署，苏军第一梯队将尾随至新的主阵地，火力计划也将做出调整。

7. 参见 P.H. 维戈尔，《苏联的战争、和平和中立观》，伦敦：劳特利奇和基根·保罗出版社，1975 年。为说明苏联的想法和态度，这本权威性著作使用了大量一手资料。

8. 这一段和关于白俄罗斯战役的后续段落，主要资料来源为：戴维·M. 格兰茨、哈罗德·S. 奥伦斯坦，《白俄罗斯 1944：苏军总参谋部研究》，伦敦：弗兰克·卡斯出版社，2001 年，第二章和总体结论；A.I. 拉济耶夫斯基，《突破，1941 年至 1945 年伟大卫国战争的经验》，莫斯科：军事出版局，1979 年，第三章第二段和第四章；A.I. 拉济耶夫斯基，《坦克突击：从伟大卫国战争的经验看坦克集团军在方面军进攻战役中的行动》，莫斯科：军事出版局，1977 年，第三至第四章；M.M. 基里扬，《方面军进攻》，莫斯科：科学出版社，1987 年；I.M. 阿南耶夫，《从伟大卫国战争的经验看进攻战役中的坦克集团军》，莫斯科：军事出版局，1988 年，第四至第六章；M.N. 科热夫尼科夫著，美国空军译，《伟大卫国战争中苏联空军的指挥和参谋部门》，莫斯科：科学出版社，1977 年，第六章。书中另一些资料的来源标注在相关段落。

9. 战争第二阶段，只有三分之二的战役获得了 10 天以上的准备时间，其中四分之一的战役，准备时间超过 12 天。战争第三阶段，全部的 55 场方面军战役都获得了超过 10 天的准备期，其中半数战役的准备期超过 20 天。彻底的准备带来了有益的结果。

10. 投入战役的战车力量中，快逸集群的车辆只占半数，他们发挥的是战役作用。用于支援步兵的部分战车力量同样重要，虽然只发挥战术作用，但直接支援步兵的坦克和自行火炮对赢得战术胜利不可或缺，没有它们，战役发展就无从谈起。

11. 因获得美国根据租借法案提供的大批四驱卡车，在边缘行进的坦克和机械化军的机动能力得到极大提高。

12. 苏军远程航空兵实际上是一股中型轰炸机力量，但技术水平较低。

13. 诺维科夫满足于在大规模进攻发起处的各个地域逐一实现局部空中优势，而非致力于在整个战区永久性地达成这一目标。后一项任务已超出红空军的能力，在如此庞大的战区，他们只有航程有限、有效载荷不大的战机，这些战机只能用于战场上空的行动。不管怎么说，这项任务毫无必要性。当然，德国空军在东线加速衰退的战斗力也给诺维科夫帮了大忙，部分原因是他们在各条战线遭受了严重损失，特别是经验丰富的机组人员伤亡较多。德国人 1944 年放弃了轰炸机项目，由于盟军的战略轰炸攻势逐渐削弱了德国战时经济，德国将越来越多的战斗机和 88 毫米高射炮及炮组人员用于本土防御。另外，通过限制德国的军备物资生产，特别是燃油生产，盟军也为苏军的地面战役提供了帮助。

14. 马斯基罗夫卡并非仅仅令德国人猝不及防。它诱使对方将可用资源浪费在虚假目标上。1944 年 3 月下旬至 6 月间，作为德国空军战略轰炸力量的第 4 航空军，致力于破坏苏联的铁路网。该航空军实施的所有打击几乎都集中于普里皮亚季河以南的目标上，意图阻止预期中苏军为进攻北乌克兰集团军群实施的集结，见里夏德·穆勒，《德国在俄国的空中战争》，马里兰州巴尔的摩：航海航空出版社，1992 年，第六章。

15. 不同的苏军分析报告给出的数字也略有不同。例如，文中所说的这些数字摘自 A.I. 拉济耶夫斯基的《突破，1941 年至 1945 年伟大卫国战争的经验》，但另一份资料指出，六个突破地段的总宽度为 112 千米，占四个方面军总战线宽度的 16%，集中在这段正面的是 65% 的步兵师、超过 72% 的炮兵力量和 87% 的战车力量。这些细节差异仅仅源自稍有些不同的解释和计算方法，总体情况才是最重要的。同样值得注意的是这种高度集中带来的必然结果：正如 A.I. 拉济耶夫斯基一书中表 10.2 表明的那样，苏军非常注重节约兵力。例如，第 48 集团军以 4 个步兵师和 1 个筑垒地域据守约 80 千米宽的消极地带，以便集中另外 5 个步兵师在 10 千米宽突破地段遂行冲击。

16. 红军的大量研究致力于为不同情况下取得各种效果所使用的弹药数量制定切实可行的标准。进攻中，他们追求的效果通常是压制，短时间内会给对方人员和装备造成约 30% 的损失。另一个事实可能不及炮火造成的永久性损失那般重要，短时间内（最多不超过几分钟），猛烈的炮击会使几乎所有守军感到震惊和茫然，无法做出有效反应。遂行冲击的步兵必须在炮火压制的短暂效应消失前到达敌阵地。战斗经验促进了相关标准的发展。例如，苏军规定，压制掩护得当的人员和武器，每公顷精心准备的防御阵地必须落下 200 发 122 毫米炮弹（若为仓促构筑的支撑点，则为 150 发）。这种预测射击标准针对的是无法观察到的目标，但有准确的调查和不到三小时前的气象资料作为参考。参见 C.N. 唐纳利，《苏联军队在战斗中的可持续性》，C53 和 C54 号研究，桑德赫斯特：苏联研究中心，1986 年，第 505 页。一个拥有 12 门 122 毫米榴弹炮的炮兵营可在 5 分钟火力急袭中发射 300 多发炮弹，或在 15 分钟内射出近 700 发炮弹。参见 G.E. 佩列杰尔斯基，《战斗中的炮兵营》，莫斯科：军事出版局，1984 年，第 11 页。

17. 戴维·M. 格兰茨、哈罗德·S. 奥伦斯坦，《白俄罗斯 1944：苏军总参谋部研究》，伦敦：弗兰克·卡斯出版社，2001 年，第 48、第 63 页。这些数字是红军总参谋部的估计，即便不准确也很重要，因为它们提供了战役策划的基础。当然，防御方选择的密度取决于可用的反坦克炮数量和不利于坦克行动的地形所提供的保护程度。苏军指挥员面临的选择是：要么利用便于坦克行进的路线，依靠炮兵和航空兵火力准备和火力支援压制敌人的火炮以便向前推进；要么穿越复杂地形，由于能达成突然性，在那里突然出现哪怕少量坦克也能取得不成比例的效果。实际上，红军采用了两种方法。例如，坦克力量迅速进入机动走廊至关重要，这样就能在一场旨在取得快速纵深突破的战役中尽早获得近攻速度，在这里可能会更多地依靠火力。但苏联人总是非常重视让坦克进入出乎敌人意料的地域，从而加快对敌防御之突破。这一点在他们组建战役级骑兵机械化集群上表现得非常明显。骑兵可以利用不适合坦克行进的路线（对方在此的防御因而比较薄弱）迂回敌人强大的防御，从侧翼或后方对其施以打击，为坦克力量打开通道或打开一条穿越森林和沼泽的路径，工程兵对其加以修缮后，机械化部队便得以通行。苏军坦克力量在不易发展地带的机动性也得到了美国根据租借法案提供的四驱卡车的加强，步兵和后勤车辆可以跟随坦克一同前进。

18. 战役首日红空军出动的战斗架次如下（随着天色放晴，大多是在下午）：波罗的海沿岸第 1 方面军，435 架次；白俄罗斯第 3 方面军，1769 架次；白俄罗斯第 2 方面军，627 架次；白俄罗斯第 1 方面军，2465 架次。

19. M.M. 基里扬，《方面军进攻》，莫斯科：科学出版社，1987 年，第 65 页。

20. 炮火准备计划持续 120—140 分钟并延伸至防御战术地幅全纵深（但白俄罗斯第 3 方面军仅延伸到前两道防御阵地）。大批火炮用于直接瞄准射击（每千米正面 18—23 门）。冲击阶段将有一场徐进弹幕射击、连续密集火力支援或结合这些手段的综合支援，纵深达 1.5 千米。但白俄罗斯第 1 方面军在以第 65 和第 28 集团军遂行冲击前，先实施了一场双层徐进弹幕射击，纵深达 2 千米。由于计划中的炮火准备时节有所缩短，弹药得到节约，但后勤人员由此得到的便利也许没有想象中那么大。为炮火准备提供的弹药，通常为一个基数，炮击发起前堆放在发射阵地旁，炮兵向前部署时，由于缺乏卡车，他们无法携带节约下来的炮弹。大部分（并非全部）舍弃的弹药会在战役过程中逐渐回收。参见 V.N. 罗金主编，《苏联武装力量后方勤务的发展，1918 年—1988 年》，莫斯科：军事出版局，1989 年，第 181 页。

21. 理想情况下，突破走廊拓宽后，一个坦克或机械化军将沿两条路线投入，各由一个先遣支队率领。

22. 渡河需要的技术设备往往落在后面，特别是架设供坦克使用的 50/60 级桥梁所需的材料。坦克集团军配属的工程工兵派编有 2 个战斗工兵营（配备 50 艘冲锋舟）和 1 个舟桥营，他们的 N2P 舟桥纵列只能构筑 3 座 50 吨或 5 座 16 吨门桥，或 80 米 60 级桥梁，或 140 米 30 级桥梁——即便跨越一条中型河流也不够。这就意味着渡河时不得不就地取材——渔船、拆自房屋的木材、圆木、汽油桶等等都会被加以利用，不仅要保证步兵渡河，还要为反坦克炮和火炮扎制木筏。这就意味着渡河行动通常需要 2—3 天，而在更大河流上架设桥梁需要的时间更多。出于这个原因，各方面至以一个额外的舟桥营加强坦克集团军。反坦克炮、火炮和战车渡河耗费的时间越长，敌人就越有可能集结反冲击力量消灭或至少压制登陆场。

23. 罗科索夫斯基对大纵深目标的渴望，甚至是不耐烦的情绪，导致苏军坦克兵团过早撤离博布鲁伊斯克包围圈。7 月 1 日，被围的德军发起突围，可能有 1.5 万人逃脱，但他们已无法继续从事战斗。

24. 白俄罗斯第 1 方面军左翼编有 5 个诸兵种合成集团军、1 个坦克集团军、2 个骑兵军和 1 个独立坦克军。这些兵团中，2 个诸兵种合成集团军、1 个坦克集团军和另一些快速兵团都已悄然变更部署到进攻地带。

25. G.K. 朱可夫著，N. 布罗瓦、R. 达格利什、P. 加尔布、G. 科兹洛夫、S. 索斯辛斯基等译，《回忆与思考》（两卷本），莫斯科：进步出版社，1985 年，第二卷，第 310 页。

26. 两个集团军 8 月 5 日转隶新组建的乌克兰第 4 方面军，这使科涅夫得以将注意力集中于桑多梅日登陆场及其南翼的战斗。按理说，削减他的指挥范围应该在战役发起前完成。最高统帅部大本营命令他指挥 7 个诸兵种合成集团军、3 个坦克集团军和 2 个骑兵机械化集群（74 个步兵师、10 个坦克—机械化军、2 个骑兵军）。对一位指挥员来说，即便他才华出众，这股力量也太过庞大，这场战役若由两个方面军遂行，并派一名最高统帅部大本营代表加以协调可能会更好些。

27. 集团军主力已遭削弱，由于德军的激烈应对，该集团军将独立近卫坦克第1旅作为先遣支队投入一场必然成为佯攻的行动。

28. 这场战役也表明骑兵机械化集群在指挥控制方面的一个缺陷。由于没有专门的指挥部门，坦克军只能交由骑兵指挥员指挥。结果，坦克部队经常为支援骑兵投入正面冲击，而不是整体用于实现战役利益。红军总参谋部研究建议，应提前设立合适的指挥控制，将骑兵机械化集群用于特定地形。在那里，能力不同的各兵种通过适当的协同方式能够实现有力的结合。

29. A.I. 拉济耶夫斯基在《突破，1941年至1945年伟大卫国战争的经验》一书的第185页指出，坦克集团军的部署正面只有8—12千米，而对一个坦克或机械化军来说，这一宽度仅为4—6千米。

30. 倒霉的巴拉诺夫受到批评，因为他以脆弱的骑兵力量穿过一个狭窄的、遭到火力夹击的突破口实施的发展过于缓慢，尔后又为完成所受领的任务卷入一场战斗。

31. 当然，夺取利沃夫对苏军建立铁路交通，以及为在西面和西北面越来越远处从事战斗的部队提供后勤保障至关重要。但是，恢复与东北面和东面铁路连接的工作严重落后于计划时间，直到8月3日和7日才到达利沃夫。而对桑博尔的纵深机动能迫使德国人在此之前就早早放弃该城。

32. 夺取桑博尔，给德军交通造成的影响本会远甚于仅仅迫使对方延长该补给线。罗马尼亚铁路线的承载能力非常低，而匈牙利和罗马尼亚的敌对状态导致他们的铁路连接悉数瘫痪。

33. 这场渡河行动为正加以实施的学说提供了一个典型的例子。《强渡：指挥员手册》一书第96—97页这样写道："如果敌人无法占据预设阵地展开防御，或者缺乏预有准备的防御阵地，或者士气低落到根本无从组织，那么匆匆渡河是有可能成功的，无论河流是宽是窄。在这些条件下，应以快速、果断的行动确保渡河成功。特别是前卫和摩托化先遣支队，部队指挥员应发挥广泛的主动性，依靠各兵种和兵团的有效协同，抢在敌人之前到达河流，夺取渡口并切断敌人的交通线。"

34. 就在苏军发起进攻前，罗马尼亚独裁者安东内斯库元帅两次建议将部队撤至更利于防御的喀尔巴阡山—福克沙尼—多瑙河一线。为苏联人提供机会的并非罗马尼亚人的情感，而是希特勒对放弃既占领土的反感。无论持有怎样的情感，苏军渡过德涅斯特河后，南乌克兰集团军群已将三分之一的师，包括四分之三装甲力量调往北面加强崩溃中的防线。

35. 这场战役的空间范围设定显得雄心勃勃，这一点可以通过和夏季前三场合围战的对比来说明：维捷布斯克—奥尔沙战役的合围铁钳起初相距40千米，博布鲁伊斯克战役为55千米，利沃夫—桑多梅日战役为70千米。

36. S.M. 什捷缅科的《战争年代的总参谋部，1941—1945》第二册第128—131页谈及战役策划的各个方面。他阐述了最高统帅部大本营对计划细节的关注，例如，马利诺夫斯基最初建议在22千米宽的地段突破敌人的防御，依靠每千米正面220门火炮和迫击炮的密度压制敌防御，但斯大林没有批准。为将火炮密度提高到每千米正面240门，突破地段缩减为16千米，尽管前进路径的减少造成了一些困难。

37. 戴维·M. 格兰茨，《第二次世界大战中的苏联军事欺骗》，伦敦：弗兰克·卡斯出版社，1989年。书中引用了一些苏联方面的文章给出的各种统计数据。仔细检查这些数据会发现一些问题，因此做了相应修改。这里给出的数据与之较为接近，摘自 S. 索科洛夫主编，《主要战线：苏军指挥员回顾二战》，伦敦：布雷赛出版社，1987年，第202、第216页。虽然这些数据也有些矛盾之处，但是比起确切的细节，更重要的是它们所代表的集中原则。

38. 至少乌克兰第3方面军没有被迫在强行渡河中开始这场战役，当年4月份，面对德军强有力的反突击，他们牢牢守住了几座脆弱的登陆场。

39. 语出 M.I. 涅杰林上将，引自约翰·埃里克森，《通往柏林之路》，伦敦：韦登菲尔德＆尼克尔森出版社，1983 年，第 349 页。

40. 一些资料，列如戴维·M. 格兰茨的《从第聂伯河到维斯瓦河：苏军 1943 年 11 月至 1944 年 8 月的进攻战役》一书的第 492 页写道，苏军的意图始终是在战役首日投入坦克第 6 集团军。什捷缅科的《战争年代的总参谋部，1941—1945》第 134 页、索科洛夫主编的《主要战线：苏军指挥员回顾二战》第 202 页和另一些资料表明，最初的计划是于战役次日投入该集团军。

41. 情报工作失败的部分原因是德军实力不断下降，特别是空中侦察能力的削弱（由于苏军的空中优势）和无线电拦截及测向有效性的下降（由于苏军加强通信安全）。但在很大程度上，这是文化因素所致。德国国防军对德国人天生优越的聪明才智和职业精神笃信不疑，这使他们很容易受到毫无根据的把握（往往不过是直觉而已，再加上一厢情愿的想法）的误导。对苏军的马斯基罗夫卡来说，德国人是天生的受骗者。

42. 戴维·M. 格兰茨，《第二次世界大战中的苏联军事欺骗》，伦敦：弗兰克 卡斯出版社，1989 年，第 565 页。

43. 这些数字总结的是阿南耶夫《从伟大卫国战争的经验看进攻战役中的坦克集团军》一书第 414 页表格的前半部分。沃罗涅日方面军遂行的第聂伯河战役，以及乌克兰第 1、第 2 方面军实施的乌曼—博托沙尼、普罗斯库罗夫—切尔诺维策战役没有包括在内，因为它们并未涉及战役突破，主要是以追击发展攻势。

44. C.N. 唐纳利，《苏联军队在战斗中的可持续性》，桑德赫斯特：苏联研究中心，1986 年，第 230 页。

45. A.I. 拉济耶夫斯基，《坦克突击：从伟大卫国战争的经验看坦克集团军在方面军进攻战役中的行动》，莫斯科：军事出版局，1977 年，第 228 页表格。对坦克集团军的诸欠战役加以分析，阿南耶夫得出结论（《从伟大卫国战争的经验看进攻战役中的坦克集团军》一书第 245 页），平均每辆坦克丧失 2—3 次战斗能力，随后又重返战斗。当然，前进中的苏军能够回收并修复受损或仅仅发生机械故障的车辆，尔后将其重新投入，而言撤中的德国人不得不将受损的战车丢弃，哪怕只有最轻微的故障。

46. 本章剩余部分的主要资料来源：M.M. 基里扬，《方面军进攻》，莫斯科：科学出版社，1987 年，第三至第五章；A.I. 拉济耶夫斯基，《突破，1941 年至 1945 年伟大卫国战争的经验》，莫斯科：军事出版局，1979 年，第四章；A.I. 拉济耶夫斯基，《坦克突击：从伟大卫国战争的经验看坦克集团军在方面军进攻战役中的行动》，莫斯科：军事出版局，1977 年，第二至第四章；I.M. 阿南耶夫，《从伟大卫国战争的经验看进攻战役中的坦克集团军》，莫斯科：军事出版局，1988 年，第四至第五章。这四份资料都是用于教学的，据称具有权威性，关于战役正面、纵深和持续时间经常给出略有不同的数据。本章采用的数据是折中或多少有些随意的选择。以下文章也很有实用性：I.I. 克鲁普琴科，《坦克集团军和坦克、机械化军在战役纵深发展胜利的方法》，刊登于《军事历史杂志》，1981 年第 7 期；F.F. 盖沃龙斯基，《伟大卫国战争中苏联军事科学和军事艺术的成熟》，刊登于《军事历史杂志》，1986 年第 4 期；P.T. 库尼茨基，《战略性进攻战役中击败敌人的方法》，刊登于《军事历史杂志》，1987 年第 10 期；V.A. 马楚连科，《苏联军事艺术的发展（1944 年—1945 年）》，刊登于《军事历史杂志》，1986 年第 5 期；V.N. 舍甫琴科，《苏军 1945 年在欧洲的军事艺术》，刊登于《军事历史杂志》，1990 年第 1 期；M. 波卢什金，《诸兵种合成集团军实现战役连续性》，刊登于《军事历史杂志》，1977 年第 1 期；A.N. 叶菲莫夫，《为协助方面军快速集群在战役纵深的行动投入航空兵兵团》，刊登于《军事历史杂志》，1986 年第 8 期。

47. 红空军仅以 5.4% 的战斗架次实施空中遮断。这就增加了抢在德国人发起卓有成效的战役应对前突破其防御战术地幅的重要性。当然，以炮兵火力和近距空中支援覆盖战术地幅的确能确保这样一场快速突破。

48. 战役首日，第一梯队步兵师通常会以先遣团突破敌人头两道阵地，但攻克第三道阵地的任务交给他们的第二梯队完成。这些师以单梯队战斗队形进攻时，这项任务则由军（有时候甚至是集团军）第二梯队遂行。诸兵种合成集团军的先遣支队致力于突破第二道防御地幅，但在不间断的情况下突破该地幅通常不太可能做到，因为该地幅与前沿相距 10 千米或更远。先前的策划工作应预见到在敌纵深实施第二场突破的需要，相关计划将在突破第一道防御地幅期间做出调整。突击群在夜间前移，同时准备炮火支援计划，各炮兵连也会被前调。当然，突破敌人的纵深腹地，艰巨性不及先前的突破，需要的炮兵和航空兵支援较少，所需兵力兵器优势也较小（步兵、坦克和自行火炮达到 2—3 比 1 就足够了）。

49. I.M. 阿南耶夫，《从伟大卫国战争的经验看进攻战役中的坦克集团军》，莫斯科：军事出版局，1988 年，第 262 页。

50. 为确保投入期间的紧密协同 坦克集团军指挥员和一群关键参谋人员会携带无线电通信设备，与坦克集团军实现越线换防需要穿越的诸兵种合成集团军的指挥员一同待在前进指挥观察所。方面军司令员通常也会加入其中。同样，先遣坦克军长也会待在第一梯队步兵军的指挥观察所内。

51. I.M. 阿南耶夫，《从伟大卫国战争的经验看进攻战役中的坦克集团军》，莫斯科：军事出版局，1988 年，第 264—265 页。统计数据源自他对 1943 年中期至 1945 年诸次战役的研究。

52. 改进理论和实践的过程中有许多失败的例子。例如，1943 年 7 月的奥廖尔战役中，坦克第 2 集团军在 1—1.5 千米的纵深处投入交战，力图完成突破，但他们没能做到这一点。与第 13 集团军一连冲击三天之后，坦克第 2 集团军损失 87 辆坦克（最初投入力量的 25%），只取得了 5—8 千米进展。中央方面军遂更改该集团军的投入方向，穿过第 70 集团军作战地域，坦克第 2 集团军又损失了 119 辆坦克，仅取得 4—6 千米进展。

53. 在第聂伯河与维斯瓦河之间遂行的大部分战役需要跨越沼泽、森林或丘陵和林木茂密的地形，通常难以达到更高速度。在有利于推进处，例如卢布林—布列斯特战役、雅西—基什尼奥夫战役和 1945 年的维斯瓦河—奥得河战役中，平均速度为每昼夜 35—50 千米。这是一场历时 15—20 天的战役的广义数字。通常情况下，坦克集团军以战斗队形突破防御战术地幅时，每昼夜前进速度为 6—15 千米。一旦进入战役纵深并以纵队前进，速度将提高到每昼夜 40—60 千米，这一速度可以持续 3—4 天。遭遇敌人重要的预备力量时（通常在战役第五日或第六日），速度可能会下降到每昼夜 10—15 千米。粉碎敌人的抵抗后，纵队追击模式得以恢复，前进速度会再次加快。战役过程中这种变化不可避免，但平均速度每年都在上升。

54. 但是，各指挥部的能力受制于地面侦察结果传递的及时性和完整性。无线电设备的有限作用距离经常造成情报传输的延误。这就加大了在天气条件允许时进行空中侦察和联络的重要性，除了侦察敌情之外，红军还经常用飞机输送情报和联络官。

55. 下达给近卫坦克第 3 集团军的命令发生了如此戏剧性的变化，一个引人注目的例子发生在 1945 年 2 月的维斯瓦河—奥得河战役期间，科涅夫收到大本营的新指示后，命令该集团军将前进方向调整 90 度，从布雷斯劳转至卡托维采方向，包围西里西亚工业区和一个 4 万多人的德军集团。第一批兵团在 4 小时内开赴新方向。这场变更顺利结束后，集团军再度向西推进。

56. 除了前面提及的资料来源，这一段的主要资料来源还包括：戴维·M. 格兰茨，《第二次世界大战中的苏联军事欺骗》，伦敦：弗兰克·卡斯出版社，1989 年，第七章；戴维·M. 格兰茨主编，《从维斯瓦河到奥得河：苏军 1944 年 10 月至 1945 年 3 月的进攻战役》，美国陆军战争学院，陆战中心，战争艺术研讨会，1986 年，第四章；戴维·M. 格兰茨、乔纳森·M. 豪斯，《巨人的碰撞：红军是如何阻止希特勒的》，劳伦斯：堪萨斯大学出版社，1995 年，第十五章；G.K. 朱可夫著，N. 布罗瓦、R. 达格利什、P. 加尔布、G. 科兹洛夫、S. 宾斯辛斯基等译，《回忆与思考》（两卷本），莫斯科：进步出版社，1985 年，第二十章。一如既往，对苏联方面不同资料的引用导致统计数据间出现差异。

57. 到 1945 年 1 月初，苏军估计敌人将 26 个师（其中 7 个装甲师）集中于东普鲁士，55 个师（其中 9 个装甲师）部署在匈牙利，而在波兰中部的主要方向只留下 49 个师（其中 5 个装甲师）。参见 S.M. 什捷缅科，《战争年代的总参谋部，1941—1945》，莫斯科：进步出版社，1985 年，第 381—382 页。

58. 除了战役计算需要改进外，还有些新问题需要解决。其中最重要的是在山区地形遂行进攻战役的问题。乌克兰第 1 方面军左翼和乌克兰第 4 方面军 1944 年 9 月强攻喀尔巴阡山时遭遇了新挑战。这场战役历时 51 天，红军伤亡 34%，取得 50—110 千米的进展。他们对这场战役加以分析、反思，将其教训运用到 6 个月后的布拉格战役中。

59. 1 月 22 日，遭粉碎的"大德意志"装甲军残部在罗兹西面的瓦尔塔河与闪林将军漂移的包围圈会合，该包围圈由第 24 和第 40 装甲军残部组成，他们在凯尔采的遭遇交战中被乌克兰第 1 方面军击败，一场失败的反突击后又被白俄罗斯第 1 方面军击败，遂后撤至此。这些德军残部会合后竭力避免与苏军接触，悄然后撤 160 千米，逃至奥得河沿岸较为安全处。这个移动的包围圈，虽说遭到严重消耗，重装备几乎损失殆尽，但逃离了全军覆没的厄运，这是因为他们纯属偶然地沿苏军方面军内侧分界线退却。这种情况在一定程度上反映出苏军各方面军之间协同不佳的问题。

60. 1 月 30 日清晨，在先遣支队一场典型的行动中，近卫坦克第 1 集团军的一个坦克旅抢在武装党卫队第 5 山地军一部赶来加强前攻克了梅瑟里茨筑垒地域。

61. 这至少是朱可夫元帅的说法。见 G.K. 朱可夫著、N. 布罗瓦、R. 达格利什、P. 加尔布、G. 科兹洛夫、S. 索斯辛斯基等译，《回忆与思考》（两卷本），莫斯科：进步出版社，1985 年，第二卷，第 320—321 页。

62. 先遣支队的坦克力量由突破期间直接支援步兵的战车部队组成。他们可能在突破战中蒙受严重损失，但可获得其他坦克部队残部的加强并得到补充坦克。

63. G.F. 克里沃舍耶夫，《揭秘：苏联武装力量在战争、作战行动和军事冲突中的损失》，莫斯科：军事出版局，1993 年，第 212—213、第 372 页（在后一页，他给出的两个方面军战车损失总数为 1270 辆）。

64. F.W. 冯·梅伦廷，《坦克战》，诺曼：俄克拉荷马大学出版社，1971 年，第 343 页。

65. 被选择性遗忘的是，苏军之所以能在 1944 年—1945 年的决定性战役中集结起据有巨大数量优势的兵力、战车和火炮，首先是因为马斯基罗夫卡给德国人造成了误导，其次是苏军坚决地执行了节约兵力的原则。

66. K.A. 梅列茨科夫元帅，《进攻战役的组织》，刊登于《军事历史杂志》，1986 年第 5 期。

67. 决定的做出和计划的拟制在严格保密的情况下进行，以防泄密。因此，各兵种和勤务指挥员只进行初期计算并准备初步筹划和采纳决定所需的信息，他们并不了解战役的具体计划。例如，油料补给主任接到的命令是"计算两个集团军在一场历时 10 天的战役中所需要的油料"或"计算部队和兵团前进 80 千米所需要的油料"。方面军司令员制定出详细方案后，只留一份文件抄本，而且由参谋长或作战部长亲自誊写。见 M.M. 基里扬，《方面军进攻》，莫斯科：科学出版社，1987 年，第 67 页。与德军的某些计划不同，苏军的计划没有因违反保密规定而受到影响。

第四章
一些结论

联合作战

东线和西线的相互影响

　　英国在 1939 年 8 月毫不动摇地对德宣战时，对苏联持有根深蒂固的恶意。英国认为苏联至少与希特勒的纳粹政权同样凶残狡诈，不仅公然向全世界输出革命，而且通过在政治上的 180 度大转变与纳粹德国缔结了一项互不侵犯条约。这种情绪得到了其盟友的回应，英国人和法国人（更不必提美国人和其他人了）力图将无产阶级革命扼杀在摇篮中。苏联人确信帝国主义者企图挑起他们与希特勒之间的战争，其意图是在双方拼得你死我活时坐山观虎斗。苏联避免了这场灾难，反而得以在帝国主义集团相互争斗、陷入僵持时袖手旁观。当然，这种算计被德国在 1940 年迅速赢得的对英国和法国代价低廉的胜利，以及一年后对苏联的入侵破坏。因此，英国和苏联 1941 年被迫成为盟友时（六个月后美国加入其中），他们只是建立了一个必要但不具备共同价值观的联盟，更别说相互之间的友谊了。实际上，西方与苏联的芥蒂，仅仅比他们对纳粹主义的敌视稍微弱一点。东方和西方对战后世界的看法完全不同，甚至可以说截然相反。在苏联看来，只要存在帝国主义对手，和平的前景就十分暗淡，实现永久性和平就纯属妄想，因此将和平作为战争目标毫无意义。西方盟友是暂时的、动摇不定的和不可靠的。对苏联人来说，与美国人和英国人签订协议和条约是战术性举措，目的是粉碎德国逐一消灭其对手的企图，影响中立国，鼓励联盟中的进步国家，防止他们延误第二战线的开辟，更重要的是阻止他们与德国单独媾和。对西方盟国来说，苏联人同样不可信赖，如果价钱合适，他们完全有可能受到诱惑，转而同希特勒打交道。他们当然对一些战后解决方案深感兴趣，而这些方案很可能与盟国从事战争的目的相抵触，例如彻底恢复战前的波兰。

美国和英国也存在重大政治分歧，特别是在大英帝国的未来上，这一分歧引发了战略方面的激烈争论。尽管如此，他们还是形成了战争史上最紧密、最具效力的一个军事联盟。相比之下，苏联仅仅是半个盟友，更像是勉强加入的共同参战国（当然，苏联方面的解释并非如此，他们认为恰恰相反，资本—帝国主义列强政府被迫通过社会"进步力量"不太情愿地为苏联提供援助）。因此，三国领导人 1943 年 11 月在德黑兰就某些战略问题达成广泛共识时，东西方之间政治上的不信任，甚至是反感，正在不断发展。为调停纷争付出的更多努力，例如丘吉尔关于划分巴尔干地区势力范围的徒劳的协议，没有什么实际价值，因为接连不断的胜利使斯大林对其盟友的态度变得强硬起来。双方的军事合作微乎其微，虽然分享情报，但零零碎碎且具周期性，特别是在英国人与苏联人之间，这种做法既减缓又加剧东西方之间的互不信任，二者作用几乎相当。[1] 双方没有联合计划，仅仅是陈述大体意图，外加展示多少有些含糊不清的计划时间表。实际军事合作仅限于掩护北极船队为苏联运输救援物资，另外还有一场短暂的实验，苏联人将位于乌克兰的基地提供给美国第 8 和第 15 航空队，用于穿梭轰炸德国，但最后以相互指责和猜忌告终[2]。

1941 年至 1943 年间，英国人和美国人认为他们正竭尽全力击败德国。他们封锁该国，从 1942 年中期起对工业区和居民点展开战略轰炸。根据租借法案计划，盟国为苏联提供了大量经济和军事援助。苏联领导层批评盟国付出的努力不够。克里姆林宫也没有将盟军对欧洲大陆的潜在威胁，或在北非的实际行动，或对意大利的进攻视为作用巨大的军事行动。苏联希望的仅仅是开辟一条新的陆地战线，从而将德军大批作战力量（至少 40 个师）调离苏联战场。斯大林及其追随者的想法不无道理，表 4.1 反映的是德军师在 1942 年夏季战局和 1943 年库尔斯克战役前的部署，该表说明西线盟军在苏联面临第二场和第三场重大危机时牵制的德军地面力量是多么寥寥无几。另外，西线德军兵团大多是质量低劣的占领军或被红军打垮后重建的部队。

表4.1：1942年6月24日和1943年7月7日，德国和一些卫星国师的部署

地点[1]	装甲 / 装甲掷弹兵师		步兵师 / 山地师 / 空军野战师		保安师 / 训练师 / 预备队师[2]		卫星国[3]	
	1942年6月24日	1943年7月7日	1942年6月24日	1943年7月7日	1942年6月24日	1943年7月7日	1942年6月24日	1943年7月7日
东线	39.33	26.5	133.66	147	10.33	14	30	16.5
挪威 / 芬兰	1	1	16	15				1
西线	3.5	2	24.3	30		10		
北非 / 意大利	3	3.5		1			6	
巴尔干		1	5.3	2.5		2		6
补充军			1	2		35		
合计（四舍五入）	47	34	180	198	10	61	37	23

1. 东线指的是从列宁格勒至黑海的整条战线。驻扎在挪威的少量占领军列入芬兰的主动战线。西线包括丹麦（原先只有1个占领师，后增加到2个）、荷兰、比利时和整个法国。1942年6月，3个德国师驻扎在北非，后来又增加了5个师，第5装甲集团军1943年5月投降时，这些师在突尼斯悉数覆灭。盟军7月份登陆西西里前，意大利只有3个德国师，但到8月份，这个数字增加到16个，其中半数是快速师，这是意大利脱离轴心国所致。德军兵团还接管了意大利人在巴尔干的防务。
2. 从1942年10月起，各军区不再招募、训练士兵并把他们派往训练中的兵团和补充部队。补充军开始组建训练师和预备队师，其中一些派至积极战区担任预备队，另一些留在德国继续训练。
3. 只包括接受德军作战指挥的卫星国师。

　　1943年年底，由于意大利新战线的发展，这种平衡发生偏移。虽然西线德军师的数量只增加了1个，但意大利和巴尔干的德军师增加到28个，包括8个装甲师和装甲掷弹兵师。六个月后，盟军登陆诺曼底前夕，德军部署模式发生根本性变化。东线尚有157个师，减少25%；挪威和芬兰驻扎了19个师；法国、低地国家和丹麦驻有57个师；驻守意大利的有27个师；巴尔干驻有25个师。这使西线盟军面对的敌军兵力翻了一倍。西线德军在数量和质量方面都获得加强。德国国防军这番再平衡很容易加以解释。到1944年年初，盟军为光复欧洲所做的集结不断扩大，到当年春季，就连对这场登陆持保留态度的英国人也认为时机已到。希

228

特勒曾预料这场登陆不可避免，11 月，他将优先权赋予了为抵御盟军登陆所做的准备工作。苏联人的解释则截然不同，在他们看来，西方盟国意识到苏联不会战败，红军注定会赢得胜利，因此不得不抢在红军解放欧洲前尽可能多地从纳粹手中抢夺地盘。苏联人认为，盟军完全是出于这种算计才加快开辟第二战场的，关于实施一场大规模两栖战役所面临的问题和复杂性的说法纯属无稽之谈。[3]

苏联人对盟军在 D 日前付出的努力的诋毁是错误的。虽说德国的征服使其不太依赖于进口，但盟军的海上优势给德国战时经济造成了瓶颈，也使盟国得以为苏联提供重要的军事和经济援助。这里仅以一个主要方面为例：红军之所以在战争第三阶段取得蔚为壮观的胜利，一个重要原因是其机动性日益增强，如果没有租借法案，这一优势就无法实现。苏联的铁路运输依赖进口的火车头，其数量是苏联本国产品的 2.5 倍；进口的火车车厢则是战争期间苏联国产车厢的 10 倍；就连铁轨也有一半来自美国。同样，美国人提供的卡车是苏联国产卡车的 1.5 倍，战争结束时，红军车场内三分之一的车辆是美国制造的，这些车辆性能出色，越野能力较强。供应给红军的约半数轮胎来自盟国，红空军消耗的航空汽油，半数以上同样由盟国提供。若没有西方国家提供的数万台性能优越的电台，地面和空中兵团的指挥控制就无法满足战役法的要求。[4] 战略轰炸对 1944 年—1945 年东线的地空战造成了相当大的影响。除了给德国的物质生产造成无法估量的损失，破坏了德军铁路交通线，导致德军的车辆和航空燃料日益短缺外，战略轰炸还使德国人将大批火力调离东线。1944 年 4 月，德国空军的单引擎战斗机超过 50% 用于本土防空，约 20% 部署于西线或意大利，东线仅有 30%。当年上半年，西线盟军给德国空军造成 70% 的损失。实际上，盟军使苏联红军免于从事持续的、资源密集型的防空行动。另外，德国空军的高射炮力量当年 7 月到达顶峰，74% 的重型高射炮连（多为 88 炮）在德国本土和西线遂行防御，东线仅有 10% 的高射炮，这就使苏军大批战机和战车免遭摧毁。[5]

1943 年年底之前，德国人一直能集中占据绝对优势的地面力量努力赢得东线战事。不过后来他们失败了，并且为此蒙受了严重损失，即便在东线仅仅从事防御，其能力也令人怀疑。一旦他们在西方也面临一条主要战线，全面失败就会成为定局。甚至在 1944 年 6 月 6 日第二战场开辟前，两条战线已开始互动。元首在 1943 年 11 月 3 日下达的 51 号令中宣布，来年最大的危险源自不可避免的跨海峡入侵。因此，优先事项是加强西线的德军。尽管如此，他不仅否决在其他战线节约兵力的措施，还批准向东线增派兵力。1944年上半年，为应对苏军冬春季战役，十余个师（包括武装党卫队第2装甲军）、许多独立部队和大批装备从西线调往苏联战场。[6] 这些兵团，特别是装甲军，本来有可能阻止盟军6月6日至10日间在诺曼底加固他们的战役级屯兵场。

因此，虽然斯大林做出的在盟军登陆的同时发起一场大规模攻势的承诺并未兑现（列宁格勒方面军攻入芬兰算不上一起重大战略性事件），但红军已削弱了西线德军的实力。一旦英美军队在诺曼底无情地扩大其登陆场和登陆规模，德国人就无法筹集战役预备队，而这些预备力量本可以阻止他们在白俄罗斯蒙受灾难性失败。随着时间的流逝，德军在1944年夏季遭受了不断加剧的一连串灾难：西线，B集团军群几乎全军覆没，盟军追击到莱茵河附近；东线，红军接连重创中央集团军群、北乌克兰集团军群和南乌克兰集团军群，征服大片领土并以强渡维斯瓦河将攻势推向高潮。面对两条战线上持续进行的大举进攻，希特勒已没有资源弥补他的战略和战役性失误并稳定局势。他在1944年秋季没有彻底失败，仅仅是因为他的敌人遭遇了暂时性后勤枯竭。9月中旬，他做出实施最后一次战略性冒险的决定，力图恢复主动权并赢得西线战事。12月中旬，德国人拼凑起不到30个师，其中三分之一是装甲师或装甲掷弹兵师，他们穿过阿登山区遂行突击，意图分割盟军并夺取安特卫普。为发起这场毫无希望、注定失败的攻势，东线德军的预备力量几乎被抽调一空，这就为红军展开战争期间纵深最大、速度最快、最具破坏性的攻势铺平了道路，这就是维斯瓦河—奥得河战役。事实证明，希特勒拆东墙补西墙的做法是他最后一次，也是最悲惨的尝试。巩固奥得河对岸登陆场三个月后，红军完成了对柏林和中欧大部分地区的征服，丘吉尔已命令他的军事首脑策划突然袭击苏联盟友的计划。[7] 这就是"伟大同盟"的强度和持久性。

联合作战的问题

消灭纳粹政权的关键是拥有压倒性的军事力量，而非通过经济和军事计划的巧妙、紧密结合最大限度地巩固合作和提高效率。虽然英国和美国实现了前所未有的军事合作，但远远谈不上完美，胜利还需要一段令人失望的漫长时间方能实现，就像前面的章节阐述的那样。苏联与西方盟友间的暂时性合作少之又少，而且越来越受到互不信任的破坏，英国人对"不可想象"行动的考虑，极为生动地说明这一点。甚至在第一次世界大战前，俄国总参谋长兼军事理论家 N.P. 米赫涅维奇便在 1911 年出版的《战略》一书中指出了联盟的弱点。他认为联合作战的一个定理是，实际军事力量总是少于各组成军队的总和，盟友会将最沉重的任务交给对方。同样不可避免的是，彼此的目标不同，特别是在对待敌人（将其歼灭或仅仅削弱对方）和对战后领土的划分方面。因此，制定联盟战略是一件棘手的事情。它需要平衡彼此的需求，避免采取有可能导致盟友惊慌的冒险或存在政治争议的行动，从而将整个联盟牢牢团结在一起。战略必须是冲突与利益之争间的一系列妥协。联盟的每个成员都会为追求某些特殊利益而牺牲共同的目的和目标，这是不可避免的事。这种情况或多或少妨碍到军事整合并在各支军队追寻各自的国家目标时导致共同努力遭到破坏性分散。新生的苏联在列强干预期间注意到了这些弱点并对其加以利用，当时，英国人、美国人、法国人和另外四个较小的联盟伙伴试图将布尔什维克扼杀在摇篮中，日本人也企图攫夺领土。实际上，联盟的分裂，加之厌战国家的内部动荡，对苏联的生存至关重要。另外，如果说胜利也会带来压力，那么，失败通常是致命的。联盟总是脆弱不堪，因而很容易在压力下瓦解，就像英法和轴心国分别在 1940 年和 1943 年—1944 年证明的那样。

英国和美国在对德国的地面战中纷争不断，这是军事学说上的差异和对大英帝国未来完全不同的看法造成的分歧所致。1943 年 1 月的卡萨布兰卡会议上，为追求帝国的利益，加之丘吉尔决心阻止苏联人进入巴尔干的扩张，英国人竭力说服美国人支持他们的地中海战略。八个月后，在魁北克召开的另一次会议上，盟军同意实施"霸王行动"，定于 1944 年 5 月 1 日发起，它将成为英美军队的主要陆空行动，以法国南部为目标的"铁砧行动"为其提供补充。这项决议刚刚达成，英国人就开始设法对其做出修改，他们支持在意大利采取更大规模的行动，试图将行动延伸至巴尔干并推延"霸王行动"。在德黑兰会议和英美随后召开的开罗会议上，英国人多少有些勉强地重申他们会遵守发起跨海峡进攻的承诺，但继续争取取消"铁砧行动"或至少将其推延。这番争执持续到 1944 年 7 月，英国人最终屈从于华盛顿的意志。在此期间，斯大林证实了丘吉尔最大的担心。攻入罗马尼亚的红军于 1944 年 4 月到达进攻顶点，但 8 月份便恢复进攻。到当年秋季，不仅罗马尼亚，就连匈牙利大部、保加利亚和南斯拉夫大部分地区都被苏军占领。

联合参谋长委员会很清楚，"霸王行动"是"针对德国的心脏展开行动并歼灭其武装力量"之前奏。为阐明这项使命，艾森豪威尔重申，他认为打垮德国人的关键是消灭其武装力量，至于领土目标，例如港口等，只有在将其夺取能为实现主要目标做出贡献的情况下才会予以考虑。确定目标后，分配给主要兵团的任务和他们随之进行的编组、部署、行动和后勤保障中的优先事宜，应该由用以达成这些目标的主要和次要军事战略来决定。因此，他们的行动目标应当超出通过纯粹的消耗和夺取地理区域来歼灭敌人。即便对胜利者来说，进行消耗战也是痛苦的；对西方国家来说，这种做法经常会在政治上造成不良影响，有时候难以持续下去。德国人的重心也许的确是他们的主要军事集团，但这并不意味着必须始终对其展开正面进攻。更好的办法往往是在可能的情况下集中力量打击敌虚弱处，以间接甚至是递增的方式逼近敌人的重心，从而保持己方军队的能力并稳步削弱敌人的能力。实际上，西线盟军不仅在大多数时候从事消耗战，而且对领土收益的关心远远超出歼灭敌有生力量，这违背了他们的既定目标。

发生这种偏差的最重要原因是联盟始终被紧张关系困扰。英国人和美国人已就首要目标达成一致，但对如何实现该目标存有较大分歧。关于地中海的争执解决后，关于诺曼底登陆之后该如何行动的争吵接踵而至。随着美军军力在西线日益增加，美国的观点逐渐占据上风。除了对优先事宜的争论，还有源自不同军事文化和经历的误解，因此，解决问题需要不同的方法。这些有效合作的障碍，因国家之间的竞争、先入之见、偏见和高级将领的个人野心、成见和偏私而加剧，更糟糕的是，他们的参谋人员还在一旁煽风点火，本国媒体也跟着火上浇油。在多方面影响的作用下，盟军偶尔会做出不太理想，甚至值得怀疑的决定。对情况的客观评价并不总能成为决定编组、方向、分界线、目标和后勤优先级的基础。同样重要但不太明显的是，这些因素导致盟军没能考虑到某些选项，例如将美国第8军调离对布雷斯特毫无意义的围攻，将该军交给英国指挥，完成打通安特卫普接近地的重要任务。

红军没有受到国家情感和盟友政治要求这些问题的困扰。战略决策的各个方面都掌握在斯大林和最高统帅部大本营手中。战争第一阶段，他们的灾难性决定导致苏联的伤亡人数超过1180万人，更不必说巨大的领土和装备损失。但斯大林和他的亲密顾问们从错误中吸取了教训。总参谋部和战役级指挥员的专业知识和

232

能力得到了提高，不称职者则被更具才干的竞争对手替换（尽管也存在一些欠缺能力者，他们全凭斯大林的宠信保住自己的位置，例如 L.K. 梅赫利斯）。统一指挥得到严格执行。一场战役发起前，对目标、实现目标的方法和需要的兵力可以展开激烈讨论，可一旦大本营做出决定就不容争议；相反，艾森豪威尔的决定有时候被视为一场激烈争论的起点，还常常为迁就某个下属指挥官所看重的方式而规避某些东西。实现战役理念时，最高统帅部大本营及其代表和方面军司令员赋予下属们充分的行动自由和主动权以确保即便情况发生变化也始终追寻战役目标。但上级不会容忍过于自负地推行自己偏好的方案，不服从命令的后果往往比遭到无效的申斥严重得多。

艾森豪威尔不得不说服他的指挥官，而不仅仅是指挥他们。因此，他下达的指示并不严格，可以加以讨论。说服工作使指挥官们口头上服从他的命令，但士气严重受挫时，他又觉得自己在执行纪律方面受到限制。不服从命令的情况尤以英国集团军群司令为甚，但在一定程度上，那些美军将领同样如此。例如，奥马尔·布莱德雷和 J.C.H. 李 ① 都能规避他们不服从命令招致的后果。换句话说，艾森豪威尔通过不太过坚持己见保持指挥的统一，他接受 "faute de mieux"（退而求其次）的说法，他的决定是可变的，其结果是目标的稀释和努力的分散。苏军遂行的战役不会发生这种情况，因而能取得更具决定性的战果。苏联的体制还赋予最高统帅部更大权力，从而影响战役进程。每场战役前，最高统帅部都会以先前战役结束时撤回的兵团和蒙受严重损失后重建的力量积累起庞大的最高统帅部大本营预备队资源。因此，四个方面军在 6 月份准备白俄罗斯战役时，从最高统帅部大本营预备队获得了 25% 的步兵师、全部的坦克和机械化军、三分之一骑兵力量、37% 的航空兵师。另一些援兵被派往白俄罗斯第 1 方面军左翼，以便他们随后发起攻势。另外，红军还在战役进行过程中重新集结起强大的力量（例如，两个诸兵种合成集团军和一个快速军为遂行希奥利艾战役的波罗的海沿岸第 1 方面军提供加强）。1945 年年初，最高统帅部大本营预备队已积累起 50.1 万名士兵、5200 辆坦克和自行火炮、6883 门火炮和迫击炮、464 架战机，足以为白俄罗斯第 1 和乌克兰第 1 方面军实施维斯瓦河—奥得河战役提供所需要的力量。这些资源的投入使两个方

①译注：约翰·克利福德·霍奇斯·李。

面军获得了无可置疑的优势，最高统帅部大本营得以贯彻其战役设计。艾森豪威尔指挥（更准确的说法也许是管理）的是西方国家的军队，他们有自己的传统和指挥链，他无法随意部署或重新分配他们。1944 年 12 月中旬，危机出现在他的战区时，艾森豪威尔手中唯一可用的预备队是编有两个轻装师的第 18 空降军，该军经历了在荷兰的苦战，当时正在接受休整和补充。

情报、欺骗和突然性

每支军队都认为实现突然性是战争原则之一。准备进攻时，每支军队通常都会努力隐蔽其进攻意图，或至少隐蔽一个或多个对守军至关重要的信息要素，比如目标、计划中的方向或轴线、时间选择、方法，以及参战兵团的实力和能力。他们都试图通过隐蔽、伪装和反侦察掩盖进攻准备。德军情报部门某些时候不够专业的方法和德军最高统帅部的轻信会给盟军提供帮助，这经常反映在集团军群层级。这种情况源于职业性傲慢和意识形态方面的偏见。实际上，通常影响到现实性评估的战术性情报和集团军级情报大多无关紧要，因为关于各集团规模和编成、部署和补给的关键决策是在情报部门无法触及的层面做出。

西线和东线的主要区别在于欺骗领域。盟军（特别是在该领域处于领导地位的英国人）在地中海和西部战区做出认真、持续、往往有益的努力，以便在战略层面欺骗德国人。他们使德国人相信，盟军掌握着远远超过实际存在的力量。作战序列的成功夸大，主要得益于虚假的无线电通信网、假情报、双面间谍的报告，以及削弱空中侦察的确定性，这使敌人更倾向于将大规模进攻的虚假准备信以为真。从北非战役结束直至 1944 年，OKW（德国国防军最高统帅部）预计盟军将在巴尔干登陆并牵制那里的军队。"坚韧行动"不仅在 6 月初登陆法国的地点和时间方面欺骗了德国人，此后还一直让德国人相信虚构出来的美国第 1 集团军群随后将在加来海峡与塞纳河之间发起主要突击。德国第 15 集团军和另外一些部队因此脱离了诺曼底的战斗，直至"眼镜蛇行动"达成突破，这对"霸王行动"的成功至关重要。德国人对欺骗行动做出反应时，盟军通过"超级机密"获得了欺骗行动成功的消息，随后他们继续编造让敌人信服的叙述。

尽管盟军对敌人的空中侦察加以防范，但在登陆场之战期间，为隐蔽付出的努力只取得了部分成功。这是仓促、不够详细的策划，以及糟糕的通信纪律（尤以美军为甚）导致的。他们有时候能实现短暂的战术突然性，但很难达成战役突然性。当然，屯兵场的有限规模降低了欺骗的可能性。但关于主要突击方向这个关键问题，英军沿卡昂—法莱斯方向实施了持续的、代价高昂的进攻，因此德国人相信盟军的主要突击就在那里。这些情况与后勤问题相结合，使德军对美军作战地域的防御越来越空心化，导致德国第 7 集团军很容易遭受隐蔽集结的美国军队的打击。这一点令人非常惊讶，因为美军先前将他们的进攻部队分散在宽大的正面上。紧随达成的突破，英军在一个意外方向遂行了辅助突击，并且达成了突然性（"蓝衣行动"）。此后，跨过战线的进攻速度，包括在法国南部的突击速度，使盟军牢牢掌握了主动权。盟军最高统帅部认为没有必要把进攻集中在 1—2 个方向上并在其他方向继续实施牵制和欺骗行动。突击势头逐渐丧失后，盟军指挥官仍对他们掌握的庞大优势深具信心，遭遇他们认为的暂时性阻挡时，他们依靠火力而非计谋解决问题。他们似乎很少采取措施对敌通信情报部门隐瞒盟军兵团的位置。[8] 英国人和美国人在战役欺骗方面付出的努力显然具有间歇性。预计面临一场极其艰巨的挑战时，他们就会做出特殊的努力，而且往往成效卓著，但这并非常规。因此，德国人很容易判断盟军的意图，从而将捉襟见肘的资源分配到恰当的地带。

苏军将马斯基罗夫卡提升为每个战役计划的强制性附属物，而不像西线盟军那样，仅仅是个可供选择的附加项。他们为此制订全面、详细的计划，附有严格的时间表，并且与真实计划同时实施。大批资源调拨给欺骗行动，不仅仅是专业人员和工程兵，还包括作战力量。所有部队和兵团必须遵守严格的马斯基罗夫卡纪律，特别是在使用无线电，甚至是有线通信方面。他们在长达数周的进攻组织和虚假编结期间，对执行情况加以认真监督。执行过程中必然出现一些失误，有时会在一定程度上影响到战役计划。但总体而言，苏军在战争第二阶段实施的马斯基罗夫卡，成功率越来越高，而战争第三阶段的欺骗计划几乎都能达成目标。德国人没能发现苏军每一次重大战略和战役重组，同时，他们的注意力被消极地带的虚假集中所吸引。当然，他们在很大程度上是自己低估苏联人的智慧并抱有一厢情愿的想法的受害者。1944 年 6 月，苏军的欺骗行动暗示他们即将攻入波兰南部，这使德国人将其主要力量集中在那里并搜寻情报证实这一预期，从而忽视了在白俄罗斯面临的威胁。由于低估了苏军在选定方向的兵力兵器集中，高估了其他方向上苏军的力量，德军出现部署错误，苏军得以实现巨大的突然性。对中央集团军群达成突然性导致德国人的防御缺乏深度，特别是装甲预备力量不足。这就削弱了对方的弹性和灵活性，反过来加快了苏军达成突破并以实力远远强于预期的力量向敌战役纵深发展的速度。为修补受损的战略防线，德国人变更部署，但投入的力量太少，时机也太晚，只能给苏军的进攻造成些局部的和暂时性影响。可是，这番变更部署却足以削弱北乌克兰集团军群，使红军下一场打击相对较快地取得突破，德军的防御则迅速崩溃且无法恢复。红军对南乌克兰集团军群发起夏季第三场战略性打击时，后者已遭到致命削弱，特别是罗马尼亚军队的士气已经见底，因此苏联人赢得了 1944 年最快、最完整、代价最低廉的胜利。在每一种情况下，欺骗都通过误导敌人发挥重要作用，这些战略性战役巧妙的时间顺序安排扩大了进攻的有效性。

盟军非常擅长收集、整理、评估情报并将之转换为可靠信息，这一点比德国人强得多。另外，他们的收集能力不断加强时，德国人获取情报的能力，特别是空中侦察能力却有所下降。通过"超级机密"，他们在战役和战役—战略情报方面拥有独特而又无价的资产。由于德国人从未想过盟军有可能掌握这样一种机器，"超级机密"产生的情报价值大增。[9] 整个诺曼底战役期间，情报，特别是通过"超级机密"获得的情报，使盟军对敌人在战役—战略层面的情况了如指掌。在及时提醒盟军敌人的援兵（例如 6 月底的武装党卫队第 2 装甲军）即将开到、敌人在诺曼底地区的部署发生变更，以及确认"坚韧"欺骗行动继续获得成功方面，它显得尤为重要。可是，通过"超级机密"获得的优势在一段时期内被战役和战术模式存在的问题抵消，这些模式限制了情报运用的成功或使其变得更加糟糕（例如 7 月 18 日—19 日的"古德伍德行动"，错误策划造成的影响至少同情报失误导致的问题相当）。当盟军的军事学说和训练发展到足以击败德国人时，情报为打垮敌人做出了重要贡献。这一点在"眼镜蛇行动"的策划和演变，以及美军击退敌人后向阿夫朗什遂行反突击方面表现得尤为明显。可是，盟军指挥官们往往没能充分利用他们获得的情报。法莱斯包围圈和随后在塞纳河畔获得的第二个良机都被浪费，这要归咎于战区和集团军群司令的愿景和意图的失败。他们在随后发展期间同样如此，分散力量导致整条战线过早到达战役顶点。这些失利，都与不掌握敌情因而缺乏机会无关。

首先，这是保守主义和不愿承担风险的结果。战后，德军将领一致表示，他们曾认为美军将领大胆，甚至是鲁莽，这才符合他们对其民族特性的认知。事实却相反，他们惊讶地发现美国人面对机会动作迟缓，制订进攻目标时非常保守（一个主要例子是成千上万名德军士兵逃出法莱斯包围圈）。英国人被认为更不可能抓住机会，他们在夺取稍纵即逝的机会时更加迟缓。这是蒙哥马利强调务必谨慎、进攻需要加以细致准备的部分后果。当然，英国人和加拿大人也在流动状态下表现出灵活性和冲劲的相对不足。[10] 随着在诺曼底之后的战役中重新获得突击势头，盟军中又出现了一种截然不同的现象：指挥官中充斥着一种过度乐观的情绪，这使他们轻视完美的情报并做出糟糕的战役决策。其中最重要的是艾森豪威尔没能就优先事宜做出明确决定并予以坚持，另外，蒙哥马利决心毫不延误地强渡莱茵河，它们导致盟军没能打通安特卫普以及阿纳姆战役的失利。巴顿在洛林、霍奇斯在亚琛地区的误判则是这场"胜利病"的其他症状。这些例子说明了指挥官们易犯这样的毛病：知道需要知道的东西前，经常思考希望思考的东西，并以可能是无意识的想法对不受欢迎的情报做出心理上的反应——"吾意已决，毋庸多言"。

自相矛盾的是，"超级机密"的主要缺陷是它的成功。不同来源的情报之间的交叉检查是一种很好的标准做法，但情报人员，甚至是指挥官，变得过于依赖"超级机密"时，可能会忽略这种检查。"超级机密"提供的情报会令人痴迷其中，导致其他来源的情报遭到忽视，得到的情报可能不够完整或存在歪曲。德国人将扼守安特卫普接近地，其实力可能比洛林和阿纳姆附近的德军更强大，另外，从战略规模看，最值得注意的是对方正在为反攻集结力量，这场大规模突击将于12月在阿登山区展开。但这些迹象（实际上是警告）都被抱有一厢情愿的想法的盟军指挥官忽视。之后，现实粉碎他们的希望时，盟军情报人员和指挥官又转向另一个极端，他们夸大敌人的实力，在战斗方式上变得过于谨慎。

苏联人是否怀着给西线盟军造成影响的同样信心使用或滥用情报，这一点无从得知。苏联方面没有诸如六卷本英国官方史这种非保密类著作。大多数文章和另一些资料中的简述存有其他动机，可能出于宣传目的，但大体轮廓较为清晰，而且可以依赖。[11]

苏联军事情报机构在战争第一阶段没能发挥作用，但在战争第二阶段逐渐成长。他们为斯大林格勒的胜利做出了重要贡献，特别是在战术层面，但仍存在一些显而易见的缺陷，例如对被围之敌的实力判断不准，对德军预备力量的规模、动向和意图掌握得太晚，这些导致红军在一段时间内处于被动状态。战争第二阶段，苏军的情报工作稳步改善，最重要的是超越了敌战术纵深，以及完成突破进入战役发展时密切留意敌军的反应。苏军情报机构在战争第三阶段得以成熟，PU-44中大量提及相关主题，情报收集在数量和质量上都有所提高。例如，白俄罗斯第1和乌克兰第1方面军用于航拍的飞机数量在1944年翻了三倍，每个方面军约有100架，集团军任务的覆盖纵深增加到100千米，而方面军任务达到500千米。无线电测向和拦截同样成为在战役纵深寻找并追踪敌兵团的关键手段，德国人的一个特点是通信安全比较糟糕，而且对此掉以轻心，这对他们不利。能说明苏军在战役—战略后方追踪德军兵团的能力的一个例子发生在1945年1月，他们密切留意从华沙开赴布达佩斯地域的武装党卫队第4装甲军。苏军对深远地面侦察牵制部队（Deep-reaching Ground Reconnaissance-diversionary Units）的使用大量增加并将其与特工和游击队的系统使用紧密结合。[12]地面部队的侦察变得更加复杂（阿南耶夫的书中用六页篇幅描述坦克集团军在敌纵深使用的不同巡逻模式以及它们的不同做法和目的），侦察部队通常在所属兵团前方80—100千米处展开行动。战斗侦察的技术手段和时机选取也得到了改善，最终成为进攻开局的组成部分，这不仅仅有助于获取情报，也有助于实现欺骗。

　　与发现敌人的能力同样重要的是整理、分析从不同来源和机构获得的大量数据，将其结合后呈现完整画面的能力。从白俄罗斯战役到维斯瓦河—奥得河战役的顶点，对敌防御战术地幅的侦察越来越详细、越来越准确，这使炮火准备和支援的精确度变得非常高，几乎可以确保一场快速突破。对敌纵深力量的充分了解使苏军指挥员充满自信地计划在战役第五日或第六日彻底克服敌防御战术地幅。情报使用者的才能至少与情报提供的改善同样重要。从领导层往下，各级指挥员越来越愿意客观看待相关情报，而不是通过偏见和一厢情愿地扭曲镜头来加以运用。红军似乎并未屈从于影响西线盟军1944年夏季做出决策的群体思维和狂妄自大。正如事实证明的那样，他们尊重敌人的能力，例如，1945年2月他们承认在奥德河畔达到进攻顶点。最高统帅部大本营决定，完成向柏林最后100千米的推进前，发起一场先期战役，歼灭德军东波美拉尼亚集团，估计该集团的兵力超过22个师，包括6个快速师。大本营认为，若非如此，敌人可能会发起某种破坏性反突击，粉碎过度拉伸的苏军，就像1943年2月在哈尔科夫所做的那样。

东线和西线的战役法

两个战区的可比性

两个战区在地理范围、地形特点（大部分）、基础设施发展程度、敌军实力方面存在很大不同。乍看起来，这些差异似乎使西线盟军与苏军之间的对比毫无意义。但情况并非完全如此。除战役级指挥员的控制外，还有三个主要因素给战役过程造成强烈影响：敌人、地形和天气。1944 年夏季在西线和白俄罗斯及乌克兰实施的战役中，这三个因素有许多相似之处，这就使进行精心挑选的比较成为可能。其他因素也发挥了深远影响，尽管它们的影响力可能受制于指挥官的个人喜好。这些因素包括对维系联盟的考虑、上级下达的命令，以及后勤保障的程度（通常由前两个因素决定）。

最明显的相似之处是苏军和盟军对付的是同一个敌人——德军。当然，德军在这两条战线部署的力量并不完全一样。一方面，德军投入西线的力量中，素质较低的静态师超过三分之一，其他步兵力量大多是缺乏经验的驻军兵团。另一方面，分散在东线的保安师、未获得整补的师和大多数匈牙利部队并不适合野战，而大部分罗马尼亚军队的持久力和可靠性值得怀疑。虽然德国人将实力虚弱的兵团部署在不太重要的方向，或者以更优秀的德军部队为其提供加强，意图以此解决问题，但它们还是代表了德军的弱点，而苏联人惯于对此加以有效利用。东线与西线之间可能不存在太大的性质差异，敌人在这两个战区都缺乏足够的战役预备队，特别是装甲力量。但是，两个战区在 1944 年有一个主要差异，这个差异至少持续到 7 月底。这种差异涉及空间范围：德国人将盟军成功困在诺曼底一座狭小的登陆场内，他们无法调集作战兵力将其消灭，但有足够的力量扼守一道约 130 千米的防线。如表 4.2 所示，盟军面对敌防御，力量空间比是苏德战场上选定进攻地带的两倍。[13] 这种有效密度，加之有利于守军的地形，意味着至少在一段时间内，英美联军不得不从事一场消耗战，在耗损德军兵力的同时不断加强己方力量。盟军获得加强时，德国人获得的增援却远远无法与之相提并论，兵力对比越来越悬殊，导致防御稳定性逐渐遭到削弱。"眼镜蛇行动"发起时，虽然整体兵力兵器密度有利于守军，但其力量并不均衡。与美国人对峙的许多德军兵团实力严重不足，有些甚至只是个空架子。最重要的是，在美军发动攻势的关键地段，德国人的弹药和燃料严重短缺，第 7 集团军的有效抵抗只能维持两三天。

对比东西线的装甲兵团时，能力方面的考虑也很重要。截至 7 月底，盟军已有 10 个装甲师。这些装甲师，加之大批独立装甲旅、装甲团和装甲营，共有 7200 多辆坦克和坦克歼击车（尽管并非所有损失都获得补充坦克的弥补）。白俄罗斯战役发起时，四个方面军共投入 8 个坦克和机械化军，包括独立坦克部队在内，约有 4000 辆坦克和自行火炮；四周后发起卢布林—布列斯特战役时，另外 4 个军和其他部队投入 1700 多辆战车。利沃夫—桑多梅日战役中，乌克兰第 1 方面军编有 10 个坦克和机械化军，共 2200 辆坦克和自行火炮。英军和美军，步兵力量中的相当一部分和全部炮兵力量都已实现摩托化，因而能及时为在敌纵深的战斗做出贡献。苏军步兵徒步行进，大部分火炮靠马匹拖曳。

表4.2："眼镜蛇行动"与白俄罗斯、利沃夫—桑多梅日战役的统计对比

战役	每个师的防御地段（千米）	战役层面兵力兵器对比（进攻方：防御方）[1]			
		兵力	战车	火炮	空中力量
"眼镜蛇行动"	7	3.8:1	4.7:1	3.0:1	6.5:1[2]
白俄罗斯战役	16—25	2.5:1	2.9:1	3.0:1	6.3:1
利沃夫—桑多梅日战役	13.5—15	1.7:1	2.2:1	2.5:1	4.6:1

1. 这个数字是战役开始时的整体力量对比，包括次要和被动地带，因而是个近似值。
2. 这个比率指的是战术空中力量，不包括盟军数量众多的战略轰炸机。另外，它低估了盟军的空中优势及其战役影响。

两条战线上，无论何处的防御遭到突破，德国人都会处于严重不利状态。战役空间范围呈对数增长，而且呈现出机动战特点。盟军和苏军的坦克、机械化力量可以合围依靠步行和马匹缓慢移动的敌兵团并攻入战役纵深。另外，德军遂行有效迟滞行动、以预备队在纵深处构筑新防御，甚至逃离包围圈的能力都被盟军的空中优势进一步削弱。空中遮断，尤以西线盟军空中力量展开的行动为甚，拖缓并破坏了德军的应对，而出色的近距空中支援在很大程度上为无法跟上坦克先遣力量的炮兵提供了补充。所有战役层面的决策都得益于史无前例的情报优势，而这些情报来自不受任何干扰的空中侦察和至关重要的"超级机密"材料。战役

发展阶段，盟军还掌握了另一张重要的战役性王牌——盟军第1空降集团军，红军没有对等的空降力量。考虑到所有这些因素时，将一部"俄国压路机"的效力与盟军的出色才智相比，苏联人很显然算不上成功。

诺曼底的地形通常对守军非常有利。而在中央和北乌克兰集团军群的作战地域，无路期和苏军重组造成两个月战役间歇后，德军兵团几乎恢复到编制力量并大大加强了其野战防御工事。德军的阵地防御相当强大，达成突破并开始战役机动之后，东线的地形并不比西线更有利于进攻方。那里有看起来数不尽的河流，其中许多都构成严重阻碍，不仅仅因为它们的宽度，还因为其高耸的西崖和与之毗邻的深邃河谷。广阔的沼泽和森林导致缺乏全天候道路，白俄罗斯和乌克兰西部并未提供比佛兰德斯和法国北部平原更好的地面状况。同样，阿登山区也不比喀尔巴阡山更加艰险。西部战区公路、铁路网的发展强于东部战区，这使盟军在进攻方向上获得了更大的行动自由。真正重要的不是纵深是否存在可供防御的防线和地域，而是敌人是否有机会扼守这些防线或防御地域。最适合坦克推进的路线已被敌人占据，这里布满障碍，但缺乏反坦克武器。穿越这些地带的关键是进攻不能被敌人拖缓或遏止。要想保持主动性、始终使敌人处于失衡状态并无法恢复连贯防御的能力，拥有足够强大的快速力量和空中优势固然重要，但更重要的是知道如何使用这些力量，以及将其用于何处。换句话说，在于战役法。

1944年的学说准备

两次世界大战期间，苏联人已发展起自己的军事理论，该理论承认这样一个事实：得益于军事革命，战役法是战争的一个独特方面，与战术和能力存在本质不同，若运用得当，就能获得决定性战果。正如红军PU–36在第9段指出的那样：

> 战斗的现代技术手段，允许同时实现突破敌部署全纵深并歼灭敌人。迅速变更集团部署、突如其来的合围、夺取敌后方地域、切断敌后撤路线的可能性大为增加。进攻中，必须彻底包围并歼灭敌人。

经历了大清洗后，1941年至1942年的苏联红军中，合格的指挥人员所剩无几，加之随后对相关理论的抹黑，各层级都对德国的入侵猝不及防，无力从事领导和管理，因此蒙受了可怕的损失，当然也就无法执行该理论。重建红军的设计师们面临一项真正令人望而生畏的任务，因为他们不像英国人和美国人，在竭力打造赢得战争的工具时得到海洋的保护。相反，他们一直在同德军作战力量的三分之二到四分之三进行战斗，若将质量因素和轴心国仆从军纳入考虑，这个比例会更高。除少数例外，他们取得的成功主要归因于德国人所犯的错误，当然更重要的是经济和政治体制因素，以及苏联人民的韧性。重建红军的任务严重依赖一份合理的、符合当代条件的蓝图。

战前学说稳健的基本思想得到发展，一些地方用失败期和恢复初期积累下来的经验加以必要的修改，PU-44应运而生。它的一个独特优点是，清楚地阐明了应怎样在更高的兵团层面从事战争。另外，它含蓄地承认，战役法的要求给战术家们造成限制。理论上讲，规模较小的兵团和部队只实施粗略的战术，人员（特别是指挥员）的高周转率妨碍到复杂战术方法的发展仅仅是部分原因，更重要的是苏联人认识到各个军及其下属兵团基本上可以说是一部大型战役机器上的齿轮。要想让这部机器遵照严格的时间表在限定地带有效运作、移动、集中并展开进攻，其组成部分必须表现得犹如机器般精准。当然，依靠压倒性炮火和航空火力，以及粗糙的大规模冲击突破敌人精心构筑的防御，必然导致严重伤亡。为承受这些损失，大批士兵投入其中。红军认为，为赢得时间而付出兵力兵器的损失是值得的。在除突破外的其他战斗情况下，简单的战术可能是一种积极的手段。在敌纵深展开战斗期间，战斗结果往往依赖于交战双方集中战斗力量的相对速度。遭遇战斗和交战中，胜利通常取决于制定、下达、执行决定的速度。盟军实施的那种复杂、独特的策划与速度格格不入。

进入战争第三阶段后，红军关于如何从事战斗的学说发展良好，符合实际，可能具有决定性。在贯彻这些学说的过程中，红军各兵团不断得到锻炼。为突破并粉碎敌人的防御，艰巨、代价高昂的战斗无可避免，但战斗本身并不是目的。战斗仅仅是一项更宏大计划的组成部分。学说的重点是迅速、深入突破敌军防线，不仅仅要突破防御战术地幅（大纵深战斗），最终还要达到数百千米的突破深度（大纵深战役）。胜利将通过快速战术和战役机动实现，其目标始终是分割并（或）包围、尔后歼灭一个敌主要集团。欲取得决定性战果，就必须对其加以大规模实施，通常涉及12—16个步兵、坦克集团军和骑兵机械化兵集群。战略性胜利是一系列精心策划、同时和连续实施的方面军及集团军战役的累积结果。

　　苏军军事思想的基本原则是歼灭敌军，而不是将其击退并征服领土。一场攻势一旦到达顶点，仅仅被迫后退的敌人就会获得机会，重建他们受损的兵团，组织一道有效防御，甚至恢复自己的进攻（就像红军在斯大林格勒所做的那样，另外，德军在斯大林格勒战役后被迫后撤，旋即发起哈尔科夫反击战，情况同样如此）。因此，苏军的当前战役—战略目标通常是歼灭德军一个主要集团（这自然会导致地理上的收益）。早在暂时性的 PU–36 中（后来的野战条令中也加以重申），苏军的重点就是通过合围实现这一点。他们将此视为歼灭敌有生力量的最可靠方式，这样就不必再度面对同一股敌人。战争第一阶段，红军几次试图满足相关学说的要求并实施大规模合围。他们在执行过程中多次遭遇惨败，直到斯大林格勒才取得决定性胜利。但是，考虑到诸如方向的选择、突破地段间隔和合围铁钳会合深度参数（与速度密不可分）、合围对内和对外正面的需要及分配给两个正面的适当力量，甚至在合围正在进行时就着手粉碎被围集团，以及空中力量的使用等因素，实施合围的相关学说得以发展。到 1944 年，合围已成为遂行战略性进攻战役的典型方式。这些战役的范围和规模稳步增加，通常涉及两个方面军辖内力量。苏军共实施了 15 次战役性合围，在此过程中歼灭敌人 200 多个师。[14] 这些战役都是预先计划的结果，而不是机会主义的结果。红军特别强调追求战役执行的深度和速度以防敌人逃脱，并且力求在敌被围集团组织起环形防御前将其消灭。战术层面，先遣支队为发展梯队（后改称快速集群）的投入创造条件，后者实施的战役机动将发挥决定性作用。因此，到 1944 年，合围铁钳最初相隔 120—300 千米，在敌纵深 200—300 千米处会合。率领合围铁钳的快速集群以每昼夜 25—30 千米的速度向前推进，有时候更快些，以便在德军做出有效应对前会合。[15] 结果一般都令人满意，例如，维捷布斯克、博布鲁伊斯克和明斯克包围圈共困住 20 多万敌人，布罗德包围圈困住 4.5 万名敌人，基什尼奥夫包围圈又困住 20 万名敌人。1944 年陷入合围的敌兵团，约有一半在头 2—20 天内遭歼灭，仅有约四分之一的敌兵团抵抗了一个半月，约 20% 的敌军设法逃出了包围圈。[16]

　　受到从事小规模战争经验的影响，西线盟军在战役理念上都不够大胆。盟军掌握的装甲、摩托化、空降力量和战术空中力量比他们的敌人更加完整，这得益于他们优越的工业能力，但盟军对如何将这些力量组合成一种获胜模式的想法并不明确。他们的指导手册，例如美国人的 FM 100-5 作战纲要和英国人的野战条令第三卷《作战——高级兵团》，主要关注的是对战术的探索。事实证明，这种宏观缺陷至少与战略执行方面的分歧同样严重。盟军没有任何战役法概念，他们无法结合战术性胜利并以此为基础实现战略目标。直到 20 世纪 80 年代，诸如英国的苏联研究中心和美国的苏联陆军研究处等些机构才开始从事开创性的研究工作，这才使一批锐意改革的将领了解到从事战争的新方法（对他们而言），"战役法"这个术语才出现在美军或英军的词典里。在此之前，两支军队采用的是英国人所说的"大战术"。这个措辞非常重要，它表明主要兵团层级的作战——正如约米尼一个世纪前提出的那样——不过是扩大的战场战术而已。因此，盟军从事作战的方式缺乏概念基础，而这种概念基础可以确保无情但经济地使用越来越占据优势的作战力量，以便扩大战果，尽快实现决定性胜利。

　　盟军更为关注的是从事战斗，而非发展战役。他们倾向于使用新能力改善战术表现，而不是贯彻新的作战概念。尽管可能有失公平，但是这样的批评一针见血：他们实施战斗的方式与 1919 年类似，不过是通过有效使用改进的技术取得更好的效果而已。使情况更加危险的是，尽管一些理论文章支持作战动机（实际上还有些实践方面的出色范例），但他们的默认设置是线式消耗战，并没有预先安排一场接一场的、逻辑连续的战术战斗，以期实现协同作战效果。他们对战术层面战斗的关注往往掩盖了彻底避免频繁战斗的愿望并导致这样一种心理：优势主要通过战斗和消耗实现。机动被视为移动的代名词，它可以将优势力量投入战场，这样一来，战斗便可以在占据数量优势的条件下进行。对他们来说，战斗更像是目的，不是为实现具有潜在决定性的机动而开启的某种模式。高级将领都是保守派，其职业生涯主要在警察式的行动中度过，他们在第一次世界大战中的经历主要是以半静态斗争消耗敌人，与东线更具机动性的战事不同。两次世界大战之间严格的预算控制，进一步限制他们对发展新战斗方法的兴趣和机会。因此，他们没有成熟的作战理论，也没有借此拓宽视野的条件。他们（特别是英国人）还担心冒险可能会导致失败并蒙受过高伤亡。因此，既不需要大胆也不需要精明、依靠压倒性力量就能获得胜利、依靠优势火力就能让敌人化为齑粉的观点甚嚣尘上。而在战役—战略和战区层面，盟军内部的分歧、误解、竞争和偏见，共同将策划和执行作战行动的效果降到最低。

值得注意的是，美国陆军 1944 年版的 FM 100-5 作战纲要中，唯一重点提及合围的第 561 段只是这样写道：

> 追击的目标是消灭敌军。这很难通过迫使敌人沿其交通线退却来实现。对后撤之敌直接施加的压力，必须与一场切断敌军退路的合围或包围机动相结合。只要条件允许，就应设法对后撤之敌或其一部之两翼实施合围。机械化部队特别适合于这一目的。

英军作战手册对这个问题的描述甚至更加含糊并对敌人可能的反应持谨慎态度。可以说，战役层面的合围并非美军或英军作战思想的核心，他们没有为实施合围制定概念。盟军 1944 年在西线遂行的行动，没有一场将合围设为作战目标。1944 年—1945 年，盟军只实施了四场战役规模的合围。第一场是消灭法莱斯包围圈，事先并未制定计划——德国人将其最强大的集团集中在 80 千米深的突出部底端，扼守包围圈肩部的力量非常虚弱，所以盟军做出了即兴应对，但是没有完成。盟军仅击毙或俘虏半数德军力量，约 5 万人。之后，盟军又错失将逃脱的敌残部困在塞纳河畔的良机。蒙斯包围圈困住约 2 万名彻底陷入混乱的德军残部，但这也是一场即兴行动，甚至是一起偶然事件。第 21 集团军群困住背海的德国第 15 集团军时同样如此，德国人救出了所有被围部队，试图以这些力量阻挡盟军对阿纳姆的进攻。唯一一场预先计划的合围发生在战争末期，困住了鲁尔区基本保持不动的德军。

贯彻战役法

突破

苏军需要解决的第一个战役问题是如何突破强大的防御战术地幅。实际上，如果不打算采用第一次世界大战中的消耗战模式击败敌人，就必须解决突破问题，否则它就是战役中唯一的问题。红军早在 1929 年就已找到概念性答案，V.K. 特里安达菲洛夫的著作通过对突击集团军密度的科学计算提出了相关理论。在把理论发展成赢得胜利的模式的过程中，苏军经历了许多挫折和实践实验，而且付出了高昂的代价。到1944年夏季，这一点已然实现，尽管红军并不认为该模式是不可改变的：应对德军防御不断变化的纵深、密度和战法，苏军要求突破模式不断演变，以适应每场战役的特定情况。同样成为公理的是，在力量、时间和（或）方向等方面（有时候也包括方法）的战役突然性是进攻战役的基本要素。条令规定，精心制定的大规模欺骗是每一场战役准备的强制组成部分。[17] 若不采取欺骗行动，敌人就会削弱消极地带的力量以加强防御，面对敌人强大的防御，苏军无法达成一场快速突破。进攻取得胜利的关键是速度，倘若无法从一开始就获得突击速度，就不能让敌人发生动摇并被迫陷入越来越迟钝的被动状态，战斗会像去年的奥廖尔战役那样沦为一场消耗战——伤亡巨大，毫无进展。更好的做法是，第一梯队承受重大的损失以确保迅速达成突破，这样一来，战役发展梯队便可通过快速的、代价低廉的、决定性的战役机动完成歼灭敌军的任务。几乎所有的1944年战役中，第一梯队都能创造条件使方面军快速集群迅速投入交战并向敌纵深发展，大多在战役首日，有时候在战役次日，但很少更晚，这无疑标志着红军取得了成功。[18]

　　与苏联人一样，英国人对上一场战争中的战斗加以研究，寻找规范和技术并根据他们从阿拉曼到突尼斯再到诺曼底获得的经验更新这些方法。英苏双方找到的答案在许多方面都很类似，"蓝衣行动"和"总计行动"可以视作当年夏季水准最高的攻势。在这两场行动中，英军认为突然性非常重要并对其加以实现，尽管不是通过欺骗：前者在一场迅速而又隐蔽的重组后沿一个意想不到的方向发起，后者则以装甲运兵车在夜间展开一场装甲突击。同红军的战役一样，这两场行动都在选定方实现了相当大的兵力兵器优势，特别是压倒性火力优势。表4.3对比的是苏联方面军战役五场突破与第21集团军群在诺曼底战役后期同时发起两场突破的各个方面，不太令人满意的是，"古德伍德行动"没有包括在内。不出所料，双方对火炮密度需求的估计大致相当，但苏联人无法模仿盟军重型和中型轰炸机在英军进攻前和进攻过程中提供的大规模空中火力准备。英军掌握的战车数量更多（参战的四个装甲旅，坦克数量相当于三个装甲师）。一般说来，他们使用的方法也很类似：精心策划炮火准备，辅以徐进弹幕射击，把遂行冲击的各兵团在各个层级分成两个梯队，为步兵提供大批直接支援坦克以便突破敌防御战术地幅，将遂行战术发展的装甲兵团靠前部署。

表4.3：选定的苏军和英国—加拿大军队所实施战役的统计对比

战役		突破地段宽度（千米）[1]	每千米正面火炮和迫击炮（75毫米以上）	每千米正面坦克、自行火炮，以及坦克歼击车[2]
白俄罗斯战役	白俄罗斯第3方面军	33	175	44
	白俄罗斯第1方面军（右翼）	29	204	45
	白俄罗斯第1方面军（卢布林—布列斯特战役）	20	356	88
利沃夫—桑多梅日战役	北部	12	240—255	35
	南部	14	236—254	70
"蓝衣行动"		7	208	167
"总计行动"		6	260	125

1. 苏联人总是标明突破地段每个步兵师的平均千米数。由于步兵师的实力差异较大，这种对比因无效而被忽略；苏军步兵师的兵力通常只有英军步兵师的五分之一到三分之一。
2. 只包括中型和重型坦克，不包括轻型坦克和特种战车。这个数字含快速集群、预备队和直接支援步兵部队的战车数。

　　但是，双方在执行方面存在显著差异。就像自诺曼底登陆以来的每一场行动那样，第21集团军群的进攻以一个集团军遂行，而非整个集团军群，其规模只有1—2个军。因此，他们在非常狭窄的正面实施，这就对他们的及时发展造成阻碍（问题出在通行路线和侧翼安全等方面），给敌人造成的破坏较为有限。进攻行动遵照上级规定的命令分阶段实施，英军任何时候都试图避免战术性风险，对伤亡的恐惧给指挥官们造成了极大限制。每个阶段结束时，各突击部队都习惯于停止前进，巩固既得战果以便击退敌人必然发起的反冲击，同时为下一梯队继续冲击提供坚实的基础。另外，装甲兵团（即发展梯队）显然不愿在夜间继续进攻。因此，战术性停顿成为每个行动的组成部分。敌人在各种情况下都能获得喘息空间，这就使他们得以实施有效的紧急部署变更并修补防御，而进攻方未能实现突击势头。相反，苏军的学说执着于速度压倒一切，它强调必须立即利用每一个机会，不必等待上级的命令。在能够继续进攻的情况下，一名指挥员停下来等待侧翼掩护部队赶上或后续梯队穿过，会被视为犯有渎职罪（这种情况往往会使他有性命之忧）。

　　直到 7 月下旬，美国人才避免了这种集中于狭窄战线的做法，取而代之的是在一段相对较宽的战线上集结兵力、武器和弹药，这也是他们的英国盟友通常比较青睐的做法。他们喜欢沿一个宽大正面实施连续进攻。这无疑会给对方的防御造成压力，但无法将其突破。这种打法的高潮发生在夺取圣洛期间，美国第 1 集团军耗费 17 天时间，伤亡 4 万人，平均速度为每昼夜 10 千米。事实证明，线式消耗战是粉碎德军抵抗能力和意志的一种效率低下、代价高昂的方法。吸取经验教训和英国人的建议后，美国人决定遵循集中原则。"眼镜蛇行动"与以往的进攻完全不同。第 1 集团军集结第 7 军辖内 3 个步兵师，在 6.5 千米宽的突破地段实现突破并以 2 个装甲师和 1 个彻底实现摩托化的步兵师发展胜利。也就是说，该集团军 40% 的步兵力量和半数装甲师集中在美军战线不到 10% 的地段。这就使美军每千米兵器密度达到 210 门火炮和迫击炮（包括坦克歼击车和实施间接火力射击的重型高射炮），外加 118 辆坦克和坦克歼击车。7 月 25 日的突击将在两个方面实现突然性：打击的力量（包括以史无前例的 1800 架重型轰炸机实施的航空火力准备）和方法（包括集中和第 9 战术空军司令部为装甲力量提供掩护的新概念）。经过缓慢的开场后，美军于次日达成突破。正如英国人经历过的那样，过于狭窄的突破地段造成了拥堵，结果导致发展力量的投入困难重重。但是，该军军长一门心思驱使部下们前进，行动第三日日终前取得了 18—20 千米的进展。美军最终成功推进了 30 千米，五天内前出到西安纳河，就算没有彻底歼灭德军左翼，也对其造成了沉重打击。

　　从许多方面看，"眼镜蛇行动"是一场苏联式的行动。战役级协同使取得重大成功成为可能——盟军在战线另一端发起进攻，将德军兵力和注意力牵制在错误地域，随后通过"蓝衣行动"使敌人无法变更其机动力量（武装党卫队第 2 装甲军）的部署。此举实现了突然性并通过在狭窄地段集中庞大作战力量达成了突破，但必须指出，敌人的巨大弱点，特别是他们在后勤方面的劣势对美军的成功突破至关重要。然后，美军依靠一股强大的发展力量遂行大纵深战斗以扩大突破——其目标是围歼一股敌集团，从而严重削弱了敌人的防线。"眼镜蛇行动"取得了成功，美军连续追击数周，不过在遭遇抵抗后，他们又恢复了原先的线式、零碎的进攻方式，这一点令人感到惊异。第 1 集团军在亚琛和许特根森林地域，第 3 集团军在洛林，都试图以一个军的兵力继续向前推进，这些推进根本就没有连贯的计划做指导，很难在时间和空间方面建立联系。虽说敌人的防御较为薄弱，但由于缺乏集中，加之主要突击方向的选择寥寥无几，美军丧失了突击势头。

发展

"霸王行动"的设想是，英军牵制并消耗敌主力，而美国人负责夺取瑟堡的重要港口，然后冲出登陆场。盟国军队将共同完成对滩头地域的征服，也就是说，在D日后90天内夺取布列塔尼港并向南推进至卢瓦尔河，向东前出到塞纳河。同时，盟军还将从地中海对法国发起另一场登陆以分割敌军并夺取另一个主要进口港。若说诺曼底战役后有什么愿景，盟军的想法只是于D日后120天开始从塞纳河向前推进，D日后240天内到达艾伯特运河至德国边境一线。换句话说，德国人可以实施一场分阶段的有序战斗后撤，逐步退至齐格菲防线。对在火力、机动性和制空权方面拥有压倒性优势的盟军来说，这是个非常荒谬的计划。盟国远征军最高司令部的策划者们没有为战役机动或纵深推进制定任何应急计划以围歼德军主要集团或夺取重要地区，从而使敌人无法维持有效防御。他们甚至没有仔细考虑过如何歼灭敌军，尽管这是联合参谋长委员会的主要任务。

这是西线盟军与红军在理论和实践方面发生分歧的主要领域。英国人和美国人没有大纵深战役的概念。他们在诺曼底没有为超过战役发展的行动加以准备。两个集团军群始终采用单梯队布势，诸集团军大多也部署为单梯队，只留少量预备队，而在消极地带保留的力量过大，与敌人的能力完全不成比例。遂行突击的各个军大多留有预备队，通常是一个或两个快速师（"总计行动"和"眼镜蛇行动"中为三个师），但此举仅仅是为了战术发展。可是，正如"蓝衣行动"和"总计行动"证明的那样，就连这些预备队的投入也过于谨慎。他们从未将两个装甲师组成的集团军级快速集群布置在侧翼，以便扩大突破、深入敌战役后方，因为盟军将领们的思维通常不会超出战术层面，也不会确定并致力于决定性战役效果。这方面一个主要的、显著的例外是乔治·S.巴顿。

与其他集团军和集团军群指挥官相比，巴顿对掌握制空权条件下的部队机动有更深的理解。他以速度为武器，迫使缺乏机动性的敌人陷入被动和越来越无效的状态，在德国人努力重建稳定的防御或实施反突击前达成纵深推进并给对方造成了一定程度的瘫痪。他经常选定其他人认为危险的遥远目标并命令麾下指挥官们在实现这些目标时不必太在意侧翼掩护，尽管他也采取以师级纵队前进的做法来保持麾下各军的平衡和灵活性。[19] 他认识到更成功的装甲指挥官所说的"Fingerspitzengefühl"的重要性，也就是对战斗发生变化的一种"直觉天赋"。这对成功的战役机动方向选取至关重要。巴顿经常视察前线，并且坚持要求部分高级参谋人员每天也要这样做。他认为集团军下达的命令不应超过一页半，应当让部下们在执行他的意图时发挥主动性。许多军长和师长并不打算接受他那些陌生的概念和指挥风格，至少在一开始是这样。更重要的是，巴顿的集团军群司令布拉德利将他的做法视为危险的冲动，认为他进行必要的参谋工作时过于草率。布拉德利经常放缓或缩减第3集团军的行动并剥夺巴顿认为完成任务所需的兵力和补给，这令巴顿非常沮丧。对巴顿的不理解，甚至是怀疑，充分证明美国陆军根本没有机动作战学说。尽管如此，在巴顿的努力下，德军在诺曼底的失败最终演变为溃败，尽管敌人的愚蠢使他遇到的问题趋于复杂。

在这种情况下，德国人犯下一个令人惊讶的巨大错误，为盟军歼灭其最重要的集团提供了绝佳的机会：针对美军"眼镜蛇行动"达成的突破，他们朝阿夫朗什发起一场反击。意想不到的机会就此出现，盟军计划对此加以充分利用。构成法莱斯口袋的这场即兴合围具有战役合理性，但执行中存在重大缺陷。蒙哥马利没有优先考虑让加拿大第1集团军从卡昂向南推进以形成合围之北翼。这项任务交给辖5个师的一个军，但该军没能完成任务。与此同时，他那个集团军群辖内的另外10个师，不是在防御就是在非决定性方向遂行进攻。布拉德利缺乏果断，可能也缺乏道义勇气去弥补蒙哥马利的短视，他没有像巴顿敦促的那样，让第3集团军的合围南翼从阿尔让唐奔向法莱斯，从而封闭包围圈。艾森豪威尔也没有行使他作为最高统帅的权力，驱使部下们全心全意地完成他们一致同意的这场合围。在塞纳河畔以一场更深的合围歼灭第5装甲集团军和第7集团军残部的另一个机会也被浪费。蒙哥马利本来可以将实力强大的快速力量调整至左翼，沿西岸横扫河流，而布拉德利也可以充分利用第3集团军在芒特的登陆场沿两岸朝下游攻击前进。他们本来可以投入一个空降军，在战术空中力量强有力的支援下夺取德军渡口，阻挡其后撤。但上层的战役性短视、优柔寡断、不愿实施有意义的协同和缺乏控制再一次占据上风。

德国B集团军群在诺曼底遭到重创，从东线获得援兵毫无希望，当年夏季，红军在那里歼灭了敌人的第三个集团军群并包围了第四个集团军群。德国人从次要战区变更部署的师寥寥无几，根本无法恢复破碎的战略防线。盟军在可预见的未来会掌握主动权，而且由于"超级机密"的贡献，不远的将来大多是可预见的。他们可以从事他们想做的一切，这一次，敌人没有表决权。唯一的主要限制因素是后勤。9月初的要求非常明确：上层毫不含糊的指令充分考虑到补给的现状并优先对其加以改善。这道指令确定了明确的目标，即歼灭敌军残余力量。如果这无法促使敌人投降，目标则转为夺取对盟军继续进攻、对德国人从事战争都至关重要的地区，特别是能够维持行动的各个港口和用以攻入鲁尔区的莱茵河登陆场。根据这一目标，应当选择完成该目标的主要和次要方向，摈弃对实现目标毫无帮助的其他方向，同时分配相应力量和补给优先级以确保选定方向上的进攻达到要求的战役深度。如果无法同时追求所有期望的目标，就必须确定各场行动的顺序。

可是，战区和集团军群司令们受到"胜利症"的感染。狂妄自大令他们忘乎所以，认为敌人已无法从诺曼底的损失中恢复过来，因而忽略了战役法的基本要求。蒙哥马利和布拉德利所持的战役概念互不相容，这些概念优先考虑的是他们自己的作战指挥，就美军的情况而言，不大可能为一项战略决策做出贡献。最高统帅对这个问题含糊其辞。结果是所有高级兵团同时沿各个方向推进。后勤限制被刻意淡化，盟军希望后勤人员创造奇迹以维持继续实施的行动，或期盼补给耗尽前敌人已被盟军攻势的高潮彻底打垮。因此，德国人得以解救并重建被击败的兵团，拼凑起新锐力量并从斯堪的纳维亚和意大利调来另一些力量，足够遏止盟军的推进。而盟军此时在各处的力量并未强大到足以实现其预定目标，或者说，他们没有足够的补给确保任务完成。

集团军群层面，战役法的一些重要要求亦被忽略。兵团和补给物资太少，无法同时追求不同目标，蒙哥马利没有选择粉碎背海的德国第15集团军，将其歼灭后打通斯凯尔特河。相反，他优先考虑的是在阿纳姆冲过莱茵河。这场策划和执行都很糟糕的行动失败后，第21集团军群在距离其地理目标不远处到达进攻顶点，没能及时打通安特卫普，该港口对盟军作战行动的可持续性至关重要。虽然相关情报本应让蒙哥马利对计划中的空投行动产生严重怀疑，但他却把赌注压在主要努力能取得成功上。另外，他的地面力量编成不足，后勤计算也是基于乐观的想法。布拉德利追寻的目标同样不切实际，他沿不同方向推进，过度强调南路，而南路应该是次要的，甚至是消极方向。他坚持对布雷斯特实施代价高昂的围困，此举已丧失合理性。由此造成的缺乏集中，因他对麾下两位集团军司令同样错误的宽容和预有征兆的补给危机而加剧。遭遇后勤问题时，布拉德利命令巴顿停止在洛林的行动，但此举为时过晚，已无法恢复霍奇斯在北部的前景，当然，更严重的失误是他允许后者将资源挥霍于毫无用处的许特根森林混战中。

到 9 月下旬，随着后勤困难愈发严重，沿多个方向逐渐减弱的进攻已丧失突击势头。就连敌人设法拼凑起的支离破碎的兵团也能阻挡住盟军两个集团军群。盟军在任何一个方向都没能集中足够的战斗和后勤力量，从而维持攻势、达到预定的战役深度。他们没能取得一场决定性胜利，得到的仅仅是一种新的半僵持状态。他们忽略了战争的大部分重要原则，没有保持选定目标，没有实现力量集中及其必然结果——节约兵力。面对敌人出乎意料的顽强抵抗，他们没有展现出灵活性。各国军队间的合作非常糟糕，有时候完全谈不上。对持续行动不可避免的限制给计划制定造成了消极影响。

盟军的主要指挥官应该为这些主要失误负责。从 9 月 1 日起，艾森豪威尔不仅仅是盟国远征军最高统帅，还是所有地面部队（从当月月中起，还包括那些在罗讷河谷前进的部队）的总司令，因此，他负责指挥作战行动。为努力取悦上司和部下并与之达成共识，他允许行动目标成为辩论和相关解释的主题。他的优先事宜依然含糊不清，甚至是可变的，向鲁尔区发起的主要攻击在行动中遭到稀释，因为他没能控制住布拉德利（或就此而言，是没能控制住他的后勤主任李）。他也没有坚持要求麾下诸集团军群通力合作（包括第 6 集团军群），对此他并未发挥更有意义的作用。他不愿面对后勤现实的影响，这使他忽视了所做的选择的可取性，特别是没有做到在消极地区节约补给，从而在主要方向上集结起一股不可抗拒的强大力量。艾森豪威尔既未能实现集中，也未能组建一支预备力量——这使情况更趋复杂，预备队本来能让他灵活应对出现的机会或解决遭遇的挫折。盟国远征军最高统帅部似乎从没想过，他们也许不得不采用折中方案，不得不量力而为，例如，将各场行动排列顺序，只有在完成了优先任务、部队和补给充分的情况下，才解决次要方向上的任务。战役层面的指挥主要是做出选择，而艾森豪威尔似乎不愿意这样做。

美军中存在一种战役理念：沿所有或大多数方向同时发起进攻行动。这种想法强化了第一次世界大战中的大多数战略概念，大部分参战国直到第二次世界大战时仍抱有这种思维。这不仅仅是美国人的学说，实际上，继大清洗和那些创造出 PU-36 的、进步的苏联军事理论家遭到抹黑后，它也成为斯大林在战争灾难性的第一阶段和第二阶段初期的核心战略思想。该理念的支持者们辩称：沿一条宽大战线发起进攻能全面保持主动权。由于遭到多路突击的过度拉伸，敌人无法成功击退所有进攻，他们会在防线遭突破的一处或多处逐渐崩溃，这种情况不可避免。倘若不沿整条战线对敌人展开进攻，对方就能在选定地区实施反集中并在消极地带改善其防御，使之变得越来越强大。他们甚至有可能在那里集结一股力量发起反击（正如 1944 年 12 月在阿登山区发生的情况）。

但是，这种推论似是而非，特别是 1944 年夏末的西线，盟军在空中力量、装甲力量和机动能力上都占有极大优势。在消极地带未遭受攻击的任何一股敌军，只会发现自己敞开的侧翼不断扩大，因而不得不面对一场越来越有威胁的合围。换句话说，这种理念对盟军机动性的优势和彻底掌握制空权（这些因素的影响是决定性的，即便德国人得到恶劣天气的帮助，阿登反击战也必然失败）形成的战役影响考虑得太少。最重要的是，它低估了在特定时间时、特定地点掌握主动权的价值。一旦盟军通过突然性和集中（在必要处以预备力量实现集结）在主要方向获得突击势头，敌人就只能保持一种消极应对姿态，他们做出的应对必然会姗姗来迟、全然无效。正如在东线一次次重演的那样：为遏止苏军的突破，从消极地带变更部署的德军力量往往来得太晚，无法在防线遭突破前加强并稳定防御。相反，他们发现自己插入一个过宽的缺口，根本无法将其堵上。他们在遭遇交战中被击败并（或）遭到迂回，只能设法实施一场战斗后撤。当然，大批高素质满编师的到来（至少十来个师）也许能恢复战略防线，但在当年夏季，这种情况不可能发生，敌人没有这种重兵战役集团。德国人获得了一场战役停顿，从而能够实施在阿登山区的冒险，这场战役停顿是盟军错误的战役理念造成的，盟军夏秋季战役毫无必要地过早达到了顶点。得到喘息之机后，德国人重建了遭粉碎的兵团并组建起新兵团。8 月初，德国人试图集结一股反击力量攻向阿夫朗什，虽然盟军的进攻仍在积聚势头，但德军这场冒险从一开始就注定要失败，从下达命令到发起进攻的六天内，战场态势对他们来说严重恶化。

宽大正面是线式消耗战的产物。苏军最初没有充分认识到速度和在选定方向纵深推进的破坏性影响，对侧翼的关注也不够，因而无法实施坚决的战役机动以达成决定性目标。到库尔斯克战役后期的反攻阶段，斯大林已吸取这一教训，尽管他在战争第二阶段末期的冬春季战役中有些故态重萌。1944 年在白俄罗斯、在北乌克兰、在罗马尼亚，这种模式赢得了惊人的胜利。这些战役中，只有歼灭敌重兵集团后方能实现一场全面推进。

　　1944 年夏季的红军，在他们实施的一系列战役中变得越来越小心，但在必要情况下，他们也不会过分谨慎。苏军最高统帅部大本营认识到，由于缺乏资源，他们无法以十个方面军同时沿整个战区发起进攻。这种行动方案会导致众多非决定性战役迅速沦为消耗战。因此，其战略决策设想的是一系列精心策划、先后发起的战略性进攻战役。每场战役发起前都辅以马斯基罗夫卡，隐蔽战役—战略或战役规模的重组，从而在重要地区集结起足以将攻势发展至所需要深度的兵力兵器优势。他们策划的每场战役都以歼灭敌人某个特定的重要集团从而向前推进为目标，当然夺取具有战略重要性的地理目标也是题中之意。每场战役都依靠两个或两个以上的方面军协同进行，由最高统帅部大本营加以指导和监督。这些战役策划得较为保守谨慎。战役遂行过程中，预先设定的目标比计划时间提前完成，付出的代价也少于预期，这一点变得越来越明显。因此，战役仍在进行时，他们便拟制新计划，这样便可以在毫无战役间歇的情况下继续进攻，从而实现新的、更深入的目标。每一场战役中，从一开始就规定方面军第二梯队（白俄罗斯战役中，在战役期间开到，在其他战役中则预先组建）必须保持持久力和灵活性。事实证明，这对实现纵深目标至关重要。

　　红军 6 月份的一场战役将芬兰人驱离列宁格勒，虽然 7 月份对赫尔辛基的"继续进攻"遭遇败绩，但为筋疲力尽、幻想破灭的芬兰最终接受苛刻的停战协议创造了条件。随之而来的是三场连续但有些重叠的攻势。6 月 23 日之后的两周内，通过突然性获益的四个方面军，利用德军的错误部署施以最猛烈、最难以预料的连续打击，几乎全歼中央集团军群。为限制这场灾难的规模，德国人疯狂地从更南方变更其战役预备队的部署。他们原本预料苏军会在那里发起主要突击。遭削弱的北乌克兰集团军群变得相当脆弱，而乌克兰第 1 方面军 7 月中旬对其发起第二场攻势。这场突击一举攻破德军防御，给德国人造成严重损失并为白俄罗斯第 1 方面军左翼力量在已然丧失平衡的中央地区发起卢布林—布列斯特战役创造了条件。到 8 月初，红军已渡过罗曼河并在维斯瓦河对岸设立起战役规模登陆场，北方集团军群几乎被彻底切断。8 月份下半月，红军的第三场打击落在装甲力量已被抽离的南乌克兰集团军群头上，乌克兰第2、第3方面军只用两周便将其歼灭，为夺取罗马尼亚全境和随后攻入保加利亚和匈牙利东部铺平了道路。

　　每一场战役，无论是方面军级还是集团军级，策划者和执行者都将速度和深度视为成功的关键，突然性和兵力兵器集中使这两点成为可能。苏军必须尽快突破敌人的防御，以免对方及时投入预备队或从其他地域调集兵力恢复防御稳定性。战术突破必须转化为战役突破，然后毫不停顿地发展成战略性胜利。这个过程的第一步是大纵深战斗。这种战斗由先遣支队发起，这些快速战术部队由机械化程度越来越高的步兵兵团投入，其规模较小，但有能力达成突破，然后以大股部队无法相比的方式实施快速、灵活的机动。诸兵种合成集团军的坦克和机械化军通常依赖于他们取得的成功。方面军级快速集群会将战术开局无缝发展为大纵深战役，他们也以先遣支队向敌纵深试探，预先制止敌人的防御举措并延伸他们的前出范围。这些坦克集团军和骑兵机械化集群的意图是给敌人造成最大程度的破坏，而不是抗击对方可能对他们采取的措施，他们会拓宽、加深突破，从而使突破口迅速扩大，导致敌人为避免灾难而临时拼凑起的任何资源都无法将其封闭。整个战役随后就将呈现一种机动特性，德国人将陷入混乱，凝聚力和士气严重下降，总是处于被动应对状态，相应措施总是姗姗来迟且力量不足，当然，前提是苏军的行动不会变得太过分散。另外，这种突击势头（高速推进会导致敌人的应对全然无效）同时能提高各突击集团的生存能力。坦克集团军每昼夜前进速度几乎达到16—45千米时，弹药和燃料消耗分别下降六分之五和三分之一，人员和坦克的损失也减少70%和35%。这就是突破敌有效防御与追击溃败之敌的区别。侧翼和后方掩护也是达成速度和突然性的重要保证。但是，为应对敌人发起的战役级反突击——通常会发生在一场攻势即将结束时，诸兵种合成集团军应该只落后于快速集群一两天行程，其先遣支队的距离更短些。另外，发展的主力通常包括一支未遭受消耗的方面军第二梯队。发展阶段的苏军通常势如破竹。决定战役何时到达顶点的是后勤的可持续性。

　　发展出大纵深战役理论实属不易，将其应用于实践则更加困难。苏联方面的大多数记述掩盖了自身所犯的错误，但战役中的确存在许多错误。一些重大错误发生在策划期间，例如，担任白俄罗斯第3方面军快速集群的近卫坦克第5集团军，在白俄罗斯战役开始时部署有误。该集团军被迫变更部署到北面更有利的方向上，投入交战的时间推延了一两天，导致苏军在鲍里索夫地域强渡别列津纳河的行动发生进一步延误，并且造成了严重损失。利沃夫—桑多梅日战役中，巴拉诺夫骑兵机械化集群被用于实施战役发展，但鉴于骑兵的脆弱性，使用近卫坦克第1集团军本来会更加合适。尔后，近卫坦克第3集团军于战役第三天投入交战，并非因为即将突破敌防御战术地幅，而是因为方面军司令员急于开始发展战役。这种策略失败了，由此打开的科尔图夫走廊又浅又窄。总参研究经常为将诸兵种合成集团军的快速集群（有时候也为方面军级快速集群）用在达成突破的行动上深感惋惜，认为他们错过了绕开敌人抵抗的机会。结果，他们与步兵兵团一同前进，而不是在其前方推进。

　　这些批评是正确的，但犯下错误时往往有合理的理由。指挥员过早投入发展力量，是急于利用突然性效果并实现初期突击势头，从而保持主动权。同样，战役过程中犯下的错误往往是永远存在的紧迫感所致。这方面的一个例子是坦克第4集团军跟随在近卫坦克第3集团军身后，过早挤入科尔图夫走廊，而不是在更成功的北部方向发展突破。另一个例子是，德国第6集团军残部当年8月利用一个敞开的缺口逃过普鲁特河，延长了苏军歼灭敌被围集团的过程。红军指挥员极其注重速度，这一点与盟军大多数战役指挥官存在显著不同。例如，在"蓝衣行动""总计行动"和诺曼底战役的后续行动中，英国第2和加拿大第1集团军司令对投入并指挥其装甲力量犹豫不决。除了美国第3集团军，盟军装甲部队很少在步兵兵团前方推进。即便在风险相对较低的情况下，盟军战役指挥官准备承受的危险也很有限。相反，苏联人不允许由于担心敌人的反制措施而停止在敌纵深的发展，他们认为，恰恰是这种停顿才使得敌人的反制措施奏效。苏联人衡量成功的标准是速度，在某种程度上还包括快速力量与步兵主力的间隔距离。因此，1944年间八场典型的方面军战役中，坦克集团军遂行了12次战役，每昼夜前进速度为19—44千米（平均速度超过25千米）。他们与主力的间隔距离从20千米到65千米不等，平均距离为45千米左右，苏军经常试图以后者投入的先遣支队填补二者间的缺口。[20]

　　1944年夏季，红军实施了三场战略性进攻战役。这些战役历时5—9周，白俄罗斯战役突破深度高达600千米，利沃夫—桑多梅日战役为350千米，雅西—基什尼奥夫战役超过1000千米（包括穿过普洛耶什蒂和布加勒斯特向匈牙利边境毫不停顿的推进）。同一时期，盟军的攻势持续九周，深度达550—600千米。虽然这些行动的时间和空间范围大致相当，但战果却并非如此。正如前面的章节指出的那样，苏军的每一场攻势都歼灭一个重要的德军集团，重创另一些敌军团并以占领重要登陆场或后续攻势出发线而告终。而在西线，敌人无疑遭到严重挫败并蒙受了巨大损失，但大批兵团和指挥部得以幸存并获得重建（他们在阿登反击战中再度出现），盟军在各处远远没能到达莱茵河上的登陆场，大多数部队甚至没能到达齐格菲防线。鉴于诺曼底战役为盟军创造出巨大的发展潜力，他们的战果却毫无决定性可言，这一点令人失望。这可能是两个主要原因所致：缺乏战役级学说和联合作战的限制。

盟军高级指挥官们掌握着强大的力量，但在如何使用这些力量来歼灭敌军上，他们缺乏一个明确而又一致的概念。这有点像获得了一部性能出色、操作复杂的机器，但没有用户手册来说明该如何发挥这部机器的最佳性能。关于实施更高级别的行动，英国人和美国人的学说较为模糊。随着现有理念的发展和将这些理念付诸实践而产生的实际经验，他们很快就能实施卓有成效、精心部署的进攻。但如何运用强大的快速力量将战术胜利发展成战役胜利，英国人和美国人对此都没有成熟的理论，更不必说如何实现战略目标了。也许令他们有些惊异的是，他们发现盎格鲁—撒克逊人的常识和主动性无法替代一个连贯、深思熟虑的计划，前提是这个计划贯彻了已得到确认的战争理论，而他们的所有将领都非常熟悉这种理论。毫无疑问，苏联的战前学说终于在1943年年底得到贯彻，与英国和美国的情况不同，苏联的学说得到了更好的设计，能够帮助苏军在进攻中更有效地赢得战役性胜利。这主要是因为该学说的提出是基于对现代化武器装备和由此而来的未来战争之性质的深刻理解。但公平地说，西方国家的军队无法采用这种理论。任何一个真正的西方国家都不能接受这种打法：为达成突破从而赢得时间之战、使发展梯队更容易获得成功，第一梯队必须承受极为惨重的伤亡。另外，他们也无法像红军（就此而言，也包括德军）那样实施严格的纪律措施。

最高统帅最重要的任务之一是了解战役—战略态势并基于对态势的客观评估发展出一个清晰的战役愿景以实现他下达的目标。然后他必须将这一愿景传达给他的主要下属，确保每个人都明白自己的指挥为实现该目标所发挥的作用并为此付诸团结一致的努力。在这方面，艾森豪威尔没能完成这项任务。他没有清楚有力地阐明自己的愿景，然后坚持单一的战役理念，始终如一地将之强加给他的集团军群司令们。因此，诺曼底后期战役是一系列妥协和即兴发挥的结果。这与红军 1944 年夏季战役形成鲜明对比。但这并非全是艾森豪威尔的过错。他显然缺乏苏军最高统帅部及其代表享有并坚决采用的手段，因而无法贯彻他的意志。苏军最高统帅部直接掌握着庞大的资源并以此制定战役计划。1944 年 6 月 1 日，最高统帅部大本营预备队编有 65 万人、9500 门火炮、2000 辆坦克和自行火炮、3000 架飞机。盟国远征军最高统帅部没有如此慷慨的资源可供使用。苏军最高统帅部大本营处在一个严格集中的指挥和控制体系的顶端，盟国方面的考虑不会对其造成影响。在一个清晰明了、合乎逻辑的学说的指导下，大本营及其麾下各方面军制定出一个战略计划——计划的每个阶段都建立在最后的结果上，然后以一系列紧密协同的方面军战役实施该计划。在执行这项计划时，大本营享有上级赋予的不受限制的指挥权并拥有实现团结一致所需的政治和其他手段。而艾森豪威尔指挥的是各西方国家的军队，他们的传统和指挥体系完全不同。英国和加拿大指挥官们非常看重他们的自主性，在这方面还获得了其政府的支持。艾森豪威尔知道，除了下达命令，他还必须连哄带骗。倘若得不到主要下属们的赞同，他所能做的事情寥寥无几。甚至对待他的美国集团军群司令布拉德利和他的美国后勤主管李也得这样。考虑到国家自豪感和声望，军事和国家政治，以及维护欧洲战区顺利运转的需要，艾森豪威尔觉得自己无法控制那些自视甚高的下属并迫使他们服从，尽管他的性格并未促使他走向妥协并为和谐而掩盖分歧。[21]

　　盟国远征军最高统帅部提出或做出的一切战役决定都具有政治影响。那些觉得自己处于不利地位或受到轻视的高级指挥官很少会保持安静，还有些人只是出于对相关决定的反对就大吵大闹。向国内高级军事部门的投诉很容易演变成国内或国际政治问题，尤其是因为新闻界会对争吵有可能破坏不稳定的共识这一暗示做出热情但却无知的反应。面对这些情况，行动的策划和实施不可避免地降至最低的标准，执行过程很难令人满意。盟国远征军最高统帅部参谋长比德尔·史密斯曾恼怒地说过："我们从来没有做过任何大胆的事情。我们总是要设法应对至少 17 个人，所以我们必须妥协，妥协永远不会产生大胆……我们要花多少时间才能下定决心？"[22] 盟国远征军以西方国家的军队组建而成，其多国性使他们无法构思并实施红军 1944 年—1945 年遂行的那种大胆而又果断的战役。实际上，联盟的性质阻止了他们运用本书第一卷第一章所述的"战争原则"，而每支军队从理论上来讲都是赞同这些原则的。

注释：

1. 布拉德利·F. 史密斯，《同斯大林分享秘密：盟军如何分享情报，194⌐年—1945 年》，劳伦斯：堪萨斯大学出版社，1996 年。本书是对东西方情报关系的彻底研究，书中的结论得到了 F.H. 欣斯利的五卷本著作《二战中的英国情报机构》的证实。

2. 苏联人对盟国的猜忌之情根深蒂固，以至于即便在明显有利于他们的情况下也不愿配合。因此，乌克兰第 3 方面军 19⌐4 年秋季进入南斯拉夫时，方面军司令部的 NKVD 负责人不愿让托尔布欣元帅与美国第 15 航空队确定一条轰炸航线。结果，G.P. 科托夫中将和近卫步兵第 11 军 ① 的许多士兵在美军实施的空袭中身亡。

3. 虽然红军和红海军在战争期间实施了 114 次两栖突击，但几乎都局限于较小的战术规模，而且是在大规模陆上战役支援下在短距离内实施的。他们对发起一场大规模两栖战役面临的困难毫无概念。1940 年的德国军队同样如此，他们起初似乎认为一场跨海峡进攻不过是比跨越一条普通河流规模稍大些而已。

4. 鲍里斯·V. 索科洛夫，《苏联军事行动中的租借法案》，刊登于《斯拉夫军事研究杂志》，1994 年 9 月。

5. 空军历史分部的统计，摘自如下著作：《德国空军的兴衰》，伦敦：武器和装甲出版社，1987 年，第 354 页；霍斯特·布格等，《德国与第二次世界大战，第七卷：欧洲的战略空战和西亚、东亚的战争，1943 年—1944/1945 年》，牛津：牛津大学出版社，2006 年，第 322 页。

6. 瓦尔特·瓦利蒙特，《德国国防军大本营》，伦敦：韦登菲尔德 & 尼克尔森出版社，1964 年，第 400—403、第 410—4⌐6 页。可以说，德国生存下去的唯一希望是以机动防御扼击红军越来越强大的攻势，以空间换取时间，同时保存有生力量。尔后，一旦果断击退盟军的登陆，他们就必须将西线德军之主力东调，以此阻挡苏军，然后同多少有些气馁的西线盟军达成妥协和和平。

7. 英国总参谋长接到指示，研究 7 月份以一场突如其来的攻势攻入占领区云败红军的可能性。这场行动的代号为"不可想象"，目标是"将美利坚合众国和大英帝国的意志强加给俄国，尽管这两个国家的'意志'也许会被定义为不超过为波兰争取一项公平协议，但不一定在军事承诺方面有所限制"，即迫使斯大林接受盟国的中欧战后解决方案。5 月 22 日，他们放弃这个不啻为幻想的计划，丘吉尔告诉他们，将重点转为抗击苏联侵略的防御战上。

8. 戴维·M. 格兰茨在《从维斯瓦河到奥得河：苏军 1944 年 10 月至 19⌐5 年 3 月的进攻战役》一书第 509 页指出，德国国防军最高统帅部 1945 年 1 月 2 日的态势图表明，盟军大规模重组末期，北海与瑞士边境之间，不在原先地点上的师寥寥无几，包括那些位于纵深和与敌军接触的师。

9. 虽然"超级机密"是情报王冠上的宝石，但必须记住，它为盟军提供的仅仅是部分事实，不是全部事实。由于一些命令、信息和请求会通过其他方式传送，"超级机密"获得的信息并不完整。一封电报中包含的信息，在发送者看来是正确的，但实际上可能是错的，通过电报下达的命令可能被忽略、违背或通过其他手段加以改变。另外，截获电报后要将其破译并将获得的情报分发下去，其间的时间滞后可能会很严重。

10. 迈克尔·I. 汉德尔，《战略与情报》，伦敦：弗兰克·卡斯出版社，1989 年，第 199 页。

11. 在《战争期间的苏联军事情报机构》一书中，戴维·M. 格兰茨对其战时发展进行了有用（尽管不够全面）的调查。

---

① 译注：应为近卫步兵第6军。

12. Diversionary 这个词在苏联词典中的意思是"破坏"。

13. 对比的一方是苏军的白俄罗斯和利沃夫—桑多梅日战役，另一方是盟军在法国和低地国家遂行的战役。雅西—基什尼奥夫战役被剔除，尽管它在苏军所有进攻战役中执行得最完整，最迅速，代价也很低廉，但大量罗马尼亚军队的存在会导致对比发生偏差。

14. V.A. 马楚连科，《合围战役和战斗》，莫斯科：军事出版局，1983 年，第 5 页。作者强调指出，合围是"最具决定性的战斗行动方式"，对苏军来说，它"不是一种偶然现象……而是规则"（第 12 页）。

15. 同上，第 19 页。

16. M.M. 基里扬，《方面军进攻》，莫斯科：科学出版社，1987 年，第 130 页。

17. 除了关于伟大卫国战争诸次战役的每一部著作以大量章节讨论马斯基罗夫卡外，还有许多专门研究该主题的著作，例如：M.M. 基里扬主编，《伟大卫国战争进攻战役中的突然性》，莫斯科：科学出版社，1986 年；V.A. 马楚连科，《战役隐瞒：欺骗力量》，莫斯科：军事出版局，1975 年。很显然，苏军为完成这项任务投入了大量资源。相反，尽管英国人和美国人为战略欺骗付出了极大的努力和创造力，但在战役层面欺骗并未成为常规做法。关于美军在欧洲战区专用于欺骗行动的唯一一支小规模部队做出的战术性努力，可参阅乔纳森·高恩，《ETO 的幽灵：欧洲战区的美军战术欺骗部队，1944 年—1945 年》，英国纽伯里：凯斯梅特出版社，2002 年。

18. 必须指出，红军在战争第三阶段并不总是能赢得巨大的胜利。在永无止境的改善战术、战役理论和技能的过程中，红军继续遭遇逆转。实际上，1944 年—1945 年几乎所有取得成功的进攻战役，最初的努力都遭到失败或只取得部分成功，包括 1943 年 10 月—1944 年 4 月在白俄罗斯、1944 年 4 月—5 月在罗马尼亚、1944 年 7 月—8 月在波罗的海地区、1944 年 10 月在东普鲁士和匈牙利东部的进攻战役。这些艰难的战役为战争最后阶段的胜利做出了重大贡献。

19. 乔治·S. 巴顿在《我所知道的战争》（波士顿霍顿·米夫林出版社，1975 年版）一书中用两句话说明了他的想法。他写道（第 354 页）："战争是一件非常简单的事，决定性要素是自信、速度和大胆。"在解释他为何准备从圣纳泽尔到特鲁瓦（这段距离超过 500 千米）一路敞开集团军右翼时，巴顿指出（第 384 页）："这个决定基于这样一种想法，即德国人虽然兵力充裕，但没有足够的机动性发起快速打击，更具效力的第 19 战术空军司令部会发现任何一支庞大到足以给我们造成伤害的敌军，并能长时间压制对方，这足以使拥有出色机动性的美军部队介入。"巴顿展现出实施战役发展和机动的卓越能力，实际上是以整个第 3 集团军充当一支纵深发展梯队，此举于当年 9 月在摩泽尔达到高潮。不过，面对发生变化的情况，他的调整较为缓慢。事实证明，这一点对他突破齐格菲防线并前出到莱茵河的前景是致命的。

20. I.M. 阿南耶夫，《从伟大卫国战争的经验看进攻战役中的坦克集团军》，莫斯科：军事出版局，1988 年，第 412—413 页。

21. 艾森豪威尔与布拉德利之间的紧张关系 1945 年 1 月已经公开化了。出于合理的军事理由，盟军最高统帅为应对德国人的阿登反击战，将美国第 1 和第 9 集团军暂时交给蒙哥马利指挥。布拉德利将之视为一种耻辱，令他更加恼火的是　危机过去后，艾森豪威尔告诉他，第 9 集团军继续留在第 21 集团军群的作战控制下。愤怒的布拉德利以辞职相威胁。他以同样的方式对待盟国远征军最高统帅部的计划：以第 12 集团军群的几个师组建一股新的战区预备力量。上级晋升他为四星上将，以此奖励他的不忠，这才平息了布拉德利的怒火。参见卡洛·德斯特，《艾森豪威尔：盟军最高统帅》，伦敦：韦登菲尔德 & 尼克尔森出版社，2003 年，第 667—668、第 671 页。

22. D.K.R. 克罗斯韦尔，《参谋长：沃尔特·比德尔·史密斯将军的军旅生涯》，康涅狄格州韦斯特波特：格林伍德出版社，1991 年，第 306 页。

第五章
对未来的一些思考

虽然并不具备规范性，但通过四分之三个世纪前的这些战役可以吸取一些经验教训。这些经验教训关乎如何思考，而不是思考些什么。最基本的教训可能是关于联盟的能力和耐力的。作为政治—军事生物，一个联盟即便看似强大，它所能承担的和人们所能期望它完成的事情也非常有限。在北约，这一持久的真理往往被遗忘。该联盟通常被认为与旧联盟存在质的不同，因此，原先的规则并不适用。当然，对苏联入侵的共同恐惧过去往往使全然不同的国家联合起来，许多国家有着对立的历史和利益，甚至还有长期敌对的经历，例如希腊和土耳其。[1]后冷战时期，北约成员国明显有些志得意满，他们多次宣称北约是"历史上最成功的联盟"。但该组织从未经受过军事失利的考验，即便在指挥所演习和军事演习期间，现实场景和挑战也一直被避开，以免暴露出潜伏在表面之下的裂痕。该组织在极端情况下会作何表现，这一点不得而知，但苏联理论家们的答案是"表现得很糟糕"。幸运的是，对使用核武器的恐惧震慑了非常谨慎、保守、经济越来越停滞不前、政治上相当脆弱的苏联，使其未能对此事加以验证。随着苏联威胁的消除，北约失去了它最初存在的理由。就像一名苏军将领所说的那样，它从一堵砖墙变为一堆相互垒叠的砖块，原先曾把它们聚集在一起的"恐惧砂浆"，现在已萎缩且丧失黏性。1991—1999年的南斯拉夫内战期间，北约的应对显得优柔寡断、软弱、不团结，这充分暴露出其对目的和团结认识模糊。有鉴于此，美国（第一个遭受攻击的北约成员国）2001年并未援引条约第五条款寻求盟国的帮助。自2003年起，北约在阿富汗发挥的作用非常小（后来较大），事实证明，这种作用在那里相对无效，因为几乎没有北约成员国愿意付出更大的努力，而他们派出的支援力量大多受到"国家禁令"的限制——这些限制是关于如何使用他们的力量以及将之用于何处的。在当今世界，对北约期望过多可能不够明智，尽管俄罗斯恢复了对使用武装力量的偏好——正如其2014年3月合并克里米亚，之后又支持东乌克兰分离主义分子所证明的那样——或许足以使一个在军事和政治上奄奄一息的组织获得重生。但历史一再证明，条约只能限定当今而无法束缚未来：就连看似比第五条款所做的庄严承诺更加坚定的保证，也可能因为时代和环境的变化而大打折扣。[2]

与此同时，北约正丧失方向感和凝聚力，旧时的敌意在不知不觉间复苏。通过一种集体性一厢情愿的无知和对俄罗斯（20世纪90年代末，大多数北约成员国认为这个国家没什么力量，因而也不太重要）的不了解，该联盟恢复了它给莫斯科留下的错误印象：以美国为首的该联盟是对俄罗斯利益乃至其生存的一种霸权威胁。虽然在德国统一问题的谈判期间做出过准承诺，但1999年至2004年间，北约扩展至前华沙条约组织成员国，甚至波罗的海诸国，从而进入苏联领土。以美国为首的大多数盟国还呼吁北约和（或）欧盟进一步扩大到格鲁吉亚乃至乌克兰（前者的大部分公民的确支持这样做）。另外，这扇特殊的门一直半开着，以供一些国家将来进入。克里姆林宫认为西方国家这些举动并不是对民主的鼓励，而是侵入俄罗斯的势力范围，是策动颠覆俄罗斯政权的一场行动的初期步骤，甚至有可能是为破坏该国统一做的准备。西方联盟还竭力按照他们的喜好改造巴尔干地区，全然不顾俄罗斯的大声反对。然后，美国人又组建一个"意愿联盟"，在中东和阿富汗重复这一过程并使用武力实现"政权更迭"。这足以让有些偏执的俄国人相信，北约正在摆脱其防御性质。在莫斯科看来，这些事件与其说代表铁幕解除后的必然结果，毋宁说是将铁幕重新建立在更靠近家门口处。弗拉基米尔·普京成为总统后，打算消除感知到的西方威胁并恢复俄罗斯的力量、声望和影响力，他发现国内对此举的支持者越来越多。同样，通过重新确定对抗美国和欧盟的国家外交政策，例如与伊朗等国合作，或在叙利亚支持阿萨德总统，他获得了声望。俄罗斯的对抗情绪已经非常明显，然而当巴拉克·奥巴马总统试图"重启"美俄关系的努力遭到克里姆林宫的冷遇时，大多数美国人似乎对此感到惊讶和失望。

　　没有什么比这更像一场严重的危机，这场危机很可能导致战争，并使一个处在自满威胁下的联盟重整旗鼓。冷战期间，苏联或苏联指挥的几次行动提高了西方国家的危险意识，这方面的例子包括 1968 年华沙条约组织介入捷克斯洛伐克的改革、1979 年苏联入侵阿富汗，1981 年在波兰颁布戒严令。在每一次行动中，苏联人都在时机和行动方法上取得了极大的突然性。北约精心设计了一系列"标志和警告"，竭力避免在遭受进攻时猝不及防。随着时间的推移，军事技术似乎越来越有可能确保突然性成为陈年往事。自 1944 年—1945 年的重大战役以来的 70 年间，收集信息的方法已在多样性和复杂性方面发展到一个新水平，这对当年的实践者而言似乎是不可思议的。到目前为止，收集难以想象的大量数据的速度同样如此。现代世界的趋势是，将这种技术进步等同于一项几乎毫不犯错的情报工作或提供这种情报的机构。但是，想当然地认为高科技能够自动产生准确的情报并不可取，这充其量只是一种过于简单化、存有潜在威胁的做法，因为情报人员、他们的受众和他们的机构仍和以往一样容易犯错。

　　鉴别这些情报至关重要，它们也许真实准确且具相关性，也许不是，对他们的解释多多少少都会包含容易犯错的人类的主观性。在这个领域从事工作的人不可避免地存有自己的偏见，这种偏见会曲解他们的所见所闻。此外，他们还经常遇到另一个问题：无法将自己融入外国人的思维定式，后者的先入之见、价值观、思维方式和方法论与自己的完全不同。评估敌人的能力通常是一项具有挑战性和争议性的工作，但与推测敌人的愿望和意图（完全是两码事）相比显得苍白无力。即便情报人员准确评估这三者，他们还必须说服用户接受这些无法证实正确性的情报并据此采取行动。而用户们也有自己的偏见，他们更难理解外国人的观点，他们还承受着其他压力，使他们自觉或不自觉地倾向于一种也许与相关证据并不符合的思维方式。让情报用户们相信他们的想法和偏见存在缺陷，是个非常不可靠的行动指南，通常很难实现。最后，领导者和他们的顾问一样，倾向于接受群体思维，同意一种错误的共识，这种共识伴以时下流行的公认观点并压制个人的疑虑，在一定程度上是因为不这样做的话，声誉和职业生涯会为此付出过高的代价。危机发展、各个国家渐渐走向武装冲突时，关键性标志和警告往往被低估甚至忽视，这一点并不令人意外，因为对它们的理解非常含糊。

　　了解这些永恒的局限性有助于理解一个侵略者即便在现代也能频频成功达成

突然性——就像德国人 1941 年所做的那样——的原因。他们很清楚他们的预期受害者普遍抱有的期望和对开战标志与战争警告的依赖。他们会尽力隐瞒一些迹象并使另一些迹象看上去相互矛盾，或至少含糊不清，同时散布假消息，积极使用欺骗手段。因此，情报部门发出警告时，其政府可能会抓住矛盾或负面证据，以此证明应当避免鲁莽的反应。已发生多次虚假警报时尤是如此，例如阿拉伯人 1973 年 10 月终于对以色列发动进攻，之前他们数次取消行动，因为以色列人根据准确的情报预测及时做出了反制措施。政治家们非常清楚国内动员的政治和经济成本，对国际影响也小心谨慎，在某些情况下，他们被要求避免挑起战争的危险。与此同时，情报人员担心自己在发布了明显错误的警告后会被视为谎报军情，因而会淡化警告或做出些模棱两可的报告。最近一个例子发生在 1990 年，萨达姆·侯赛因入侵科威特，但政治家和他们的顾问都没能准确解释相关证据。直到入侵发起前 20 个小时，美国中央情报局仍将伊拉克军队的调动视为虚张声势，待他们发出迟到的警告时，乔治·布什总统对此并不相信。伊拉克发动入侵后，情报部门又走向另一个极端，虽然没有任何有力证据，但中情局却警告，伊拉克可能会立即入侵沙特阿拉伯。[3] 历史经验表明，警告时间和准备时间很少相互重叠：前者是历史学家们充分利用后见之明，认为应该在当时确认并利用的东西；而后者是在一个政府终于承认危险真实存在，并下令实施经常姗姗来迟的军事准备后，实际给予指挥官们的时间。[4]

伴随这个判断问题的往往是情报人员倾向于告诉顾客他们想听到的东西。尽管中情局没有可靠证据，但局长乔治·特内特却在 2002 年 12 月告诉他的总司令，伊拉克拥有大规模杀伤性武器（并支持基地恐怖组织）是"铁证如山"的。此后不久，国务卿科林·鲍威尔在联合国向全世界陈述中情局掌握的关于大规模杀伤性武器的情况，就这个问题，英国联合情报委员会主席约翰·斯卡利特通过了一份"不可靠档案"，默认了英国政府希望发表的欺骗性政治杜撰。不久之后，斯卡利特被任命为秘密情报局负责人并获得了爵位。[5] 在战役和战略层面，指挥官、官员和政治顾问们身上一直存在一种倾向，他们倾听他们想听的东西，拒绝接受不符合他们直觉、偏见和愿望的内容。这就加剧了情报人员取悦他们的欲望，他们和他们的上司往往无法把握问题的本质。军队倾向于屈从陈规旧习的诱惑，而且在时间上，陈规旧习能产生神话。这会导致错误的期望，使计划和行动基于错误的假设展开，从而导致失败。

　　历史上不乏先例。德国人一直没能掌握红军实力的真实情况并跟上对方不断演变的战役法，这使他们一再遭遇败绩。多年来，美国陆军和中央情报局提出统计"证据"，称对越南南方民族解放阵线和越南民主共和国实施的消耗策略赢得了越南战争。1973 年，埃及人渡过苏伊士运河发起的进攻令以色列人和美国情报机构猝不及防，以色列国防军严重低估埃及军队，结果在初期遭受到失败。1999 年，北约空军声称，在对科索沃实施的空袭中，共击毁 246 辆战车和 389 门火炮，但后来发现实际数字是 26 辆坦克和 20 门火炮。[6]北约陷入当年纳粹德国和后来各交战国落入过的同一陷阱——低估敌人。南斯拉夫人使用众所周知、大多较为简单的技术欺骗傲慢且过于自信的敌人。2003 年在伊拉克，美国陆军及其政治领袖们以非常缓慢的速度认识到，他们正引发一场动乱，这将断送他们为所谓的"反恐战争"制定的策略。[7]英国人和美国人都没有理解，他们在伊拉克和阿富汗从事的战争，性质不断发生变化，待他们明白这一点已为时过晚。在这些战争中，美国人最初依靠大规模火力，而不是设法赢得民众的认可，发生在那里的冲突，真正的目标应该是确保民众的支持。英国人也表现出对激战的偏好，或坚持从 60 年前的马来亚独立运动中吸取教训——这些教训在当下并不适用。[8]长期以来，情报机关误判形势、低估敌人并支持指挥官们"他们的作战理念正在生效"的说法。情报部门要想获得成功，首先需要具备理解力和客观性，以及向政治和军事领导人说出他们也许不希望听到的内容的勇气。这些品质在今天和过去同样罕见。

　　那些越来越遥远的战役的另一个教训是，寻找然后灌输、实施战役和战术学说相当重要，当然，这些学说必须符合当代战争、现代技术，更重要的是当代政治和心理等条件。不这样做的话，会导致相关行动误入歧途，充其量只能取得非决定性成果。这种失败的一个主要例子是越南战争。十余年间，美国陆军介入越南，先是以"顾问"身份行事，随后便接管战争，鼎盛时期投入的兵力超过 50 万。美军坚持以传统方式看待这场冲突，试图运用优势火力，通过"搜索并消灭"行动消耗敌人。一些南越军官和美国海军陆战队人员呼吁采取更细致的措施却一再遭到蛮横的否决，陆军不希望既定的消耗策略遭到破坏。随着军队士气日趋下降，加之美国选民们越来越反对这场战争，美国最终不得不退出越南。军方没能认清并接受其理论学说和原则的不足并及时做出改变以避免失败。对这场失败的战后反思是武断的，美军断然放弃了类似的行动，停止对这方面的研究，仅仅为那种传统的"战术性"核战争做准备，这种战争类型令他们感到舒适。另外，军方将重点集中于作战的战术层面。他们非常成功地教会那些军官如何从事战斗，而不是考虑更大的战役或战争背景，特别是其政治—战略背景和政治—军事交界面。[9]这些限制会给 21 世纪初期的行动造成妨碍。

随着冷战的结束，以及过去半个世纪中为人熟悉的两极世界的告终，理论学说应该做出改变。苏联的威胁消除时，适逢联军赢得1991年第一次海湾战争的胜利，这场战争不仅表明在可预见的未来欧洲爆发重大冲突的可能性已结束，还说明美国，一定程度上也包括一些北约国家，在常规战争中已没有"竞争对手"。一时间，这似乎为自由干涉主义旗帜下一项开明而又激进的西方外交政策提供了可能性。正如托尼·布莱尔首相认为的那样，美国人和英国人领导的"意愿联盟"将结束某些国家实施的大规模侵犯人权行为。1993 年的索马里人道主义灾难、1994 年的卢旺达种族灭绝事件、1995 年的斯雷布雷尼察大屠杀、1999 年塞尔维亚人企图在科索沃实施的"种族清洗"，促使"保护责任"理论应运而生。也就是说，无论联合国批准与否都可以采取军事干预，然而此举违反了《联合国宪章》第二条第七款。战争不再是防御性行为，不再是最后的措施，也不再是执行联合国决议的手段；相反，它将成为华盛顿和伦敦将其价值观强加给其他国家的手段。更犬儒主义的国家对"保护责任"的解释是，某些西方国家政府只有在政治上希望这样做时才会承认国际规则和国际法，国家利益主宰其他一切时则完全忽略这些规则和法律。

因此，美国和英国军队需要重新集中于前者所说的"非战争行动"和后者倡导的"维持和平或强制和平行动"。"9·11 事件"后不久，这些概念中又加入了"全球反恐战争"名义下的军事努力——这个可疑的概念未能区分"恐怖主义"团体和传统军事团体，因而无法在新威胁与正常的历史冲突间做出区分。21 世纪头十年的各种干预措施中，在伊拉克和阿富汗采取的行动最为重要。这些行动的目的远远超出表面目标，即消灭恐怖分子及其基地。实际上，在意识形态驱使下，这些行动意图将一种代表特定社会和政治秩序的新保守主义愿景强加给这些国家并希望另一些国家会跟从。天真的政治和军事领导者认为这种从外部重新构建秩序的行为会获得所有"被解放"民众的欢迎。

可是，发动入侵后，遭遇的抵抗迅速增加。长期以来，战事不断延长被误以为是前政权残余人员或他们的外国恐怖主义支持者所为。联军对此的处理是不分青红皂白地使用火力和大规模镇压（对阿布格莱布监狱中囚犯的虐待具有代表性）。事实上，战术并没有为适应战略目标做出改变。正如过去经常发生的那样，政治和军事领导者将赢得战术性战斗与赢得战争（在干预情况下，更准确地说是实现政策规定的目标）相混淆。[10] 导致问题更加复杂的是，人们所期望的战略目标，永远无法在一开始加以充分定义，总是不断发生变化。不出所料，随着相当一批并不领情的伊拉克和阿富汗民众投身战斗以驱逐那些试图将外来观念强加给传统社会的异教徒，维持和平和反恐怖主义很快演变为全面镇压行动。由于西方干涉主义者不了解当地文化和政治，宁愿通过带有偏见的扭曲棱镜解释这些问题，他们在很大程度上缺乏做出优秀决策所需要的客观情报。而糟糕的决策又加剧了他们的问题。失败的阴影隐约出现时，适合这些"人民战争"的新理论总是姗姗来迟。即便如此，这些新理论有时候也是以半心半意或不一致的方式执行。另外，干涉主义者们发现，这种人力密集型的小规模战争仍需要他们已不再拥有的大规模军队。为支持合法性存有疑问的事业而实施了十余年的军事激进主义后，政治失败是必然的，传统的战争学说和训练全然无效。[11]

第二次世界大战和之后的无数次"小规模战争"及军事行动，强调了另一个千古不变的真理，在一个资源有限的时代，这个真理甚至越来越明显：无论一个联盟是否在政治上具有必要性，其军事部分的总和必然会小于建议的全部。指挥官必须时刻牢记，他的军队并非一个统一体。派遣这些军队的政府，其动机、目标、热情度和对风险的容忍度各不相同。每支军队的学说、编制、装备和训练水平都有所不同，因此，战斗力也存在差异。指挥这些军队的军官，受教育程度、经验和能力同样千差万别。所以，一个多国集团军或军无法（至少要到成军很久后）像一支本国兵团那样形成某种顺当的工作团队，这个问题在现代世界只会加剧，因为各国军事通信、信息技术系统和无处不在的国家媒体间的兼容性有限。就好比一支足球队，球员固然优秀，但他们倾向于个人发挥，对队友的长处和短处缺乏认识，自然也就谈不上配合。战争中，即便是运转最流畅的团队，执行计划时也会发生摩擦冲突，这是个非常严重的缺点。寻找最佳组合不仅困难、令人沮丧，而且很耗时间。多国部队在维持和平和反叛乱行动中的经历加强了这种怀疑并带来不祥之兆：他们是否有能力应对常规或混合战争中典型的动态、快速发展的行动？另外，每个盟友的承诺可能会随着时间的推移而发生变化。失败通常会瓦解一个联盟，往往还很快，就像1940年西线盟军和1943年—1944年轴心国发生的状况。胜利几乎同失败一样具有腐蚀性。将领们越来越看重伴随胜利而来的声望，这种趋势会破坏盟国间的合作，就像1944年西线发生的情况。甚至可能在本国军队内造成影响，美国人1945年的经历是个很好的例子。同时，各国的政策越来越集中于在战后世界占据有利地位，因而有可能同盟友争夺权力和影响力。

第一次世界大战结束后的20年间，英国对先前从事的那场战争的幻灭感激增。无论是在英国还是在美国，参加另一场大规模战争的可能性似乎遥远得令人无法相信，军费开支也被大幅削减。英国和美国军队返回战前的"舒适区"，思考，准备，偶尔执行专横的警察任务。他们没有获得资源，无法发展新技术，特别是经历了20世纪30年代初漫长的经济危机后。令人无法原谅的是，他们几乎没有想过从概念上探索技术变革给战争性质带来的变化。这种变化使德国军事力量和复仇主义复活，继而促成英美军队一场姗姗来迟的复苏。

两次世界大战之间这段时期与冷战结束后的四分之一个世纪存在明显的相似之处。胜利者越来越认为爆发大规模战争的可能性微乎其微。21世纪头十年，西方国家幻想着资本主义的自由民主理念必然赢得全面胜利，并且产生了"历史终结"的观念，传统的关于战争的想法变得毫无理性，甚至无法想象。相应地，军费开支被缩减，21世纪初期的经济危机加剧了这种趋势，这是自20世纪30年代以来最严重、最普遍的萧条。遵循政治思想的主要潮流，新的政治指导将美国和英国的军事研究及发展日益引入冲突频谱的各个方面，而这种冲突与大规模传统战争（或核战争）相去甚远。规模有限的、远征性的维和行动和反恐行动提出了新的要求，现代军队的组织、装备和训练都随之做出了调整。但两个战后世界都不稳定，特别是当理论家们认为他们可以通过使用武力重建世界秩序的时候。前一个时期他们是法西斯分子，而后一个时期他们大多是右翼分子，是另一种经济和政治模式的支持者，据说这种模式就如同法西斯主义那样，受到对现状不满的民众的普遍欢迎。他们的狂妄自大中夹杂有政治短视和以武力改善世界的天真愿望，在"政治正确性"的主导下本来就很难被识别出来，更不必说当民众面临着虽然并不直接但却真实存在的威胁的时候了。

时至2013年，即便"选择性战争"时期已在厌倦和幻灭的情绪中结束了——对叙利亚内战、伊拉克内战、阿富汗战争和非洲局部冲突的态度证明这一点——但是下降的政治决心实际上使得"必要的战争"更具可能性。如果俄罗斯想要恢复苏联时代的国境而又没有遭到遏止的话，北约就有可能被迫投入这样一场战争。倘若不对一个成员国（例如某个波罗的海国家）遭受的直接或间接侵略做出有效应对，联盟就会遭到破坏。北约这样一个迥然不同的国家组成的群体似乎不太可能做出充分的回应，他们的行动需要以达成共识为基础，但这么多成员国显然缺乏政治决心。虽然在过去十年和更多时候经常加以宣布，但国际战争的时代并未结束。另外，21世纪初期的干涉战争，比如伊拉克战争 [12]，已经为一些热点地区重开了通往动乱之门，殖民列强任意划定边界的行为早在第一次世界大战后就遭人痛恨。

　　国内冲突容易且经常蔓延过国界，它是对和平更直接、更广泛的威胁，对西方大国的切身利益至关重要的地区也是如此。涉及权力和资源分配的传统内战，因民族、种族或宗教问题而变得日趋复杂。变化会导致进一步的变化，而且速度和力度会不断加大，在一个技术革命和全球化的时代，这一点比以往更加真实。美国影响力的衰退，以及经济和意识形态力量（随之而来的是军事力量）扩散带来的多极化趋势，会鼓励冲突的传播。

　　西方国家该如何应对这些挑战，从而在他们拥有大量利益处建立秩序？公众厌恶军事冒险，所以他们肯定会受到限制，特别是在这些冒险看似无休无止时。与 20 世纪上半叶的战争相比，这些军事行动付出的血的代价很小，但由于缺乏明确存在的威胁，当代西方社会对伤亡的容忍度非常低。另外，由于全球化的影响，现代反抗军的斗争手段不再局限于在其祖国作战。他们可以将斗争扩展至遥远的异国他乡，对敌人施加政治压力，在压迫者最敏感处对其施以惩罚。因此，极端主义者既可能出现在巴格达或班加西，也可能出现在伦敦或纽约，恐怖分子的报复威胁对当代西方政治产生了深远影响。这个时代的特征还包括 24 小时新闻周期、国家自私自利、民众希望自己的愿望及时得到满足、社会极度依靠舆论导向，因此各个政府很难接受持久战争。如果不能速战速决并避免本土被报复，谋求连任的政府通常会避免采取军事行动。政治领导人是否具有及时确认威胁并为应对威胁展现出必要决心的远见？如果他们有强烈的意愿，那么他们能否让民众跟随他们？——毕竟光是威慑行动，经济、社会和军事成本就已经很高昂了，更不必说实际冲突了。历史并不令人鼓舞，近期的经历也没有表明西方国家变得更具远见或更加精明。另外，他们显然无法坚持从事旷日持久的冲突，每一个潜在的对手都对此心知肚明，而后者具有强大的意志并做好了承受沉重伤亡的准备，这似乎足以赢得胜利。

与普遍的希望和期盼相反，欧洲并未进入后现代时期——在这样一个时期，使用武力改变边境线是不可思议的。2014年3月，急于遏止北约和欧盟向其后院进一步扩张的俄罗斯牢牢控制了克里米亚，紧随其后的是支持乌克兰东部的武装分子并向另一些拥有俄罗斯族人的国家发出含蓄的警告。[13]（这不免让人想起纳粹德国对居住在周边国家的德意志人的利用）直到"顿涅茨克人民共和国"宣布独立一年后的2015年4月，虽然西方国家对分裂主义者和俄匪的行动越来越愤怒，但做出的回应依然较为平静。表面上看，西方国家做出了很丰富的姿态，不但发表相关讲话和文章谴责俄罗斯人采取的行动，还威胁说倘若俄罗斯不遵循西方国家的规范就将施加惩罚，要是俄罗斯不遵守近期的条约义务和更普遍的国际法，那后果会更严重。他们对俄罗斯实施了一些政治和经济制裁，但这些措施的力度有限，这么做是为了不让实施制裁的国家感到太大的不适，同时也避免刺激俄罗斯采取更加过分的行动。除了经济制裁，他们还计划在东欧的北约国家展开示威性军事部署和演习，但他们没有立即承诺增加国防开支或在北约东部成员国实施威慑性部署以表明自己的决心。[14]恰恰相反，与冷战时期不同，许多迹象表明，北约与欧盟对待俄罗斯的态度并不一致，因而他们在当俄罗斯恢复自信时该做出什么反应这个问题上也存在分歧。实际上，俄罗斯认为，乌克兰在未来至少应该成为俄罗斯的卫星国，这关乎莫斯科的核心利益，这个立场必须予以确定，然而西方国家对此似乎没有太多认识。这是一种典型的西方式误判，反应迟钝、对现状认识不清，并且会削弱反应。最终，它很容易导致无效威慑，从而引发冲突。

从历史上看，西方国家在预测方面的表现不佳，甚至遭遇与生存相关的危机时亦是如此，更不必说遇到较小的危机的时候了。反过来，政治上的犹豫不决和短视往往导致西方国家的军事力量对将要面对的挑战缺乏准备。他们向来表现糟糕，下一次他们能做得更好吗？战争变得更加复杂时，这个问题会愈发尖锐。十九世纪时英国和美国的军队面临的任务非常简单。拥有现代化武器的小股力量就能击败哪怕更加训练有素但装备落后的大股敌军，正如希莱尔·贝洛克简洁有力地指出的那样："不管怎么说，我们有马克沁机枪，他们没有。"他们的行动通常也在良好的政治环境下进行，国内舆论几乎都支持他们。两场世界大战，特别是第二次世界大战，在很大程度上出现了无法预料的问题，其新颖性和复杂性与英布战争完全不同。虽说他们的应对比他们的大多数敌人或盟友预期的更为成功，但不可否认，胜利主要归功于优越的工业力量，他们没能弥补或纠正理论学说方面的缺陷和错误，指挥水准也参差不齐。这些缺点往往在胜利的喜悦中被忽略，在接下来的几十年里持续存在。冷战结束时，技术已再次改变战争。掌握先进技术的军事力量，与20世纪80年代水平的军队之间的战斗变得毫无对等性可言，就像1991年的海湾战争和1999年的科索沃战争一样。理论学说在很大程度上简化为如何最有效地运用压倒性火力的问题。受到轻而易举的胜利的鼓舞，美国的新保守主义者和他们的英国盟友一致赞成，将战争作为外交的主要手段，这种手段可用于改造其他社会，使之符合美国的社会经济和政治准则。但他们发现事与愿违，军事力量并非不可抗拒的手段。伊拉克人和阿富汗人没有按照美国的方式从事战斗，而是展开了旷日持久的斗争，主要目的是让美国及其盟友的公众舆论相信，他们挫败了强大的干涉主义者的企图。美国、英国政府和他们的军队没能及时发现现代游击战造成的问题并找出相应的解决方案。[15]事实证明，制空权、无可匹敌的装甲部队和空中机动性、无与伦比的制造死亡和破坏能力——40年前他们在越南也拥有这些——可以用来赢得战术性胜利，但没能使他们成为战争胜利者。传统的反游击强调的是保护居民并改善他们的生活，但美英采用得过晚，而且对所涉及的社会和随之而来的西方国家"灵丹妙药"的使用缺乏了解，加之短期主义盛行、策略频频更改，与当地人搞"亲善"的做法全然无效。

今天的美国和英国军队面临着艰巨的挑战，他们必须弄清要为何种战争做好准备以及该如何从事这种战争。他们处在一个资源有限的时代，这种限制不仅仅作用于武器装备，更作用于人员。愿意作为军人献出生命的年轻人是战斗的基础燃料。由于没有一个明确、显而易见、普遍认同的现实目标，西方社会现在对消耗这种燃料展现出一种前所未有的不情愿，哪怕消耗率较低。[16]何种冲突类型必须予以优先考虑？由于在伊拉克和阿富汗的经历并不令人满意，西方国家很可能已受够了类似的行动。出于本能，他们也许会退出"人民战争"。当地的情形往往比宏观情况更加重要，涉及复杂的社会政治因素，而干涉主义者们对此只有模糊的认识。高度发达的军队从事杀戮和破坏的能力也许无与伦比，但事实再次证明，杀戮和破坏只能制造出比他们消灭的"恐怖分子"更多的敌人，根本打击不到敌人的重心，这种重心永无定势，且（或）不断发生变化。

当前和不远的将来，最困难的挑战是混合战。从越南战争回溯到美国独立战争及之前，以往大多数战争都能见到常规战与游击战（包括现在所谓的"恐怖活动"）在同一场战役中的有效结合，非正规部队在敌后实施骚扰，以此削弱对方主力的交战能力。另一个悠久的传统是加大外交、经济投入和压力以改变战场上的力量对比，但是混合战更为全面、有效。这种斗争不仅在冲突地区变得更广泛，更难以界定，而且还延伸到外围地区和未受影响的其他地域。西方国家和社会的性质，特别是其复杂性，使他们更容易受到经济和政治武器的伤害，例如金融及其他系统的剥削和颠覆，精英的贪腐和操纵，以及最重要的网络攻击。五花八门的现代通信手段提高了信息战的重要性，控制了信息就能控制国内目标受众、敌人和更广泛的国际社会的观念。在一些（但非全部）上述领域，竞争会长期存在。混合战中，在数个选定地区的行动总是根据一项总体计划协调进行，以此实现协同效应。新手段无疑会加入其中（倘若还没有采用的话），例如控制有组织犯罪以实现政治和经济目的，或者操纵当地生态（激发局部厄尔尼诺现象或风暴）。因此，"战场"变得无处不在，没有边界可循，军事行动也许只会在实现决定性目标的努力中发挥相对较小的作用；电脑病毒、网络浏览器、金融衍生品可能会证明，它们比军事力量更能让敌人屈服，推特、脸书或其继任者将在争取忠诚的竞争中唱主角。[17]实际上，难以界定的不仅仅是冲突地区，还包括冲突的持续时间。非动力"行动"可能在武力冲突前便已开始（也许是在很久前），而达成停火或和平协议后，这种"行动"也许仍将继续。战争与和平间的区别会变得模糊，甚至消失，就像平民与军人、罪犯与执法者的区别那样。这个过程显然已在进行中，冲突的变化导致了战线和对手的轮廓模糊不清，人们不得不对战争使用新的描述，混合战也有了新的内涵。

在一位重要的俄罗斯相关人员看来，"'战争规则'已发生变化，实现政治和战略目标的非军事手段的作用不断加大，在许多情况下，其效力甚至已超过军事手段。"[18]新的战争概念呼唤新的原则，两位早期理论家所说的"超限战"，为有效延伸至无穷大、涵盖多种环境的新作战空间提出了八项原则。"全向度"是对与冲突有关的各种因素的把握，以及所有军事和非军事资源的整合，这将有助于实现目标。"共时性"要求利用敌人的一切弱点，在同一时间段发起突然袭击并达成协同效应。"有限目标"指的是现有手段能够实现，而非力所不及的目标，换句话说就是现实性。"无限手段"意味着使用一切可用手段，只要它们不会适得其反（就这一点而言主要是指动用核武器）。"非均衡"的要求是，不能采用能让敌人利用其优势的方法，而应选择迫使敌人暴露其弱点的办法。这需要正确判别敌人的重心并采用精心计算过的方法来实现最大的心理震撼效应。"最小耗费"要求根据选定的作战样式，以实现目标为前提，合理并最恰当地分配资源。"多维协同"指的是在不同领域展开行动的不同力量（军事和非军事）实施的协调与合作——包括从政策到战术各个层面环环相扣的组合行动，实现一个具体目标。"全程调控"承认没有哪个计划能与敌情始终相符，因为超限战意味着在一个基本陌生的作战空间的多个领域展开的行动，要保持主动权就必须不断监视、调整、控制多个行动。[19]"超限战"的最终目标不仅仅是在战斗中赢得胜利，还要打垮敌人的意志，这一点很可能通过制造政治方面的刺激甚至社会崩溃以对其国家的合法性及生存能力造成破坏来加以实现。理想情况是，为实现目标选择的途径应当令敌人难以预料，甚至应该做到令敌人难以明确识别作战对象，似是而非的否认往往会妨碍敌人为采取反制措施而召集国内和国际支持的尝试。

　　这种包罗万象的战争方式，对弱势一方具有特别的吸引力，与主要对手相比，他们在纯粹的军事力量方面实力较弱，甚至在软实力的许多方面同样如此，但他们认为自己在另一些竞争领域拥有相对优势。可能的话，他们会设法将行动的性质、目的和合法性模糊化，从而阻碍并推迟敌人做出反应。"在今天的对抗中，战斗和维持和平密不可分。它们彼此融合，一方的实施决定另一方的胜利。"[20]人道主义或维和行动可以作为掩盖潜在目标的绝佳手段，但如果伪失效，战争也许就会到来。此时，军事上较弱的一方会设法用自己的劣势来抵消对方的火力优势。例如，美国和英国的核能力在与无核敌人的战争中根本派不上用场，同样，先进的武器系统无法用于抗击敌人的颠覆或电脑黑客的攻击企图，打击恐怖分子时也发挥不了太大用处，更不必说打击犯罪集团了。实际上，大部分斗争可能是以非军事手段进行的，而投入武装力量时，牵涉的也许不是正规军，而是民兵、叛乱分子、私营军事公司（现代西方国家对雇佣兵的委婉说法）和其他或多或少可予以否认的代理人。渲染战士的确切身份及其指挥控制体系的不透明，会给西方国家政府造成反制方面的困难，因为他们必须考虑法律问题和选民们的看法。理想情况下，战斗将限制在复杂地形，先进武器在那里无法发挥效用。城市是理想的战场，不仅因为那里地形复杂，更因为那里无法轻易阻止新闻媒体看见更具媒体意识的一方希望传达的信息。另外，模棱两可的战争不必持续进行，它可以是一场历时数年的断断续续的努力，若有必要（就像在苏联的"冻结冲突"地区），可以根据敌人的力量和决心来实施战争行动。可以各个领域交替进攻，速度时快时慢，其间穿插缓和期，以此混淆、迷惑敌人并隐蔽己方目标。

俄罗斯和伊朗等国家显然擅长利用模棱两可的战争。例如，2007年俄罗斯对爱沙尼亚发起了大规模网络攻击。2015年4月，本章写作时，俄罗斯正在乌克兰使用其所有技术。[21] 不过，这种战争不是国家权力的专属工具，非国家行为者也可以参与其中，本章写作时他们正在中东证明这一点。[22] 事实上，从那里开始，中东地区似乎已进入一个新的革命性时代，无论愿意与否，世界上大部分其他地区将卷入由此产生的冲突。一些国家和组织通过精心策划的混合手段，利用普遍的政治愚昧、软弱、不团结和不情愿，制造出令人难以接受的局面，这种局面在后冷战时代影响到北约、欧盟和它们的大多数成员国。道德上的不透明和旷日持久的冲突（不知道何时结束或对此含糊其词），通常对西方国家来说是难以接受的。他们试图在制定并实施长期计划时给他们的军人提出具体问题；他们受制于这个时代变化的道德和政治偏见，以及选举人的情绪波动和经济形势的恶化，更不必说联盟达成或破坏约定的变幻莫测了。在不可预知的将来，西方国家或许有可能再次面对一个技术上对等，或者说近似对等的对手，就像1939年—1941年的德国国防军或1944年—1945年的苏联红军，到那时，战争方法论会再次遇到突然出现的挑战。核武器继续扩散到更多国家，在意识形态或末世论的作用下，本来已经空前复杂的世界会增添更多的不确定因素。

考虑西方国家的回应时，有必要重申前言提及的克劳塞维茨的观点："政治家和统帅首先应当做出最具决定意义的判断……正确认识他们所从事战争的类型。"他们在这方面的失败经常导致其国家付出鲜血、财富和影响力的代价。克劳塞维茨还指出："战争是充满不确实性的领域。战争行动所依据的情况，有四分之三好象隐藏在云雾里似的，或多或少是不确实的。因此，需要敏锐、有鉴别力的判断，以及熟练的情报工作来辨明真相。"[23] 也许，带着傲慢的错误和过去十余年的幻想，以及它们仍让人记忆犹新的后果，下一代政治和军事高级领导人会更多地展示出这种可取的"敏锐、有鉴别力的判断"。更加谦逊，更加谨慎，更希望表现出色，但也为最糟糕的情况做好准备，这样，他们就能更好地为国效力。如果各国政府认识到军队是破坏工具，无法建设国家或改良社会，而将领们也能控制他们不切实际的期望，这对政治和军事领导人来说都是好事。简言之，民事和军事首领应避免做出错误的选择，妄想寻求一场短暂、成功、在政治方面能获得回报的战争。[24]

当然，各个国家及其军队并不总是能对他们卷入的战争加以选择。他们很可能面临的是他们并不想投入的战争。因为各种潜在之敌的威胁，他们不可避免地会面临各种类型的冲突。因此，他们必须尽可能做好准备以应对各种各样的军事行动。面对多变的当代和可预见的未来发生战争的可能性，西方国家的军队是否能培养起适当的能力？他们能否满足装备、组织和训练的要求？正如历史清楚表明的那样，仅仅依靠最先进的技术装备（这是美国人的长处）无法保证出色的军事表现。

倍受尊敬的军事历史学家迈克尔·霍华德近期确认了现代世界各国军队面临的基本问题："无论一个人的想法多么清晰，都不可能准确预测未来冲突的特征。关键是不要离题万里，以免该特征暴露出来后无法做出调整。"[25] 大多数军队会在战争开始时犯错，特别是经历了长时期和平后。那些希望历史重演，指望以旧答案解决新问题的人注定会失望；那些试图确立基本原则并从中推导出理论，进而形成新的行动样式和方法的人同样也会失望。不管失算的是哪一方，谁能更快地适应新的陌生的环境并从错误中吸取教训，谁就有可能获得决定性优势。因此，到目前为止最重要的问题不是物资是否充足或组织是否完备，而是军队是否具有精神和心理灵活性，能够迅速调整以适应正在进行中的突变战争。适当的学说对赢得胜利至关重要。例如，文化意识变得与技术同样重要。现在，在虚拟维度实施机动的能力的重要性与战场上的机动能力不相上下。抱有传统思想的军官团能应对这些和其他诸多问题吗？胜利将取决于能否接受符合 21 世纪各种挑战的战役法及指挥概念。

迅速适应并有效改造其学说、训练和组织的军队会成为学习机构。他们将获得一种指挥文化和避免或克服系统性陷阱的能力，这些系统性缺陷包括惯性、思想上不愿接受不受欢迎的情报、将公认观点和群体思维奉若神明、奖励过度顺从和避免冒险的晋升制度。意识和适应的灵活性是成功的关键，这要求严格审核但并不信奉旧思维，同时寻找、测试目前看似奇怪的新思想并就其达成一致。在未来，美国和英国会出现这样的军队吗？

注释：

1. 在这方面，北约至少比另一些为遏制苏联而成立的地区性集团（例如中央条约组织和东南亚条约组织）更加成功，由于缺乏共同利益，在离心力的驱使下，这些集团很快便土崩瓦解。

2. 第五条款指出："对一个或数个缔约国之武装攻击……应视为对缔约国全体之攻击，因此，缔约国同意，如此种武装攻击发生，每一缔约国……应单独并会同其他缔约国采取视为必要之行动，包括使用武力，协助被攻击之一国或数国以恢复并维持北大西洋区域之安全。"显然，第五条款只是保证缔约国采取各自认为必要的行动，远非自动触发武力应对。如果入侵是间接的或模棱两可的，正如混合战争中经常发生的那样，不愿采取行动的联盟成员国就有了借口，他们所做的仅仅表示反对而已。

3. 蒂姆·韦纳，《灰烬的遗产：中情局史》，纽约：双日出版社，2007 年，第 426—427 页。

4. 参见 C.J. 迪克，《令北约猝不及防：苏军的突袭和欺骗技术》，刊登于《国际防御评论》，1986 年第 19 期。

5.2003 年危机之前，中央情报局和英国情报机构实际上一直认为萨达姆·侯赛因敌视基地组织，不太相信他仍在获取并贮存大规模杀伤性武器的说法。但美国和英国领导人都已决心入侵伊拉克，他们需要开战借口。因此，他们明确表示欢迎关于大规模杀伤性武器的情报。

6.J.J. 沃克，《北约否认其在巴尔干地区的轰炸》，刊登于《航空周与太空技术》，1999 年（9 月）第 12 期，第 151 页。看来，正如德国人对敌人的仇恨使他们被苏军的马斯基罗夫卡欺骗那样，北约也无法想象他们在拥有尖端的侦察和目标获取手段的情况下会被落后的塞尔维亚人欺骗。

7. 这方面的例子可参阅托马斯·E. 里克斯，《惨败：美国在伊拉克的军事冒险》，伦敦：艾伦·莱恩出版社，2006 年，第二部分。伊拉克人的抵抗是个典型的例子，说明情报人员，甚至指挥官和政治领导人并不了解对手的想法。敌对行为被归因于"旧政权残余势力"的顽抗或"外国武装分子"的干涉，任何解释都是让美国人及其盟友避免面对这样一个事实：他们是侵略者，而且越来越受到憎恨。抵抗分子旨在挑起盟军的激烈回应，导致暴力升级，从而向民众证明，他们应该全力使自己的国家摆脱这些令人憎恨的异教徒和邪恶的占领者。美国人适得其反的应对（包括阿布格莱布监狱的暴行）正中敌人下怀。

8. 鲁珀特·史密斯爵士在他深思熟虑的著作《武力的效用：现代世界的战争艺术》中研究了武装力量在现代世界可以做些什么，更重要的是，无法做到什么。他在前言中描述了他所说的"人民战争"，在第三部分研究当代趋势并得出结论。

9. 美国陆军于 1983 年设立了高级军事研究学院，意图通过培养越来越多具有适应性的指挥官来弥补这一缺陷，他们能在战略和战役层面展开严谨思考，从而解决复杂而又含糊的问题。该学院培养了一些令人印象深刻的校友，但他们的数量并不足以让整个军队迅速调整理论、组织与战法以适应伊拉克战争、阿富汗战争这样的新形态战争。

10. 导致这个问题的很大一部分原因是政治和军事领导者不能或不愿满足克劳塞维茨的第一个战略要求："首先，政治家和统帅必须做出最深远的判断……对他们所从事的战争，既不能将其弄错，也不应该把它变成与其性质相异的东西。"卡尔·冯·克劳塞维茨著，迈克尔·霍华德、波得·帕雷特译，《战争论》，新泽西州普林斯顿：普林斯顿大学出版社，1976 年，第 88—89 页。

11. 美国似乎将恐怖主义的挑战视为军事问题，没有认识到它首先是个政治问题，其次才是个需要军事投入的执法问题。美国人创造了"反恐战争"这个词，好像真有可能摧毁一个由抽象名词描述的、弱者在与强者发生冲突时所使用的技术似的。但恐怖分子的重心在哪里？将之占领或消灭真能消除威胁吗？这当然不是一个地理基地，也不是交通线，甚至不是领导机构：占领阿富汗并未摧毁基地组织，事实证明，塔利班、真主党和基地组织就是现实版的九头蛇。你无法仅凭武力赢得反恐战争，你最多只能以药物赢得对疾病的战争。对这个或那个群体（或感染），你可以赢得战术上的胜利，但赢得军事胜利纯属妄想。实际上，过度和（或）滥用武力通常起到适得其反的作用，它会使受害者团结起来反抗干涉主义者，为恐怖分子提供更多新兵和支持，最终导致西方国家的民众和国际舆论齐声反对这场斗争。当然，军队扮演武装传教士，将一种新的社会政治秩序强加给具有悠久的抵抗外来统治的历史传统的民众时，那些在打击恐怖主义的背景下诞生的、实践基础并不牢靠的学说会引发一场场灾难。一旦族群民族主义和日趋激进的宗教力量获得释放，就连几乎等同于种族灭绝的镇压都无法将其压制。事实上，当一个策略具有根本性缺陷，再加上执行之前计划不周，美国和英国在国际事务中对道德高地的主张就会显得格外虚伪，他们对军事无敌的吹嘘也变得滑稽可笑。除了破坏他们的国外影响力，拙劣的干涉措施还导致国内民众对"选择性战争"的反感。其结果是，待他们在中东撒下的混乱种子逐渐成熟，他们的外交和军事政策会在某个时期受到限制。

12. 摧毁萨达姆政权时，美国领导的联盟也消除了将一个虚假的复合国家的各个部分黏合在一起的"胶水"。库尔德人必然会利用萨达姆政权的瓦解谋求建立自己的国家。西方政治会不可避免地导致多数派什叶派以在萨达姆·侯赛因时代遭受的待遇对待少数派逊尼派；逊尼派随之而来的不满表现在广泛支持，或至少容忍 ISIS 的崛起上。在前伊拉克的大部分地区，什叶派神权政体崛起的可能性很大，他们获得伊朗支持，可能与伊拉克其他地区、叙利亚大部分地区和中东其他地区出现的一个逊尼派伊斯兰国家发生暴力冲突。许多旧边界看上去越来越陈旧过时。倘若这种对立的宗教激进主义得以扩散，中东其他地区的和平前景就会非常堪忧，非洲和亚洲的大部分地区也很脆弱（例如阿富汗和巴基斯坦的部分地区，更不必说从利比亚到尼日利亚再到索马里的北非、西非和东非了，这些地方已变得越来越激进，复兴逊尼派的理念正在中亚、非洲和其他地区蔓延）。这些地区的人口不断上升，但年龄中位数不断下降，加之许多地方缺乏经济前景，过度的特权与财富通常被少数腐败的权贵据有，燎原烈火一触即发。

13. 普京总统的外交政策顾问谢尔盖·卡拉加诺夫甚至在苏联时代后期便已预料到，倘若俄罗斯也处于崩溃边缘，必然会出现这种情况。"卡拉加诺夫先生二十年前提出了这样一种假设，居住在乌克兰、白俄罗斯和波罗的海诸国这些新近独立国家的说俄语者，会成为莫斯科在苏联解体后对其邻国施加政治和经济影响的主要担保人。他在 1992 年的一次演讲中阐述了后来被称为'卡拉加诺夫学说'的内容，他预言，莫斯科有朝一日也许会觉得不得不以武力为他们提供保护，从而使其利益与苏联相一致。就乌克兰目前正发生的情况而言，卡拉加诺夫先生认为俄罗斯与西方国家陷入了一场'模式冲突'——西方式的民主对抗莫斯科的威权资本主义，他认为在这场斗争中可能会使用军事手段。"参见马克·麦金农，《谢尔盖·卡拉加诺夫：普京好斗性背后的人》，刊登于《环球邮报》，2014 年 3 月 30 日。当然，俄罗斯在乌克兰的冒险仅仅是对所谓的"近邻国家"的最新干涉。他们一直为摩尔多瓦和格鲁吉亚分裂地区的附庸政权提供支持并对其他邻国施以公开或遮遮掩掩的恐吓，以此回应这些国家对俄罗斯族人的对待。

14. 据北约称，过去五年里，俄国的国防开支增加了 50%，而北约诸国却削减了 20%。2013 年，只有美国、英国、希腊和爱沙尼亚达到或超过北约的目标：将相当于经济总量 2% 的开支用于防务。北约秘书长宣布，他希望各成员国在定于当年 9 月召开的峰会上承诺实现这一目标（路透社记者阿德里安·克罗夫特，2014 年 6 月 10 日）。在威尔士峰会上，北约成员国承诺至少将国内生产总值的 2% 投入国防，有些国家较为爽快，但考虑到欧洲的经济困难，愉快地做出承诺的国家不是太多。会上还对俄罗斯和乌克兰的冲突发表了措辞更为强硬的讲话，但这主要是象征性的。

15. 这个问题很棘手，可能无法找到令人满意的解决方案。戴维·朗西曼在他研究西方国家的优点和弱点的著作中指出以下事实："对西方国家来说，难以保持民众的支持意味着长期战争存在危险。时间一长注意力就会分散，焦虑感会形成障碍，导致漠不关心者越来越多。这些特质导致西方国家不愿陷入他们无法顺利结束的战争中。"戴维·朗西曼，《信心陷阱》，新泽西州普林斯顿：普林斯顿大学出版社，2013 年，第 22 页。也就是说，毫无疑问，冲突的进展并不顺利。主要失败是政治上的，源于联盟各政府对局势的根本性误判。对这个问题，已有大量相关著作予以阐述。例如，为了给伊拉克和阿富汗带去民主和发展，各领导国付出了善意但无效的民事及军事努力，对此的慎重批评可参阅以下著作：罗里·斯图尔特、杰拉尔德·克瑙斯，《干涉能奏效吗？》，纽约：诺顿出版社，2011 年；帕特里克·科伯恩，《穆克塔达：穆克塔达·萨德尔，什叶派的复兴和争夺伊拉克》，纽约：斯克里布纳出版社，2008 年；艾哈迈德·拉希德，《陷入混乱》，伦敦：维京出版社，2008 年。关于更深层次的哲学和概念上的错误，可参阅约翰·格雷，《黑弥撒：宗教的启迪和乌托邦的灭亡》，伦敦：艾伦·莱恩出版社，2007 年。对美军失败的调查，可参阅：戴维·H. 乌克，《新反叛乱时代》，华盛顿特区：乔治敦大学出版社，2009 年；托马斯·E. 里克斯，《惨败：美国在伊拉克的军事冒险》，伦敦：艾伦·莱恩出版社，2006 年；托马斯·E.

里克斯，《将领：从二战到今天的美国军事指挥》，伦敦：企鹅出版社，2012年。对英国陆军做出同样分析的著作有：弗拉克·路德维奇，《输掉的小规模战争》，康涅狄格州纽黑文：耶鲁大学出版社，2011年；克里斯托弗·埃利奥特，《统帅部》，伦敦：赫斯特出版社，2015年；乔纳森·贝利、理查德·艾恩、休·斯特罗恩，《布莱尔战争中的英军将领》，英国法纳姆：阿什盖特出版社，2013年。最后这本书对英国的表现做出了更加微妙的批评并为将来提出了有益的建议。

16. 他们非常清楚现代战争的这一事实，西方国家的军队已非正式地将人员保护和伤亡限制提高到几乎成为一种新战争原则的地位。尽管敌人付出的惨重代价立即展现在几乎每个家庭的电视屏幕上，但这也会引起他们对战斗人力成本的关注和不安。这种情绪几乎无助于指挥官们策划、执行决定性行动并接受相应风险。

17. 实践证明，他们充分掌握了通过社交媒体展开信息战的技能，他们通过社交媒体谋求支持并挫败其敌人。

18. 参见俄罗斯联邦总参谋长V.V.格拉西莫夫的《科学在预测中的价值》一文，刊登于2013年2月27日至3月5日的《军工信使》报。

19. 乔良、王湘穗，《超限战》，印度德拉敦：纳特拉吉出版社，2007年，第八章（原版为中国人民解放军文艺出版社1999年版）。可以说，对该书标题更好的翻译是《没有规则的战争》。

20. 迈克尔·霍华德，《一场漫长的战争？》，刊登于《生存》杂志，（2006—2007年冬季）第48期。

21. 戴维·格兰茨指出，当代俄罗斯的做法不乏久远的先例：“弗拉基米尔·普京正以历史悠久的俄罗斯传统行事，在乌克兰进行投机取巧的土地掠夺……1478年，伊凡大帝对立陶宛边境地区展开系统性挑衅，造成今天大多属于乌克兰的地区的不稳定，但那些土地当时属于立陶宛大公国。历史学家巴兹尔·迪米特里辛将其描述为‘这项政策旨在让居住在边境的民众士气低落，促使他们寻求莫斯科的保护，从而使边境线西移。伊凡公开否认对这些策略负责，但私下里鼓励这种做法，并奖赏叛逃者’。实施这种策略十四年后，伊凡抛弃所有不干涉的伪装，入侵立陶宛，占领其领土的关键部分。”见戴维·格兰茨写给《经济学家》杂志的信，2014年9月20日。

22. 世纪之交时，基地组织表明他们掌握了混合战的一些原则。他们正确地识别出西方社会的一些关键漏洞并对其发起不对称袭击以确立他们作为主要参与者的地位，争取支持并吓住他们的敌人——例如“9·11事件”就是一场大规模的巴枯宁式“行动宣传”。他们意识到“心灵和思想”是主要目标，认为媒体形象是斗争和宣传的关键要素，这样的行动旨在调整其发出的信息，使之适应不同目标群体，从而赢得广泛支持。互联网成为基地组织的主要工具，除了以其传播信息外，还进行实时指挥控制（虽然他们使用移动电话和“特许经营”结构，而不是更集中的管理，但这使他们不太容易被敌人通过斩首行动加以压制）。他们同有组织犯罪建立起有用但模糊、可以加以否认的联系。他们将斗争国际化，而不是让美国这个敌人将冲突限制在中东腹地。因此，基地组织对战争行为的使用仅仅是其方法论的组成部分，其意图并非赢得战斗，而是取得政治上的成功，这是挑起西方国家过度反应的重要举措，而对方的过度反应会进一步推动其事业，实现他们的目标。想了解这方面的问题可参阅杰西卡·斯特恩、J.M.伯杰，《ISIS：恐怖之国》，伦敦：威廉·柯林斯出版社，2015年。他们还提请读者注意，ISIS作为一个末世论运动，拥有广泛的潜在吸引力，目前在许多国家和地区，末世信仰的支持率居高不下（据2012年的佩尤民意调查，阿富汗为83%，伊拉克为72%，突尼斯为67%，马来西亚为62%）。

23. 卡尔·冯·克劳塞维茨著，迈克尔·霍华德、彼得·帕雷特译，《战争论》，新泽西州普林斯顿：普林斯顿大学出版社，1976年，第88、101页。

24. 与一些评论家和历史学家的观点相反，不存在“非故意”或“偶然”的战争。意想不到的通常是冲突持续的时间和残酷性。尼科洛·马基雅维利给君主提出的建议是：“战争可以以你的意愿而开始，但不会因你的意愿而结束。”（佛罗伦萨史，第三卷，第二章）五个世纪以来的历史都证明了这一说法的正确性。

25. 发展、概念和理论中心，《冲突的未来特征》，英国谢里夫汉姆：国防部出版社，2009年。

参考文献

Anan'yev, I. M. *Tankovyye Armii v Nastupleniypo Opytu Otechestvennoy Voyny*[Tank armies in the offensive from the experience of the Patriotic War]. Moscow:Voyenizdat, 1988.
I.M. 阿南耶夫,《从伟大卫国战争的经验看进攻战役中的坦克集团军》,莫斯科：军事出版局,1988 年。

Axworthy, Mark. *Third Axis, Fourth Ally: Romanian Armed Forces in the European War 1941–45*. London: Arms and Armour Press, 1995.
马克·阿克斯沃西,《第三轴心第四盟友：欧战中的罗马尼亚军队,1941 年—1945 年》,伦敦：兵器和铠甲出版社,1995 年。

Babadzhanyan, A. Kh. *Tankii Tankovyye Voyska* [*Tanks and tank forces*]. Moscow: Voyenizdat, 1980.
A.Kh. 巴巴贾尼扬,《坦克和坦克力量》 莫斯科：军事出版局,1980 年。

Bergstrom, Christer. *Bagration to Berlin: The Final Air Battles in the East 1944 - 45*. London: Ian Allen, 2008.
克里斯特·伯格斯特龙,《从巴格拉季昂到柏林：1944 年—1945 年东线最后的空战》,伦敦：伊恩·艾伦出版社,2008 年。

Bergstrom, Christer. *Kursk: The Air Battle, July 1943*. London: Ian Allen, 2007.
克里斯特·伯格斯特龙,《库尔斯克：空战,1943 年 7 月》,伦敦：伊恩·艾伦出版社,2007 年。

Boog, Horst, et al. *Germany and the Second World War, vol. 4, The Attack on the Soviet Union*. Oxford: Oxford University Press, 1998.
霍斯特·布格等,《德国与第二次世界大战,第四卷：入侵苏联》,牛津：牛津大学出版社,1998 年。

Buchner, Alex. *Ostfront 1944: German Defensive Battles on the Russian Front 1944*. West Chester, PA: Schiffer, 1991.
亚历克斯·布希纳,《东线 1944：德军 1944 年在苏联前线的防御战》,宾夕法尼亚州西彻斯特：希弗出版社,1991 年。

Citino, Robert M. *Blitzkrieg to Desert Storm: The Evolution of Operational Warfare*. Lawrence: University Press of Kansas, 2004.
罗伯特·M. 奇蒂诺,《从闪电战到沙漠风暴：战役作战的演变》,劳伦斯：堪萨斯大学出版社,2004 年。

Citino, Robert M. *Death of the Wehrmacht: The German Campaigns of 1942*. Lawrence: University Press of Kansas, 2007.
罗伯特·M. 奇蒂诺,《德国国防军之死：1942 年的德军战役》,劳伦斯：堪萨斯大学出版社,2007 年。

Citino, Robert M. *The Wehrmacht Retreats: Fighting a Lost War, 1943*. Lawrence: University Press of Kansas, 2012.
罗伯特·M. 奇蒂诺,《德军退却：1943 年的败仗》,劳伦斯：堪萨斯大学出版社,2012 年。

Dick, C. J. "The Operational Employment of Soviet Armour in the Great Patriotic War." In *Modern Armoured Warfare*, ed. J. P. Harris and F. H. Toase. London: Batsford, 1990.

C.J. 迪克，《苏军坦克兵在伟大卫国战争中的战役运用》，刊登于 J.P. 哈里斯、F.H. 托阿塞主编，《现代装甲战》，伦敦：巴茨福德出版社，1990 年。

Donnelly, C. N., et al. *The Sustainability of the Soviet Army in Battle*. Study Nos. C53 and C54. Sandhurst: Soviet Studies Research Centre, 1986.
C.N. 唐纳利等，《苏联军队在战斗中的可持续性》，C53、C54 号研究，桑德赫斯特：苏联研究中心，1986 年。

Duffy, Christopher. *Red Storm on the Reich*. London: Atheneum, Macmillan, 1991.
克里斯托弗·达菲，《帝国上空的红色风暴》，伦敦：麦克米伦－阿瑟纳姆出版社，1991 年。

Dunn, Walter S. *Hitler's Nemesis: The Red Army 1930 - 1945*. Westport. CT: Praeger, 1994.
沃尔特·S. 邓恩，《希特勒的死对头：1930 年—1945 年的红军》，康涅狄格州西港：普雷格出版社，1994 年。

Elliott, Christopher. *High Command*. London: Hurst, 2015.
克里斯托弗·埃利奥特，《统帅部》，伦敦：赫斯特出版社，2015 年。

Erickson, John. *The Road to Berlin*. London: Weidenfeld and Nicolson, 1983.
约翰·埃里克森，《通往柏林之路》，伦敦：韦登菲尔德 & 尼克尔森出版社，1983 年。

Erickson, John. *The Road to Stalingrad*. London: Weidenfeld and Nicolson, 1975.
约翰·埃里克森，《通往斯大林格勒之路》，伦敦：韦登菲尔德 & 尼克尔森出版社，1975 年。

Erickson, John. *The Soviet High Command, a Military-Political History 1918 - 41*. London: Frank Cass, 2001.
约翰·埃里克森，《苏联最高统帅部：1918 年—1941 年的军事政治史》，伦敦：弗兰克·卡斯出版社，2001 年。

Fritz, Stephen G. *Frontsoldaten: The German Soldier in World War II*. Lexington: University Press of Kentucky, 1995.
斯蒂芬·G. 弗里茨，《前线士兵：二战中的德国兵》，列克星敦：肯塔基大学出版社，1995 年。

Glantz, David M. *Colossus Reborn*. Lawrence: University Press of Kansas, 2005.
戴维·M. 格兰茨，《巨人重生》，劳伦斯：堪萨斯大学出版社，2005 年。

Glantz, David M. *From the Don to the Dnepr: Soviet Offensive Operations December 1942 - August 1943*. London: Frank Cass, 1991.
戴维·M. 格兰茨，《从顿河到第聂伯河：1942 年 12 月至 1943 年 8 月的苏军进攻战役》，伦敦：弗兰克·卡斯出版社，1991 年。

Glantz, David M. *The Military Strategy of the Soviet Union: A History*. London: Frank Cass, 1992.
戴维·M. 格兰茨，《苏联的军事战略：一段历史》，伦敦：弗兰克·卡斯出版社，1992 年。

Glantz, David M. *The Soviet Conduct of Tactical Maneuver: Spearhead of the Offensive*. London: Frank Cass, 1991.
戴维·M. 格兰茨，《苏军实施的战术机动：进攻的矛头》，伦敦：弗兰克·卡斯出版社，1991 年。

Glantz, David M. *Soviet Military Deception in the Second World War*. London: Frank Cass, 1989.
戴维·M. 格兰茨，《第二次世界大战中的苏联军事欺骗》，伦敦：弗兰克·卡斯出版社，1989 年。

Glantz, David M. *Soviet Military Intelligence in War*. London: Frank Cass, 1990.
戴维·M. 格兰茨，《战争期间的苏联军事情报机构》，伦敦：弗兰克·卡斯出版社，1990 年。

Glantz, David M. *Soviet Military Operational Art: In Pursuit of Deep Battle*. London: Frank Cass, 1991.

戴维·M. 格兰茨,《苏军战役法：探寻大纵深战役》,伦敦：弗兰克·卡斯出版社,1991 年。

Glantz, David M., ed. *From the Dnepr to the Vistula—Soviet Offensive Operations, November 1943 - August 1944*. Art of War Symposium, Center for Land Warfare, US Army War College, 1985.
戴维·M. 格兰茨编,《从第聂伯河到维斯瓦河：苏军 1943 年 11 月至 1944 年 8 月的进攻战役》,美国陆军战争学院,陆战中心,战争艺术研讨会,1985 年。

Glantz, David M., ed. *From the Vistula to the Oder—Soviet Offensive Operations, October 1944 - March 1945*. Art of War Symposium, Center for Land Warfare, US Army War College, 1986.
戴维·M. 格兰茨编,《从维斯瓦河到奥得河：苏军 1944 年 10 月至 1945 年 3 月的进攻战役》,美国陆军战争学院,陆战中心,战争艺术研讨会,1986 年。

Glantz, David M., and Jonathan M. House. *The Battle of Kursk*. Lawrence: University Press of Kansas, 1999.
戴维·M. 格兰茨、乔纳森·M. 豪斯,《库尔斯克战役》,劳伦斯：堪萨斯大学出版社,1999 年。

Glantz, David M., and Jonathan M. House. *When Titans Clashed: How the Red Army Stopped Hitler*. Lawrence: University Press of Kansas, 1995.
戴维·M. 格兰茨、乔纳森·M. 豪斯,《巨人的碰撞：红军是如何阻止希特勒的》,劳伦斯：堪萨斯大学出版社,1995 年。

Glantz, David M., and Harold S. Orenstein. *Battle for Kursk: The Soviet General Staff Study*. London: Frank Cass, 1999.
戴维·M. 格兰茨、哈罗德·S. 奥伦斯坦,《库尔斯克战役：苏军总参谋部研究》,伦敦：弗兰克·卡斯出版社,1999 年。

Glantz, David M., and Harold S. Orenstein. *The Battle for L'vov: The Soviet General Staff Study*. London: Frank Cass, 2002.
戴维·M. 格兰茨、哈罗德·S. 奥伦斯坦,《利沃夫战役：苏军总参谋部研究》,伦敦：弗兰克·卡斯出版社,2002 年。

Glantz, David M., and Harold S. Orenstein. *The Battle for Ukraine: The Red Army's Korsun'-Shevchenkovskiy Offensive, 1944*. London: Frank Cass, 2003.
戴维·M. 格兰茨、哈罗德·S. 奥伦斯坦,《乌克兰之战：1944 年红军的科尔孙－舍普琴科夫斯基进攻战役》,伦敦：弗兰克·卡斯出版社,2003 年。

Glantz, David M., and Harold S. Orenstein. *Belorussia 1944: The Soviet General Staff Study*. London: Frank Cass, 2001.
戴维·M. 格兰茨、哈罗德·S. 奥伦斯坦,《白俄罗斯 1944：苏军总参谋部研究》,伦敦：弗兰克·卡斯出版社,2001 年。

Grenkevich, Leonid. *The Soviet Partisan Movement*. London: Frank Cass, 1999.
列奥尼德·格连克维奇,《苏联游击运动》,伦敦：弗兰克·卡斯出版社,1999 年。

Hardesty, Von. *Red Phoenix: The Rise of Soviet Airpower 1941 - 45*. Washington, DC: Smithsonian, 1991.
冯·哈德斯蒂,《火凤凰：苏联空军力量的崛起,1941 年—1945 年》,华盛顿特区：史密森学会出版社,1991 年。

Hayward, Joel S. *Stopped at Stalingrad: The Luftwaffe and Hitler's Defeat in the East, 1942 - 43*. Lawrence: University Press of Kansas, 1998.
乔尔·S. 海沃德,《止步于斯大林格勒：德国空军和希特勒在东线的失败,1942—1943 年》,劳伦斯：

堪萨斯大学出版社，1998 年。

Hinze, Rolf. *East Front Drama, 1944*. Winnipeg, MB: J. J. Fedorowicz, 1996.
罗尔夫·欣策，《东线巨变，1944 年》，曼尼托巴省温伯尼：J.J. 费多罗维奇出版社，1996 年。

Howell, Edgar M. *The Soviet Partisan Movement 1941 - 44*. German Report Series, Pamphlet No. 20-244. Washington, DC: Department of the Army, 1956.
埃德加·M. 豪厄尔，《1941 年—1944 年的苏联游击运动》，德方报告系列丛书，第 20-244 号手册，华盛顿特区：陆军部，1956 年。

Ivanov, S. P. *Nachaln' iy period voini po opiytu pervikh kampaniy i operatsiy vtoroy mirovoiy voini [The initial period of war from the experience of the first campaigns and operations of the Second World War]*. Moscow: Voyenizdat, 1974.
S.P. 伊万诺夫，《战争初期》，莫斯科：军事出版局，1974 年。

Ivanov, S. P., and C. J. Dick. "Catching NATO Unaware: Soviet Surprise and Deception Techniques." *International Defence Review* 19, 1 (1986).
S.P. 伊万诺夫、C.J. 迪克，《令北约猝不及防：苏军的突袭和欺骗技术》,《国际防御评论》1986 年第 19 期。

Kirshin, Yu Ya, principal ed. *Voyennyy Entsiklopedicheskiy Slovar' [Military encyclopedic dictionary]*. Moscow: Voyenizdat, 1983.
Yu.Ya. 基尔申编，《军事百科词典》，莫斯科：军事出版局，1983 年。

Kir' yan, M. M. *Fronty Nastupali [The fronts attacked]*. Moscow: Nauka, 1987.
M.M. 基里扬，《方面军进攻》，莫斯科：科学出版社，1987 年。

Kir' yan, M. M., ed. *Vnezapnost' v Nastupatel' nykh Operatsiyakh Velikoy Otechestvennoy Voyny [Surprise in offensive operations of the Great Patriotic War]*. Moscow: Nauka, 1986.
M.M. 基里扬编，《伟大卫国战争进攻战役中的突然性》，莫斯科：科学出版社，1986 年。

Konev, I. S. *Year of Victory*. Moscow: Progress Publishers, 1984.
I.S. 科涅夫，《胜利的年份》，莫斯科：进步出版社，1984 年。

Konev, I. S. , et al. *The Great March of Liberation*. Moscow: Progress Publishers, 1972.
I.S. 科涅夫等，《解放的伟大征程》，莫斯科：进步出版社，1972 年。

Kozhevnikov, M. N. *The Command and Staff of the Soviet Army Air Force in the Great Patriotic War*, trans. US Air Force. Moscow: Nauka, 1977.
M.N. 科热夫尼科夫著，美国空军译，《伟大卫国战争中的苏联空军指挥和参谋部，1941 年—1945 年》，莫斯科：科学出版社，1977 年。

Krivosheyev, G. F. *Grif Sekretnosti Snyat [The veil of secrecy is lifted]*. Moscow: Voyenizdat, 1993.
G.F. 克里沃舍耶夫，《揭秘》，莫斯科：军事出版局，1993 年。

Krupchenko, I. I. "Spcsoby Razvitiya Uspekha v Operativnoy Glubinye Silami Tankovykh Armiy, Tankovykhi Mekhanizirovannykh Korpusov" [Methods of developing success in the operational depth by tank armies and tank and mechanized corps]. *Voyenno-Istoricheskiy Zhurnal* 7 (1981).
I.I. 克鲁普琴科，《坦克集团军和坦克、机械化军在战役纵深发展胜利的方法》,《军事历史杂志》1987 年第 7 期。

Kurkotkina, S. K., ed. *Tyl Sovetskikh Vooruzhennykh Sil v Velikoy Otechestvennoy Voyne*

1941 - 45 [The rear of the Soviet armed forces in the Great Patriotic War 1941 - 45]. Moscow: Voyenizdat, 1977.
S.K. 库尔科特金编，《伟大卫国战争中的苏联武装力量后方勤务，1941 年—1945 年》，莫斯科：军事出版局，1977 年。

Kuznetsov, Yu. K. *Peredvizheniye I Vstrchniy Boy [Movement and the meeting battle]*. Moscow: Voyenizdat, 1989.
Yu.K. 库兹涅佐夫，《运动和遭遇战斗》，莫斯科：军事出版局，1989 年。

Leites, Nathan. *Soviet Style in War*. New York: Crane Russack, 1982.
内森 · 莱茨，《战时苏联模式》，纽约：克兰 · 卢萨克出版社，1982 年。

Lobov, V. N. *Voyennaya Khitrost' v Istorii Voyn [Military cunning in the history of war]*. Moscow: Voyenizdat, 1992.
V.N. 洛博夫，《战争史上的军事欺骗》，莫斯科：军事出版局，1992 年。

Losik, O. A. *Stroitelstvoi Boyevoye Primeneniye Sovetskikh Tankovykh Voysk v Gody Velikoy Otechestvennoy Voyny [Organization and combat employment of Soviet tank troops in the years of the Great Patriotic War]*. Moscow: Voyenizdat, 1978.
O.A. 洛西克，《苏军坦克部队在伟大卫国战争中的编制和作战使用》，莫斯科：军事出版局，1978 年。

Matsulenko, V. A. *Operativnaya Maskirovka Voysk [Operational concealment/deception of forces]*. Moscow: Voyenizdat, 1975.
V.A. 马楚连科，《战役隐瞒 / 欺骗力量》，莫斯科：军事出版局，1975 年。

Matsulenko, V. A. *Operatsii i Boi na Okruzheniye [Operations and battle in encirclement]*. Moscow: Voyenizdat, 1983.
V.A. 马楚连科，《合围战役和战斗》，莫斯科：军事出版局，1983 年。

Merridale, Catherine. *Ivan's War: The Red Army 1939 - 45*. London: Faber and Faber, 2005.
凯瑟琳 · 梅里戴尔，《伊万的战争：1939 年—1945 年的红军》，伦敦：费伯出版社，2005 年。

Milward, Alan S. *The German Economy at War*. London: Athlone Press, 1965.
艾伦 · S. 米尔沃德，《德国战时经济》，伦敦：阿斯隆出版社，1965 年。

Milward, Alan S. *War, Economy and Society 1939 - 45*. London: Penguin, 1977.
艾伦 · S. 米尔沃德，《战争、经济和社会，1939 年—1945 年》，伦敦：企鹅出版社，1977 年。

Molony, C. J. C., et al. *The Mediterranean and the Middle East*, vol. 6, pt. 1. London: HMSO 1984.
C.J.C. 莫洛尼等，《地中海和中东》，第六卷第一部，伦敦：英国文书局，1984 年。

Montgomery of Alamein. *Memoirs*. London: Collins, 1958.
阿拉曼子爵蒙哥马利，《回忆录》，伦敦：柯林斯出版社，1958 年。

Muller, Richard. *The German Air War in Russia*. Baltimore, MD: Nautical and Aviation Publishing, 1992.
里查德 · 穆勒，《德国在俄国的空中战争》，马里兰州巴尔的摩：航海航空出版社，1992 年。

Nevenkin, Kamen. *Fire Brigades: The Panzer Divisions 1943 - 45*. Winnipeg , MB: J.J. Fedorowicz, 2008.
卡门 · 内文金，《救火队：1943 年—1945 年的德军装甲师》，曼尼托巴省温伯尼：J.J. 费多罗维奇出版社，2008 年。

Niepold, Gerd. *Battle for White Russia: The Destruction of Army Group Centre June 1944*. London: Brassey's, 1987.
格尔德·尼波尔德，《白俄罗斯之战：1944 年 6 月中央集团军群的覆灭》，伦敦：布雷赛出版社，1987 年。

Nove, Alec. *An Econcmic History of the USSR*. London: Penguin, 1969.
亚历克·诺夫，《苏联经济史》，伦敦：企鹅出版社，1969 年。

Ogarkov, N. V., chief ed. *Sovetskaya Voyennaya Entsiklopediya* [*Soviet military encyclopedia*], 8 vols. Moscow: Voyenizdat, 1976 – 1980.
N.V. 奥加尔科夫主编，《苏联军事百科全书》（八卷本），莫斯科：军事出版局，1976 年—1980 年。

Orenstein, Harold S., trans. *The Evolution of Soviet Operational Art: The Documentary Basis*, *vols. 1 and 2*. London: Frank Cass, 1995.
哈罗德·S. 奥伦斯坦译，《苏军战役法的发展纪实》，第一、第二卷，伦敦：弗兰克·卡斯出版社，1995 年。

Parrish, Michael. *The Battle for Moscow: The Soviet General Staff Study*. London: Brassey's, 1989.
迈克尔·帕里什，《莫斯科战役：苏军总参谋部研究》，伦敦：布雷赛出版社，1989 年。

Peredel'skiy, G. E., A. I. Tokmakov, and G. T. Khoroshilov. *Artilleriya v Boyui Operatsii* [*Artillery in battle and operations*]. Moscow: Voyenizdat, 1980.
G.E. 佩列利斯基、A.I. 托克马科夫、G.T. 霍罗希洛夫，《战斗和战役中的炮兵》，莫斯科：军事出版局，1980 年。

People's Commissariat for Defense of the USSR. *Polevoy Ustav Krasnoy Armiy 1944* [*Red Army feld regulations, 1944*]. Moscow: Voyenizdat, 1944.
苏联国防人民委员部，《1944 年红军野战条令》，莫斯科：军事出版局，1944 年。

People's Commissariat for Defense of the USSR. *Vremenyy Polevoy Ustav RKKA, 1936* [*Provisional feld regulations of the Workers' and Peasants' Red Army, 1936*]. Moscow: Voyenizdat, 1937.
苏联国防人民委员部，《1936 年工农红军暂行野战条令》，莫斯科：军事出版局，1937 年。

Radzievskiy, A. I. *Armeyskiye Operatsii (Primeryiz Opytu Velikoy Otechestvennoy Voyny)* [*Army operations (examples from the experience of the Great Patriotic War)*]. Moscow: Voyenizdat, 1977.
A.I. 拉济耶夫斯基，《从伟大卫国战争的经验看集团军战役》，莫斯科：军事出版局，1977 年。

Radzievskiy, A. I. *Proryv, po Opytu Velikoy Otechestvennoy Voyny 1941 – 1945* [*The breakthrough, from the experience of the Great Patriotic War 1941 – 1945*]. Moscow: Voyenizdat, 1979.
A.I. 拉济耶夫斯基，《突破，1941 年至 1945 年伟大卫国战争的经验》，莫斯科：军事出版局，1979 年。

Radzievskiy, A. I. *Tankovyy Udar: Tankovaya Armiya v Nastupatel' noy Cperatsii Frontapo Opytu Velikoy Otechestvennoy Voyny* [*Tank shock: tank army operations in front offensives from the experience of the Great Patriotic War*]. Moscow: Voyenizdat, 1977.
A.I. 拉济耶夫斯基，《坦克突击：从伟大卫国战争的经验看坦克集团军在方面军进攻战役中的行动》，莫斯科：军事出版局，1977 年。

Radzievskiy, A. I., senior ed. *Slovar' Osnovnykh Voyennykh Terminov* [*Dictionary of basic military terms*]. Moscow: Voyenizdat, 1965.
A.I. 拉济耶夫斯基主编，《基本军事术语词典》，莫斯科：军事出版局，1965 年。

Raus, Erhard. *Panzer Operations*, trans. Steven H. Newton. Cambridge, MA: Da Capo Press, 2003.
埃哈德·劳斯著，史蒂文·H. 纽顿译，《坦克战》，马萨诸塞州剑桥：达·卡波出版社，2003 年。

Rodin, V. N., ed. *Razvitiye Tyla Sovetskikh Vooruzhennykh Sil, 1918 - 1988* [*Development of the rear services of the Soviet armed forces, 1918 - 1988*]. Moscow: Voyenizdat, 1989.
V.N. 罗金编，《苏联武装力量后方勤务的发展，1918 年—1988 年》，莫斯科：军事出版局，1989 年。

Rokossovskiy, K. K. *A Soldier's Duty*, trans. V. Talmiy. Moscow: Progress Publishers, 1970.
K.K. 罗科索夫斯基著，V. 塔尔米译，《军人的天职》，莫斯科：进步出版社，1970 年。

Rotundo, Louis J. *The Battle for Stalingrad: The Soviet General Staff Study*. London: Brassey's, 1989.
路易斯·J. 罗通多，《斯大林格勒战役：苏军总参谋部研究》，伦敦：布雷赛出版社，1989 年。

Savkin, V. Ye. *Osnovnyye Printsipi Operativnoye Isskustvai Taktiki* [*The basic principles of operational art and tactics*]. Moscow: Voyenizdat, 1974.
V.Ye. 萨夫金，《战役法和战术的基本原则》，莫斯科：军事出版局，1974 年。

Savkin, V. Ye. *Tempi Nastupleniya* [*The tempo of the offensive*]. Moscow: Voyenizdat, 1965.
V.Ye. 萨夫金，《进攻速度》，莫斯科：军事出版局，1965 年。

Schapiro, Leonard. *The Communist Party of the Soviet Union*. London: Eyre and Spottiswood, 1970.
伦纳德·夏皮罗，《苏联共产党》，伦敦：艾尔和斯波蒂斯伍德出版社，1970 年。

Seaton, Albert. *The Fall of Fortress Europe 1943 - 1945*. London: Batsford, 1981.
艾伯特·西顿，《欧洲壁垒的陷落，1943 年—1945 年》，伦敦：巴茨福德出版社，1981 年。

Sella, Amnon. *The Value of Life in Soviet Warfare*. London: Routledge, 1992.
阿姆农·萨拉，《苏联战争中的生命价值》，伦敦：劳特利奇出版社，1992 年。

Semeko, L. S. *PredvideniyeKomandira v Boyu* [*Commander's foresight in battle*]. Moscow: Voyenizdat, 1966.
L.S. 谢梅科，《指挥员在战斗中的远见》，莫斯科：军事出版局，1966 年。

Service, Robert. *A History of Twentieth Century Russia*. London: Allen Lane, 1997.
罗伯特·瑟维斯，《二十世纪俄国史》，伦敦：艾伦·莱恩出版社，1997 年。

Shtemenko, S. M. *The Soviet General Staff at War, 1941 - 45*, vols. 1 and 2. Moscow:Progress Publishers, 1985. Translation of *Sovetskiy General'nyy Shtab v Gody Voyny*. Moscow: Voyenizdat, 1973.
S.M. 什捷缅科，《战争年代的总参谋部，1941—1945》，第一、第二卷，莫斯科:进步出版社，1985 年。译自《战争年代的总参谋部》，莫斯科：军事出版局，1973 年。

Sidorenko, A. A. *Nastupleniye* [*The offensive*]. Moscow: Voyenizdat, 1970.
A.A. 西多连科，《进攻》，莫斯科：军事出版局，1970 年。

Sinitsin, A. N. *Okruzheniye u Unichtozheniye Protivnika v Belorusskoy Operatsii* [*Encirclement and destruction of the enemy in the Belorussian Operation*]. Moscow: Frunze Military Academy, 1984.
A.N. 西尼钦，《白俄罗斯战役中对敌人的合围和歼灭》，莫斯科：伏龙芝军事学院，1984 年。

Smith, Bradley F. *Sharing Secrets with Stalin: How the Allies Traded Intelligence 1941 - 1945*.

286

Lawrence: University Press of Kansas, 1996.
布拉德利·F. 史密斯，《同斯大林分享秘密：盟军如何分享情报，1941 年— 945 年》，劳伦斯：堪萨斯大学出版社，1996 年。

Sokolov, S., ed. *Main Front: Soviet Leaders Look Back on World War II*. London: Brassey's, 1987.
S. 索科洛夫编，《主要战线：苏军指挥员回顾二战》，伦敦：布雷赛出版社，1987 年。

Stern, Jessica, and J. M. Berger. *ISIS—The State of Terror*. London: William Collins, 2015.
杰西卡·斯特恩、J.M. 伯杰，《ISIS：恐怖之国》，伦敦：威廉·柯林斯出版社 2015 年。

Stoeckli, H. F. *Soviet Operational Planning Norms: Loss Rates in Personnel and Armour—Past and Present Norms*. Study No. AA17. Sandhurst: Soviet Studies Research Centre, 1987.
H.F. 斯托克里，《苏军战役策划准则：人员和坦克的损失率——过去和现在的规范》，AA17 号研究，桑德赫斯特：苏联研究中心，1987 年。

Stoeckli, H. F. *Soviet Operational Planning : Superiority Ratios vs Casualty Rates*. Study No. AA6. Sandhurst: Soviet Studies Research Centre, 1985.
H.F. 施特克利，《苏军的战役策划：优势比与伤亡率》，AA6 号研究，桑德赫斯特：苏联研究中心，1985 年。

Svechin, A. A. *Strategy*. Minneapolis, MN: Eastview, 1992. Translation of Strategiya,1927.
A.A. 斯韦钦，《战略》，明尼苏达州明尼阿波利斯：东方瞭望出版社，1992 年。译自 1927 年的《战略》一书。

Sverdlov, F. D. *Peredoviye Otryadi v Boyu [The forward detachment in battle]*. Moscow: Voyenizdat, 1986.
F.D. 斯维尔德洛夫，《战斗中的先遣支队》，莫斯科：军事出版局，1986 年。

Triandafllov, V. K. *The Nature of the Operations of Modern Armies*, ed. Jacob W. Kipp. London: Frank Cass, 1994.
V.K. 特里安达菲洛夫著、雅各布·W. 基普编辑，《现代集团军战役的特点》，伦敦：弗兰克·卡斯出版社，1994 年。

Tukhachevskiy, Mikhail. *New Problems in Warfare and Soviet Operational Concepts by Various Soviet Authors* Art of War Colloquium, US Army War College, 1983.
米哈伊尔·图哈切夫斯基，《战争的新问题和一些苏联作者提出的苏军战役理念》，美国陆军战争学院，战争艺术研讨会，1983 年。

Tyushkevich, S. A. *Sovetskiye Vooruzhennyye Sily: Istoriya Stroitel' stva [The Soviet armed forces: a history of organizational development]*. Moscow: Voyenizdat, 1978.
S.A. 秋什克维奇，《苏联武装力量：编制发展史》，莫斯科：军事出版局，1978 年。

US Department of the Army. *The German Campaign in Russia: Planning and Operations (1941 - 1942)*. German Report Series, Pamphlet No. 20-261a. Washington, DC, 1955.
美国陆军部，《德国对苏战争：策划和行动（1940 年—1942 年）》，德方报告系列丛书，第 20-261a 号手册，华盛顿特区，1955 年。

US Department of the Army. *German Defense Tactics against Russian Breakthroughs*. German Report Series, Pamphlet No. 20-233. Washington, DC, 1951.
美国陆军部，《德军抗击苏军突破的防御战术》，德方报告系列丛书，第 20-233 号手册，华盛顿特区，1951 年。

US Department of the Army. *Operations of Encircled Forces*. German Report Series, Pamphlet No. 20-234. Washington, DC, 1952.
美国陆军部，《被围部队的行动》，德方报告系列丛书，第 20-234 号手册，华盛顿特区，1952 年。

US War Department, Military Intelligence Division. *German Military Intelligence 1939 - 45*. Frederick, MD: University Publications of America, 1984.
美国陆军部情报处，《德国军事情报机构，1939 年—1945 年》，马里兰州弗雷德里克：美国大学出版社，1984 年。

Vasilevskiy, A. M. A *Lifelong Cause*, trans. Jim Riordan. Moscow: Progress Publishers, 1973.
A.M. 华西列夫斯基著，吉姆·里奥尔丹译，《毕生的事业》，莫斯科：进步出版社，1973 年。

Wagner, Ray, ed. *The Soviet Air Force in World War II*, trans. Leland Fetzer. Newton Abbot, UK: David and Charles, 1973. Translation of the offcial history published by the Soviet Ministry of Defense.
雷·瓦格纳编，利兰·费策尔译，《二战中的苏联空军》，英国牛顿阿博特：戴维 & 查尔斯出版社，1973 年。译自苏联国防部出版的官方史。

Zetterling, Niklas. "The Great Patriotic War Revisited: Loss Rates on the Eastern Front during World War II." *Journal of Slavic Military Studies*, December 1996.
尼克拉斯·泽特林，《回顾伟大工国战争：二战中的东线损失率》，《斯拉夫军事研究》杂志，1996 年 12 月号。

Zetterling, Niklas, and Anders Frankson. "Analyzing World War II Eastern Front Battles." *Journal of Slavic Military Studies*, March 1998.
尼克拉斯·泽特林、安德斯·弗兰克森，《分析第二次世界大战的东线战役》，《斯拉夫军事研究》杂志，1998 年 3 月号。

Zetterling, Niklas, and Anders Frankson. *The Korsun Pocket*. Newbury, UK: Casemate 2008.
尼克拉斯·泽特林、安德斯·弗兰克森，《科尔孙包围圈》，英国纽伯里：凯斯梅特出版社，2008 年。

Zhilin, P. A. *Istoriya Voyennogo Iskusstva [History of military art]*. Moscow: Voyenizdat, 1986.
P.A. 日林，《军事艺术史》，莫斯科：军事出版局，1986 年。

Zhukov, G. K. *Reflections and Reminiscences*, 2 vols., trans. N. Burova, R. Daglish, P. Garb, G. Kozlov, S. Sossinskiy, and M. Sydney. Moscow: Progress Publishers, 1985.
G.K. 朱可夫著，N. 布罗瓦、R. 达格利什、P. 加尔布、G. 科兹洛夫、S. 索斯辛斯基等译，《回忆与思考》（两卷本），莫斯科：进步出版社，1985 年。

Ziemke, Earl F. *Stalingrad to Berlin: German Defeat in the East*. Washington, DC: Offce of the Chief of Military History, 1968.
厄尔·F. 齐克克，《从斯大林格勒到柏林：德国在东线的失败》，华盛顿特区：美国陆军军史处处长办公室，1968 年。

Ziemke, Earl F., and Magna E. Bauer. *Moscow to Stalingrad: Decision in the East*. Washington, DC: Office of the Chief of Military History, 1987.
厄尔·F. 齐姆克、麦格纳·三. 鲍尔，《从莫斯科到斯大林格勒：东线决战》，华盛顿特区：美国陆军军史处处长办公室，1987 年。

现代机械化战争的发轫之作

作战指挥

德国国防部部队局 著
小小冰人 译

二战德国陆军实战指南

TRUPPENFÜHRUNG

GERMAN ARMY MANUAL FOR UNIT
COMMAND IN WORLD WAR II

2000 年后美军
才将本书完全解密

被誉为《孙子兵法》的现代版

强烈建议在阅读其他
二战德国书籍之前先阅读本书

二战早期德军获胜的真正原因\现代战争史上的"顶点"学说手册

一本准确记录德军对现代战争看法的"宝藏手册"
出版70多年后，依然能带来巨大的影响
书中的那些精确的指令定然会令你瞠目结舌